社会科学と因果分析

ウェーバーの方法論から知の現在へ

社会科学と因果分析

ウェーバーの方法論から知の現在へ

佐藤俊樹

$$\frac{\alpha_1 + \alpha_2 + \alpha_3 + \dots \alpha_a}{n}$$

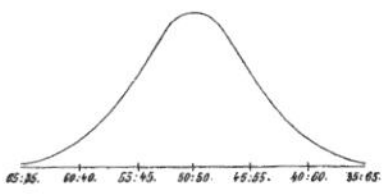

$$\frac{p_1\alpha_1 + p_2\alpha_2 + p_3\alpha_3 + \dots}{p_1 + p_2 + p_3 \dots}$$

Social Science and Causal Analysis

From Max Weber's methodology
To the frontier of social inquiry

Toshiki SATO

岩波書店

［はしがき］ この本の主題と構成、そして読み方案内

一．

著書の題名を決めるのは、苦手の一つだ。ぱっとひらめいた、などと聞くと、正直羨ましくなる。そんな私にしては珍しく、この本の題名はすんなり決まった。

いや、私も迷わなかったわけではない。さすがに大それた題名ではないか、と。社会科学と因果分析？ ウェーバーの方法論から知の現在へ？ 正題と副題、それぞれの前半と後半だけで、図書館一階分は楽にうまる。そのくらい、多くの著作や論文が書かれている。

でも、しかたがなかったのである。他に言いようがなかった。

マックス・ウェーバーは、二〇世紀以降の社会科学の基礎を築いた一人だ。社会学のみならず、現在の社会科学全体の創始者の一人だと言ってもよい。そんな人が残した方法論の論考群の、それも従来あまり光をあてられなかった部分が、現代の社会科学の最先端の展開、「計量分析」対「事例研究」の論争や、反事実的な因果定義や統計的因果推論といった方法に、そのままつながっている！ そんなことを見つけてしまったのだから。

最初に断っておくが、だからといって、これが私の独創的な発見だと言うつもりは、さらさらない。

いつもながら、調べていくと、先行発見者や並行発見者は、何人もおられた。もちろん、私がまだ気づいていない方も、何人もおられるだろう。

それでも、見つけたものは見つけたものだ。衝き動かされてしまう。個人的には恨み言の一つも言いたいくらいだ。数理や統計、あるいは分析哲学も援用した方法論の探究と検討は、現在ではもちろん、それ自体が社会科学の重要な研究分野の一つになっている。その一方で、ウェーバーの学説研究もまた、長い伝統をもつ。社会科学のなかでも、正統的《オーソドクス》な研究分野の一つだ。

おかげで、その間を何度も往復することになった。昨日は数式の並ぶ論文をひぃひぃ言いながら読み齧り、今日は書庫のほこりにまみれて、百年以上前のドイツ語の論文を読み進める。そんな日々のくり返しだ。おそらくは半世紀以上、借り出されなかった書籍を手に取るのは、本好きには楽しい体験だが、革製の装丁が粉を吹いていて、掌がすぐに汚れるのには参った。

その成果がこの本というわけだが、おかげで一つ、胸を張って言える。これを読むと、現代の社会科学の方法論も、ウェーバーという社会科学の創立者《ファウンダー》の一人の業績も、どちらも頭に入ってくる。その意味では、なかなかお得な本だと思う。費用対効果の面でも、そして本棚の空間の節約としても。

独創性もふくめて学術的な意義の判断は、いつものように他の人に委ねたいが、この点だけは少し自信がある。

二

簡単に箇条書きすると、本書には次のようなことが書かれている。

（1）M・ウェーバーの因果分析の方法論を、その成立史にまで遡って追跡し、再構成していく。
（2）その上で、自然科学までふくめたその後の研究の展開をふまえて、「適合的因果構成」と呼ばれる彼の方法が（反事実的な因果定義と確率的因果論を用いており）、現在の統計的因果推論にまでつながることを示す。
（3）そのなかで、従来「難解」とされ、「一連のミスプリントがある」とさえ疑われたウェーバーの方法論の論考が、明確な論理と一貫した企図で組み立てられていることも示す。
（4）さらに、そのことが以後の社会学、特に学説史のなかでなぜ見失われていったのかも跡づける。それを通じて、従来の、特に日本語圏での「ウェーバー像」とは大きくことなる、彼の社会学の姿を明らかにする。
（5）これらの考察を通じて、こうした因果分析の方法が社会科学の理論と実証の両面で、どんな影響をあたえるかを検討し、どのような受け取り方が望ましいかを考えていく。

別の言い方をすれば、ウェーバーの「適合的因果」を、統計的因果推論と分析哲学の反事実的条件文をモデルにして再構成してみた。最も簡潔には、そういう風にもまとめられる。あるいは、そういう専門用語が苦手な人なら、「適合的因果」という方法論を、仮定を用いて因果を経験的に同定する方法として徹底的に考え抜くことで、ウェーバーの社会学と現代の社会科学を一貫的に再構成してみた。そう受け取ってくれればよい。

この再構成がもし成功していれば（私自身は成功していると考えているが、最終的な評価はもちろん読者であるあなたに委ねられている)、さらにもう一つ、大きな意義が加わる。社会科学の因果分析の方法は、少なくとも経験的分析においては百年単位で安定している、といえるからだ。

それによって、「革新的な社会科学の方法」を流行のように取り込んで、輸入代理店のように競う無駄が省けるだけではない。より整備された、より明確に定式化された新たな手法を、従来の研究成果の蓄積にうまく接続することができる。

そうなれば、最近の方法論の革新も、より円滑に、かつより反省的に取り入れられる。そして「古典」と呼ばれる業績に、新しい生命を吹き込むこともできる。社会学そして社会科学の歴史にも、魅力的な一面をさらに加えるものになるだろう。

三

そんな内容が書かれているので、さまざまな学術分野が関わってくる。社会学、そして社会科学はいうまでもない。統計学や科学史、哲学や思想史まで……。具体的な人名をあげた方が、わかりやすいだろう。

社会学者でいえば、ウェーバーとN・ルーマンが出てくることはいうまでもない。A・シュッツも出てくる。実はシュッツは、意味の理解と因果の分析という、ウェーバーが方法論の焦点とした二つを、別のやり方でとりあげた人である。だからこそ、彼の理解社会学論は一面でとんでもない誤解をやっているが、それもまた興味深い。

社会学以外でいえば、ウェーバーの方法論が主題の一つである以上、新カント派の哲学者H・リッカートは、もちろん出てくる。そして反事実的な因果定義につながるわけだから、分析哲学のD・ルイスも顔を出す。統計学者は一九世紀後半の大家から、最新の統計的因果推論の研究まで、いろいろ登場する。科学史・科学方法論でいえば、H・ライヘンバッハからC・ヘンペル、W・サモンも顔を出す。I・ハッキングやT・ポーターも出てくる。

もっと有名な人では、現象学のE・フッサールも出てくる。「適合的因果」の中心的な術語の一つは「法則論的 nomologisch」だが、フッサールは『論理学的研究1』でまさにこの言葉を用いて、全ての学術を分類している。そして、この言葉は科学論で有名なヘンペルの「DNモデル」の「N」、すなわち nomological の原語でもあるが、二人の使う意味は実はかなりちがう。

さらには量子力学の建設者の一人、M・プランクも登場する(プランクが量子hを導入した有名な論文を、ドイツ語で読むことになるとは、さすがに予想もしていなかった……)。三木清も脇役だが、欠かせない登場人物の一人だ。彼がハイデルベルクに留学中、ウェーバーを主に研究していたことも、またK・マンハイムを家庭教師として雇っていたことも、この本を書くまで私は知らなかった。

あるいは、もっと専門的な話になるが、適合的因果の考え方は、もともと一九世紀後半のドイツ語圏を代表する統計学者、ヨハネス・フォン・クリースが定式化したものだ。その後、G・ラートブルフらによって法学に導入され、今も主要な因果判定手続きの一つになっている。日本語では「相当因果関係説」と呼ばれる。

その成立史としても興味深いものになると思うが、実はその後、この方法は分析哲学や統計学のなかでさらに発展をとげて、統計的因果推論という数理・計量手法の分野にまで成長している。そうした現状は、法学にとっても関心がもてるのではないだろうか。

だから、社会科学全般はいうまでもなく、哲学、思想、歴史といった人文学もふくめて、人文学と社会科学という「文科系」の学術全般に広く関わってくる。それだけではない。統計学など、現在は「理科系」とされる学術の展開にも関わる。その点でいえば、「文科系」から「理科系」の一部までを、文字通り横断的にあつかうことになる。

だから、それぞれの分野をこえて、現代における文科系の学術のあり方、さらに理科系の学術との関係について知りたい人にも、興味をもてるものだと思う。少なくとも、考える手がかりにはなるはずだ。

四.

このような概要と構成になっているので、本を手にとってくれた読者のなかには、いろいろな方がおられると思う。

著者としては、書く必要のあることだけを書いたつもりなので、最初から最後まで、つまり第一回から第二〇回まで、コラムもふくめて順に読んでくれて、もちろんかまわない。私にとっては、それが一番ありがたい。

けれども、とりあえず、関心のある部分をまず読んでみたい――そう考えた人も少なくないだろう。他の人の著作を手にとるときは、私もよくそう思う。あるいは、興味はあるけれども、分量が多そうで気が引ける。とりあげる範囲が広いので、いろいろ知っていないと読めないのでは、とためらう。そんな人もいるだろう。そういう気持ちもよくわかる。

だから、そんな私に似た読者向けに、簡単な読み方案内も最初に解説しておこう。どんな関心を主に

おもちかで分けていえば、例えば、

（a）もし社会科学全体を大づかみにわかりたければ、

第一回→……→第七回→第一一回→第一二回→第一五回→……→第二〇回

と読み進めてくれれば、一通り頭に入るはずだ。「……」の間は順番通りに。

（b）もし経験的な分析手法に興味があれば、

第一回→第六回→……→第一二回→第一五回→……→第二〇回

と読んでくれればよい。

（c）ウェーバーの学説の展開に興味がある人ならば、

第一回→……→第三回→第六回→……→第九回→第一一回→……→コラム3→第一六回→……→コラム4

みたいに読んでいけばよいだろう。途中で知らない術語が気になれば、索引で初出の頁を調べて、読んでもらえれば何とかなると思う。

（d）科学論や思想に特に興味があれば、

第一回↓……↓**第五回**↓**第一五回**↓……↓**第二〇回**↓**コラム1**↓**第六回**↓……↓**コラム3**

みたいな読み方もできる。

（e）昔の話は後回しし、とりあえず現代の社会科学について知りたい人は、思い切って、

第一五回↓……↓**第二〇回**

をまず読んで、それから第一回に戻って読んでくれてもかまわない。

（f）とにかく時間がないという人ならば、

第三回↓**第七回**↓**第一〇回**↓**第一二回**↓**第一五回**↓……↓**コラム4**↓**コラム1**

で、とりあえず大筋をつかむ。その後、暇をみて最初から少しずつ読んでいく。そんな飛ばし技も一応できる（親切な本でしょう?）。

また、**第一七回五節**では、この本であつかう因果分析の議論の全体を表の形にまとめておいた。最初にこの表を見て、大体の展開を頭に入れておくと、読みやすくなるかもしれない。あるいは、もし途中でどこにいるのか、わからなくなったら、この表を地図代わりにして、今何が論じられているのかを確

認してくれればよい。

五.

目次に載せた回の題名をみれば、各回の内容は大体わかると思うが、本の全体は大きく分ければ、四つまたは五つの章にあたるまとまりをなしている。

第一回〜第五回では、社会科学の現在と過去をふり返りながら、その展開のなかにウェーバーを位置づけ直している。

第一回〜第二回(第一章　社会科学とは何か)は、大まかな現状を概観している。社会科学にはどんな特徴があるのか、理科系の自然科学や、同じ文科系に分類される人文学とどうちがうのかを、ウェーバーの方法論の主要な業績や日本語圏以外での読まれ方も紹介しながら、簡潔に解説しておいた。

第三回〜第五回(第二章　百年の螺旋)はこの百年間の社会科学の展開、リッカートの文化科学から、ウェーバーの有名な論考「プロテスタンティズムの倫理と資本主義の精神」や計量分析の手法をへて、ルーマンのシステム論など、現代の先端的な研究までの流れをたどりながら、ウェーバーという社会学者がそこでどんな位置にいるのか、を明らかにする。「法則科学と文化科学」や「ハーバマス対ルーマン」といった、従来の社会学史を知っている人にとっては、むしろ意外な展開になるかもしれない。

第六回〜第一〇回(第三章　適合的因果の方法)では、そうした当時の「自然科学対人文社会科学」の論争や、歴史学や統計学との関わりのなかで、ウェーバーの因果分析の方法論がどのように形成されていったのか、をみていく。社会学史や科学論の色彩が強いが、反事実的な因果定義や確率的因果論といった、現代の因果分析の手法に関心がある人にとっても、十分に面白いと思う。

これらの手法の簡単な解説になっているだけでなく、これらが実は一九世紀末から二〇世紀初めのドイツ語圏の社会科学で、すでに出現していた。そこから見えてくることもいろいろある。例えばウェーバーがその方法論を確立した論文で、くり返し参照指示している統計学の著作がある。v・クリースの『確率計算の諸原理』だが、*三節でふれたように、プランクが量子力学の扉を開いた論文でも、この著作が引用されている。それも、v・クリースの術語をわざわざあげながら。そんな事実を知ると、自然科学までふくめて、二〇世紀以降の科学の展開が少しちがった姿で見えてくるのではないか。

第一一回〜第一四回(第四章　歴史と比較)では、まず、ウェーバーの因果分析の方法論を、彼自身の論考での解説と出てくる事例を用いて、再構成している。その上で、その後の彼の比較研究にそれがどう結びついていくのかを、解き明かしている。別の言い方をすれば、ウェーバーの方法論と経験的な分析を、一貫した視座で体系的に整理している。だから、ウェーバーの比較社会学や歴史社会学がどんなものなのか、を知りたい人にも役に立つだろう。

第一五回〜第二〇回(第五章　社会の観察と因果分析)は、そうした探究が現代の社会科学でさらにどのように展開しているのかを、「計量分析」対「事例研究」の論争や統計的因果推論などの具体的な手法をふまえながら、解説していく。それは言い換えれば、ウェーバーが何を考え始めたのか、を見ていくことでもある。そのなかで、社会科学は何をしているのか、という最初の問いかけに(第一回参照)、私なりの答えも出していく。

私の答えが最終的な正解だと主張する気はないが、もしウェーバーという社会科学の古典と、現代的な手法の研究が本当に同じ方向をさしているとすれば、やはりすでに述べたように、その意義は決して小さくない。

コラム1〜4は各章の議論と関連が深いが、やや専門的になる主題やより詳しい研究史などをとりあげて、それぞれ解説している。社会科学を専門にしている人には、むしろ一番読み応えがある部分かもしれない。例えばコラム4では、百年以上前のドイツ語と現代の統計学の数式表現が並んで出てくる。でも、これもしかたがなかったのだ。何しろ、ウェーバーがくり返し参照指示している著作の、その頁に解説されているのは、現在でいう中心極限定理なのだから……。

以上が、各回の内容の簡単な紹介だ。二節で述べた概要と四節で述べた読み方案内をあわせると、この本がどんな構成になっているか、大体見えてくると思う。

六.

そんな具合で、この本は必ずしも最初から最後まで、お行儀よく読む必要はない。そのように書いたつもりだ。だから本当は、自分の感覚まかせで「あ、面白そう」「興味がもてそう」と思った回だけ、拾い読みしてくれてもかまわない。

のんきな著者だなあ、と思った人がいるかもしれないが、この本の主題《テーマ》がそういう読み方ができるようにさせた。私としてはむしろそんな感じだ。

その一つの理由は、先ほど書いたように、私自身が、他人の著作や論文を拾い読みしたり斜め読みしたりするからだ。自分に要求しないことは、他人にも要求しない。それは社会科学にとって、とても大事な原則の一つである。少なくとも私はそう考えている。ウェーバーは「価値解釈」について語り、

「神々の争い」という言葉で社会科学を形容し、「明晰さ」を掲げた。その本来の意味も、そういうことだと思う。

もう一つの理由は、この本に書かれていることは、結局、全てが全てにつながるからだ。だからこそ、どこから読んでもらっても、どう読み進めてもらっても、かまわない。逆にいえば、本の内容をしっかり理解しようとすれば、結局、全てを読むことになると思う。

「社会科学と因果分析」「ウェーバーの方法論から知の現在へ」という、おそろしく大きな題名をつけざるをえなかった。その主な理由もそこにある。

ウェーバーが病と闘いながら考え始めたことを、現代の社会科学も考えている。だからこそ、ウェーバーは今なお、現代的な社会科学者だといえる。そして、現代の社会科学の方法論をふまえることで、ウェーバーが残したテキストもより適切に読み解ける。

そういう意味では、この本の最終的な主題は、第一章の章題でもある「社会科学とは何か」である。この問いを私なりに考えつめてみた。その結晶でもある。だからこそ、全てが全てに通じている。そんなことも頭の片隅において読んでもらえれば、とても嬉しい。

なお、重要な術語や概念は索引で出てくる頁をあげてあるが、特に確率的因果論と適合的因果は第七回、統計的因果推論は第一六回にまとめて解説してある。もし全体の流れがわかりにくくなったら、この二つの回をくり返し読んでもらうと、わかりやすくなると思う。

* 第七回末尾（一四〇頁）の注記（＊1）参照。

目　次

第一章

社会科学とは何か

［第一回］ **社会科学は何をする？**

一.

たぶん私の専門分野は社会学になるのだろうが、実は勤務先の大学では、一、二年生に統計を教えている。これはこれで結構楽しい。

社会学と統計学は、ふつう思われているより、はるかに関わりが深い。例えば、社会学の基本的な分析手法はマックス・ウェーバーによって形づくられたといってよいが、その方法論に大きな影響をあたえた研究者は二人いる。一人は新カント派の哲学者ハインリヒ・リッカート、もう一人は生理学者で統計学者のヨハネス・フォン・クリースだ。著作でいうと、リッカートの『自然科学的概念構成の限界（第二版）』（一九〇二年）、v・クリースの『確率計算の諸原理』（一八八六年）である。

そして、これはきわめて現代《アップ・トゥ・デイト》的な問題でもある。二人の専門分野からわかるように、ウェーバーの方法論の形成は、文科系の学術と理科系の学術がどう関わりあうか、への彼なりの答えでもあった。向井守が『マックス・ウェーバーの科学論』（ミネルヴァ書房、一九九七年）で丁寧に明晰に解き明かしているように、これは当時のドイツ語圏の人文社会科学で激しく闘わされた方法論争の一部でもある。自然科学 natural science が爆発的な発達をとげ、従来、人文学 humanities が対象としてきた領域まで手を伸ばしてきた。それに対して、人文学や社会科学の独自性をいかに主張していくのか、という当時の西欧の学術全体を巻き込んだ大論争の、一部だったのだ。

その意味で、ウェーバーの社会学方法論の形成をみていくことは、歴史への問いであるだけでない。現在、特に日本で大きな学術的かつ政策的課題となっている、文科系／理科系の研究教育のあり方を考える上でも重要な示唆をあたえてくれる。社会科学 social science がそこでどんな位置をとりうるのか、もふくめて。

二

わかりやすい実例をあげておこう。二〇一六年の初めに、吉見俊哉による『「文系学部廃止」の衝撃』（集英社新書）という本が出された。

このなかで、吉見は「『価値とは何か？』という問いこそが、一九世紀後半以降に台頭してくる『文系』の知にとって根幹の問いだった」（一〇三頁）として、「価値創造的な文系＝人文学の知」と「目的遂行的な理系＝工学の知」を対置して（一〇五頁）、「『文系』の知は、価値の軸の変化を予見したり、先導したりする価値創造的な次元を含み、……主に理系が得意な『短く役立つ』知とは次元が異なる」（一〇九頁）と述べている。帯の推薦の辞でも「価値軸の創造」という文系の知の特徴づけが強調されていた。

吉見自身も述べているように、この人文社会科学の定義は、一九世紀末のドイツ語圏での方法論争で生み出されたものだ。W・ウィンデルバントの「個性記述的な科学／法則定立的な科学」の図式を引き継ぎ、組み立て直して、リッカートは「文化科学 Kulturwissenschaft／法則科学 Gesetzeswissenschaft」の二分法をたてた。「リッカートは……『価値』について探究するのが『文系』の存在意義だと認識していたのです。そして、この認識を二〇世紀の社会科学に発展させていったのがマックス・ウェーバーでした」（一〇五頁）。

あるいは、隠岐さや香『文系と理系はなぜ分かれたのか』（星海社、二〇一八年）のような、科学史の優れた概説書でも、「計量的方法から距離を置いていたヴェーバーは、リッケルトの議論を踏まえて、社会科学は『文化科学』であるとみなしています」（六九頁）と書かれている。これが日本語圏では、専門家もふくめて標準的な理解なのだろう[1]。

しかし、こうしたウェーバーの社会学の理解が世界的《グローバル》かといえば、必ずしもそうではない。例えば英語圏では現在も、社会科学の方法論の論争が激しく闘わされている。G・キング、R・コヘイン&S・ヴァーバ『社会科学のリサーチ・デザイン』（G. King, R. Keohane, and S. Verba, *Designing social Inquiry*, Princeton Univ. Press, 1994, 真渕勝監訳、勁草書房、二〇〇四年）に始まる、「計量分析」対「事例研究」の争いだ。ここにもウェーバーはしっかり登場してくるのだが（いやいや本当に現代的な人だ……）、そのなかの一冊、G・ガーツ&J・マホニー『社会科学のパラダイム論争』では、ウェーバーは、反事実的条件（反実仮想）を用いた因果分析を導入した人とされている（G. Goertz and J. Mahoney, *A tale of two cultures*, pp. 116, 119-120, Princeton Univ. Press, 2012, 西川賢・今井真士訳、九六、一四一頁、勁草書房、二〇一五年）。

「反事実的条件 counterfactuals」というのは、分析哲学のD・ルイスらによって定式化されたもので、「結果にあたる事象が生じた同じ個体において、もしも特定の変数がなかったら（＝その変数の状態がちがっていたら）、その結果は生じなかっただろう」という形で原因―結果の関係を考えていく。

基本的な考え方は計量分析の要因統制と同じだが、「同じ個体」という点で反事実的な命題になる。少なくともその個体においては、「もしも〜なかったら」の条件文の部分は実際には生じていないからだ。それゆえ、個体レベルでは経験的には検証できないが、統計的因果推論のように、観察されたデータにもとづいて、集団単位の期待値の形で同定する手法も考案されており、さまざまな場面で使われている。むしろ現在では、こうした反事実的な因果定義にもとづく因果分析が、社会科学の計量研究では主流になりつつある。そう言ってよいくらいだ。

「計量分析と事例研究」という対立軸で考えた場合、日本語圏の常識的な理解では、ウェーバーは事例研究の側のように思える。リッカートの法則科学／文化科学をふまえれば、なおさらそうだ。文化科学は個性化する知だとされているからである(Heinrich Rickert, *Kulturwissenschaft und Naturwissenschaft* (*7 Aufl.*), S. 54-56, J. C. B. Mohr, 1926, 佐竹哲雄・豊川昇訳『文化科学と自然科学』一〇二〜一〇四頁、岩波文庫、一九三九年)。

ところが、現在の英語圏の方法論争では、ウェーバーの方法論は、統計的因果推論のような、計量分析に通じるものとして位置づけられているのである。

三

なぜ、こんな奇妙なねじれが起きたのか。

私の考えでは、社会科学の方法論をこのような対立軸で考えること自体がそもそもまちがっているのだが(断っておくが、これも別に私の独創的な意見ではない)、それはこの本のなかでゆっくり解説していくとして、もう一つ興味深い事実をここでは紹介しておこう。

事例研究や文化科学に近い人としてウェーバーが語られるとき、参照される主な論考は「社会科学的および社会政策的認識の『客観性』」(以下「客観性」論文と呼ぶ)だ。それに対して、計量分析に近い人としてウェーバーが語られるとき、参照されるのは別の論文、「文化科学の論理学の領域での批判的研究」(以下、文化科学論文と呼ぶ)である。

ウェーバーの方法論の代表作とされるものがそもそもちがう。『社会科学のパラダイム論争』の文献表に出てくるのも、文化科学論文の英訳だ。

「客観性」論文は一九〇四年、文化科学論文はその翌々年、一九〇六年に発表された。この間に何があったのか？　実は「客観性」論文には現れず、文化科学論文に登場する研究者の名がある。それが生理学者で統計学者のヨハネス・v・クリースなのである。

参考のため、ウェーバーの主要な方法論が発表された年をあげておこう(向井前掲一三頁より、なおカッコ内の論文の通称は一部変更した)。ウェーバーの死後、これらは『科学論集』(*Gesammelte Aufsätze zur Wissenschaftlehre*, 以下 WL と略す)という論文集に編集されて、広く読まれてきた。

［1］一九〇三年　「ロッシャーとクニースと歴史的経済学の論理的諸問題　**1**章」(ロッシャー論文)
［2］一九〇四年　「社会科学的および社会政策的認識の『客観性』」(「客観性」論文)
［3］一九〇五年　「ロッシャーとクニースと歴史的経済学の論理的諸問題　**2**章」(クニース**1**論文)
［4］一九〇六年　「文化科学の論理学の領域での批判的研究」(文化科学論文)
［5］一九〇六年　「ロッシャーとクニースと歴史的経済学の論理的諸問題　**3**章」(クニース**2**論文)

【6】一九〇七年　「シュタムラーにおける唯物史観の『克服』」（シュタムラー論文）
【7】一九一三年　「理解社会学の若干のカテゴリーについて」（理解社会学論文）
【8】一九一八年　「社会学および経済学の『価値自由』の意味」（「価値自由」論文）
【9】一九一九年　「職業としての学問」
【10】一九二一年　「社会学の基礎概念」（基礎概念論文）

方法論の論文は一九〇三〜〇七年、つまりウェーバーの精神疾患が軽快し、経済学から社会学へ転じていく数年間に集中している。一九一三年以降のはそれらの成果を整理しつつ、発展させたものだ。「マックス・ウェーバー」と聞くと、「プロテスタンティズムの倫理と資本主義の精神」を思い浮かべる人は多いだろうが、これは当初、一九〇四年に第一節、翌〇五年に第二節が『社会科学・社会政策アルヒーフ』（以下『アルヒーフ』と略す）に発表された。方法論の初期の論文群とちょうど重なる形で書かれている。

そのことは一九二〇年に刊行された『宗教社会学論集1』（*Gesammelte Aufsätze zur Religionssoziologie 1*（*MWG1/18*, *MWG1/19*），以下*RS1*と略す）での、この論文の改訂作業とも大きく関わっている。(2) 実はこのとき、題名も少し変更された。元の論文には「プロテスタンティズムの『精神』»Geist«」と、「精神」に»〜«がついていたが、二〇年の改訂版では»〜«がつかなくなる（以下では、〇四〜〇五年の方を倫理論文アルヒーフ版、二〇年の方を倫理論文改訂版と呼ぶ）。

もちろん題名だけでなく、中身の面でもかなり大きく変わっているのだが、これについては第三回であらためてふれよう。

四

ウェーバーの方法論をある程度ご存じか、関連の学説研究を昔読まれた方は、この［**1**］〜［**10**］のリストをみて、あれっ？と思われたかもしれない。現在の『科学論集』の冒頭にある「ロッシャーとクニース」という論考が載っていないからだ（まぎらわしいが、この「クニース」は有名な国民経済学者カール・クニースのことで、V・クリースとは別人である）。

ウェーバーの方法論を考える上では、これも重要な鍵となる。やはり向井が明確に示しているように、「ロッシャーとクニース」という一つの論文は実際には存在しない。別々の時期に書かれた、三つの論文（＝［**1**］と［**3**］と［**5**］）があるだけだ。「ロッシャーとクニース」は「読むほうがつらくなるような難渋な作品」（山之内靖『マックス・ヴェーバー入門』一二一頁、岩波新書、一九九七年）ともいわれてきたが、そもそも一つの論文として読むこと自体が無理なのだ。

第三章でまた詳しく解説するが、この三つのうち、V・クリースの名と彼が定式化した因果同定手続きである「適合的因果構成 adäquate Verursachung」（英語では adequate causation）が明示的に登場するのは、一九〇六年のクニース2論文（＝［**5**］）だけである。そして、このクニース2論文と、同じく〇六年に発表された文化科学論文（＝［**4**］）では、リッカートが文化科学の基軸とした「個性的因果関係」が、むしろ鋭く批判されている(3)。

実はドイツ語圏や英語圏の学説研究では、こうしたこともすでにかなり知られている。例えば、『読書人の没落』や『知の歴史社会学』で知られるフリッツ・リンガーは、ウェーバーの方法論をとりあげた論考のなかで、「彼に対する決定的な影響は、H・リッカートからではなく、C・メンガーとG・ジンメル、そしてとりわけ生理学者で統計学者のJ・v・クリースから来た」と述べている(Fritz Ringer "Max Weber on causal analysis, interpretation, and comparison," Matthew David (ed.), *Methods of Interpretive Sociology 1*, p. 311, SAGE, 2010, 初出は *History and Theory* 41(2), 2002)。

これはさすがに極論すぎるが、(a)リッカートの主張の重要な一部をウェーバーは明確に否定した。そしてそこには、(b)「法則論的／存在論的」や「客観的可能性」といった術語系を用いるv・クリースの方法論が、決定的に関わっていた。この二点に関しては、私もそう考えている。

とりわけウェーバーがv・クリースから採り入れた「法則論的知識」という言葉は、これまで「法則Gesetz」としばしば混同されてきたが、全くちがうものである(4)。法則論的知識は、反事実的な因果の同定に関わる命題だ。このリンガーのウェーバー論は、(ピッツバーグ大学で彼の同僚でもあった)W・サモンの、科学的説明の多くは因果関係の解明である、という主張もふまえている(Ringer, *Max Weber's Methodology*, pp. 86–91, Harvard Univ. Press, 1997 など)。これは現代の科学論でも重要な論点になっており(5)、そういう意味でも、ウェーバーの方法論は今なお生きている(第五章参照)。

したがって、少なくとも一九〇六年以降のウェーバーの比較社会学や歴史社会学を理解する上で、「客観性」論文は必ずしも適切な論考ではない。どれか一つあげるとすれば、やはり文化科学論文だろう。できれば、クニース2論文もあわせて読んだ方がよいが、文化科学論文の後半部、第二節は詳しい注記までふくめて必読だ。

「客観性」論文はウェーバーの方法論の代表作ではなく、形成途上で書かれた。「思想的にも用語的にもリッカートの影響を最も強く受けた」この論文の結びで、ウェーバーはこう宣言している(富永祐治・

立野保男訳、折原浩補訳『社会科学と社会政策にかかわる認識の「客観性」』一六〇頁、岩波文庫、一九九八年、*WL* (*7 Aufl.*), S. 214, 1988, なお傍点は原文強調部、原著の頁数が表記される場合は訳文一部変更、以下全て同じ)。

社会科学の本源的な課題は、……具体的な歴史的な連関の文化意義の認識にもっぱら仕えることであり、それだけが最終的な目標である。概念構成や概念批判の研究も、他の手段とならんで、この目的に仕えるものである……

この「文化意義」はリッカートから受け継ぎ、発展させた概念だ(第三回三節参照)。ところが、ここで「最終的な目標」とされた「文化意義」は、「それ以後ほとんど完全に消滅してしまう」(向井前掲二三四頁、具体的な用例の検討は二三四～二三八頁)。実際、文化科学論文では、もうこの形では出てこない。

五.

ウェーバーの社会学は、リッカートがいう意味での文化科学ではない。むしろ「価値を創造する知」対「法則を追求する知」といった対立図式を超えていった。そこにウェーバーの偉大さがある(6)。そこから二〇世紀の社会学と社会科学は出発していく。

さらにいえば、ウェーバーの幼馴染でもあったリッカートはナチスの権力掌握後の、一九三五年まで生きた。彼自身はユダヤ人差別に批判的だったが、G・オークスが示唆するように、ニーチェ愛好者でもあった彼の文化科学の定義は、ナチスに通じるものもはらんでいた。文化科学の現代的意義を主張するのなら、そこも見逃すべきではないだろう。

もし人文社会科学の特徴が「価値を創造する」ことにあり、それで定義できるとすれば、人文社会科学者以外の人は価値を(少なくとも、あまり)創造できないことになる。それは価値を創造する人／しない人の二分法をつくりだす。

もし人文社会科学者以外の人も「価値を創造」でき、かつ人文社会科学が「価値を創造する知」として定義できるなら、今度は、人文社会科学の専門性がなくなる。もちろん、もし人文社会科学に価値を創造する特権的な方法があれば別だが、それは第一の「もし」と同じく、やはり価値を創造する人／しない人の二分法を(「一段ずらし」た形で)つくりだす。

少なくとも私はそんな方法はもっていない。私は人文社会科学者でない人々と同じように価値を創造することはできるだろう、そして他人や自分が創造した、価値がありうる成果の妥当性を、専門的で体系的な手法を使って部分的に検証することもできるだろう。

私ができることはそれだけだ。社会科学としてはそれで十分だ。創造するのと検証するのは全くちがう作業である。そして、一九〇六年以降のウェーバーもそう言うのではないかな、と思っている。「数学や自然科学の真に偉大な認識は全て、まず想像力のなかで『直観的に』仮説としてひらめき、そしてその後、事実に即して『検証』される。……歴史においても全く同じである」(文化科学論文、森岡弘通編訳『歴史は科学か』一九五頁、みすず書房、一九六五年、*WL* (*7 Aufl.*), S. 278, 1988, 以下 *WL* (*7 Aufl.*) からの引用は著作名を省く)。

(1)　以下で述べるように、このウェーバー理解は誤りで、「個性記述的／法則定立的」を科学史の術語として使うのも、適切ではない、と私は考えている。けれども、隠岐が述べている文科系と理科系の関係性の歴史は、的確なものだと思う。ウェーバーの方法論の生成も、その研究史も、むしろその典型例の一つだろう。

（2）　ウェーバーの文献挙示は、校訂版の全集 *Max Weber Gesamtausgabe*（以下 *MWG* と略す）が二〇一九年現在でまだ刊行中でもあり、かなり複雑になる。そのため、読みやすさを考えて、本文中では省略した形で示した。ただし『宗教社会学論集1』は重要なテキストになるので、ここで少し詳しく文献情報を記しておく。

まず全集では、***MWG1/18*** ***Die protestantische Ethik und der Geist des Kapitalismus*** と ***MWG1/19*** ***Die Wirtschaftsethik der Weltreligionen Konfuzianismus und Taoismus*** の二冊に分かれて、J. C. B. Mohr からすでに刊行されている。

日本語訳は、***MWG1/18*** に収載された部分については、大塚久雄訳『プロテスタンティズムの倫理と資本主義の精神』岩波文庫、一九八九年、中村貞二訳「プロテスタンティズムの教派と資本主義の精神」安藤英治ほか訳『世界の大思想Ⅱ-7　ウェーバー　宗教・社会論集』河出書房、一九六八年（新装版は『宗教・社会論集／ウェーバー』河出書房新社、一九八八年）などがある。

MWG1/19 収載分については、大塚久雄・生松敬三訳「宗教社会学論集　序言」「世界宗教の経済倫理　序論」「世界宗教の経済倫理　中間考察」ともに『宗教社会学論選』みすず書房、一九七二年、木全徳雄訳『儒教と道教』創文社、一九七一年などがある。

（3）　この二つの論文は相互に参照指示されているので、同時に執筆されたと考えられる。

（4）　「法則論的知識」は nomologische Wissen の、「法則論的／存在論的」は nomologisch/ontologisch の日本語訳である。そう訳す理由は第四章を参照。

以下では、「法則論的知識」や「適合的因果構成（適合的因果）」といった、v・クリースの著作や論文からウェーバーが導入した術語は、原則として「　」なしで表記する。ただし、「法則論的／存在論的」に関しては、ウェーバー自身の論考でも「法則論的」をv・クリースとはちがう意味で使っている箇所があり、また「存在論」の方は哲学で広く使われる用語なので、v・クリースの著作や論文をふまえた意味で使う場合は、以下「　」をつけておく。これらの術語の研究史は、佐藤俊樹「『社会学の方法的立場』をめぐる方法論的考察」（『理論と方法』二九巻二号、二〇一四年）、同「一九世紀／二〇世紀の転換と社会の科学」内田隆三編著『現代社会と人間への問い』せりか書房、二〇一五年でも述べている。

（5）　これに関しても膨大な関連文献があるが、入門的な解説書としては、戸田山和久『科学哲学の冒険』ＮＨＫブックス、二〇〇五年、Michael Weiberg, *Simulation and Similarity*, Oxford Univ. Press, 2013, 松王政浩訳『科学とモデル』名古屋大学出版会、二〇一七年などがある。

(6)『「文系学部廃止」の衝撃』はおそらく語りおろし原稿に手を入れた著作で、著者の責任をあまり厳格に問う気にはなれないが、どんな状況であれ、研究者が学術について書いた文章は、それ自体として、やはり厳正な批判の対象になる。正す必要があると考えるのなら、(そう考えた自分自身の責任もふくめて)明言すべきだ。それは著者の吉見氏ではなく、むしろ私の責任である。なので、ウェーバーの社会学はリッカートの文化科学を発展させたものだ、と少なくともこの本からは主張できない論拠を明示しておく。

まず、この本の文献表にはリッカートの著作が載っていない。ウェーバーに関しては、『職業としての学問』と『プロテスタンティズムの倫理と資本主義の精神』(一九八九年の大塚久雄訳、岩波文庫)、つまり一九二〇年の倫理論文改訂版の翻訳があがっている(→注2)。

リッカートの文化科学の定義を採用するなら、四節でも述べたように、「客観性」論文をあげるべきだろう。倫理論文であれば、一九〇四〜〇五年のアルヒーフ版の方が適切だ(→第三回四節)。こちらの日本語訳は、梶山力訳・安藤英治編補訳『プロテスタンティズムの倫理と資本主義の《精神》』(未來社、一九九四年)である。「職業としての学問」論文での文化科学の位置づけに関しては、第六回一節参照。

文献表にある著作では、I・ウォーラーステインの『脱＝社会科学』で「個性記述的／法則定立的」の議論がなされているが、彼の比較分析の方法論は、致命的な論理的錯誤をかかえている。この点はすでに佐藤俊樹『意味とシステム』(勁草書房、二〇〇八年)の第七章「世界システムという物語」で、詳しく説明している。この本のなかでも何度もふれるが、現代の歴史学に関心がある人には、第一七回が特に参考になるだろう。

経験的分析での着想は高く評価するが、科学論や方法論の水準では、ウォーラーステインの研究は一九六〇〜七〇年代のマルクス主義の域を出るものではない。ウォーラーステインはコロンビア大学の社会学の出身だが、R・K・マートンの『社会理論と社会構造』での理論的検討も、率直にいって、十分には理解できていない。佐藤俊樹『社会学の方法』(ミネルヴァ書房、二〇一一年)の第五章二節、特に注5を参照。

［第二回］ 人文学と自然科学の間で

一．

第一回ではウェーバーの社会学方法論が、哲学者のリッカートと生理学者で統計学者のv・クリースという、二人の研究者の影響の下に形成されたと述べた。日本語圏では今日でも、ウェーバーの方法論はリッカートの延長上で解説されることが多いが、実際には(a)リッカートの主張の重要な一部を明確に否定した。そして、そこには(b)v・クリースの方法論が決定的に関わっていた。

それらをふまえると、リッカートの「法則科学／文化科学」の図式を用いて、ウェーバーの社会学を位置づけることも適切とはいいがたい。例えば「『文化科学』的『法則科学』」(折原浩『マックス・ヴェーバーにとって社会学とは何か』一三頁、勁草書房、二〇〇七年、傍点は著者による)のような表現は、誤解を生むだけだろう(コラム1および第五章参照)。

ウェーバーの社会学は、文化科学でもなければ、法則科学でもない。だから、法則科学的文化科学でもなければ、文化科学的法則科学でもない。ウェーバーが文化科学論文で「法則論的知識 nomologische Wissen」と呼んだのは、第一回でも述べたように、反事実的な因果同定の前提となる、経験的知識を援用した命題である(森岡訳一九一、二〇八頁、S. 275-276, 287 など)[1]。現在では、例えば「反事実的知識 counterfactual knowledge」などと呼ばれているものだ(Judea Pearl, *Causality: models, reasoning, and inference* (2ed.), p. 34, Cambridge Univ. Press, 2009, 黒木学訳『統計的因果推論』三五頁、共立出版、二〇〇九年)。

こう整理すると、ウェーバーの方法論のもつ現代的な意義が、いっそう際立つ。「文科系／理科系」という分類を、むしろ超え出ているのだ。社会科学は文化科学的な意味での文科系でもなければ、法則科学的な意味での理科系でもない。そのどちらでもないものとして、ウェーバーは社会科学の方法論を組み立てた。それはいわば、第三の分野としての社会科学の登場を告げるものだった。

何よりもその意味で、ウェーバーの方法論の生成はきわめて現代《アップ・トゥ・デイト》的な出来事といえる。図で描くと、こんな感じだ(少なくとも予算的には、自然科学の円はもっとはるかに巨大だが)。

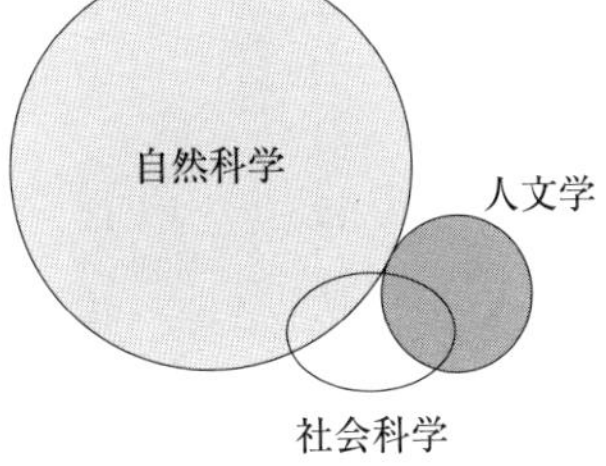

図 **2-1**　自然科学と人文学と社会科学の位置

二

現在の日本では、学術研究や高等教育への公的支出が、頭打ちどころか、先細りにされている。そのなかで、「文科系」とされる学術分野を縮小しようとする動きまで起きている。大学教員の一人である私にも、それは当然関わってくるが、私自身の立ち位置は、率直にいえば、少し微妙なところがある。

最も大きな区分けでいえば、文科系／理科系のうち、文科系は人文社会科学から構成される。つまり、人文学 humanities と社会科学 social science からなる。

この二つは名称だけではなく、中身もかなりちがう。大きくいえば、社会科学には二つの特徴がある。

一つは反省的な形式化だ。少し誤解をまねくかもしれないが、あえてわかりやすい言葉にすれば、「論理性」とも言える。

社会科学は自然科学の手法をかなり取り入れてきた。例えば、数理モデルや計量分析を自分で使える必要はないが、それらを用いた既存研究をある程度理解できる素養は求められる。そして、たとえ数理や計量に全く関わらなくても、形式論理にしたがった論証は必ず求められる。簡単にいえば、「あなたの議論は論理的でない」と言われたら、研究者生命をかけて反論せざるをえない。

学術の世界では論理性はつねにそれ自体価値があるが、社会科学にとって一番重要な役割は、二重基準を回避することにある（第一八回～第二〇回参照）。もちろん、「二重基準だ」と反証される可能性は必ず確保しながら。だから、「反省的な形式化」といった方がより正確な表現になる。[2]

もう一つは、社会に関わる具体的な因果のしくみの探究である。[3] そもそも、因果とは何か自体が大きな問題だが、その反省的検討もふくめて、というか、その問いを手法の反省として内部化しながら、社会科学は因果のしくみを基本的な探究課題としてきた。いや、そうすることから逃れられなかった。

この二つが社会科学の特徴であり、人文学や思想との主なちがいもそこにある。

もちろん一言で「人文学」といっても、さまざまな分野がある。例えば、第一回でふれたルイスのように、分析哲学は数理論理学を取り込んで、社会科学以上に反省的な形式化が進んでいる。あるいは、社会科学の成立のはるか以前から、歴史学は、社会に関わる具体的な因果の探究に取り組んできた。現在の社会科学も、この二つの分野とは特に関わりが深い。

したがって、反省的な形式化と社会に関わる因果の探究をともに追求するところに、社会科学の特徴がある、といった方がよいだろう。この二つをいかに組み合わせるか、すなわち因果のしくみを特定できる手法を反省的に形式化しながら、それによって社会の事象を経験的に分析していく営みが社会科学だ、といえる。(4)

そこには独特の困難がついて回る。社会科学では、実験室のような、人為的に操作できる閉じた系で、因果を同定することができない。さらに、観察者と観察対象が多くの場合、同じ社会の人間であるため、観察者側の認識に絶対的な優位を置けない。それらの点で、社会科学は内部観察性が強く、反証可能性を保ちながら因果を同定することが、自然科学に比べてはるかに難しい（第五章、および佐藤俊樹『社会学の方法』前掲第Ⅱ部も参照、なお以下では私の著作や論文を再掲するときは、著者名と「前掲」を省略する）。

例えば、詳しい解説は第一六回〜第一七回でまとめて述べるが、観察できるデータの数値と因果を明確に区別した上で、因果をデータから推論しようとすると、より慎重な考察と少し複雑な手法の使い方がさらに必要になる（パール『統計的因果推論』前掲、星野崇宏『調査観察データの統計科学』岩波書店、二〇〇九年、W. Wiedermann and A. von Eye (eds.), *Statistics and Causality*, Wiley, 2016 など参照）(5)。

むしろ、ウェーバーの同時代人でもある初期の数理統計学者たちや、科学論でいえばC・ヘンペルのDNモデルのように、因果の概念を棄てた方が、議論内部の整合性はとりやすい。(6) 重回帰分析などの計量手法を使う場合でもそうだ（第一七回三節参照）。

三.

そのため、社会科学ではある種の単純化がつねに出てくる。すなわち、因果というとらえ方自体を棄てようとしたり、かなり強い仮定を暗黙にもちこんで、「こう見えている」ことをそのまま因果へ短絡させようとしたりする。あるいは、因果の具体的な特定を飛び越えて結論が出せるような「超《スーパー》理論」を求めたりする。

社会学でいえば、T・パーソンズの機能要件論やN・ルーマンの「因果から機能へ」のような、因果を超える「理論」がくり返し提案されてきた。「もう一つの《オルタネイト》因果」を唱える方法論も、何度も登場している。それこそリッカートの個性的因果関係がそうであり(第六回〜第七回参照)、少し前でいえば、マルクス主義的構造主義の「構造的因果」もそうだ。実は、近年の計量社会学の論争でも、同じような主張がみられる(第一七回、佐藤俊樹「データを計量する　社会を推論する」『社会学評論』六八巻三号、二〇一七年などを参照)。

しかし、それらも最終的には受け入れられず、具体的な因果のしくみの解明につねに差し戻される。二〇世紀以降の社会科学はそのくり返しのなかで、一歩一歩進んできた。先ほど「因果のしくみを基本的な探究課題としてきた。いや、そうすることから逃れられなかった」と述べたのは、そういう意味だ。

現代の社会科学にも、もちろんそれはあてはまる。社会学の方法論がウェーバーに立ち返ることをくり返すのも、その一環だろう。例えば、第一回で述べたように、現代の社会科学では、反事実的定義にもとづく因果同定手続きが標準化されつつあるが、実はウェーバーの因果分析はそれと基本的な方向性を共有している。その意味でも現代《アップ・トゥ・デイト》的なのだ。

第三章と第四章の予告をかねて少しふれておくと、ウェーバーの方法論的考察のなかでは、この主題は最初、「客観性」論文(一九〇四年)で、無数の先行変数の候補のなかから原因と結果をいかに特定できるのか、という形で現れてくる。その後、一九〇六年の文化科学論文で、v・クリースの枠組みを取り入れることで明確に整理されて、ウェーバー自身による修正も加えてまとめられる。さらに一九二一年の「社会学の基礎概念」では、因果のあるなしの判定基準が明示的に確率の形で表現されて、「量と質」の対立図式もそのなかで解消されていく。その先見性にはやはり驚かされる。

そこには、社会科学は何をする営みなのか、が関わっている。社会科学とは、①社会における事象の成り立ちやしくみを解明し、②他の人々に伝えることだ、と私は考えている。気づきにくい問題やその広がりを発見したり、制度の挙動を分析したり、それをモデル化した上で改善策を提案したり、特定の事態の成り立ちの責任帰属を判定したり、と具体的なあり方はいろいろあるが、どれも①②にふくまれる(第二〇回および『社会学の方法』終章参照)。

だからこそ、因果という説明様式にこだわらざるをえない。私たちは日常的に、社会のしくみや責任のありかを因果の形を通じて理解しているからだ。端的な例をあげれば、データがいかに生じてきたのかを反省するにも、因果の形で考えるしかない(注5参照)。だからこそ、観察者の前提仮説への依存と観察されたデータによる修正効果とを、ともに取り込める枠組みが社会科学では求められる。私はそう考えている。(7)

四.

ウェーバーの方法論の生成も、まさにそこに関わる。

一九〇六年を境にして、ウェーバーはリッカートの文化科学の術語系から、v・クリースの適合的因果の術語系へ移っていくが、v・クリースの考え方を単純に取り入れたわけではない(第一〇回参照)。逆にいえば、リッカートとv・クリースの方法論を両方とも知らなければ、ウェーバーがどのように、そしてなぜ独自の方法論を組み立てたのかを十分には理解できない。

リッカートはウェーバーの幼馴染で、親しい友人でもあった。フライブルク大学の教授に就く際には、ウェーバーの強い支持が大きな力になったとされる(コラム3参照)。その著作をウェーバーが熟読したことは、議論の展開や用語からも容易にみてとれる。

他方、v・クリースもフライブルク大学の教授で、こちらは同僚というより、偉大な先達にあたる人だった(第一一回参照)。第七回以降であらためて述べるが、文化科学論文のなかでウェーバーは、『確率計算の諸原理』(Johannes von Kries, *Die Principien der Wahrscheinlichkeitsrechnung*, J. C. B. Mohr, 1886)の特定の頁を参照指示している。今日のように数式を書き連ねたものではないが、統計学の専門書を、それも当時の最先端の研究書を、ウェーバーは実際に読んでいたのだ!

その方法論の成り立ちを知るために、有名な哲学者と有名な統計学者と、どちらの著作も読まなければならないとは……。手術台の上のミシンと蝙蝠傘じゃあるまいし、とぼやきたくなるが、しかたがない。

ウェーバーの方法論が現在の「文科系/理科系」の図式におさまらないとすれば、現在の社会科学もまた、この図式ではとらえきれない。あるいは、この図式では重要なところが誤解されてしまう。それは学術に携わる全ての人々、それこそ日本の学術政策の方向をきめる一般の有権者の人たちもふくめて、全ての人々にとって不幸なことであり、良くないことだろう。

私は、理科系の学問が一流で文科系は二流だとも、逆に文科系の学問が一流で理科系は二流だとも、思っていない。けれども、それぞれの分野が本当はどういうもので、どんな性格をもっているかは、できるだけ的確に知ってほしいと思う。

そしてそれは、学術の研究教育の現場に携わる多くの人が共通にもっている想いではないだろうか。もう十数年以上続いている「大学改革」の嵐のなかで、大学教員は「学術の未来を拓く」という美辞麗句の下に、カタカナ英語をならべて、夢のような文章を書かされてきた。「こんなのありえないのだが」「自分は信じていないのだけど」と呟きながら、「こう書けば予算がつくから……」と言われて、企画書づくりに勤しんできた。

断っておくが、私は「予算がつく／つかない」を通じて学術が評価されることに、反対しているのではない。民主主義の社会において、財政による政策管理は不可欠である。

ただ、それに対応した結果、学術の中身を歪めた自己宣伝になるとすれば、自殺行為だ。研究者という仕事は厳しい自己規律が求められる。その最も重要な一つは、研究や学術に関してはまちがえてもよいが、意図的に嘘をついてはいけない、というものだ。たとえ自分が直接関わらないものであっても、研究や学術に関して嘘をつくようになれば、やがて自分自身の研究のなかでも嘘をつくようになる。

だからこそ、実態とあわない学術観や学問論で判断されたくない。それにあわせれば、嘘をつかざるをえなくなるからだ。今日の社会科学は、「価値を創造する」文科系／「法則を追求する」理科系、という二分法が通用しなくなった地点から出発した。

だからこそ、「理科系のように役に立たない学問だからダメだ」とも「いやだからこそイイ」とも言われたくない。あるいは、「価値を創造する学問だからイイ」とも「だからダメなんだ」とも言われたくない。まちがった学術観、より正確にいえば、学術的な手続きでその信頼性のなさが論証できる学問論で、褒められるのも貶《おとし》められるのも、どちらもごめんこうむりたい。

五．「まちがった」学術観の一例をあげておこう。

よく現代の学術の欠陥として、「学問が縦割りになって蛸壺化した」と批判される。私はこの批判は、少なくとも社会科学には全くあてはまらないと考えている。もちろん、一人一人であれば、頭が固くなって視野狭窄におちいる事例は、いくらでもあるだろう。いや、私自身もやがてそうなっていくだろう。特定の分野の現存する研究者全てがそうなる可能性も、否定はできない。

けれども、社会科学という学術自体は、決して縦割りでも蛸壺でもない。例えば、ウェーバーは社会学の創始者の一人であるが、社会科学全体にも大きな影響をあたえた。そんな彼の方法論が哲学者と統計学者の著作を重要な基礎としているとすれば、社会科学はその出発点において、すでに人文学と自然科学を横断していた。

そうした歴史と実態を無視して、「現代の学術は縦割りで……」みたいな学問論が横行するのをみていると、正直、ため息が出てくる。批判するのはかまわない、だがその前に、それぞれの学術が本当はどんなことをやっているのか、自分の目と手で確かめてから言ってくれ、と大声で叫びたくなる。

まあ、でもそれもことさらに他人様《よそ》への批判として言うのは、控えておこう。実はウェーバーへの影響も、リッカートについては以前から知られていたが、v・クリースについては、ほとんど知られてこなかった。学説研究を専門とする社会学者でも、初耳だという人がいるかもしれない。

これは日本語圏に特有の事情で、ドイツ語圏や英語圏ではv・クリースの影響はもっと知られている。前回ふれたように、影響の深さに関しては論争があるが、逆にいえば、そのくらい共有知識になっている。それと比べると「やはり蛸壺なのかなあ」という気もしてくるが。

……余計な前置きが長くなった。こういう話をしていると、つい愚痴っぽくなる。まあ、そのくらい、現代の社会科学者にとっても身近で切実な問題でもある。その一端につきあってもらった、ということで先に進もう。

ウェーバーにとって、リッカートはたしかに偉大な先行者の一人であった。ウェーバーの方法論はリッカートでは終わらないが、リッカートから始まるのである。

リッカートから受けた影響は、人文学や社会科学に「価値判断」、現代風にいえば意味づけがどう関係するのか、に関するものだった。そう言うと、「価値自由 wertfrei」のことがすぐに連想されるが、この言葉もリッカートが『自然科学的概念構成の限界（第二版）』ですでに使っている。

リッカート自身は「価値中立的」あるいは「没価値的」の意味でこれを用いており、むしろ「価値関係づけ」の対極に位置づけている（坂敏宏「Max Weber の‘価値自由’の科学論的意義」『社会学評論』六五巻二号、二〇一四年）。ウェーバー自身も、実はこちらの意味で使うことが多い（浜井修『ウェーバーの社会哲学』東京大学出版会、一九八二年など）。大学生のテクニカル・ライティングの授業でも、「出典は明確に」

と教えられる時代だ。「価値自由はM・ウェーバーが言い始めたもので」などとうっかり書いて、恥ずかしい思いをしないように気をつけたい（というか、私自身、どこかでこう書いた気がしていて、他人事ではない……）。

リッカートのこの著作は、やはり前回述べたように、一九世紀のドイツ語圏での人文社会科学の方法論争のなかから生み出された。このなかでリッカートは、文科系と理科系の学術を文化科学／法則科学として定義した。そして文化科学である人文社会科学には意味づけ（価値判断）が必ずともない、それゆえ意味づけについて考えざるをえない、とした。

現代風にいえば、文化科学は意味を主題化せざるをえない。だから恣意的なのではなく、だからこそ優れている、と彼は主張したのだ。

（1）折原はウェーバーの因果帰属の方法を次のように要約している（『マックス・ヴェーバーにとって社会学とは何か』前掲一三頁）。

個性的な「原因」と個性的な「結果」との関係について、かりに前者がなかったとしたら、後者は生起しえたろうか、との「思考実験」を企て、「人間が通例、所与の状況にいかに反応するか」に関する「法則的知識」に照らして、その個性的「因果」関係の「合法則性」＝「適合性」を論証する「客観的可能性判断」

「客観性」論文の要約としては、これは適切かもしれないが、リッカートの用語法とも、そして文化科学論文やクニース2論文の用語法ともずれている。

リッカートの文化科学では、「個性的 individuelle」という術語は独自の強い意味で用いられる。それは法則性のような一般的な記述を受けつけないものであり、反実仮想（反事実的な条件）もふくめて、他の何かと比較すること自体できない。だからこそ、個性的因果関係には独自の因果同定手続きが適用される、とリッカートは主張した。

言い換えれば、「個性的」や「個別的」といった術語を厳密に定義せずに、当時の科学論や方法論を理解することはできない。もちろん現在の方法論や科学論でもそうである。第三回と第六回を参照。

一方、ウェーバーの文化科学論文やクニース2論文における「法則論的」は法則ではなく、「客観的可能性」は合法則性ではない(第四章〜第五章参照)。この二つの論文での"nomologisch"は、「法則的」とも「法則論的」とも訳されてきたが、「法則的」と訳される場合、これが反実仮想のような仮定にあたることが、しばしば見落とされている。

ただし、厚東洋輔「ヴェーバーと『意味』の社会学的把握」(『大阪大学人間科学部紀要』三号、一九七七年)は「法則」と訳し、反事実的条件にも言及していないが、「虚構的な行為連関」(二五三頁)という表現を導入して、文化科学論文での「法則論的」の内容をほぼ正確に復元している。したがって、方法論の理解と"nomologisch"の訳し方との関連性は見かけ上のもの(=疑似相関)で、むしろマルクス主義的な法則科学観との近さ遠さが影響しているのだろう。コラム1参照。

(2) だから、体系化という面はむしろ弱い。その点も自然科学とは大きくちがう。数学の言語が使える範囲が狭いため、純粋に理論的な探究が成立しにくい分、自明でない同義反復《トートロジー》の命題を見出す労力もかかる。佐藤俊樹「一人称と三人称の間で ――遠藤知巳『情念・感情・顔』」『UP』五二四号の注5参照。

(3) 第五回で述べるように、社会学における社会一般にあたるものを、私は想定していない(『意味とシステム』第一章など参照)。それゆえ、この本でいう「社会」はつねに、特定の制度による境界づけに依存する。具体的には、国家社会やその連合体、法人などを想定してくれればよい。因果分析の対象も、具体的な制度とそれに関連する事態である。その点でも「全体社会なき社会学 Soziologie ohne »Gesellschaft«」と呼ばれるウェーバーと同じ立場にたっている、と私自身は考えている。

(4) こう述べると、今度は、自然科学の理論モデルを社会の因果の探究に応用する「社会物理学」のような研究はどうか、といわれそうだが、経済学の一部をのぞけば、こうした研究は、自然科学のモデルがどの程度あてはめられるのか、という適用限界に関する反省を欠いたまま、自然科学で成功したから社会にも当然使えるはずだ、という思い込みに頼って進められることが多い。そうした使い方は「喩え」の域を出るものではない。

なお、その事例の一つに関しては、佐藤俊樹「サブカルチャー／社会学の非対称性と批評のゆくえ」(『思想地図5』NHK出版、二〇一〇年)の、特に「補論1　社会物理学《ソシオフィジックス》の可能性」で、簡単にだが、ふれている。

(5) 例えば、初歩的な手法である比率の差の検定ですら、独立な2群の検定になるのか、独立でない2群のマクネマー検定になるのか、それともそもそも適切な検定手段がないケースなのか、慎重に考える必要がある。

「二つの変数の間に何らかの因果関係がある」という仮説は、多くの場合、両者の母相関係数が0でないことを含意する。社会調査のデータでは、それは二つの変数の誤差項が独立でないことも意味する。その場合、一方の変数の「該当する／しない」によってもう一方の変数の比率に有意な差が生じたかどうかは、独立でない2群として考える必要がある（『データを計量する　社会を推論する』特に3節参照）。

適合的因果における「偶然的か／適合的か」を、統計的誤差を考慮して判定する上でも、厳密には、この点を考慮する必要がある。詳しくは第七回六節と第一四回一節であらためて述べる。観察される変数群の誤差項が互いに独立だと仮定すれば、反事実的な期待値の計算もより容易になるが、社会調査では2×2クロス表でも、その仮定が必ずしもみたされない。
（6）　DNモデルすなわち「演繹的－法則論的モデル deductive-nomological model」の「法則論的 nomological」は、本来の意味とはちがって、因果の同定とは無関係なものとされている。コラム1九節参照。
（7）　ウェーバーのもう一つの有名な方法論、「理解社会学」についても同じことがいえる。第二〇回でも少しふれるが、詳しくは佐藤俊樹「自己産出系のセマンティクス」（若林幹夫・立岩真也・佐藤俊樹編『社会が現れるとき』東京大学出版会、二〇一八年）、『データを計量する　社会を推論する』を参照。

コラム❶　ウェーバーの方法論の研究史

一．

第一回でふれたように、そして第六回以降でまた詳しく述べるが、ウェーバーが採用した適合的因果という因果同定手続きは、①反事実的条件を使っており、それが明確に定式化されたのは、②「客観性」論文ではなく文化科学論文であった。実はこの①も②も、これまで何度か（再）発見されている。

私が追跡できた範囲では、英語ではJ・エルスターの*Logic and Society*（John Wiley & Sons, 1975）、日本語では市井三郎「社会分析の基礎的諸問題」（『哲学的分析』第三章、岩波書店、一九六三年）が一番旧い（浜井前掲も参照）。例えば市井は「『客観的可能性』(objektive Möglichkeit)という用語で歴史における『反事実的条件命題』の成立根拠と重要性とを、最初に論じたのはマックス・ウェーバーである。」とはっきり述べている（八五頁）。

統計学関連では、杉森滉一「『客観的可能性』としての確率」（『岡山大学経済学会雑誌』五巻二号、一九七三年）が、ウェーバーとの関連性に注目しながらv・クリースの確率論、特に「遊隙Spiealräume」の理論をとりあげている（第九回参照）。

杉森はウェーバーの方法論を新カント派として位置づけたため、議論がやや混乱する部分もあるが、

v・クリースの枠組みの特徴はかなり的確にとらえている。例えば、第三章で述べるが、v・クリース自身は法則論的知識を、客観的な法則に近い形で考えていた。ところが、グスタフ・ラートブルフが指摘しているように、その定義をつきつめていくと、むしろ（ウェーバーの言葉を借りれば）「仮定的な性格」をもつことが明確になる（第一〇回参照）。杉森はそれを「『論理的』であるという点において、本来の意味での主観的及び客観的の区別をなくしている」と表現している（二四頁）。

しかし、日本語圏の社会学では、こうした先行研究はあまり顧みられてこなかった。とりわけ一九八〇年代以降は、向井のような一部の例外をのぞいて、v・クリースの影響はほとんど言及されなくなり、適合的因果の定義も、ウェーバーのテキストだけから議論されるようになる。もちろん、厚東のように、それでほぼ正確に内容がとらえられているのであれば、何も問題はないのだけれども（→第二回注1）。

日本語圏の社会科学で、v・クリースの方法論が広く知られているのは、法学の分野である（→はしがき）。法学では「相当因果関係説」と呼ばれている。こちらの学説史はさすがに手に余るので、興味のある方は専門家の研究を参照してほしい。

法学の場合、ラートブルフらによって再検討され、反省的に形式化されて共有されたことも大きかったのだろうが（第一三回六節参照）、第七回でみるように、v・クリースがとりあげた因果特定の問題は、当時から、ドイツ語圏の法学理論では大きな課題になっていた。それがそのまま引き継がれていったのだろう。

その一方で、日本語圏の法学のなかでも法制史や法社会学では、v・クリースが言及されることはあまりない。法制史や法社会学では、ウェーバーは今なお重要な研究者であり、また因果同定の方法論の必要性もよく知られているが、v・クリースの名前は知られていない。そういう意味ではやはり空白になっている。[1]

二・

ところが、さらに時代を遡ると、様子が大きく変わってくる。経済学や社会学関連の研究でも、v・クリースからの影響はよく知られており、ウェーバーの方法論の検討のなかで、かなり頻繁に言及されているのだ。

例えば安藤英治・内田芳明・住谷一彦編著『マックス・ヴェーバーの思想像』(新泉社、一九六九年)に収められた論文群では、本多謙三「歴史的・社会的学問特に経済学の方法論に就て」(一九二七年)と田中真晴「因果性問題を中心とするウェーバー方法論の研究」(一九四九年)がそれにあたる。

特に重要なのは、田中の論考だ。ウェーバーが参照指示したv・クリースの著作と論文のうち、「客観的可能性の概念とその若干の応用について」(以下「客観的可能性の概念」論文と呼ぶ。"Ueber den Begriff der objektiven Möglichkeit und einige Anwendungen desselben," *Vierteljahrsschrift für wissenschaftliche Philosophie* 12, S. 179–240, 287–323, 393–428, 1888, https://opacplus.bsb-muenchen.de から Pdf ファイルも入手できる)をふまえて、法則論的知識や「客観的可能性」だけでなく、『宗教社会学論集1』(→第一回注2)に出てくる「促進的 begünstigend」も、v・クリースの術語であることを指摘している(第八回、第一五回参照)。また、適合的因果構成が「仮定法過去完了の形」、つまり反実仮想をともなうことも明記している。今でもしばしば引用・参照される論文だ。

さらに金子榮一『マックス・ウェーバー研究』(創文社、一九五七年)は、『確率計算の諸原理』をふまえて、ウェーバーが「方法論的研究に専念した今世紀初頭は、自然法則の蓋然的確率的性格に注目されはじめた時期であり、両者を同一の問題情況の中に位置づけることはかならずしも不当ではないと思われる」(四八頁)と、同時代の自然科学との共通性も指摘している。マックス・プランクのエネルギー量子仮説の論文から、これは実際に裏づけられる(第一〇回参照)。

後で述べるように、英語圏やドイツ語圏でも、一九四〇年代までは文化科学論文の重要性はかなり知られていた。この頃までのウェーバーは同時代の研究者であり、彼と同じように、社会や経済の経験的な分析に携わる社会科学者たちによって、重要な先行研究として読まれていたようだ。

「客観性」論文は方法論の研究でありながら、具体的な使い方の説明や例示がほとんどない。経験的な研究にとって、そうした方法論は「畳の上の水練」でしかない。それに対して、文化科学論文は具体的な例や因果の同定手続きの進め方が詳しく議論されている。だから重視されていたのだろう。

裏返せば、「客観性」論文だけがウェーバーの方法論の代表作となっていった。その理由の一つは、ウェーバーの方法論の研究が、主に学説研究や思想史の専門家によって担われるようになったからではないか。それとともにv・クリースの影響も忘れられていったとすれば、それ自体が実は「専門人」化の産物でもある。

三.

その一方で、田中論文や金子の著作を読むと、なぜv・クリースの影響が忘れられていったのか、もう一つの、より深い理由も推測できる。v・クリースの術語系のなかで重要なものが一つ、抜けているのだ。

それは「法則論的／存在論的」の対概念である。第八回〜第九回で詳しく述べるが、この二つが対概念であることで、法則論的知識の可変性が明確になる。適合的因果がつねに「仮定的な性格」をもち、前提仮説にあたる部分を完全には解消できないことを強く意識させる。

ところが田中論文では、この二つを「法則の知識」と「事実の知識」と訳した上、「事実の知識と法則の知識にその客観性の保証をもつという意味において、客観的可能性判断 objektive Möglichkeit とよばれる」(二二六頁)とする。法則論的知識で説明できない部分が存在論的知識とされる、という論理が抜け落ちているのだ。

そのため、適合的因果構成に関しても、反実仮想の部分を消去したものが完成形だとされる(二二三頁)。例えばこんな具合だ。

> プロテスタンティズムの倫理が近代資本主義の精神と適合的関係にある、というだけでは、未だその因果的意義は判然としない。「プロテスタンティズムの倫理が若しなかったとしたら。」という仮定に対して、「その場合には、近代資本主義は成立しなかったであろう。」と答え得て初めて、その因果的意義の決定的重要さが証明される。この仮定法過去完了の部分を「経済的には有利な諸条件が存在したが、エートス的には阻害的であった」中国清朝の状態によって代置するという意味を、右に略説した比較的方法がもちうるのであり、これによって、プロテスタンティズムの倫理、従ってまた、その宗教的意識内容の、近代資本主義成立に対する因果的意義の大きさを索出することが可能になるのである。

一見明確に思えるが、かなり問題の多い解説だ。

まず、適合的因果の本来の定義では、第二文の内容が第一文の「適合的」の意味にあたる。したがって、第二文は第一文をより明確にしているのではなく、ただ言い換えただけだ。「未だ」→「始めて」と表現されるような進展があるわけではない。

それ以上に問題なのは第三文である。すぐ後で述べるように、「仮定法過去完了の部分」＝反実仮想を、具体的な事例で「代置」できるかどうかは、その事象の性格による。わかりやすく箇条書きすると——、

(1) 結果にあたる事象が定義上、一回しかありえないものであれば（以下「定義によって一回性の事象」と呼ぶ）、そもそも反実仮想が成立しないので、「仮定法過去完了」で答えることもできない（第六回参照）。つまり、そもそも「代置」できない。

(2) 結果にあたる事象が一般的に定義されていれば、観察回数が一つか複数かで変わってくる。

(2・1) 一回しか観察できなかった場合には（以下「事実として一回的な事象」と呼ぶ）、適合的因果の同定は実質的に前提仮説の同義反復になる。だから「代置」とはいえない。

(2・2) 「代置」できるのは複数回観察できた場合だけだが、この場合も二つ条件がつく。一つは結果事象のあるなしがそれぞれ一回以上あることだが、比較分析ではこれは通常みたされる。

重要なのはもう一つの方で、「（観察されていないものもふくめて）原因候補と結果にともに影響する他の変数群が（比較される単位間で）全て同じ状態にある」必要がある（第四回以降参照）。より正確にいえば、①「観察されていない、ともに影響する他の変数群は全て同じ状態」＋②「観察されている、ともに影響

する他の変数群は全て同じ状態」だ。②は観察されているので、いわば見ればわかるが、①は純然たる仮定になる。①と②の条件がみたされないと、「因果的意義の大きさ」は測れない(詳しくは第五章参照)。

つまり、どんな対象であれば、どんな前提の下で、どんな形で「代置」できるのか。本当に重要なのはそこなのだ。文化科学論文の第二節でもそれが大きな論点になっているが、田中の解説ではそこが飛ばされる。

そのため、法則論的知識は不完全な法則に、適合的因果は不完全な法則科学に、「適合的」は不完全な「必然的」に読み換えられていく(二三六〜二三七頁)。おそらくそれは、ウェーバーを「ブルジョワ民主主義的イデオロギー」(二三九頁)と断じる田中自身が、反実仮想の部分を最終的に消去できると信じていたからだろう。

金子にも基本的には同じことがいえる。金子は、適合的因果構成が「確率計算(Wahrscheinlichkeits-rechnung)とよく似た思考法のもとにかんがえ」ていることを指摘し(六一、六三頁)、その点での、自然科学と社会科学の方法論上の共通性も述べている(五三〜五六頁)。また、ウェーバーのいう「経験則」が部分的に検証できることも明言している(五九頁)。

けれども田中と同じく、法則論的知識の可変性が適合的因果の重要な特徴だとは考えていない。金子は「適合的／偶然的」の定義も取り違えており(六〇、六三〜六四頁)、その結果、文化科学論文の中心的な部分を誤読している(第一二回、コラム4参照)。「その叙述はおそろしく難渋で、とくに様相の範疇の分析は……かならずしも十分に透徹しているとはいわれない(原文ママ)」として(四九頁)、ウェーバーの原文に「理解を妨げる一連のミスプリント」を想定するA・フォン・シェルティングを注記で引用している(Alexander von Schelting, *Max Webers Wissenschaftslehre*, S. 258, J. C. B. Mohr, 1934)。

四.

これらの点は、適合的因果の方法論を理解する上でも重要なので、第八回や第一一回〜第一二回であらためて述べる。金子の誤読についてもそこで解説するが、現代の方法論、特に統計的因果推論の知識があれば、なぜこんな混乱が生じたのかも見通しがつく。詳しい解説は第一五回以降で述べるが、以後の議論を読みやすくするために、ここで簡単に述べておこう。

第六回以降でまた詳しく述べるが、適合的因果構成という枠組みは、因果を(a)反事実的に(=反実仮想の形で)定義した上で、(b)条件つき確率の差で測るものだ。具体的にいえば、原因候補Cと結果Eの間に因果があるかどうかを、原因候補Cがある場合とない場合との結果Eの出現確率の差で判定する。

この枠組みでは、(**1**)定義によって一回性の事象だけでなく、(**2・1**)事実として一回的な事象の因果も、経験的には観察できない。個人にせよ社会にせよ、一つの事例や観察で「cである」ことと「cでない」ことは、同時には成立しえないからだ。それゆえ、「cである」と「cでない」の、どちらか一方でのEが生じる確率は、完全な仮想として仮定するしかない(第七回三節参照)。

それに対して、(**2・2**)複数の事例や複数回の観察が想定できる場合には、それぞれの集まりごとの期待値の形であれば、経験的に観察できる。例えば「cである」社会の集まりでのEの比率と「cでない」社会の集まりでのEの比率であれば、それぞれ具体的に測定できる。

この場合、それぞれの集まりに実際にふくまれる社会は一つだけでもよい。つまり、「cである」社会と「cでない」社会がそれぞれ一つ以上あれば(あるいは「cである」と「cでない」がそれぞれ一回以上観察できれば)、それぞれでのEの出現比率を測ることができる。そして、もしそれぞれの測り方が一定の条件をみたしていれば、それぞれの出現比率の差は、原因候補Cがある場合とない場合との結果Eの出現確率の差と一致する。それによって因果のあるなしを判定できる。

例えば、ウェーバーは『宗教社会学論集1』の「儒教と道教」で、プロテスタンティズムと近代資本主義の成立の間の因果の有無を同定しようとして、近代西欧と伝統中国という二つの社会の比較分析を行った(→三節)。これも(**2・2**)にあたる。

具体的にいえば、一方にはプロテスタンティズムの倫理がある(=「cである」)社会群、もう一方にはプロテスタンティズムの倫理がない(=「cでない」)社会群を置く。そして、倫理の有無(=C)と結果にあたる近代的な資本主義(=E)に、ともに影響すると考えられる他の変数群に関しては、①「観察されていない変数は全て同じ状態にある」と仮定した上で、それぞれの群での近代資本主義の出現確率を測ろうとした。

このケースでは、二つの社会群に一つずつ(近代西欧と伝統中国)しか社会がないが、倫理の有無も近代資本主義も一般的に定義されているので、集まり単位の比較になる。そして、「倫理あり」の社会群では近代資本主義が成立したので、Eの出現確率は**1**になる。「倫理なし」の社会群では成立しなかったので、**0**になる。**1**引く**0**は**0**でないので、プロテスタンティズムの倫理と近代資本主義の間には(集まり単位の期待値では)因果があると判断される。

田中のまとめと引き比べると、「仮定法過去完了」の命題は、単純に、伝統中国社会によって置き換えられるわけではない。原因候補と結果にともに影響する他の変数の状態に関しては、近代西欧と全て同じだと仮定して、初めて置き換えられるのである。ウェーバーもその点は明確に理解していた(第一一回〜第一二回、第一七回、コラム4参照）。

適合的因果で因果のあるなしを経験的に判定するには、最低限二つの事例や観察が必要になる。

（**1**）定義によって一回性の事象であれば、ありうる別の可能性が想定できないので、論理的に反実仮想が成立しない。

（**2・1**）事実として一回的な事象であれば、現実には観察されなかった方の確率は完全に仮想するしかない。それは「cでなければEは生じない」や「cであればEが生じる」といった命題を、正しい知識として天下り的に導入することにひとしい。つまり、因果同定の前提となる仮定（例えば「cでなければEは生じない」）と、同定の結論（「CとEの間に因果がある」）が実質的に同義反復になってしまう。

それに対して、（**2・2**）複数の事例や複数回の観察可能性が想定できるのであれば、各集まりに一つ以上の個体や事例がふくまれていれば、集まり単位の期待値の形であれば、「cである」と「cでない」それぞれでのEの出現確率の差は経験的に観察できる。

（**2・1**）も（**2・2**）も、因果の具体的な同定には、一定の仮定が必要になる。それが法則論的知識と呼ばれているものだが、その仮定と結論との関係が（**2・1**）と（**2・2**）ではちがう。（**2・2**）の場合、同定の前提になる条件は①＋②、すなわち「CとEにともに影響する他の変数群は（それぞれの集まりの間では）全て同じ状態である」で、同定の結論（＝「CとEの間に因果がある／ない」）と同義にはならない。したがって（**2・2**）では、原因候補と結果の間にどんな因果が成立するかは、測ってみなければわからない。

『宗教社会学論集1』での西欧近代と伝統中国との比較でも、実はそうなっている。ウェーバーの分析に即していえば、①「観察されていない、ともに影響する他の変数は全て同じ状態」だと仮定した上で、②の「観察されている、ともに影響する他の変数」のうち、どちらの社会群も営利欲や手形などの信用制度、さらには人口増加や耕地の拡大による経済成長などでは、同じ状態にあった[2]。それゆえ、これらは、近代資本主義という結果に対する原因にはならない。

それに対して、形式的に保証された法や合理的な行政の有無などでは、二つの社会は明らかにちがっていた。それゆえ、これらは宗教倫理のちがいと同程度に、近代資本主義の原因でありうる。「儒教と道教」第Ⅳ節の結びで、ウェーバー自身もそう認めている（木全訳一七八頁、*MWGI/19 S. 284*）。適合的因果の方法を採るかぎり、そう言わざるをえない。

その上で、「儒教と道教」第Ⅴ節以降では、ありうる原因の一つである宗教倫理のちがいに焦点をあてている。そうした分析によって、宗教倫理が法や行政のちがいと関連していることが見出されるかもしれない。つまり、それらが別々の変数ではなく、一つの変数であることはありうる。けれども、法や行政ではなく、宗教倫理だけが本当の原因であるとはいえない。

言い換えれば「儒教と道教」の因果分析は、伝統中国の宗教倫理が近代資本主義を成立させなかったという仮説を証明するようなものではない。その仮説を出発点にして、伝統中国での近代資本主義の不成立に関わる原因連関を遡及的かつ発見的に探索していくものだ。

そう考えた方が、ウェーバー自身があげたデータだけでなく、文化科学論文第二節の方法論ともよりよく対応する（コラム4特に五節参照）。もちろん、その後の経験的研究とも接続しやすい[3]。

（**2・2**）では当初の仮説はつねに反証されうる。例えば、（a）実際には近代資本主義の原因ではなかったと判定されるか、あるいは、（b）同じように原因でありうる他の変数が見つかるか、どちらかになる可能性につねに開かれている。実際、文化科学論文の第二節や、v・クリースの「客観的可能性の概念」論文では、（a）にあたる事例や例示も出てくる。
その意味で、適合的因果は因果法則を前提とするものではない。むしろ、実際のデータによっては、そういう法則が成立しないことも論証されうる。

五．

ところが、「人類全体の歴史」や「大きな世界史的変動過程」（金子前掲一八八、二一二頁）では、観察する単位が一つしかありえない。それゆえ、**（1）**そもそも反実仮想が成立しないか、**（2・1）**因果同定の前提となる法則論的知識と結論である因果が実質的に同義反復になるか、どちらかになる。つまり、因果のあるなしを経験的に同定できない。

もちろん、人類社会全体の歴史をあつかう場合でも、時間の経過とともに複数回の変化を想定することはできるが、完全に循環的な歴史を想定するのでなければ、各回の変化では必ずちがったものが生じる（第一七回六節参照）。

わかりやすく描けば、

段階1→段階2→段階3→段階4→……

の各段階は必ず相互にちがう。それゆえ、たとえ複数の段階を想定しても、今度はそれぞれの変化が、**（1）**定義によって一回性の事象に近づく。それも「発展法則」や「歴史の必然」を強調すればするほど、そうなる。

要するに、人類社会全体の変化のような事象は、もともと適合的因果という方法論にはそぐわない。それゆえ、こうした事象に強引にあてはめようとすると、今度は適合的因果の考え方自体を歪めてしまう。因果を経験的に同定する方法という基本的な性格を見失い、どんな条件の下で反実仮想を「代置」できるのか、という最も重要な論点が抜け落ちる。

田中や金子がおちいった混乱や誤解は、こうしたものだと考えられる。田中も金子も、ウェーバーの比較社会学が最終的には人類社会全体の変化を解明するものだと位置づけている。その結果、法則論的知識を法則と同一視し、適合的因果を不完全な法則だと誤解した[4]。

もしも適合的因果が不完全な法則だとすれば、それを理解するためにv・クリースまで遡る必要はなくなる。完全な法則科学、例えばマルクス主義の歴史学がわかっていれば、それで十分だからだ。ウェーバーの文化科学論文は、ケーススタディにもとづいて厳密に議論しているので、できれば読んでおいた方がよいが、必読文献というほどではない。

戦後の日本語圏でのウェーバー研究の主流は、まさにそうした方向に進んでいった。「マックス・ウェーバーではなくて、マルクス・ウェーバー」（住谷一彦「マックス・ウェーバーと日本の社会科学」一九六四年、『マックス・ヴェーバーの思想像』前掲四五六頁）、すなわち「マルクス―ウェーバー接合」をめざした。田中や金子以降、v・クリースの著作や論文が読まれなくなっていくのには、そういう理由もあったのではないか。

ウェーバーの比較社会学とマルクス主義の史的唯物論は、その論理において全くことなる。歴史を動かす力は何か、という以前に、因果をどうやって同定するか、という方法論の最も基礎的な部分で全くちがう(5)。

それゆえ、その二つを接合しようとする試みは、学術研究としてはやはり誤っていた。そう言わざるをえない。それによって、v・クリースの影響も、その名前すらも、忘れ去られていったとすれば、なおさらだ。

現在の日本語圏では、v・クリースの影響は、「客観的可能性の概念」論文が山田吉二郎と江口豊によって翻訳されることで、再び知られるようになった(山田・江口訳「客観的可能性という概念とその若干の応用について(その1)〜(その3)」『メディア・コミュニケーション研究』五九、六〇、六四号、二〇一〇〜一三年)。第六回以降で詳しく述べるが、ウェーバーの文化科学論文とクニース2論文では、『確率計算の諸原理』とこの論文が参照指示されている。

実は私も山田・江口訳で、v・クリースの影響の大きさに気づいた一人である。v・クリースの名前自体は統計学史の方で知っていたので、とても驚いた。また、全く個人的な話になるが、田中論文は知っていた。正確にいえば、読んだ記憶があった。学部の三年生か四年生のときに、大学の図書館の開架で見つけて、そのまま座って読んだ。

先ほどは主に問題点を指摘したが、田中論文は論理展開が明確な、良い論文である。だから印象に残ったのだろうが、固有な方法論が述べてあるとは思わなかった。マルクス主義的なウェーバー像が、とてもあざやかに描かれているように感じたのだろう。

なお、この論文は田中真晴『ウェーバー研究の諸論点』(未來社、二〇〇一年)にも再録されているが、こちらでは、本文の最後にあった「ウェーバーのブルジョワ民主主義的イデオロギーと関連して」という挿入句が削除されている(→三節)。付されていた注32の位置も変更され、注の最後の文も削除されている（同三八、四四頁）。

六.

興味深いことに、こうした適合的因果への誤解は、マルクス主義という法則科学からだけでなく、リッカートの文化科学の方からも生まれてくる。

その代表格は、先ほど少しふれたv・シェルティングだ。彼は一九二〇年代からウェーバーの方法論の研究に取り組んでおり、ウェーバーの理念型という発想を使って文化科学を再解釈し、ウェーバーの比較社会学と統合しようとした。

v・シェルティング自身は『アルヒーフ』に掲載された論文でも、文化科学論文をかなりとりあげており、法則論的知識による因果関係の同定が反実仮想になることも、そしてそれが日常的な因果のとらえ方の延長上にあることも、指摘している（石坂巌訳『ウェーバー社会科学の方法論』一一五〜一一九頁、れんが書房新社、一九七七年、“Die logische Theorie von der historische Kulturwissenschaft von Max Weber und im besonderen sein Begriff des Idealtypus,” *Archiv* 49(3). S. 684-686, 1922）。文化科学論文からシュタムラー論文への展開が、知識の社会学につながることも見通していた（第一三回参照）。

それらの点では的確に読み解いているにもかかわらず、「ウェーバーの歴史的文化科学の理論……」という原題通り、リッカートの著作は詳しく参照するが、v・クリースの論文や著作には全くふれない。「促進的」などの術語がv・クリースから来ていることも無視され、全く独自に解釈されている。v・クリースの論文を読めば、すぐにわかる「適合的」の定義も取り違えて、法則性の程度の高さだとしている。その結果、「法則論的」と不完全な法則科学がやはり混同される（一二一〜一二二頁、S. 688）。増補改訂された版でも、この点は変わっていない（“Max Webers logische Theorie der historische Kulturerkenntnis,” *Max Webers Wissenschaftslehre* 前掲）。

こうした読まれ方は、ウェーバーが亡くなった直後から、すでに始まっていたようだ。興味深い証言が日本語で残っている。

一九二二年に三木清はハイデルベルク大学に留学して、リッカートの演習に参加した。その当時のことを、こう書き残している。「リッケルト教授のゼミナールにはいつもマックス・ウエーベル夫人が出席してゐられたが、その時のゼミナールの台本として用ゐられたのは、ちやうど新たに出版されたウエーベルの『科学論論集』であつた」（「読書遍歴」一九四一年『三木清全集 第一巻』四一四頁、岩波書店、一九六六年、『科学論論集』は『科学論集』のこと）。

ウェーバーの理念型によって文化科学を再解釈する試みも、v・シェルティング独自の発想ではなく、リッカートの演習参加者の間で、ある程度共有されていたらしい（羽仁五郎「三木清がドイツ文で書いた論文四篇について」一九四九年『三木清全集 第二巻』四八〇頁、岩波書店、一九六六年）。当時のハイデルベルクでは、「客観性」論文を用いた「リッカート−ウェーバー接合」がさまざま試みられており、マリアンネもそれを後押ししていたのだろう(6)。

そういう意味では、法則科学／文化科学の対立地平の上に、適合的因果が位置づけられてしまった。v・クリースが忘却されていった一番大きな理由は、そこにあるのではないか（科学史的には他の原因も考えられるが……。コラム4注4参照）。マルクス主義的な法則科学とリッカートの文化科学は、一見対照的だが、方法論の上ではv・クリースの適合的因果よりも、むしろ互いに近い。「人類全体の歴史」や

「大きな世界史的変動過程」といった対象にも、文化科学の方が相性がよい。第三回で述べるが、文化科学では全ての事象は必ず一回的であり、それゆえ、その間の因果の同定は必ず非経験的になるからだ（第六回参照）。

だからこそ二つの科学は同じ地平の上にあるわけだが、裏返せば、その地平の上で考えていれば、仮定を用いて因果を経験的に同定するという、適合的因果の本来の考え方は見失われる。文化科学を理念型で再解釈する可能性は、ウェーバーもクニース2論文で示唆しているが（松井秀親訳「Ⅲ　クニースと非合理性の問題（続）」『ロッシャーとクニース』未來社、一九八八年、一二三四〜一二三八頁、S. 115-116）、「客観的可能性」というもう一つの基準が、それで消え去るわけではない（第七回とコラム4注2参照）。

ウェーバーの方法論は、法則科学と文化科学が対立する地平そのものを乗り越えるものだった。「マルクス—ウェーバー接合」や「リッカート—ウェーバー接合」という読み方は、むしろそこを見えなくしてしまう。田中や金子の読み方も、そう位置づけた方が適切だろう。

七．

実際、社会や歴史の経験的研究に携わらない哲学や思想系の研究者にとっては、具体的な事例を使いながら厳密に論理を展開していく文化科学論文よりも、方法の実際の使い方を欠いたまま、抽象的な言葉を連ねていく「客観性」論文の方がなじみやすい。

日本語圏でも三木の留学前には、左右田喜一郎の『経済哲学の諸問題』（佐藤出版部、一九一七年）などによって、リッカートは広く知られるようになっていた（第五回も参照）。「その頃から我が国の若い社会科学者、特に経済学者の間で哲学が流行し、誰もヴインデルバント、リツケルトの名を口にするやうになつた。日本における新カント派の全盛時代であった」(三木「読書遍歴」前掲三九八頁)。『経済哲学の諸問題』では、ゲオルク・ジンメルの『貨幣の哲学』も重要な先行研究として言及されている。ウェーバーだけでなくジンメルも、リッカートの哲学を通じて日本語圏に紹介されていったようだ。

二節で述べたように、社会科学の内部でも、経験的な研究に携わる研究者ではなく、学説研究や思想史を専業とする研究者によって、ウェーバーの方法論の研究が担われるようになると、その傾向はいっそう強まっていった。例えば、安藤英治は「客観性」論文の「価値自由」論を独自に再構成し、倫理論文の改訂作業の追跡でも大きな業績を残した人だが、こんな風に書いている(『ウェーバー歴史社会学の出立』二三三頁、未來社、一九九二年)。

すでに従来発表した諸論文で明らかにしてきたように、W・ロッシャーにおける有機体的実体概念を破壊し、E・マイヤーから批判的に学びとった「客観的可能性」の発想法でG・シュモラーの歴史主義に残る自然主義の残滓を乗越えたウェーバーの立場は、ポジティヴに展開すれば意味論になり、したがってそこにおける概念は論理必然的にイデアル・ティプス性を帯びざるをえない。

「マイヤーから批判的に学びとった『客観的可能性』」は衝撃的な語句だ。文化科学論文の第二節を真面目に読んでいれば、絶対に起きない誤解だからである。

安藤は「マックス・ウェーバーにおける『客観的可能性』の意味」(『マックス・ウェーバー研究』未來社、一九六五年)という論文も書いている。そこでは田中論文が参照文献としてあげられているが、適合的因果構成に関する理解は、田中論文と比べてもかなり劣る。「促進的」が『宗教社会学論集1』にも引き継がれる、という田中の指摘にもふれていない。

確率的因果論の考え方にしても、この時期にはもう新奇なものではなかった。例えば、戦前の一大ロングセラーだった速水滉『論理学〔第三版〕』〔岩波書店、一九三二年〕でも紹介されている〔第二編「方法論」第七章「概括、統計学及び蓋然量」〕。経験的な研究の方法に関心があれば、ふれる機会はいくらでもあったはずだ。最初から、そちらには興味がなかったのだろう。

そうした風潮のなかで文化科学論文は見失われていき、「客観性」論文だけが、ウェーバーの方法論の代表作となっていった。そういう意味では、この論文もまた数奇な運命を経ている。

戦前は、新カント派やその後のドイツ語圏の最新研究の輸入に乗り、「リッカート―ウェーバー接合」をなぞる形で注目された。戦後になると、今度は「マルクス―ウェーバー接合」という形で、法則科学／文化科学の同位対立を再生産する社会科学全体の研究動向に後押しされて、高く評価されつづけた。そしてマルクス主義の退潮後は、ウェーバーの学説研究全体が経験的な社会科学から切り離されていくことで、方法論の代表作とされつづけてきた。

日本語圏の「ガラパゴス」的状況は、そうやって創り出された〔→第一回〕。それによって、V・クリースの影響も、名前さえも忘れられていった。――今のところ、そんな仮説を私はもっている。いうまでもなく、私自身もまた、その状況を自明視していた一人であるが。

八.

それに対して海外に目を転じると、ドイツ語圏の社会学では、G・ウァグナーとH・ツィプリアンの一九八五年の論文「方法論と存在論」が、v・クリースの影響を再発見した研究として知られている(G. Wagner und H. Zipprian, "Methodologie und Ontologie," *Zeitschrift für Soziologie* 14(2), 1985)。彼らはエルスターの著作を先行研究としてあげている。翌年には英語の論文も発表しており("The Problem of reference in Max Weber's theory of causal explanation," *Human Studies* 9, 1986)、リンガーも、彼らの論文を参照している。

ウァグナー&ツィプリアンの論文は、v・クリースの適合的因果構成とリッカートの文化科学が両立できないことを、S・A・クリプキの固有名の理論と可能世界意味論を用いて、論証しようとした。そのため、読者がかえって限られてしまったかもしれない。

実際には、適合的因果構成と文化科学が両立しえないことを示すのは、それほど難しくない。適合的因果の方法論が、リッカートのいう個性的因果関係と論理的に両立せず、かつ現代の社会科学で用いられている別の方法論と同じであることを示せばよい。これについては第六回以降で少しずつ解説していこう。

ドイツ語圏でのウェーバーの方法論の研究は、日本語圏と似ていて、F・テンブルックのような文化科学に偏った読み方も根強い[7]。だが、少なくともそれ一辺倒ではない。ウァグナー&ツィプリアンの論文も、論証の成否はともかく、ウェーバーの術語系を、その後の分析哲学や社会科学の展開の上にあらためて位置づけた。社会科学にとっての反省的形式化の重要性を考えれば、そうした視点はやはり大事だと思う。

二人は *Max Webers Wissenschaftslehre: Interpretation und Kritik* (Suhrkamp, 1994) という論文集も編集しており、そこにはF・テンブルックやJ・ヴァイス、B・ターナー、G・オークスなどの方法論の研究者だけでなく、T・バーガーやW・シュルフターも寄稿している。ヴァグナーは *MWG* の方法論の巻(未刊)の編者の一人でもあるようだ。(彼はツィプリアンとの共著でも単独でも、システムの同一性をめぐって、ルーマンのシステム論への批判も書いていて、ルーマンも反批判を寄せている。その的確な紹介と解説は、高橋顕也『社会システムとメディア』六五〜七〇頁、ナカニシヤ出版、二〇一六年を参照。文化科学論文以降のウェーバーの方法論との関連でも、このやりとりは興味深い。詳しくは第一三回六節でまた述べる。)

v・クリースとウェーバーとの関連性は、ドイツ語圏ではむしろ統計学の分野で研究されてきた。もともと統計学の科学社会学や科学史の水準が高く、『確率革命』の研究集団には英語圏から、I・ハッキングやT・ポーターも参加していた(第五回注1、コラム3参照)。その編者の一人であるM・ハイデルベルガーは、v・クリースとウェーバーとの継承関係を、J・S・ミルやラートブルフなどもふくめて包括的に論じている(Michael Heidelberger, "From Mill via von Kries to Max Weber," Uljana Feest (ed.), *Historical Perspectives on Erklären and Verstehen*, Springer, 2010. *Max Weber Studies* 15(1), 2015 にも再録)。私が読んだなかでは、英語圏や日本語圏のものもふくめて、これが一番目配りがよいと思う。

ハイデルベルガーは、ウィーン学派やL・ウィトゲンシュタインとv・クリースとの関連もとりあげている。またW・リュッベは、v・クリースの科学論上の主著にあたる『論理学』(*Logik*, J. C. B. Mohr, 1916)もふくめて検討している。これらについては確率的因果論との関連もふくめて、第六回〜第七回で述べることにしよう。

残念ながら日本語圏の学説研究では、これらの研究もほとんどとりあげられず、文化科学との連続性を強調するテンブルックや、政治思想史のW・モムゼンがもっぱら注目されてきた。F・ニーチェの哲学との関連性にも光があてられてきたが、因果分析の方法論を本格的に検討したものはわずかしかない。「適合的因果」の解説も、基礎概念論文の簡潔な概説だけに依拠したものが多い。

ハイデルベルガーによれば、ドイツ語圏でもv・クリースに注目した研究はまだ少数のようだが、その影響を分野横断的に跡づけた著作も出ており(Martin Neumann, *Die Messung des Unbestimmten*, Hänsel-Hohenhausen, 2002)、E・マッシミラの研究も翻訳されて刊行されている(Edoardo Massimilla, ***Max Weber zwischen Heinrich Rickert und Johannes von Kries***, Böhlau, 2012. 原著は ***Tre studi su Weber fra Rickert e Von Kries***, Gennaio, 2010)。マッシミラはv・クリースのテキストを丁寧に紹介して、主要な術語系の重なり方など、ウェーバーにあたえた影響をより具体的に示した。そのなかでヴァグナー&ツィプリアンやハイデルベルガー、リンガーらにも言及している(第一七回とコラム4も参照)。

ヴァグナーもこうした研究と関連させて、「客観性」論文とリッカートの科学論との関係を再検討する論考を、共著で書いている(G. Wagner und C. Härpfer, "Max Weber und die Naturwissenschaften," *Zylos* 1, S. 169-194, 2015)。これらと比べても、日本語圏の状況は「ガラパゴス」的だと思う。

九.

一九〇六年以降のウェーバーの方法論に関して、一番理解が進んでいるのは、意外に思えるかもしれないが、英語圏である。第一回で指摘した「奇妙なずれ」はその結果でもある。

例えば、アメリカの社会学に計量分析を本格的に導入したP・ラザーズフェルトも、一九六五年の論文で、ウェーバーがアンケート調査や計量手法に親しんだ研究者であることを紹介している(P. Lazarsfeld and A. Oberschall, "Max Weber and empirical social research," *American Sociological Review* 30(2), 1965)。英語圏の社会科学では、「マルクス−ウェーバー接合」のような発想は普及しなかった。その分、ウェーバーの方法論の本来の考え方が、理解されやすかったのだろう。また、一九四九年という早い段階で文化科学論文が英訳されて、ウェーバーの方法論の論文集に収められた(trans. by E. Shils and H. Finch. "Critical Studies in the Logic of the Cultural Sciences," E. Shils and H. Finch (eds.), *Max Weber on the Methodology of the Social Sciences*, The Free Press of Glencoe, 1949)。その影響も大きかったのではないか。

一九八六年にはS・ターナーが、統計学の方法や思想が社会学の形成にはたした役割をとりあげた著作を出している。そのなかで、ウェーバーに対するv・クリースの影響も、かなり詳しくとりあげている。ウェーバーがv・クリースの枠組みを引き継いで、「確率的因果論 probalistic causation」を使っていることも明言している(Stephen Turner, *The Search for a Methodology of Social Science*, pp. 163–179, Reidel, 1986)。

この著作ではA・コントやE・デュルケムもあつかわれており、現代の統計学の一般的な術語系を用いて、社会学の古典が再整理されている。ウェーバーに関しても、因果同定の経験的な手続きに注目して、その特徴を取り出せている(第一七回注4、コラム4注2参照)。例えば、適合的因果が共変量に関する期待値になることも指摘している(コラム4六節参照)。その一方で「法則論的」に関しては、v・クリース自身の定義ではなく、ヘンペルのDNモデルにそって理解されている。そのため、客観的な法則性をさすものとされて、因果の反事実的定義や一回性の事象における反実仮想の意義は見過ごされている(8)。

したがって、ウェーバーの方法論の重要な一部が抜け落ちているが、計量手法の対極に置くドイツ語圏や日本語圏の読み方よりは、より実態に近いとらえ方ができていた。その点は正当に評価すべきだろう。ウァグナー&ツィプリアンの論文も、英語圏でより広く読まれたようだ。

最近でも ***Max Weber Studies*** の一五巻一号はv・クリース関連の特集になっており、H・トライバーの「ウェーバーとv・クリースと気体分子運動論」という論文も載っている(Hubert Treiber, "Max Weber, Johannes von Kries and the kinetic theory of gases," *Max Weber Studies* 15(1), 2015)。日本語圏の学説研究では全く考えられない題名だが、もちろん真面目な学術論文だ(第一〇回参照)。この本でも、数回、参照させてもらっている。

リンガーやマッシミラの研究によって、ウェーバーの因果分析がv・クリースの方法論を取り入れており、主要な術語系を共有していること自体は、否定しがたくなった。その上で、どこに二人のちがいを見出すかが、新たな論点になりつつある。この論文もそうした試みの一つだ。

第三章であらためて述べるが、適合的因果構成は、今日では(a)反事実的な因果定義と(b)確率的因果論と呼ばれている考え方にもとづく。それらの研究も、戦後は主に英語圏の分析哲学や科学論で進められてきた。v・クリースやウェーバーが用いた術語系も、今日ではそれをふまえた方が理解しやすい(第七回参照)。例えば、数理・計量社会学の代表的な研究者の一人、J・ゴールドソープも「社会学と確率革命」という論考で、リンガーの著作に言及しながら、ウェーバーの社会学と統計学の関連性をとりあげている(John Goldthorpe, "Sociology and the probablistic revolution, 1830–1930," *On Sociology* (*1ed.*), Oxford Univ. Press, 2000, 第一三回六節と第一七回一節も参照)。

それだけに、それこそ反実仮想だが、もしH・ライヘンバッハがベルリンに残れていれば(彼はUCバークレーでサモンの指導教員でもあった)、ドイツ語圏や日本語圏の現状もちがっていたかもしれない。『確率計算の諸原理』の「第二版への序文」をみると、晩年のR・v・ミーゼスの確率論には否定的だったが、ライヘンバッハには関心をもっていた(“Vorwort zum zweiten Abdruck,” *Die Prinzipien der Wahrscheinlichkeitsrechnung* (2 *Aufl.*), J. C. B. Mohr, 1927)[9]。市井も、ライヘンバッハに言及している(→一節)。ただし、もしそうなっていれば、確率的因果論の提唱者は最初から、v・クリースだとされていただろうが(第六回〜第七回参照)。

現実には、ライヘンバッハたちはナチスに追われてアメリカ合衆国に移住し、“nomological”を独自の意味で使い始める(→第二回注6、第一四回も参照)。それによって、v・クリースの影響もいったん見失われ、英語圏の分析哲学で反事実的な因果定義や確率的因果論が再発見されることで、再発見されていった。英語圏やドイツ語圏のウェーバー読解には、そんな複雑な経緯がある。

実は、リンガーも幼少期に、ドイツからアメリカ合衆国に移住した一人だ。v・クリースの再発見に強い関心を抱いた背景には、彼の個人史との重なりがあったのかもしれない。そうした意味では、v・クリースの忘却と再発見は、ドイツ語圏の社会科学がナチスによってどれほど深く傷ついたかを示す証左の一つでもある。

それだけになおさら、二度と忘れたくないと強く思わされるのであるが。

……しかし便利な言葉なので使わせてもらったが、「ガラパゴス」的という形容は、ガラパゴス諸島の動植物にとても失礼な言葉だと思う。

(1) より専門的な学説研究史は「『社会学の方法的立場』をめぐる方法論的考察」「一九世紀／二〇世紀の転換と社会の科学」で、簡単に述べておいた。

なお一九七〇年代までの日本語圏でのウェーバー受容史については、W・シュヴェントカーの『マックス・ウェーバーの日本』(野口・鈴木・細井・木村訳、みすず書房、二〇一三年、Wolfgang Schwentker, *Max Weber in Japan*, J.C.B. Mohr, 1998)が詳しい。同時期のドイツ語圏の学術とのつながりの点でも参考になるが、因果同定の方法論に限っていえば、v・クリースからの影響が無視されており、受容史としても偏っている。市井や杉森が言及されないのはともかく、田中や金子に関しても、この部分だけがぽっかり抜けている(一六九〜一七四頁参照)。

(2) この「一定の条件」、すなわち「ともに影響する他の変数は全て同じ状態」は、かなり思い切った仮定になるが、伝統中国が社会経済的には近代直前の西欧と同等な状態だった、というとらえ方は、現代のカリフォルニア学派の経済史とも共通する。Jack Goldstone, "The rise of the West-or not? A revision to socio-economic history," *Sociological Theory* 18, 2000, 岸本美緒「グローバル・ヒストリー論と『カリフォルニア学派』」(『思想』一一二七号、二〇一八年)など参照。

つまり、ウェーバーの比較社会学とカリフォルニア学派は同じ方法を使っており、ちがうのは他のどの変数を原因候補として想定するかだけである。なお、ウェーバーも伝統中国社会での植民地の不在に言及しているが、これは原因であるとともに結果でもあるとして、原因候補から外している(訳一七八頁、*MWG1/19* S. 284)。

(3) 関連文献は膨大にあるが、主題の近さでいえば、青木敦『宋代民事法の世界』(慶應義塾大学出版会、二〇一四年)、寺田浩明『中国法制史』(東京大学出版会、二〇一八年)など。

(4) 少し厳しい評価を述べたが、金子は、ウェーバーの社会学の基軸が比較研究にあり、かつその比較社会学が反実仮想を用いた因果特定であることは、明確に理解していた(七〇〜七二頁。なお折原『マックス・ヴェーバーにとって社会学とは何か』前掲の「はじめに」、とりわけ注3も参照)。その方向で考え進めていけば、「人類全体の歴史を考える」ことと適合的因果という方法論の不整合にも、そして「適合的／偶然的」の定義の取り違えにも、いずれ気づけたかもしれない。

その意味では、ここでの方法論の研究は、田中や金子の成果を出発点としながらも、法則科学／文化科学の対立図式にもとづく従来の研究群とは、全くちがう方向をめざすものである(第七回注4も参照)。いずれにせよ、『確率計算の諸原理』を読んでいた金子が四一歳の若さで亡くなったことは、ウェーバーの研究史の上でも大きな損失だった。

(5) 現在の日本語圏の歴史学でも、マルクスとウェーバーを並列して「『科学的な』歴史理論」と位置づけるものは少なくない。例えば岡本充弘「グローバル・ヒストリーの可能性と問題点」(『思想』一一二七号前掲)、また長谷川貴彦「物語論的転回2・0」(同)も参照。

一方、英語圏の歴史社会学では反マルクス主義的なウェーバー像が暗黙の前提になっており(→注2)、ウェーバーのいう「合理的経営」も誤解されている。佐藤俊樹『近代・組織・資本主義』ミネルヴァ書房、一九九三年、および第四回と第一七回も参照。

(6) マリアンネ・ウェーバー自身、フライブルク時代にリッカートの「熱心な生徒」になった、と回顧している(大久保和郎訳『マックス・ウェーバー』一六四頁、みすず書房、一九八七年、Marianne Weber, *Max Weber ein Lebensbild*, S. 217, J. C. B. Mohr, 1926)。なお、この本はマックス・ウェーバーの方法論をあつかうものなので、マックスを「ウェーバー」で、マリアンネを「マリアンネ」で呼ぶことにする。

三木の「読書遍歴」には、カール・マンハイムを個人教師として雇っていたことも書かれている。ウェーバーの論文集や遺稿がマリアンネの手で矢継ぎ早に刊行されていた、当時のハイデルベルクの状況もかいま見える。

(7) 最近の動向に関する日本語の論文としては、橋本直人「生誕150周年のアクチュアリティ――2014年のドイツにおけるマックス・ウェーバー研究の動向」(『神戸大学大学院人間発達環境学研究科研究紀要』九、二〇一五年)などを参照。

(8) ターナーは適合的因果を、反事実的に定義されるものではなく、複数の説明変数群によって出現確率の差を説明する形でとらえている。v・クリースの影響をとりあげた一九八一年の論文でも、同じ見方をしていた(S. Turner and R. Factor, "Objective possibility and adequate causation in Weber's methodological writings," *Sociological Review* 29(1))。

そのため、行為の合理性基準を用いた理解がベイズ更新の形になりうることを指摘しながら、ウェーバーにはそちらに進む準備がなかった、と述べている(*The Search for a Methodology of Social Science* 前掲 p. 192)。コラム2七節およびコラム4参照。

(9)『確率計算の諸原理』の第二版の本文は、一八八六年の第一版と、頁番号もふくめて全く同じものである。それゆえ文献表記では版数は省略する。

第二章

百年の螺旋

[第三回] リッカートの文化科学
——価値関係づけの円環

一.

H・リッカートの文化科学/法則科学は、W・ウィンデルバントの「個性記述的/法則定立的」、さらにはW・ディルタイが立てた「精神科学/自然科学」の区分の後継として位置づけられることが多い。この二分法は、現在でいう「文科系/理科系」にかなり重なる。けれども、ウィンデルバントらが領域や対象のちがいとして二つを区別したのに対して、リッカートは人間や社会に対しても自然科学が適用されることを認めた。いわば縄張りを否定した上で、方法論のちがいで二つの科学を定義しようとしたわけだ。あえて現代風に表現すれば、科学論の水準で勝負をかけた。

その主張は要約すれば、次のようなものだ。——文化科学の特徴は、価値を主題化する独自の方法論(「観察様式 Betrachtungsweise」)にある。すなわち、観察する対象自体の同定が「価値関係づけ Wert-beziehung」に依存することをふまえて、観察者のそれを反省的にあつかいながら、対象を法則性ではなく個性によってとらえる。そうすることで初めて、本源的に一回性の営みである歴史や社会の事象を十分に解明できる、とした(1)。

リッカートの『自然科学的概念構成の限界(第二版)』は、大きな話題になった(*Die Grenzen der natur-*

wissenschaftlichen Begriffbildung (*2 Aufl.*), J. C. B. Mohr, 1902)。価値の介在を積極的に取り込んで、それを文化科学の独自性と優位性に結びつけたからだろう。ウェーバーが嫌った「講壇政治」のように、特定の価値観を独断的に主張するのではなく、ウィンデルバントのように分野で棲み分けを図るのでもなく、価値判断を反省的に主題化することの意義を、方法論の形で主張することによって。

現代の科学論にひきつけていえば、リッカートのいう価値関係づけは「観察の理論負荷性 theory-ladenness of observation」に近い。第二回では「観察者側の前提仮説への依存」として述べたものだ。こうした面は一九〇六年以降のウェーバーの方法論、例えば文化科学論文や「価値自由」論文でも取り入れられていて、「価値解釈 Wert-Interpretation」と呼ばれている。

「価値解釈」とは社会科学の分析、特に因果分析での変数群の同定がもつ特性を形容した術語だ。観察者の視野に入ってくる変数群は、その関連性（経路）の形態もふくめて、価値をともなう判断によって限定されてしまう。その意味では、分析される変数群の範囲と経路は、完全に客観的なものにはなりえず、観察者の解釈という性格を必ずもつ。

こう言い換えれば、「観察の理論負荷性」との重なりがより明瞭に見えてくるだろう[2]。もちろん、これも自然科学と社会科学ではかなり変わってくる。自然科学でも、こうした面はたしかにあるが、個々の具体的な研究で注意を払う必要は少ない。

それに対して、社会科学では、具体的な研究の水準でも慎重に注意する必要がある。実験室のような閉じた系で関連しそうな変数群を一括して統制できないだけでなく、特定のデータが観察される因果的なしくみまで、観察者側の前提仮説で直接説明できるからだ（第二〇回参照）。

さらに第二回で述べたように、少なくとも因果を具体的に特定する際には、観察者の前提仮説に何らかの形で依存せざるをえない。統計的因果推論は、因果の同定における前提仮説と結論との対応関係を厳密に定式化することで、それを明確にした（→コラム1四節）。

これらの点からみても、価値関係づけに注目して人文社会科学の特徴をとらえようとしたリッカートの着想は、決して的外れではなかった。自然科学の通常の営みでは、価値関係づけは多くの場合無視できるが、全く無しにはならない。そんな風にいえば、自然科学者にもある程度納得してもらえるのではなかろうか。

二

リッカート自身は、文化科学と自然科学の関係について次のように述べている（『文化科学と自然科学』前掲二二八〜二二九頁、S. 140–141）。

自然科学といえども、やはり意味にみちた歴史的な文化所産 **Kulturprodukt** である。専門科学としての自然科学自身は、そのことを無視するかもしれない。けれども、自然科学がその眼差しを、たんに自然の客体 Naturobjekte の上にばかりでなく、自分自身の上にも向けるならば、このような意味での歴史的な発展が自らに先行してきたことを否定しうるだろうか。この発展は必然的に、その一回的で個性的 individuell な経過において、客観的な妥当性という価値基準の視点の下で観察されなければならない。すなわち、さまざまな出来事に対して、自然科学の歴史にとってそのなかの本質的なものと非本質的なものとを区別するために、私たちが関係させざるをえない科学的真理の理論的価値

theoretischen Wertes という視点の下に。

自然科学が文化発展のこの部分にとっての、この意味での歴史科学を是認するのであれば、他の諸部分の歴史をも科学だと認めないでいられようか？……歴史―文化科学的な視点は、それがはるかに包括的であるがゆえに、むしろ自然科学的な視点の明らかに上位に位置する。自然科学が文化人間 Kulturmenschheit の歴史的所産であるというだけでなく、「自然」それ自体もまた、その論理的あるいは形式的な意味において、一つの理論的な文化産物 **Kulturgut** であり、人間の知性による現実の、妥当な、すなわち客観的価値に満ちた把握にほかならない。

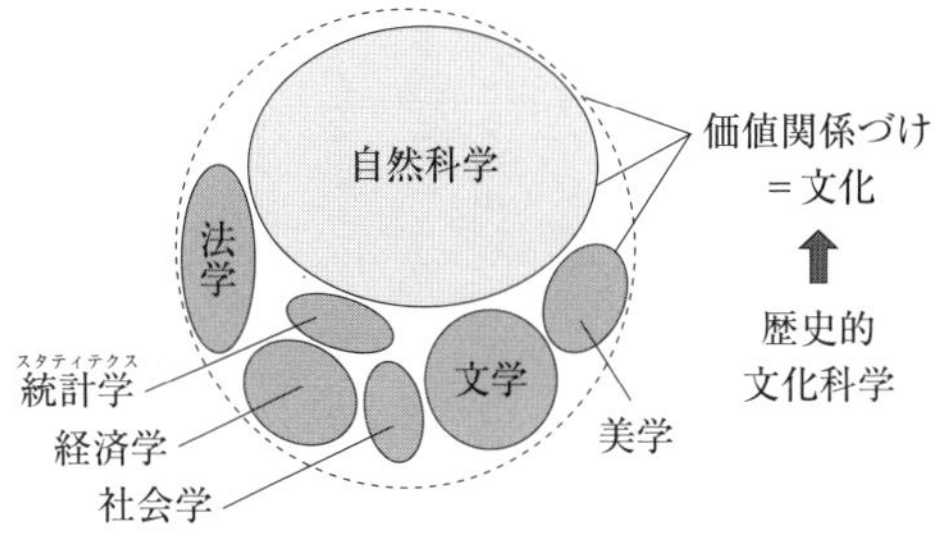

図 **3-1**　リッカートの文化科学と自然科学

言葉遣いは少し旧めかしいが、こうした立論は、現代の私たちにとっても陳腐なものではない。文科系の研究者が理科系に対抗して、自らの意義を主張するときに、今でもよく見かける。

図にするとこんな感じだろうか（図3-1）。ただし、統計学や美学、社会科学の位置づけは、私の方で仮に考えてみたものである。煩わしいので一部省略したが、もちろん全ての円が価値関係づけにあたる。

こうした形でとらえる意義はもう一つある。先にふれた、リッカートの科学論における価値判断の位置づけだ。「観察の理論負荷性」という表現を使えば、理論負荷性をもった観察によって理論が観察されていることになる。（後の議論とも関わるので、ここであらかじめ断っておくが、この言い方は、本当はかなりレトリカルだ。具体的な対象をあつかう経験的な研究では、観察が負荷されている「理論」と観察される「理論」は必ずしも同じにはならない。すぐ後でもう一度ふれる。)

そういう意味でいえば、価値関係づけは現代の言い方でいえば、科学の内部観察性を指摘したものだとも考えられる(『文化科学と自然科学』前掲二一九〜二二二頁、S. 134-137 など参照)。N・ルーマンの言い方を借りれば、文化科学はむしろ価値の介在を主題化することで、その脱同義反復化Enttautologisierungをめざす営みだといえるかもしれない。

もし現代の学術分野としての文化科学であれば、そんな位置づけも十分にできると思う(隠岐『文系と理系はなぜ分かれたのか』前掲七〇〜七一頁参照)。実際、ルーマンのお弟子さんのA・ナセヒは、こうした方向で現在の文化科学のあり方を構想しているようだ(Armin Nassehi, "Kultur im System," *Gesellschaft der Gegenwartens*, Suhrkamp, 1996 など、第四回参照)。

しかし、リッカート自身が構想した文化科学は、もっと強烈なものだった。なぜならば、こうした位置づけでは説明しがたい二つの概念を、明示的に立てているからだ。(A)「理論的価値関係づけ theoretische Wertbeziehung」と(B)「個性的因果関係 individuelle Kausalverhältniss」である。この二つを外して、リッカートの文化科学は語れない。

三

「理論的価値関係づけ」から解説していこう。

リッカートの考えでは、文化科学で見出される個々の具体的な価値関係づけは、さらに一つの価値関係づけによって関係づけられる。それを彼は「客観的な」「理論的価値関係づけ」と呼んだ。先の引用に出てくる「理論的」「客観的」という言葉も、そういう意味で使われている。文化科学的な歴史研究は、個々の対象への価値関係づけを反省的に見出しつつ、その対象の個性を明らかにしていくが、それらの価値関係づけも最終的に単一の「理論的価値関係づけ」によって関係づけられる――彼はそう考えた。

それゆえ、文化科学はそれ自体で一つの大きな円環を描く。特定の価値関係づけにもとづく歴史の探究は、自らの視点を反省的に主題化しながら、個々の対象の個性を解明することを通じて、人類の歴史が実現していく究極的な価値関係づけ、その意味で「客観的」で「普遍的」な価値関係づけを明らかにしていくことになる。

したがって、価値関係づけは対象を解明する視点であるとともに、解明された対象のあり方から見出される特性でもある。G・オークスや向井守が指摘するように、これは循環論になっている可能性があるが(Guy Oakes, "Weber and the Southwest German School," W. J. Mommsen and J. Osterhammel (eds.), *Max Weber and his Contemporaries*, Allen & Unwin, 1987, 嘉目克彦訳「マックス・ヴェーバーと西南ドイツ学派」鈴木ほか監訳『マックス・ヴェーバーとその同時代人群像』ミネルヴァ書房、一九九四年、向井『マックス・ウェーバーの科学論』前掲)、ウェーバーも「客観性」論文では、この循環を積極的に肯定していた。

リッカートの「価値関係づけ」の代わりに、ウェーバーは主に「文化意義 Kulturbedeutung」という言葉を使っているが、「客観性」論文における「文化意義」もまた、観察者と観察される対象の両方に現れる(九二～九三頁、S. 180)。

「文化」とは、世界に起きる、意味のない無限の出来事のうち、人間の立場から意味と意義とを与えられた有限の一片である。人間が、ある具体的な文化を仇敵と見て対峙し、「自然への回帰」を要求する場合でも、それは当の人間にとって、やはり文化であることに変わりない。……ここで、全ての歴史的個体が論理必然的に「価値理念」に根ざしている、という場合、こうした純粋に論理－形式的な事態が考えられている。いかなる文化科学の先験的前提も、私たちが特定の、あるいはおよそ何らかの「文化」を価値あるとみることにではなく、私たちが世界に対して意識的に態度を決め、それに意味を与える能力と意思をそなえた文化人間 Kultur**menschen** である、ということにある。……それによって私たちは人生において、人間の協働生活の特定の現象をこの意味から評価し、そうした現象を意義ある **bedeusam** として、それに対して……態度を決める。そうした態度決定の内容がいかなるものであろうとも、——この現象が、私たちにとって文化意義 Kultur**bedeutung** をもち、この意義によって初めて、その現象が私たちの科学的関心をひくのである。

自然への対し方そのものが文化の産物であること、そして「文化人間」というあり方こそが科学の意味を生み出していること——そうした基本的な主張点は先ほどのリッカートの文章と共通する[3]。そして結論部では、社会科学のめざすものが次のように語られる(一六〇～一六一頁、S. 214)。

社会科学の本来の任務は……具体的な歴史的な連関の文化意義 **Kulturbedeutung** の認識にもっぱら仕えることであり、それだけが最終的な目標である。概念構成や概念批判の研究もまた、他の手段とならんで、この目的に仕えるものである……

専門化の時代においては、全ての文化科学的研究は、ひとたび特定の問題を提起して特定の素材に照準をあわせ、その方法的原理を創り出してしまった後は、その素材の加工を自己目的とみなし、個々の事実の認識価値をつねに自覚的に、究極的な理念によって統制しようとはせず、およそ自らが価値理念に依拠していること自体を自覚することすらしない。まあ、それは仕方がない。しかし、いつかは色彩が変る。無反省に利用された視点たちの意義が不確かとなり、途は薄暮のなかに見失われる。大いなる文化問題たちの光がさらに差し込んでくる。そのとき科学もまた、その立場と概念装置とを換えて、思想の高みから事象の流れを見渡そうと身構える。科学は、ただそれのみがその営みに意味と方向を示すことができる、あの星座をめざして、歩みを進める。

格調高い文章を要約するのは気がひけるが、要するに、文化科学とは文化の下に文化を探究する科学なのである。この円環の究極的な終点を、リッカートは「客観的な」「理論的価値関係づけ」と呼んだ。そういう形で、文化科学の客観性を確保しようとした。

それに対して、ウェーバーはこの終点に関しては、明確に留保を置いている（例えば一四五〜一四六頁、S. 206–207）。だから、ウェーバーの「文化意義」とリッカートの「価値関係づけ」は、厳密には同じものではない。例えばリッカートならば、右の文章の「歴史的な連関」に、「具体的な」という形容詞は被せなかっただろう。

それゆえ、むしろこの円環を閉じない形で自覚的にそこに加わることが、「客観性」論文での「客観性」の中身だといった方がよい。ウェーバー自身が構想していたのは、いわば「理論的価値関係づけ」抜きの文化科学であった[4]。……もちろん、そんな学がありうるとしたら、であるが。

抽象論に終始する「客観性」論文では、その点の論証はなされていない。「客観的可能性」や「法則論的知識」といった言葉が、定義はおろか、誰の術語かも明かされないまま、置いてあるだけだ。

四.

したがって、ウェーバーは「客観性」論文ではリッカートの文化科学に強く引き寄せられていた、といった方がよいが、少なくとも文化科学の再検討や「批判的な研究」(文化科学論文の正式な題名は「文化科学の論理学の領域での批判的研究」である)にはなっていない。

「現実を、その文化意義と因果連関において認識する」(七九頁、S. 174. なお「文化意義」も「因果連関」も単数形)ことが社会科学の目標とされており、『アルヒーフ』の同じ号に掲げられた「緒言」でも、「資本主義発展の一般的な文化意義の歴史的かつ理論的な認識」(一八一頁、"Geleitwort," *Archiv* 19(1), S. v, 1904)が研究目的として宣言されている。先の引用でいえば、「思想の高みから aus der Höhe des Gedankens 事象の流れを見渡」すことが科学の本来の、そして究極的なあり方だとされる。現在の言い方では、文化研究《カルチュラル・スタディーズ》や現代思想にむしろ近い。

「客観性」論文から見出されるのは、そんな文化科学者マックス・ウェーバーの姿である。その彼が最終的にどうなっていくのか。

それを一番よく表すのは、倫理論文の改訂作業かもしれない。第一回で述べたように、この論文の最初の版(アルヒーフ版)は、「客観性」論文とほぼ同時期に書かれている。その結びで、この研究がめざすものをウェーバーはこう述べていた(*Archiv* 21(1), S 109-110, 梶山力訳・安藤英治編補訳では三五九頁)。

そうして初めて近代的な文化の他の形成要素との関係において、禁欲的なプロテスタンティズムの文化意義が明らかにできる。けれども、それには禁欲的なプロテスタンティズムが他方で、社会的な文化的諸条件、とりわけ経済的なそれらの総体によって、その生成と特性においてどのように影響されたのか、そのあり方を明確にしなければならない。

ところが、一九二〇年の『宗教社会学論集1』に収められた改訂版では、次のように書き換えられる（*RS1*（*9 Aufl.*）, S. 205, 1988, *MWG1/18* S. 489, 大塚久雄訳では三六八～三六九頁）。改訂された箇所を傍線で示しておく。

そうして初めて近代的な文化の他の形成要素との関係において、禁欲的なプロテスタンティズムの文化意義の大きさ Mass が明らかにできるのだろう könnte。ここでは、その作用の状態とあり方を、一つの点において、重要な点ではあるが、その諸要因に遡ることが試みられたにすぎない。さらに、禁欲的なプロテスタンティズムが他方で、社会的な文化的諸条件、とりわけ経済的なそれらの総体によって、その生成と特性においてどのように影響されたのか、そのあり方を明確にしなければならないのだろう müsste。

改訂版の「文化意義」は、「大きさ」＝その程度を論じうるもの、すなわち量的もしくはそれに準じた測定を受けつけるものになっている。因果として経験的に同定できるだけでなく、その量まで測りうる（第一二回四節、第一四回一節参照）。

さらに、アルヒーフ版では、プロテスタンティズムの文化意義の解明は、社会経済的な変数の影響の解明とは別のものであったが、改訂版では、前者ははっきり後者の一部とされている。つまり、文化は対象側の属性として、社会経済的な変化に関わる変数の一つになっており、それが複数の原因—結果が織りなす因果作用の一部であることが、明確なイメージをもって語られている（コラム4五節参照）。「一つの点において……諸要因に遡る」という言い方も、因果同定の具体的な手続きを念頭においている。

そして、この箇所のすぐ前もふくめて、動詞や助動詞が直説法から接続法Ⅱ式に変更されている。言明自体が蓋然性の低い願望であることが示され、元のアルヒーフ版に比べて、明確に距離をおこうとしている(5)。

これらによって、倫理論文改訂版は、リッカートの文化科学の円環から抜け出している。個々の具体的な因果分析に焦点をしぼることで、文化意義も明確に対象側だけに限定されている。この変化はそれこそ科学論的にみても、とても興味深い。

前回述べたように、具体的な因果の特定でも、結論は観察者側の前提仮説に依存するが、これが閉じた循環論になるのは、結論を求める上での前提条件と結論とが一致する場合だ。裏返せば、前提条件と結論の間の距離が大きいほど、反証可能性の程度があがる（→コラム1四節）。先ほど述べたように、具体的な観察が負荷されている「理論」と、観察される「理論」は必ずしも同じではない。

けれども、一般的な方法論として展開すれば、前提条件も結論も、「文化意義」とか「価値関係づけ」といった一般的な概念で表現せざるをえない。だから、閉じた循環論になってしまう。言い換えれば、循環論になるのは、結論が観察者側の前提仮説に依存するからではなく、前提条件と結論を抽象的な概念だけで表現するから、すなわち一般的な方法論の水準だけで抽象的に考えているからである。

それに対して、前提条件も結論も具体的になればなるほど、その間に距離をとる可能性域 Spielräume が拡がる。ルーマン的にいえば、脱同義反復化しやすくなる。したがって、経験的な研究の水準では、仮説などの前提条件と結論との間に一定の距離をおくことは、それほど難しくない。具体的な観察で負荷されている「理論」と検証される「理論」は、必ずしも(＝ア・プリオリに)同じではなく、循環論かどうかはケース・バイ・ケースで(＝ア・ポステオリに)判断すればよい。

倫理論文の改訂版では、ウェーバーは明確にそちらの方向に舵を切っている。この改訂がどんな作業だったのかをよく示す箇所の一つだが、逆にいえば、一九〇六年以降の著作、例えば「職業としての学問」論文や倫理論文改訂版と「客観性」論文の議論を直結するのは、かなりあやうい(→第一回)。

第六回以降で詳しくみていくが、一九〇四〜〇五年段階でのウェーバーの社会学は、文化意義の解明を主な目的に掲げつつ、厳密な因果同定手続き論を欠いていた。つまり、反証可能性を方法論上で確保しないまま、歴史の因果を文化的意義から特定するものになっていた。

その点で、経験科学というよりも思想に近いものだった。だからこそ「客観性」論文や倫理論文が(アルヒーフ版に近い形で)愛読された、という面もあるのだろうが。

五.

では、この「理論的価値関係づけ」として、リッカート自身はどのようなものを考えていたのだろうか？　答えは——空白である。一九三六年に亡くなるまで、「理論的価値関係づけ」の内容が特定されることはなかった。

おいおい！　と言いたくなるが、リッカートという人は、どうもこういう人だったらしい。具体的なモノにはからきし興味がもてず、ゲーテの『ファウスト』に憧れる、永遠の少年みたいな人。向井も述べているように、個性的因果を主張したリッカートは、実際には、現実の具体的な事象の因果に関心をもてない人間だった[6]。

彼の文化科学が奇妙な空虚さを感じさせる理由は、そこにあるのだろう。価値関係づけを一般的な概念だけで論じれば、閉じた循環論になる。その中身を具体化するには、経験的な研究を進めるか、あるいは、それらを関係づける「理論的価値関係づけ」の中身を、ある程度以上特定しなければならない。

ウェーバーは前者の途を歩み、やがてリッカートの円環を抜け出していく。四節で述べたように、具体的な因果の特定であれば、具体的であればあるほど、結論と前提仮説の間に距離を見出しやすい。より正確には、結論は前提仮説に依存するが、同じものにはならない。

それに対して、リッカートは前者、すなわち経験的な研究には全く興味がなかった。そして後者、すなわち「理論的価値関係づけ」の中身を特定すれば、その瞬間に、それは彼個人の主観的で個別的な価値判断ではないのか？　それとどう区別できるのか？　という反論が飛んできただろう。あるいは、その価値関係づけの背後に、リッカート自身による何らかの経験的事実の認定が、そしてそれに関わる歴史的あるいは社会的な因果関係の同定が見出されて、その認定や同定のそれこそ経験的な妥当性が問われたであろう。

だから、その手前で彼は停止するしかなかった。それでも疑問をもたなかった、自分の主張は正しいと信じていられた。そこがいかにもリッカートらしい。

（1）　その意味では、「個性化 individualisierend 科学／一般化 generalisierend 科学」という表現の方がより適切かもしれないが、文化科学／法則科学の方がわかりやすいので、こちらを使う。リッカート自身も「法則科学」を方法論の用語として使っている。例えば「『歴史の法則』という概念は形容矛盾である、すなわち歴史科学と法則科学は概念的には互いに互いを排除する」（『自然科学的概念構成の限界（第二版）』前掲 S. 258）。

（2）　より正確にいえば、「観察の理論負荷性」はかなり広い概念で、それで何をさすのかがむしろ本当の問題になる。リッカートの「価値関係づけ」とウェーバーの「価値解釈」は、どちらも「前提仮説への依存」にあたるが、どう依存しているかの考え方はちがう。その意味でこの二つは、それぞれが「観察の理論負荷性」とは何かへの答えの一つになっている。

例えば、リッカートは全ての個物を「個性」としてあつかうわけではなく、価値関係づけによって価値あるものとされるものだけが「個性」とされる。それ以外は文化科学的に語るに値しないものとして、視野の外に出されるが、それによって価値あるもの／ないものの二分法が出現する（→第一回五節）。その点では、きわめて道徳コード的でもある（第一八回一節参照）。

（3）　「文化人間」という言葉は「職業としての学問」論文にも出てくる。第六回一節参照。ウェーバー以外もふくめて、その詳しい用例については、野﨑敏郎『ヴェーバー『職業としての学問』の研究（完全版）』（晃洋書房、二〇一六年）の一六二、二〇〇、二〇三～二〇四頁を参照。

（4）　その点で、「客観性」論文での「客観性」の主張は、リッカートに比べて最初から弱い。オークスはリッカート自身が考えた意味での「客観性」の探究を「価値関係づけ問題 Wertbeziehungsproblem」と名づけた上で、ウェーバーはこの問いには関わらなかった、と述べている（G. Oakes, *Die Grenzen kulturwissenschaftlicher Begriffsbildung*, S. 46-47, Suhrkamp, 1982）。そのことはおそらくウェーバーが別の「客観性」を模索する誘因にもなっただろうが、「客観性」論文では、結論部の引用にみられるように、「理論的価値関係づけ」にあたるものを否定できていない。

（5）　ウェーバーの文章における接続法の重要性については、第一二回などであらためて述べる。

この箇所について、安藤英治は次のように述べている（『ウェーバー歴史社会学の出立』前掲四四二～四四三頁）。

……かくてウェーバーは、今後に残された研究課題を予告して全文を閉じることになる。

それらはその後この予告どおりには実現されなかったが、執筆当時の問題意識を記録として残し、それがその後および起されたもろもろの誤解に対する事実上の答弁になりうると考えたためであろう、予定変更に関する事情を註記したうえで、また、文章も二、三の時称の変更と一つの加筆分(問題の所在の確認)とを除いて、原論文どおり現論文に移されている。

ここの改訂は重要なものだと、安藤は考えなかったようだ。彼は「客観性」論文と文化科学論文の間で、方法論のちがいを全く認めておらず(三七五〜三七六頁の注記など)、その立場からの理解だろう(↓コラム1七節)。私は、直説法から接続法Ⅱ式への話法(時称ではなく)の変更もふくめて、この改訂で意味内容に大きな変化が起きている、と考えている。

(6) リッカートも、現在の文化科学はまだ「理論的価値関係づけ」を具体的に特定するまでに至っていない、と留保しているが、いずれ同定できることは全く疑っていなかった。厳しい目でみれば、そうやって彼は空手形を発行しつづけた。

ただし、なぜ空白かの理由づけも、彼は試みている(*Zwei Wege der Erkenntnistheorie*, S. 207, Königshausen & Neymann (reprint), 1909)。これについては後でまた述べる。第一〇回参照。

［第四回］機能主義と因果の推論
――制度のしくみと意味

一．

第二回で述べたように、社会科学はこれまで、因果のしくみの特定にくり返し差し戻されながら歩んできた。だから、その最初の分岐点、すなわちリッカートの文化科学からのウェーバーの離脱を基準点にして、その歩みの全体像を描くこともできる。例えば、社会学でいえば図４-１のような感じだ。

ウェーバーを一方の極に置いているが、いうまでもなく、これは一九〇六年以降のものである。その前の「客観性」論文や倫理論文アルヒーフ版は、前回述べたように、文化研究や現代思想にむしろ近い。適合的因果の考え方を採用し、因果同定の経験的な手続きを明確に示すことで、ウェーバーは文化科学の同義反復の円環を抜け出していった。

それゆえ生物学の言い方を借りると、図４-１は文化科学を外群 outgroup とした、社会学の分岐分類になっている。各群の間の距離にあたるのは、同定された因果に対する反証可能性の程度だ。v・クリースの術語系にもとづいて「客観的可能性」を定義することで、一九〇六年以降のウェーバーはこの距離を創り出した。これについては、第三章以降で詳しく解説していく。

もう一つ注目されるのは、T・パーソンズ（一九〇二年生まれ）とルーマン（一九二七年生まれ）という、ウェーバー後の世代を代表する二人の社会学者の位置である。「くり返し差し戻されながら」と述べたように、ウェーバーの切り拓いた途を、社会学は真っ直ぐに進んできたわけではない。実際、パーソンズもルーマンも、一九〇六年以降のウェーバーよりも文化科学に近いところにいる(1)。

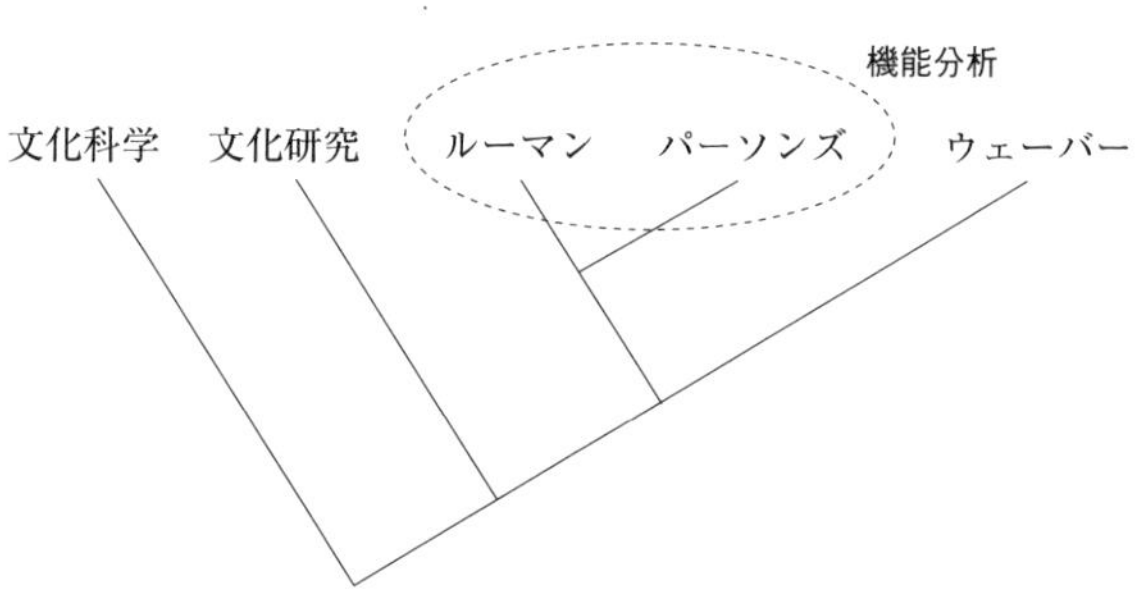

図 **4-1**　文化科学からみた社会学の分岐分類学

一般的には「システム論」に分類される二人だが、因果分析との関係でいえば、ともに因果を超えるものとして「機能」を位置づけて、それにもとづく社会学を構想した。例えばルーマンは「機能は因果関係の特別な場合ではなく、因果関係が機能的秩序の一適用例なのである」としている(Niklas Luhmann, "Funktion und Kausalität," S. 16, *Soziologische Aufklärung* 1, Westdeutscher, 1970)。

同じ社会学者でも、例えばR・K・マートンの機能主義は、完全に因果の分析の一部になっている(2)。「何に役立っているのか」という問いを出発点にして、特に当事者に気づかれていない因果関係を見出そうとする手法だからだ。

それに対して、パーソンズとルーマンは、社会における因果がきわめて複雑で、ほとんど特定しがたいと考えた。因果が複雑で、具体的な特定が難しいというだけならば、それこそウェーバーもふくめて、多くの社会科学者がそう考えてきた。ウェーバーが導入した適合的因果の手続きも、さらには統計的因果推論などの計量手法も、それに対処するためのものだが、パーソンズやルーマンは、因果自体を飛び越える方法論として機能分析を位置づけた（詳しいことは『社会学の方法』第六章〜第八章を読んでほしい）。その点でもリッカートの文化科学に通じる（第五回参照）。

特にパーソンズの機能主義は「機能要件論」という、目的論《テレオロジー》を最後まで棄てなかった。つまり、「なぜこうあるのか」を因果ではなく、その目的から説明できるとする、アリストテレスの「目的因 telos」の考え方を最後まで変えなかった。少し前まで、パーソンズはウェーバーの社会学を引き継いで発展させたかのように語られていた。パーソンズ自身もそんな言い方をしていたところがあるが、社会科学の方法論としてはこの二人は対極的な立場にある。

二.

それに対して、ルーマンの足どりはもっと錯綜している。第二回で少しふれたように、彼の機能主義は「因果から機能へ」という標語で一躍有名になったが、その後、複数の原因間や複数の結果間で比較をする方法として、再定式化されるからだ。例えば、ルーマンの術語の辞典である『GLU』の「機能分析」では、こんな風に解説されている（土方・庄司・毛利訳、七四頁、国文社、二〇一三年、C. Baraldi, G. Corsi und E. Esposito, *GLU*, S. 61–62, Suhrkamp, 1997）。

機能的方法が基本的にやっていることは、原因と結果の結びつきを確定することではなく、この結びつきを通じて可能になる比較を強調することである。つまり、同一の結果の異なった原因間の比較、あるいは、同一の原因の異なった結果間の比較である。……原因と結果の関係は、複雑性の問題……

に関係づけられ、それゆえ、他の機能的に等価な可能性への指示に関係づけられる。したがって、機能分析は因果関係の分析と矛盾せず、それを包含する。

もごもごと口ごもった言い回しがつづくが、結果間の比較も、原因間の比較も、特定の原因と結果との間に何らかの関係性が成立していることが前提になる。さもなければ、比較にならない。

したがって、こうした形で機能的方法を定義するのであれば、機能分析は因果関係を前提にした手法だと考えざるをえない。それゆえ最後の文は、「機能分析は因果関係の分析……を包含する」ではなく、「機能分析は因果関係の分析にふくまれる」といった方が正しい。もともとルーマンは機能を因果の上位概念にしていた。それと辻褄をあわせようとして、歯切れの悪い解説になっているのだろう。

　第一七回でまた述べるが、こうした転倒は、現在の社会学や歴史学でもときどき見られる。個々の、具体的な因果関係とされているものが、実は社会的に構成されている、という事態は一般的にありうる。具体的な因果の特定には必ず一定の仮定が、すなわちウェーバーのいう法則論的知識が前提になるからだ。それゆえ、そうした事態は社会科学の重要な研究対象になるが、「社会的に構成される」というとらえ方のなかに、別の因果関係がすでに含意されている。因果の外に出るものではない(3)。

　こういう風にまとめると、ルーマンが何か頭の悪い人のようにみえるが、私自身は、ルーマンはウェーバーと並ぶ、凄い社会学者だと考えている。社会科学における凄さにはいくつか種類があって、ウェーバーとルーマンの凄さもそれぞれ少しちがうが、少なくとも視野の広さと深さでは「両巨頭《ツートップ》」だといってよい。

　そんなルーマンがなぜ因果と機能で混乱した議論を展開したのかは、それ自体とても興味深いが、この本の主題と特に関連することとして、因果を同定する方法が実際には何をやっているのかが、必ずしも明確でなかった。その点も大きかったように思う。統計的因果推論は、そこを論理的に見通しやすくしてくれる。社会科学にとって一番大きな意義は、むしろここにある（第五章参照）。

三

そのあたりをわかりやすくするために、これまでの議論の整理と次回以降への橋渡しもかねて、従来、一般的に使われてきた因果の同定手続きについて、ここで簡単にまとめておこう。より詳しいまとめは第一五回でもう一度述べるので、ここでは大まかな構図をわかってくれればよい。

社会科学でこれまで最も広く受け入れられてきたのは、「差異法 method of differernce」と呼ばれるものだ。具体的にいうと、次のようなやり方である。

――今、結果Y1が生じた（y1＝1）事例1と、結果Y1が生じなかった（y1＝0）事例2があり、先行する変数X1～X5がそれぞれ、

事例1：x1＝1，x2＝1，x3＝1，x4＝1，x5＝0　→　y1＝1
事例2：x1＝1，x2＝1，x3＝1，x4＝0，x5＝0　→　y1＝0

だとしよう。この場合（X1～X5以外の変数が影響しないとすれば）x4＝1すなわちX4がY1の原因だとされる。

こうした形で因果を特定する方法を、J・S・ミルは「差異法」と名づけた。定義の形で述べると、

二つの事例（右の例では事例1と事例2）で、原因候補の変数群（右の例ではX1～X5）のなかで、一つの変数（X4）だけがちがい、かつ結果にあたる変数（Y1）がちがう場合に、それ（X4）を結果（Y1）の原因とする。

ミルは『論理学の体系』（John S. Mill, *A System of Logic*, John W. Parker, 1843, 大関将一訳『論理学体系』春秋社）の第三部第八章で、因果の同定で使われてきたさまざまな手続きを整理した。そのなかでこう命名したわけだが、この考え方自体は広く知られており、"ceteris paribus"というラテン語で呼ばれることも多い。また差異法以外では、E・デュルケムが『社会学的方法の規準』で採用した「共変法」などもあるが、少なくとも社会科学では、差異法が事実上の標準《デ・ファクトー・スタンダード》になってきた（第一五回一節参照）。

この場合、原因は必ずしも一つだとは限らない。例えば、事例1と2に加えて、もう一つ、

事例3：x1＝1, x2＝1, x3＝1, x4＝0, x5＝1 → y1＝1

が観察されたとしよう。この場合、事例2と3の比較から、X4がなくてもX5があれば、結果Y1が生じると考えられる。すなわち、結果Y1に関して、X4とX5は原因として等価である。

結果も複数ありうる。例えば、結果事象としてもう一つ、Y2が想定されて、事例1～3については、

事例1：x1＝1, x2＝1, x3＝1, x4＝1, x5＝0 → y1＝1, y2＝0
事例2：x1＝1, x2＝1, x3＝1, x4＝0, x5＝0 → y1＝0, y2＝0
事例3：x1＝1, x2＝1, x3＝1, x4＝0, x5＝1 → y1＝1, y2＝1

であり、かつ事例がもう一つ観察できて、

事例４：x1＝1，x2＝1，x3＝1，x4＝1，x5＝1　→　y1＝1，y2＝1

だったとしよう。この場合は、X5は結果Y2の原因であり、X4はY2が生じるかどうかに関係しないといえる。つまり、結果Y2に関してはX4とX5は（原因として）等価ではない。複数の原因間の比較や結果間の比較も、経験的な分析ではこのように進めていく。そのためには、もちろん、全ての変数は一般的に定義できるものでなければならない。

これまで述べたことからもわかるように、関わる事例や変数が多様になればなるほど、この手続きは複雑になってくる。例えば、四つの事例、

事例５：x1＝1，x2＝1，x3＝1，x4＝1　→　y1＝1
事例６：x1＝1，x2＝1，x3＝1，x4＝0　→　y1＝0
事例７：x1＝1，x2＝1，x3＝1，x4＝0　→　y1＝1
事例８：x1＝1，x2＝1，x3＝1，x4＝0　→　y1＝0

が観察されたとしよう。この場合、未知の他の変数が関わっているとも考えられるが、因果自体が確率的に成り立つとも考えられる。すなわち、「（他の変数の状態が全て同じであれば）X4が**1**であればY1は確率**1**で、X4が**0**であればY1は確率**0.3333**……で生じる」とも考えられる。

四

少し専門的になるが、今後の議論でも大きな焦点になってくるので、もう一つ解説をつけ加えておこう。

現在の社会科学の計量分析では、多くの変数や事例をあつかうときには、重回帰分析などの、Y1やY2が成立する程度を説明する統計モデルを使うことも多い。そこで「統計的に有意な関連性がある」といえれば、因果があると判定される。こうした計量分析の手法は、差異法を体系化し、大規模なデータをあつかえるようにしたものともいえるが(詳しくは第一七回三節参照)、重要なのは、差異法でも重回帰でも、因果を推論する際には、明示的にせよ暗黙にせよ、何らかの仮定が置かれていることだ。

こうした仮定には、大きく二つの種類がある。一つは、すでに述べたように、結果の成立に関わる変数が全て観察されていることだ。もう一つは、因果の経路があらかじめ特定されていることだ。例えば重回帰を使う場合には、説明変数間の因果の経路としてどんなものを想定するのかを、あらかじめ指定する必要がある。

事例1〜4でいえば、図4-2の右側のような経路を想定するのか、それとも左側のような経路を想定するのかを、最初に決めておく必要がある。もちろん、どんな経路を想定するかによって、分析の結果はちがってくる。

つまり、具体的なデータから因果の有無を判定する上では、ありうる因果関係の範囲や経路を、仮説を使って限定する必要がある。無数にありうる因果の可能性を、ある程度仮説で限定しないと、因果を具体的に特定することはできない。言い換えると、因果のありうる範囲や経路を何らかの形で前提にして、具体的な因果を推論しているのである。

反事実的に定義される因果を特定する場合も、同じだ(↓第一回)。というか、反事実的な因果定義を出発点にして考えると、差異法という手法は実は、観察されたデータの範囲で、反事実的な因果特定を代理する方法になっている。後でまた詳しく述べるが、差異法での「原因候補の変数群が一つの変数以外は全て同じ二つの事例」というのは、(もし原因候補と結果にともに影響する他の変数がないとすれば)その一つの変数に関して、お互いがお互いの反実仮想になっている。

というか、だからこそ差異法によって因果関係があると見なせる、といった方がよい。事例1と2でいえば、事例2は事例1にとっての「もし仮にX4が**0**であれば」にあたり、事例1は事例2にとっての「もし仮にX4が**1**であれば」にあたる。つまり、**差異法とは反事実的な因果特定の簡略版**なのだ。もちろん、そこでは「変数X1〜X5だけが結果Y1の原因候補である」、すなわち「観察されていない、原因候補と結果にともに影響する他の変数はない(から、それらの状態は全て同じ)」ことが本当は仮定されている。

反事実的な因果定義を前提にしないで考えると、この点が曖昧になってしまう。そのため、例えば、あたかも差異法がそれ自体で因果を特定できるかのように見えてしまう。そうなると、「これで因果を特定できたとしよう」という決まり事があるかのように見える。決まり事であれば、社会的に造り出されたものだから、因果の同定そのものも社会的な構成物に見える。

実際には、反事実的な因果定義は私たちの日常的な因果の観念、より正確にいえば

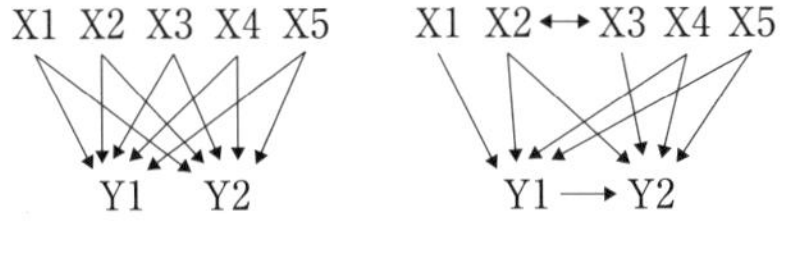

図 **4-2**　原因と結果のさまざまな可能性

「Eという事態の成立は、この程度まではCによるものであり、それ以外によるものではない」という関係性を、できるだけ正確に定式化したものである。その意味で、これは自然な因果定義になっている（第五章参照）。二節で述べたように、「因果は社会的に構成されたものだ」とする主張も、こうした関係性を暗黙に前提している。

そして、このような反事実的な因果を具体的に同定する際には、因果のしくみに関する何らかの仮定が、必ず入ってくる。ウェーバーがv・クリースから採り入れた「法則論的知識」とは、それを一つの術語として明示したものである（→コラム1四節）。法則論的知識は、①因果に関わる変数群に関する命題で、②具体的な因果の同定では前提条件になる。次回以降で詳しく述べるが、ありうる因果関係の範囲や経路についての仮定が、その中身にあたる。

実は統計的因果推論では、もう少し先までわかっていて、ランダム化比較試験のような、数理の上では、経路も範囲も明示的には特定しないでよい手法もある[4]。因果の効果の大きさの測定では、むしろその方がより信頼できる結果を求められるが、この場合も厳密に考えれば、範囲に関する仮定が入ってきている。なぜならば、その際に測られているのは、実際には特定の集まりでの期待値だからである（詳しくは第一六回以降で述べる、「データを計量する　社会を推論する」も参照）。

五.

少し先走りすぎた。元に戻ろう。

社会的な事象の因果を具体的に特定するには、関わる変数の範囲や経路についての仮説が必要になる。

それをふまえると、はっきり見えてくることがもう一つある。「理論」と呼ばれるものの使い方だ。

社会学や歴史学で「理論」というと、世界を説明したり解き明かしたりする枠組みや解読格子みたいなものが連想されることが多い。リッカートの文化科学における「理論」も、そういうものだった（↓第三回三節）。けれども、社会科学の理論にはもっと基本的で、重要な使い方がある。これまで述べてきたように、因果のあるなしを判定するには、因果関係の範囲や経路に関する何らかの仮説が欠かせない。裏返せば、複数の仮説を用意しておいて比較検討できれば、より信頼性の高い形で因果を特定できる。

それゆえ、適度に抽象的で、それゆえに具体的な対象での因果の範囲や経路に関して、複数の可能性を並列的に想定できる枠組みがあれば、大きな助けになる。個々の前提仮説と結論の間の距離もとりやすいので、反証可能性も確保しやすい。

そのような枠組みを提供すること、それが理論のもう一つの使い方である。次の六節や第五回で簡単に紹介するが、例えばルーマンのシステム論は、社会学の理論のなかでも特に抽象的なものとして名高い（悪名高い？）が、彼の機能システム（法や経済やマスメディアや科学などの制度）や組織システムの枠組みは、実はその点でとても役に立つ。言い換えると、システム論はパーソンズや（ある時期までの）ルーマンが考えたような、社会における複雑で特定しがたい因果を飛び越える方法ではない。複雑で特定しがたい因果を、具体的に特定しやすくする重要な支援手段になるのである。

少し意外に聞こえるかもしれないが、これはウェーバーと比べても、ルーマンの社会学の大きな優位になっている。ルーマンのシステム論はこれまで、特に日本語圏では一般理論の面がもっぱら注目されてきた。つまり、世界を説明したり解読したりする枠組みとして、受け取られてきた。ルーマンの学説研究の多くも、そうした面に関心を集中させてきた。

しかし、私自身は、ルーマンの理論で本当に面白く、かつ意義深いのは、むしろもう一つの使い方の方だと考えている。ルーマンの機能システムや組織システムの定式化を、制度の挙動のモデルとして用いれば、データとつきあわせて、具体的な因果のしくみを解明しやすくなるのだ。

ウェーバーの因果分析にも「意図せざる効果」のような発想もあるし、彼の分類論《カズイスティーク》の多くは現在でも十分通用する。(5) けれども、分類論だけでは制度の挙動をうまくとらえるモデルにはならない。制度の挙動をとらえる上では、関わる変数の範囲と経路を、ある程度抽象的な水準で見通せる必要がある。

ルーマンはそれがとてもうまいのだ。ルーマンの凄さの一つはここにある。それと比べると彼の哲学的考察とされるものは、それこそ「因果から機能へ」のように、発表当時の思想的流行やドイツ語圏の文化的伝統を色濃く反映している。そのため、そうした文脈を外れると、しばしば意義が薄れて、色あせて見える。

一方、ウェーバーは同時代の思想や文化的伝統への感覚を十分にもちながら、それに流されることはなかった。こうした透徹さはルーマンには弱く、ウェーバーならではの凄さだといえる。

おそらくそこには、ウェーバーが二〇代の頃から、次代のドイツ語圏の学術をになう正統継承者だと見なされていたのに対して、ルーマンは行政官から大学教員に転じた、いわば傍系出身の研究者だった。そんな二人の職業経歴のちがいも関わっているように思えるが、この二人はあまりに突出した存在なので、他に適切な比較事例がない。だから、何がどの程度原因になっているのかは、実際には判定しがたい。

六．

別の言い方をすれば、ルーマンは実際には、社会の複雑な因果のしくみの一部を、システム論という術語系を用いて描き出した。それこそ抽象的な言い方になるが、彼のいうコミュニケーションシステムが自己産出系《オートポイエティック・システム》であり（第五回参照）、要素の相互連関とシステム境界が同時成立していくしくみをとらえようとしたことからも、それはうかがえるだろう。そこでもやはり、変数の経路と範囲があつかわれている。

やや専門的になるが、科学論に関心がある人にも興味深い例を、一つあげておこう。「アクターネットワーク論」で知られるB・ラトゥールが、現代フランスの国務院（最高行政裁判所）Conseil d'État を参与観察して研究している（Bruno Latour, *The Making of Law: An Ethnography of the Conseil d'État*, Polity, 2010, 堀口真司訳『法が作られているとき』水声社、二〇一七年、なおフランス語版は二〇〇二年刊行）。国務院は司法と行政の両方に関わる機関で、日本でいえば裁判所＋法制局のような制度である。

ラトゥールはその作動の特徴を、こう述べている（二〇二頁、pp. 151-152, 二六三頁、p. 195, 三六四〜三六五頁、p. 274, **ボールド**とイタリックは原文のもの）。

> 裁判者の手順を導いてくれる、全能の神や守護天使はいない……。正義はただ曲がりくねった途を通じてのみ法を書く。……彼女（正義）が公正に発言するためには、躊躇しなければならない。

躊躇 *hesitation*、すなわち物事を再び結合する前の分解作業によって、判断の自由が生み出される。あたかも、法では、ある話し手が言ったことをその話し手に帰属させることで、組織的言明の形状へ関与し直す可能性に排他的な関心がもたれているかのように、あらゆることが生じていく。

ラトゥールの描き方は一見奇妙で、奇抜にさえ思えるが、国務院が法的決定を創り出す組織システムだと気づけば、すっきり理解できる。

組織システムでは、組織としての最終的な意思決定につながる、組織内での（組織のメンバーとしての）意思決定群が、再帰的な連鎖（＝ルーマンのいう「基底的な自己準拠」）の形で生み出されていく。それが国務院の場合では、特定の行政命令や処分が法的に妥当かどうかに関する組織としての最終的な意思決定、すなわち国務院の法的決定が（他の国務院の法的決定との一貫性を保ちつつ、状況の変化にも対応した形で）創出されていくことにあたる。

「**法がその内的構造や性質を修正しながらも確保される、法そのものの首尾一貫性 *coherence***」（二六三頁、p. 195）や「継続的なプロセスを通じて一貫性を保つ」「ひと続きの糸にそって全てが結びつけられ、それによって法的安定性が……網として機能する」（三六九頁、p. 277）といった描写も、自己産出系と共通する。(6)

国務院という組織の作動では、特定案件に関する最終的な意思決定とそれにつながる組織内での意思決定群という、二種類の組織の意思決定が、ともに法的な一貫性を強く求められる。そのため、二つの水準の決定が通常の組織以上に絡まりあい、迷宮感を増す。それをうまく利用しながら、ラトゥールは魅力的な記述を展開しているのだが、だからこそ、その全体像を整合的に理解する上では、そして彼の記述戦略を反省的に理解するにも、実はルーマンの術語系を使った方が見通しがよい。

ラトゥール自身は「ルーマン風のサブシステム sub-system *à la* Luhmann」や「システムの社会学者」への批判めいた嫌味を書いているが（三五一～三五二頁、p. 263-264）、彼が見出したものは、ルーマンのシステム論を応用することで、より明確に描き直せる。すなわち、特定の行政的決定が法的に妥当かどうかを決めることを、目的プログラムとする組織システムとして。

ルーマンの凄さは、そういうところにある。制度の挙動のとらえ方が、ウェーバーと比べても一段うまく、より厚みのある記述ができている。

例えば、ウェーバーが官僚制を自動機械へ単純化してしまったのに対して、ルーマンは決定連関として、すなわち組織の決定が、相互に参照しあいながら新たに創り出されていくネットワークとして、官僚制組織を描いた。それが彼の自己産出系論の発想の原点にもなっている。「法が創られているとき the making of law」をめぐるラトゥールの研究は「ルーマン語」を使わない分、その良い例証になる。

逆にいえば、彼の研究がルーマンのシステム論への反証であるかのようなラトゥールの主張は、それ自体としては的外れだと思う。彼がとった参与観察のやり方は、組織の挙動をとらえるのに向いている。だから、もし仮に日本でも、最高裁判所の司法行政や調査官の活動を同じように参与観察できれば、かなり近いものが描けただろうが、日本の裁判所の官僚制組織は、国務院とはちがって、その全体が法システムの内部にある。それゆえ、法の形式合理性への信憑を守るために、こうした参与観察自体を許さない、と考えられる。

その意味では、ラトゥールの「的外れ」もたんなる失敗ではない。それ自体がさらに、機能システムと組織システムの関係や、機能分化のあり方のちがいを、別の角度から見せてくれる。その点でも、ルーマンのシステム論にとっても重要な事例となる(7)。

——そんな風に考えていけば、ルーマンのシステム論もぐっとわかりやすく、また身近に感じられるのではないか。要するに、彼のシステム論は、制度の動き方をとらえるための「近似モデル」として、とても使えるのだ。より正確にいえば、そういう形で、彼の理論とデータとの対応関係をより良くしていける。

その方が、「社会の自己観察」のような理論上の命題と現実の事象との対応もとりやすい。因果を実在的なものとした上で機能分析を進められるし、「複雑性の縮減」のような形而上学的《メタフィジカル》な一般理論はいらなくなる(『社会学の方法』三七五〜三七七頁参照)。

七.

他の著作や論考ですでに述べていることなので、興味をもたれた方はそちらを参照してほしいが(『意味とシステム』、「自己産出系のセマンティクス」など)、このように考えていくと、ルーマンの社会学の全体をシステム論として体系化するのが本当に適切なのかも、疑問になる。ルーマンの社会学は「社会システム論」だといわれてきたし、何よりも、本人自身がそう称しているが、経験的な研究に用いる場合には、むしろそう決めつけない方がやりやすい。

そういう使い方の一つとして、次の第五回の後半では二項《バイナリ》コード論を簡単に述べておくが、このように位置づけ直した場合、図4-1ではなく、図4-3のような分岐分類が考えられる。ルーマンの組織システム論や機能システム論は、具体的な因果関係を特定する上で、関わる変数の範囲や経路を適切に限定する手段になるからだ。もちろん、その場合は、「全体社会が複雑性を縮減している」みたいな命題は放棄することになるが（第五回四節参照）。

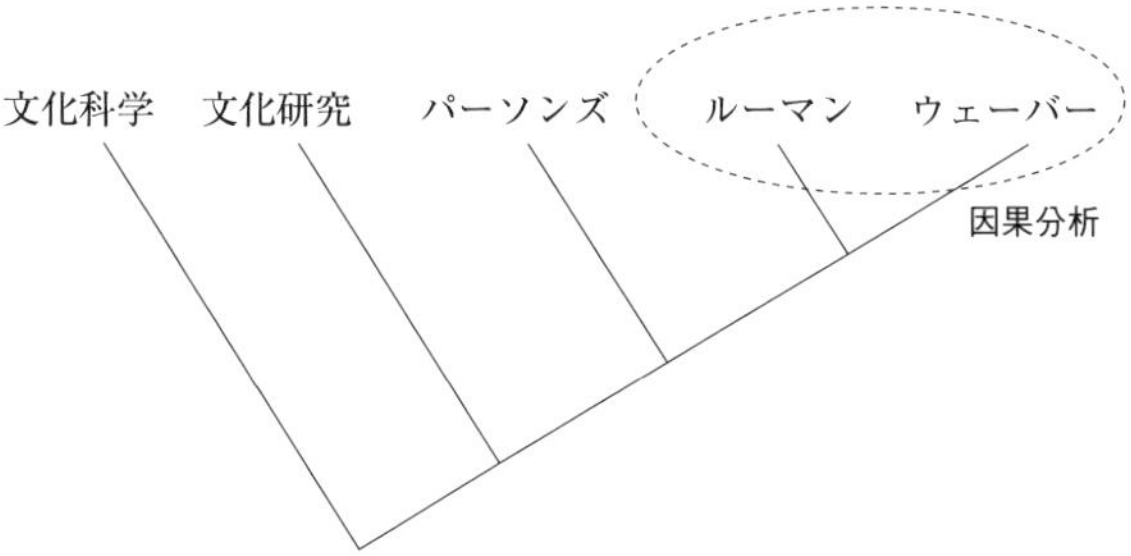

図 4-3　文化科学からみた社会学の分岐分類学（その 2）

さらに、このように分類すると、因果同定での反証可能性以外にもう一つ、分岐の基準が見出せる。それは「文化」のあつかい方だ。ナセヒの言葉を借りれば、文化を「基礎概念として」あつかうのか、それとも「反省概念として」あつかうのか。各群の距離は、そうしたちがいにも対応している。分岐上では左側が「基礎概念」、右側が「反省概念」にあたる。これは例えば「文化をシステムとしてあつかう」立場や「システムの文化を問題にする」立場をとるのか、それとも「システムにおける文化を問題にする」立場をとるのか、とも言い換えられる（"Kultur im System" 前掲 S. 292）。

こうした方向でルーマンの方法論やシステム論を再定式化していくと、ウェーバーやデュルケムと並ぶもう一人の「今の社会学《モダン・ソシロオジー》」の創始者、G・ジンメルとの連続性も浮上してくる。理論的にもそして経験的な分析でも、二項コード論を社会学で最初に展開して、文化を反省的にあつかうやり方を示したのは、ジンメルだからだ（Georg Simmel, *Soziologie*, Duncker & Humblot, 1908, 居安正訳『社会学上下』白水社、一九九四年など）。これはこれでとても興味深い。

文化科学を基準点とした分岐分類学は、そんな視点もあたえてくれる。機能分析やシステム論との関係だけではない。文化というものをどのように考えられるのか、に関する手がかりにもなる。

そういう意味で、現代の社会科学を考えていく上でも、因果分析の方法をめぐるウェーバーの思考は、とても良い道標になる。彼の思考がどのように展開していったのか、その道筋自体が、社会科学とは何かを照らし出してくれるのである。

（1）　余白がなかったので、ハーバマスは省略したが、もし置くとすれば、パーソンズの少し左側だろうか。そうなると、政治思想の「右」「左」と重なるように見えるかもしれないが、そう解釈するには、文化科学とナチスとの関連性の有無について、真剣に再検討する必要があるだろう。

（2）　マートンの機能主義に関しては『社会学の方法』第七章参照。金融工学でノーベル経済学賞をとったR・C・マートンの父親だ、といった方が、今はわかりやすいかもしれない。

（3）　これは「ラディカル構成主義」と呼ばれる立場全般にあてはまる。ラディカル構成主義は根底的《ラディカル》であろうとすればするほど、何かが「論理的に構成される(consist of)」ことをこえて、「造り出される(build)」ことを主張せざるをえない。そこで因果の実在性を暗黙の前提に置いている。それゆえ、因果の実在性を否定すれば、構成主義も成り立たなくなる。

（4）　実は差異法の場合も、必ずしも経路を特定しているわけではない。その点で、差異法の本来の発想は、重回帰よりも統計的因果推論に近い。例えば『社会学の方法』一〇七頁参照。第一六回、第一八回参照。

（5）　佐藤俊樹「制度と技術と民主主義」(佐藤卓己編『岩波講座現代9　デジタル情報社会の未来』、岩波書店、二〇一六年)では、民主主義に関するウェーバーの分類論を使っている。

（6）　例えば『意味とシステム』第五章「官僚制と官僚制化」や第六章「国民国家の『臨界』」、『社会学の方法』第一一章のほか、佐藤俊樹「オートポイエティック・システム論から組織を見る」(『組織科学』四三巻一号、二〇〇九年)などを参照。短い論考としては佐藤俊樹「ルーマン斜め読みのススメ　ニクラス・ルーマン『社会の政治』」(『UP』五一八号、二〇一五年)もある。

（7）ラトゥールは、自分のとらえ方をルーマンの法システム論と対照させているが、フランスの国務院は制度上、司法機関よりも行政機関に近く、ラトゥールの研究も全体として、それを裏づけている。だとしたら、ルーマンのシステム論をひきあいに出すのなら、組織システム論の方が（ラトゥールとルーマン両方にとって）より適切である。ルーマンも『目的概念とシステム合理性』（*Zweckbegriff und Systemrationalität*, J. C. B. Mohr, 1968, 馬場靖雄・上村隆広訳、勁草書房、一九九〇年）では、法システムと行政組織との関係をかなり詳しく考察している。

ラトゥールはルーマンの法システム論と科学システム論にしか言及していないが、本当はルーマンのシステム論との近さを意識しているのかもしれない。だとすれば、ルーマンへの誤解や批判は、それこそフランス現代思想「風に」いえば、むしろ差異化の欲望の産物だと考えられる。

［第五回］システムと文化科学と二項コード——現代の座標系から

一.

第一回で述べたように、リッカートの文化科学の考え方は、現在の「文科系／理科系」の議論にも引き継がれている。だからこそ、ウェーバーがそこから自らをどう切り離していったのかは、社会科学にとっても現代的な意義をもつ。

とりわけ社会学にとってはそうだ。特にドイツ語圏の社会学とつきあっていると、リッカートの文化科学に似た議論にしばしば出会う。

例えば、リッカートの「理論的価値関係づけ」の中身は、実際には空白であり、だからこそ（客観的ではないという反論をやり過ごして）「客観性」を主張できる（↓第三回五節）。この、空白ゆえに「客観性」を主張でき、それゆえに全ての社会的な営みの基礎づけになる、という論理を展開した社会学者は、二〇世紀後半にもいる。J・ハーバマスだ。

ハーバマスは、時間的にも内容的にも社会的にも無限定なまま話し合うという「理想的発話状況」を掲げた。そうした状況で達成された合意によって、社会が基礎づけられるとした。彼の議論を読んでいると、無限定でひたすら話し合って結論が出てくるのか？　という疑問が頭をよぎるが、逆にいえば、もしこんな状況で何か合意できれば、それはそのままリッカートの「理論的価値関係づけ」の中身にもなれる。だから、「理論的価値関係づけ」も「理想的発話状況」と同程度の真理性はある。

そんな「理想的発話状況」の空白を指摘し、むしろ空白だからこそ真理として機能しうる、とひっくり返したのは、第四回でも紹介したルーマンである。そのルーマンも、コミュニケーションシステム論を展開するなかで、あらゆるコミュニケーションを包摂する「全体社会《ゲゼルシャフト》システム」なる概念を立てた。

コミュニケーションがコミュニケーションに接続されて観察可能になるとすれば、その接続関係の総体にあたるものを、抽象的に想定することはできる。けれども、ただ想定しただけでは、そのなかでのコミュニケーションの接続や再生産のしくみがどうなっているかは、抽象的な水準でも特定できない。言い換えれば、こうした水準でシステム論を立てても、第四回で述べた、理論のもう一つの使い方には役立たない。

それならば、ただ「コミュニケーションしている」といえばよい、というのが私の意見だが、これも逆にいえば、もしも(仮にだが)そんな抽象的な水準でもコミュニケーションのしくみの特性が特定できるのであれば、それも「理論的価値関係づけ」の中身になれるだろう。実際、ルーマンはそうした概念も立てている。「複雑性の縮減」だ。

その点ではルーマンとハーバマスは、実際にはどちらも「理論的価値関係づけ」と等価な概念を立てている。そして、「複雑性の縮減」がシステムの帰結でありながら前提でもあることを指摘したのは、ほかでもないハーバマスだった。いわば、ハーバマスの空白をルーマンは批判し、ルーマンの循環をハーバマスは批判した。ハーバマス対ルーマンの論争は、そういう対称性になっている(『意味とシステム』二六四〜二六五頁)。

二

だから、ルーマンの社会システム論、すなわち彼のコミュニケーションシステム論（意味システム論）も、彼自身の位置づけに即してみると、かなりリッカート臭い。「システム論」という看板のかげで目立たないが、ルーマンはドイツ語圏の人文学的な教養の伝統を、おそらくは良い意味でも悪い意味でも引き継ぐ人でもある。

実は彼自身も、自らの全体社会システム論を文化科学にとって代わるものだと位置づけている（馬場・赤堀・菅原・高橋訳『社会の社会2』一一七八～一一七九頁、法政大学出版局、二〇〇九年、*Die Gesellschaft der Gesellschaft*, S. 880-882, Suhrkamp, 1997）。リッカートの文化科学論の特徴は（A）理論的価値関係づけと（B）個性的因果関係にあるわけだが（↓第三回）、ルーマンにも（A）だけでなく、（B）と並行する議論がある。機能を因果の上位概念に置こうとしたことだ（↓第四回一節）。

私自身は、「因果から機能へ」という彼の提案は無用な混乱を起こしただけだ、と考えている。D・ディヴィッドソンやW・サモン、あるいはJ・パールらが指摘したように、因果的な記述は私たちの物事のとらえ方に深く内在しており、除去できない。除去しようとしても、別の形で入り込む。例えば、先のルーマンの論文のなかでも、機能を描く際に因果の記述が使われている（『社会学の方法』第八章参照）。

実はルーマンも他の著作では「因果図式の機能は、原因─結果関係の一定の構造化された変更可能性の認識にある。因果関係はつねに可能性であり、決して必然性ではない」（『目的概念とシステム合理性』前掲一七～一八頁、S. 27）のように、「法則論的」や「客観的可能性」に通じる考え方も述べている。経験的な分析ではむしろそちらが活かされているのだが、方法論になると、因果の概念を問題にしてしまう。ルーマンが唱えた因果の機能分析も、実在する因果とその不完全な推論という形で定式化した方が、本当ははるかに明確になるのだが(→第四回、第一六回も参照)。

どうもドイツ語圏の人文社会科学には、独自の因果概念を発見したいという欲望が根強くあるようだ(1)。科学的といえる標準的な手続きを体系化したのが英語圏のミルだから、というだけでなく、ローマ人の手の届かない黒き森の、語りえない最深部にこそ真理がある、と希《こいねが》ったロマン主義の深い翳が感じられる。そうした思考に徹底的に馴染めなかった点で、当時のドイツ語圏の人文社会科学のなかで、ウェーバーは例外的な存在だった。いや、二一世紀初めの現在でも、本当はそうなのかもしれない。

ルーマンとリッカートの間には、もっと似ている部分がある。リッカートによれば、各科学があつかう領域は、それぞれ独自の価値関係づけ視点をもっていて、それにもとづいて分化している(→第三回二節)。というか、そもそも各科学の対象《オブジェクト》自体が、そうした個別的視点による文化的所産なのである。ここまで来ると、ルーマンの機能分化まではあと一歩だ。

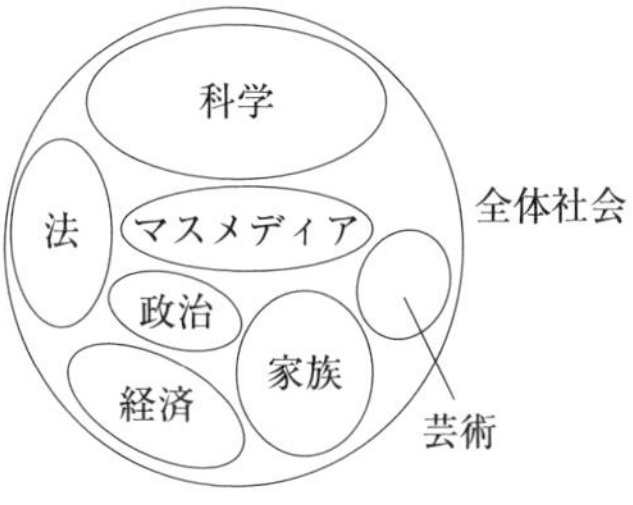

図 **5-1**　ルーマンの全体社会と機能システム

T・パーソンズが生物学的な器官の分化に近い形で機能分化をとらえたのに対して、ルーマンはコミュニケーションの分化として機能分化を考えた。つまり、何を主題にしてコミュニケーションが展開されているかに関する了解にもとづいて、機能システムが分化するとした。

したがって、リッカートのいう、各領域の対象を構成する価値関係づけ視点は、ルーマンのいう、機能システムの境界を定義する二項コードにそのまま対応する。図に表すと、こんな感じだ(図5-1)。それぞれの価値関係づけ視点を領域ごとに反省化すれば、それが機能システムの反省になる。

第三回で載せたリッカートの文化科学と自然科学の図も比較のためにもう一度載せておこう(図5-2)。

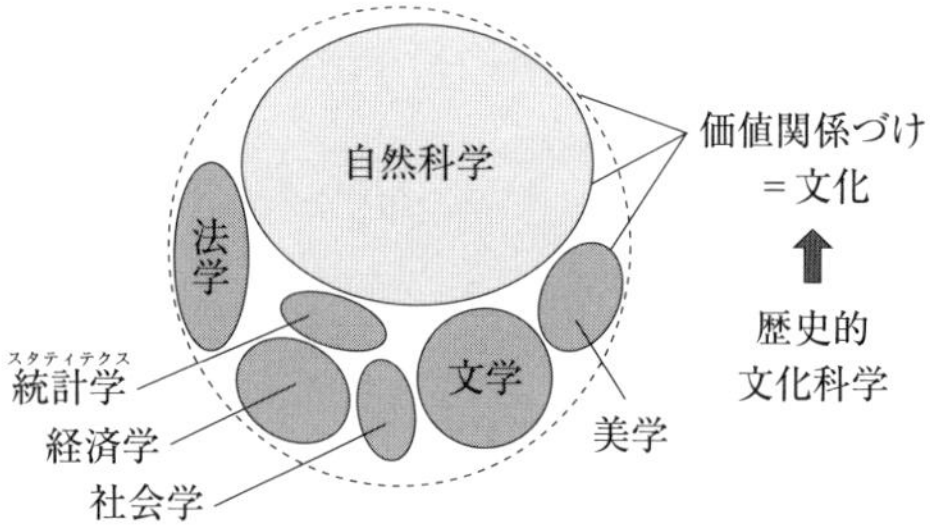

図5-2　リッカートの文化科学と自然科学(再掲)

似た感じに描いたからそう見える面もあるが、意味的な分化(リッカートの言い方でいえば価値関係づけの視点による分化、ルーマン的な言い方でいえばコミュニケーションの主題による分化)を図にすれば、大体、こうならざるをえない。

例えば、ウェーバーと同じ頃に、左右田喜一郎はリッカートの発想を独自に展開して、「経済哲学」を構想した(↓コラム1七節)。これも現在では、貨幣を境界原理とした経済のコミュニケーションシステム論の試みだ、と考えた方がわかりやすい。

その意味では、左右田の「経済哲学」は、リッカートのたんなる輸入ではなく、同時代の西欧の学術からみても、最新の、そしてオリジナルな社会科学になりうるものだった。当時の日本語圏で熱狂的に迎えられたのもよくわかるが、それだけに、伝統的な経済学にとっては、そして実証的な経済史学にとっても、奇異なものに映っただろう。それこそ現代的な表現を使えば、「経済」をとらえる実定性の水準がちがうからだ。[2]

三．

しかし、ルーマンとリッカートの間には、大きなちがいもある。二〇世紀後半を生きたルーマンには、もはや素朴な意味での「全体」は立てられなかった。したがって、ルーマンの社会システム論を描くとすれば、むしろ次の図5-3の方がふさわしい。

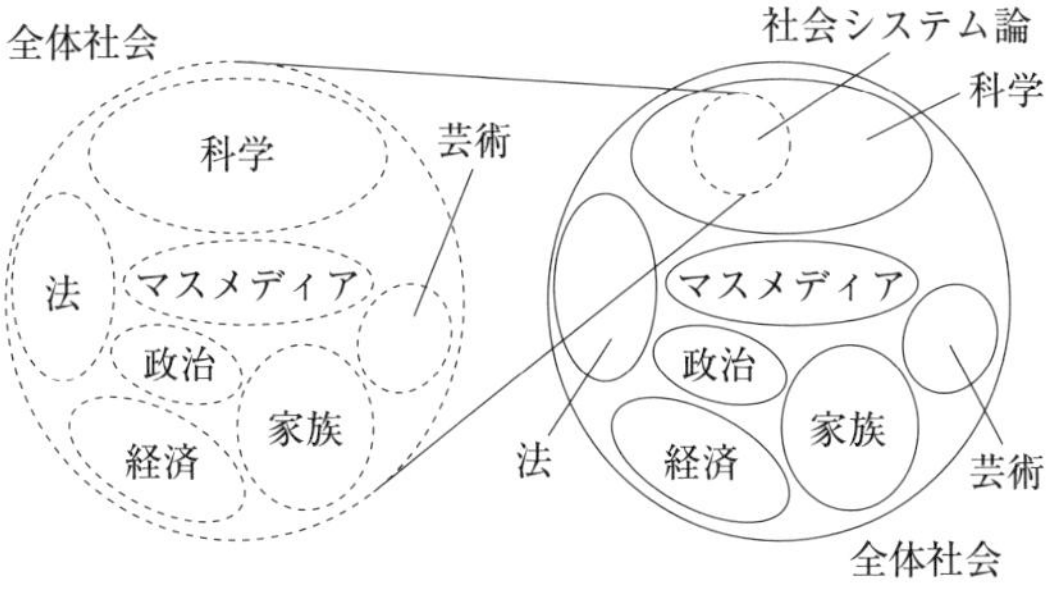

図 5-3　ルーマンにおける社会と社会科学

　こちらの方がルーマンの社会システム論とリッカートの文化科学の構造的同型性も見えやすくなるが、ルーマンのシステム論では、分化した個々を包摂する全体的視点は、リッカートの歴史的文化科学とはちがって、客観的な「理論」ではない（→第三回五節）。全体社会なるものを語る視点は、全体社会のなかの科学システムの内部の社会科学として、それ自体が局所化されている。全体そのものにあたるものは、実定的《ポジティヴ》にはもはや成り立たないようになっているのだ（内田隆三「〈構造主義〉以後の社会学的課題」『思想』六七六号）。

　それゆえ、「（全体）社会《ゲゼルシャフト》の自己記述」もつねに複数ありうる（『社会の社会2』前掲の第五章第Ⅲ節など）。リッカートでいえば「理論的価値関係づけ」が複数あることになるが、これが何を意味するのか、私はまだ見通しきれていない。反省的な形式化（→第二回）の一種にも、文化科学の円環（→第三回）の新たな姿にも、見える。いやむしろ、そのどちらになるのかは、ルーマン後の私たち自身に委ねられた課題なのだろう。

一般的で抽象的な方法論に終始すれば、閉じた循環論になっていく。例えば、ルーマンはこの自己写像による包摂を「全体社会の自己観察」としているが、そう考えた場合、「全体社会は存在しない」という言明もその自己観察の一つになってしまい、ごく短距離で矛盾が生じる。だから、もし「社会の自己記述」が複数あるとすれば、むしろ社会の同一性が一義的ではなく、それゆえ「社会の自己観察」かどうかも一意には同定できない、と考えるべきだろう。

『社会システム』のあの有名な一文、「以下の考察は、システムがあるということから始まる」は、その意味でも示唆的である(佐藤勉監訳『社会システム理論 上』一七頁、恒星社厚生閣、一九九三年、*Soziale Systeme*, S. 30, Suhrkamp, 1981)。むしろ全ては、ここから始まるのかもしれない。

四.

少し専門的な解説を追加しておくと、機能システムや組織システムのように、社会内で(法人などの形で)制度としてシステムが同定されている場合には、特定のコミュニケーションがその制度に帰属するかどうかを、したがって特定の言明がそのシステムの自己観察にあたるかどうかを、判定できる手続きがある。つまり、当事者の水準で、帰属するかどうかを具体的に特定できる。

こうした場合には、例えば「この組織は存在しない」という言明は、組織の自己観察にはなりえない。また、全体社会とはちがって、機能システムや組織システムでは、コミュニケーションの接続のしくみやあり方がある程度特定されている。それゆえ、具体的な制度のしくみや挙動に関わる因果を推論する上でも、関連するシステム論の枠組みを使うことができる。

それに対して、全体社会の自己観察の場合には、そのような帰属判定手続きが存在しない。接続のしくみも特定できない。そのため、全体社会の自己観察を主張する立場からは、「全体社会は存在しない」という言明も、全体社会の自己観察になってしまう。全体社会の包摂性を「全てのコミュニケーションをふくむ」という形で定義せざるをえないからだ。

もちろん、ルーマン自身もそれはわかっていて、だからこそ「古典論理は自己言及を排除しなかったが、その反省に十分な場所をあたえなかった」というのだろうが（土方透・大澤善信訳『自己言及性について』三八頁、ちくま学芸文庫、二〇一六年、*Essays on self-reference*, p. 16, Columbia Univ. Press, 1990）、そうなると今度はどんな矛盾なら許されるかが問題になる。例えば「全体社会は自己観察する存在である」という命題をア・プリオリな公理として持ち込むのならば、それはただ超越論的にそうしているのにひとしい。

そう考えると、「理論的価値関係づけ」という包摂的な視点の内容を空白のままにしたリッカートは、それなりに賢明だったといえる。それに対して「全体社会なき社会学 Soziologie ohne »Gesellschaft«」（例えば Hartmann Tyrell, "Max Webers Soziologie," G. Wagner und H. Zipprian (hrsg.), *Max Webers Wissenschaftslehre* 前掲）を構築したウェーバーは、全く別の途を歩んだ。

社会学もシステム論も、全体社会にあたる概念がなければ成立しないわけではない。むしろ、経験的な分析ぬきで一般理論の水準だけで社会を語ろうとするときに、そういう概念が召喚されてくる。牧野雅彦が述べているように、ウェーバーは明確な方法論的意図をもって、そうしたやり方をとらなかった（『マックス・ウェーバーの社会学』六五頁、ミネルヴァ書房、二〇一一年）。

五.

図5-3はさらにいろいろなことを考えさせてくれる。

例えば、この図には「全体社会」を見出す視点に対応するものが三つ出てくる。①左の多重円の一番外の点線の円、②右の多重円の内の科学の円の内の点線円、③右の多重円の一番外の実線の円だ。②が社会科学に対応する。

この図の上では「全体社会システムは本当にあるのか」という問いは、①②③のどれをシステムとしてあつかう必要があるのか、という操作的な問いに変換できる。私自身は、経験的な社会科学では②だけでよく、③はもちろん、①もシステムとしてあつかうと理論内部で混乱が生じるから、やめた方がよい、と考えている。「理論のもう一つの使い方」とは、そういう途でもある（↓第四回五節）

①の全体社会までシステムにふくめると、コミュニケーションのしくみを経験的に特定しえないものまでシステムとすることになる。そんな方向に拡張しなくても、②だけでルーマンのシステム論は十分に役に立つ。すでに何度も述べたように、自省的な社会における制度の挙動をとらえる枠組みとして、とても優れているからだ。

この主張の妥当性はもちろん議論になるだろうが、少なくとも「全体社会システムはあるかないか」と問うよりは、このような問いの形でより操作化して考えた方がよさそうだ。例えば先ほど述べたように、当事者水準で制度としての同一性が成立しているかどうかによって、「自己言及の自然的な制限と人為的な制限との間の区別」という「きわめて重要な」問題のあつかい方も全く変わってくるからだ

(『自己言及性について』前掲一四一〜一四四頁、pp. 138–140)。いうまでもなく、これは私自身の過去の立論への反省である(「自己産出系のセマンティクス」参照)。

裏返せば、そういう意味でもルーマンのシステム論にとって、縮小自己写像という操作は要石《キー・ストーン》で、いろいろややこしい役割をもっていそうだ(『意味とシステム』第五章参照)。いや、それを「ややこしい」と評価するあたりで、私は「ルーマニアン」ではなく「ウェーバリアン」なのだろう。

だから、ルーマンに近い社会学者のなかでは、A・ナセヒに最も親近感をおぼえる。ナセヒは「文化」や「文化科学」の再定義を試みているが(→第三回二節)、これは文化の経験科学化というだけでなく、「全体社会」が素朴に出現してしまわないように封じる、お札代わりではないだろうか。

リッカートとルーマンがどこまで並行するのかを検討していくと、そんなところまで視野に入ってくる。これも、リッカートが決して旧くない証拠の一つだ。この人はたしかに、二〇世紀の社会科学が誕生していく場面に立ち会った一人なのである。

六.

しかし、私自身はやはり、ルーマンの一番の面白さは、リッカートの文化科学とは別のところにあると思う。

第四回でふれたように、ルーマンはウェーバーと同じように、経験的な制度の記述や分析の論考をかなり書いている。独立した論文だけでなく、『社会の社会』のような抽象度の高い理論的考察の著作のなかでも、魅力的な着想や考察を展開して、制度の動き方をうまく見通す視点をいくつも提供してくれている。だからこそ、因果を推論する上でも、理論モデルとして使える。

ところが、ルーマンの社会学のそうした面は、これまであまり注目されてこなかった。ルーマン自身も、経験的な分析につながる魅力的な着想や考察を、システム論という枠に無理やり押し込んでいる。これは不幸なことだと私は思う。それによって、彼の社会科学的な感覚《センス》の良さが十分に理解されてこなかっただけではない。彼のシステム論自体もまた、論理的な整合性を損ねてきた。

だから、ルーマンの社会学をできるだけ活かすためには、システム論という枠組みに無理に押し込めようとせずに、さまざまな二項《バイナリ》コードの経験的な特性や挙動に注目した理解社会学として、受け取った方がよい。その上で、もしシステム論でより整合的に記述できるのであれば、その場合にかぎって、それを「システム」と呼べばよい。私自身はそう考えている。

そう考えていくと、例えば次のように整理し直すことができる。

――社会のなかの多くの事象、とりわけ「制度」と呼ばれる継続的なしくみは、どれも全て、組織／組織でない（組織）、ニュース価値がある／ない（マスメディア）、法／法でない（法）、真理／真理でない（科学）、といった二項コードによって境界づけられている。(3) ルーマンはこうした事態を、それぞれの制度にあたる自己産出系がこれらの二項コードを使って、自己の境界を創り出している、という形で考えた。つまり、（1）システムがあって、（2）それが境界を定義する二項コードを使っている、と考えた。

これは逆にした方がよい、と私は考えている。まず、（1）これらの二項コードを用いて、私たちはさまざまな社会的な事象を区別したり、理解したりしている。さらに、そうした知識も利用しながら、制度のようなしくみを継続的に営んでいる。

そうした事態が先にあって、（2）その一部が自己産出系論でかなりよく近似できる。もう少し丁寧にいえば、そうした二項コードの動き方の一部は、U・マトゥラナ＆F・ヴァレラの「自己産出 autopoiesis」にほぼ対応する（『意味とシステム』第一章〜第四章参照）。

七.

より具体的にいえば、こんな感じだ。

例えば組織であれば、「組織である／でない」という区別のなかに、「（①全く組織である／②組織であるが組織でない面もある）／（③組織でないが組織である面もある／④全く組織でない）」という区別をさらに見出して、③も「組織である」に組み入れたり、②も「組織でない」に組み入れたりできる。あるいは、すでになされた「組織である／組織でない」という区別について、事後的に、あの区別は実は「組織でない」（＝組織の決定ではなかった）として、無効化することもできる。

これらの積み重ねが、組織という制度の自己組織化にあたる。(4) この場合、境界づける二項コードのそれぞれの項は、制度の「内」（例えば「組織である」）と「外」（例えば「組織でない」）にそれぞれ対応する。それゆえ、再帰的《リカーシヴ》な二重化（二項コードの適用自体に二項コードを適用すること）によって、制度＝「内」の同一性をメタの水準で保持したまま、内／外境界をオブジェクトの水準で書き換えられるようになる、といえる。

例えば、前回とりあげたラトゥールの国務院の研究でも、その法的妥当性の判断をどこまで及ぼすかという形で、この組織がその内／外境界を自己定義（自己限定）し直しつづけていく様子が、生き生きと描かれている。「法がその内的構造や性質を修正しながらも確保される、法そのものの首尾一貫性」や

「継続的なプロセスを通じて一貫性を保つ」や「ひと続きの糸にそって全てが結びつけられ、それによって法的安定性が……網として機能する」といった言葉遣いで表現されているのは、そういう事態だ(→第四回六節)。

けれども、全ての二項コードが必ずこうなるわけではない。例えば、道徳的である／ないという道徳のコードは、再帰的に二重化されているが、あらゆる社会的事象にあてはめ可能だとされているがゆえに、特定の制度には結びつかない。

あるいは、「おしゃべりInteraktion」のようなふるまいでは、臨席している／臨席していないという物理的状態が社会的な意味をかぶせられて、コードに近い使われ方をされているが、明確な境界づけにはならない。あるいは芸術のように、安定した二項コードをもたず、それゆえシステムに近い挙動もする、という程度にとどめた方がよいものもある。

要するに、システム論という形で体系化できる動き方よりも、実際の二項コードの使われ方や働き方の方が、もっと多様で幅広いのだ。だから、システムが二項コードを生み出すのではなく、システム論の方が二項コード論の一部分にあたる。そう位置づけた方がよい。

実際、特定のシステム境界をなさないさまざまな二項コードの挙動に関しても、ルーマンの分析は興味深く、示唆に富んでいる。著作でいえば『社会構造とゼマンティク1〜4』(*Gesellschaftsstruktur und Semantik* 1〜4, Suhrkamp, 1980, 1981, 1989, 1995.『1〜3』の日本語訳は法政大学出版局)や『社会の道徳』(*Die Moral der Gesellschaft*, Suhrkamp, 2008, 馬場靖雄訳、勁草書房、二〇一五年)などだ。その一方で、もし全ての社会的事象が自己産出系だとすれば、ごく短い距離で論理的な矛盾が生じる(→三節)。

それゆえ、ルーマンの社会学の全体は、むしろ二項コード論として再構成した方がよい。それによって、論理的な整合性が高まるだけでなく、潜在的な可能性もより良く引き出せるからだ。「ルーマンが扱っていることは、いわば『簡単な難問』なのだ。誰でも経験していることの深い社会学的な意味を明らかにしているのだ。だから、ルーマンを読んでいると、日常的な出来事の深い意味に気づかされることが度々ある」(北村和夫『オートポイエーシスとしての近代学校』一一一頁、世織書房、二〇一五年)。この言葉は、ルーマンの社会学の中心を的確に描き出しているように思う。

そういう意味でも、リッカートの文化科学と経験的な社会科学の関係をどう位置づけるのか、因果分析の方法論をどのように考えるのかは、手法の使い方や学説史だけの問題ではない。社会科学の理論はどのように使うのがよいのか、経験的な研究とどう接続できるのか、といった社会科学の最も基本的な部分に直接関わってくる。現代の知としての社会科学のあり方を考える上でも、重要な論点となる。

それゆえ、次の第三章と第四章では、文化科学／法則科学の対立図式からウェーバーがどのように抜け出して、新たな社会科学の方法論を構築していったかを、少し詳しく見ていくことにしよう。その上で第五章では、統計的因果推論などの新たな方法や、グローバルな比較研究や内部観察といった新たな展開を簡単に解説しながら、現代の社会科学にそれがどうつながってくるのかを、明らかにしていこう。

（1）　例えば、M. Norton Wise, "How do sums count? On the cultural origins of statistical causality," L. Krüger, L. Daston, and M. Heidelberger (eds.), *The Probabilistic Revolution 1*, p. 110, The MIT Press, 1987, 伊藤陽一訳「統計的因果性の文化史」近・木村・長屋・伊藤・杉森訳『確率革命』梓出版社、一九九一年など。

（2）　もちろん、貨幣の使われ方を社会史的に追跡できていれば、話はちがっていただろうが、当時の歴史学にはまだそうした研究の厚みはなく、左右田自身もあまり興味がなかったのではないか。そのあたりも、日本語圏にルーマンが紹介され始めた時期の状況に似ている。

（3）　マスメディアの制度境界の二項コードを、ルーマン自身は「情報／非情報」とするが（*Die Realität der Massenmedium*（*2 Aufl.*）. VS, 1996. 林香里訳『マスメディアのリアリティ』木鐸社、二〇〇五年）、私は「ニュース価値がある／ない」の方がよいと考えている。詳しくは佐藤俊樹「機能分化社会のマスメディア」（金子勇編著『変動のマクロ社会学』ミネルヴァ書房、二〇一九年）、『社会学の方法』第八章などを参照。

（4）　正確にいえば、制度の内／外にあたる「である／でない」の区別が事後的に変更されることは、観察者水準ではもっと一般的に起こる。特定の制度での特定の「である／でない」（＝境界区分）は、その後に生起する新たな「である／でない」に言及されなくなれば、やがて忘れられて、無効化するからである。

ここで述べている「再帰的な二重化」は、当事者水準でも反省的に理解され、制度運営の手段として用いられている状態にあたる。具体的な例としては、近代組織（公式組織）の意思決定や、近代法の内部の判例などがある。こうした二重化はコードとプログラムの分岐も容易にする。再帰的な適用をプログラムの方に強く結びつけることで、二つの水準を具体的に区別しながら使い分けられるようになる。それによって、制度としての同一性をより安定的に維持しやすくなる。

第三章

適合的因果の方法

［第六回］

歴史の一回性と因果

――リッカートからフォン・クリースへ（1）

一．

さて、マックス・ウェーバーの方法論の形成に戻ろう。

ウェーバーは、文化科学を提唱したH・リッカートとは全くちがう人間であった。強烈な国民国家主義者《ナショナリスト》だったが、ロマン主義からはほど遠い（↓第五回）。価値判断が不可避であることも、それを正面から主題化したリッカートの貢献も十分に認めていたが、空白の「理論的価値関係づけ」に意義を認めることはなかった（↓第三回）。

例えば、第一回や第三回で引用した「客観性」論文の結論部でも、「文化意義」や「歴史的連関」といったリッカート由来の概念を掲げながら、その間に「具体的」の一言を挿し挟んでいる。「価値理念」という言葉も、ウェーバーの論文では複数形で使われている。

そうした点に、ウェーバーらしさはすでに現れているが、その十数年後に著された「職業としての学問」論文の、次の一節はさらに痛烈である（野崎『ヴェーバー『職業としての学問』の研究（完全版）』前掲二〇〇頁、S. 600, *MWG1/17* S. 95）。

歴史的文化科学をとりあげてごらんなさい。あなた方は、政治的な、芸術的な、文学的な、社会的な文化現象を、その生成の諸条件において理解することを学びます。しかし、この科学は、これらの文化現象が存立する価値のあるものだったのかどうか、そして価値のあるものであるのか、という問いへの答えを、自らのなかからは与えません。この科学は、文化現象を知るよう努める価値があるかどうか、という別の問いにも答えません。この科学は、こうした手順によって「文化人間」の集団に加わっていることが利害状況を有しているということを前提にしています。しかし、この手順が妥当かどうかを、誰に対してであれ「科学的に」証明する能力は、この科学はもっていません。この科学が前提としているということは、それが自明かどうかを証明するものでは全くありません。事実、全くそうしたことはないのです。

「歴史的文化科学」という名称は、文化科学の歴史学版ではない。文化科学そのものをさす（↓コラム1六節）。リッカート自身もそう自称している（『文化科学と自然科学』前掲「第一〇章　歴史的文化科学」など）。彼にとっては歴史こそが、（A）理論的価値関係づけと（B）個性的因果関係によって、初めて適切に、すなわち彼の表現を使えば「科学的に」、とらえられるものだからだ（↓第三回）。

その「歴史的文化科学」をウェーバーは、その対象が探究する価値があるかどうかには、さらには自らの探究に価値があるかどうかにも、答えられないとする。リッカートの文化科学は、価値判断を主題化することの方法論的意義を掲げたにもかかわらず、だ。もしリッカートがこの文章を書いたなら、ウェーバーが否定形で形容した箇所を、全て肯定形で書いただろう。

だからといって、ウェーバーが文化科学を誤解していたわけではない。個々の価値関係づけを関係づけるはずの「理論的価値関係づけ」が具体的には空白である以上、文化科学はその対象だけでなく、自分自身が価値あるものかどうかにも、結局は答えられない。少なくとも経験的な社会科学としては、そう答えるしかない。リッカートの文化科学がどのようなものなのかを知り尽くしているからこそ、彼はこう書いているのである[1]。

第三回で述べたように、「客観性」論文を書いた時点で、おそらくすでにウェーバーはその空白に気づいていただろうが、ここまで直截には表現していない。文化科学の「客観性」に代わる代替案《オールタナティヴ》を、まだもっていなかったからだろう。その意味で、当時のウェーバーは文化科学の内部批判者、「客観性」論文での有名な言葉を借りれば、「歴史学派の子」というより、むしろ「文化科学の子」にとどまっていた。

二.

文化科学に代わる新たな「客観性」へウェーバーを導いたのはもう一つの概念、(B)個性的因果関係だったと考えられる。

リッカートは歴史の一回性を基本的な視座にして、自然科学や人文社会科学もふくめた、全ての人間の営みの意味づけをめざした。第三回で引用した文章にもあるように、彼の考えでは、歴史のなかで生じる重要な事象は、全てが本源的には一回性のものであった。自然科学の成立ももちろん例外ではない。

それゆえ、このような、いわば定義によって一回性の事象(↓コラム1三節)の間に、どうすれば因果関係を見出すことができるのか。それが文化科学にとっては最も重要な課題になる。やはり第三回で述べたように、リッカートは方法論の水準で、文化科学／法則科学を区別した。文化科学は独自の方法論をもち、それによって学全体が特徴づけられていなければならない。

だからこそ、一回性の事象をとらえる独自の因果同定手続きが、リッカートの文化科学には不可欠であった。それなしには文化科学／法則科学の区別自体も成立しえないからだ。少し旧い言い方をすれば、まさに画龍点睛。具体的な学術分野では二つの方法が同時に使われることはあるし、むしろその方が一般的だろうが、「歴史科学と法則科学は概念的には互いに互いを排除する」(→第三回注1)。

しかし、これは大胆な挑戦でもあった。

現在の科学論ではいうまでもなく、当時の科学的な方法論でも、因果同定手続きの基本は、複数の事例の比較だった。J・S・ミルが体系化した方法論でいえば(→第四回三節)、差異法でも一致法でも、あるいはE・デュルケムが採用した共変法でも、二つ以上の事例か二回以上の観察で、結果にあたる変数か原因にあたる変数か、少なくともどちらかは共通して生じうることが、前提条件になる。

けれども、リッカートは歴史の本源的な一回性を基軸にすえて、全ての科学を基礎づけようとした。全ての意味ある歴史的事象は、個性的にしかとりあつかえない。それこそ法則的必然性を探究する自然科学の成立ですら、彼の考えでは、本質的に一回性の事象であった。

それゆえ、二つ以上の事例で、あるいは二回以上の観察で、「同じ結果」や「原因候補の変数以外の他の先行変数が全て同じ状態」が出現することは、論理的にありえない。だとすれば、どんな形でその間での因果を同定することができるのだろうか？

その答えとしてリッカートが提示したのは、次のような手続きであった(例えば『自然科学的概念構成の限界(第二版)』ではS. 430–432)。

――結果にあたる歴史的な事象Wが個別的な概念Sにあてはまり、Sがa、b、c、d、eという一般的な要素から構成される、とする。また、原因になりうる歴史的事象Uは個別的な概念Σにあてはまり、Σがα、β、γ、δ、εという一般的な要素から構成される、とする。このときα→a、β→b、γ→c、δ→d、ε→eという要素間の因果的な対応があれば、UとWの間に因果関係が認められる。

リッカートはこれを文化科学独自の因果概念だと主張した(『文化科学と自然科学』前掲一八二～一八三頁、S. 109など)。だが、今この定義を読んで、全く理解できなかった人は少なくないと思う。実は私も内在的には理解できない。二〇世紀後半以降の社会科学からみれば、これはたんなる論点先取か、α→a、β→b、γ→c、δ→d、ε→eという五つの一般的な因果関係の集積でしかない(2)。

いや同時代の研究者にも、個性的因果という考え方は広く受け入れられたわけではない。リッカート自身はこの因果概念に関して、G・ジンメルの『歴史科学の方法的諸問題(第一版)』(一八九二年)から示唆をえたとしているが、当のジンメルはその第二版(一九〇五年)に追加した「個性的因果性についての注記」で、個別性や一回性を厳密に定義する必要があることを指摘して、むしろ厳しく批判した(生松敬三・亀尾利夫訳『ジンメル著作集1 歴史哲学の諸問題』一二六頁、白水社、一九七七年、*Kant: Die Probleme der Geschichtsphilosophie* (*Zweite Fassung 1905/1907*), S. 315, Suhrkamp, 1997)。やはり要約すると、こういうものだ。

――原因と結果(例えば先の定式化ならWとUがそれにあたる)にせよ、比較対照にせよ、二つの事象を同時にあつかう以上、二つの事象に共通する概念を導入している。その時点で、それはもはや「個性的」ではなく、一般的な概念になっている。

現代の社会科学では、「概念」というより「変数」といった方がわかりやすいだろうが、きわめて的確な反論で、ジンメルが問題のありかを明晰に理解していたことがよくわかる。その上でジンメルは、にもかかわらずなぜ一回しか観察できない事象にも因果を認識できるのか、を考えなければならない、と述べている(一三〇〜一三一頁、S. 317-318)。

三

第一回で述べたように、「法則定立的／個性記述的」や「法則科学／文化科学」という科学の語り方は、現在でもかなり広く見られる。科学の専門家の間でも使われるが、社会科学や科学論にとって本当に考える必要があるのは、そこでいう「個性的」や「個別的」とは何か、なのである。

例えばコラム1や第四回で解説したように、差異法で因果を経験的に特定するには、原因候補も結果も、複数の事例や観察に共通して「ある／なし」が定義できる必要がある。反実仮想を用いる場合ならば、どの単位でも「ある／なし」の両方の状態がありうる必要がある。けれども、結果の「ある」自体は、一回観察できればよい。くり返し「ある」が生じる必要はない。

ジンメルはその点を的確に指摘した。彼は相互作用を基本概念におくなど、二〇世紀後半以降の社会科学の標準的なあり方をやや外れた形で考えた。そのため気づかれにくいが、ウェーバー以上に厳密な思考を展開できた人である。その上で、独自の社会学を構想した。そのことは正当に評価すべきだろう。（ちなみにN・ルーマンはその辺もしっかり押さえていて、『社会構造とゼマンティク2』（→第五回七節）の最後、社会科学史のおさらいみたいな章では、デュルケムとウェーバーをとりあげた後で、ジンメルをとりあげる。デュルケムとウェーバーがそれぞれ提示した二つの問いを統一して引き受けた社会学者として、ジンメルは位置づけられている。そういう点でも、ルーマンはジンメルの後継者といえる面をもっている。）

ウェーバーの方法論の探究も、それをふまえている。さらにいえば、批判されたリッカート自身も先ほどみたように、「個性的」をどう定義するかが焦点になることには、十分に自覚的であった。「法則定立的／個性記述的」や「法則科学／文化科学」を厳密な定義なしに使う現在の語り方よりも、もっと高い水準で、当時の方法論の議論は考えられていた。その点は忘れないでほしい。

実はウェーバーもクニース2論文では、厳密に質的に一回的な事象は、因果的解明の対象にならない、と述べている。ただ「生じた」としか、いいようがないからだ（前掲二七五頁、S. 135　→コラム1六節）。

具体例で考えると、よりわかりやすいかもしれない。ウェーバーが倫理論文で立てたあの有名な仮説を例にとろう。西欧の禁欲的プロテスタンティズムの倫理が近代資本主義の原因になった、という仮説だ。

文化科学の立場では、（文化科学にとって有意な）全ての歴史的事象は「個性的」、すなわち唯一無二のものである。近代資本主義は西欧で発生した。だとすれば、たとえ個性的因果が成立するとしても、その原因は、それより前に西欧にあった事象以外には、ありえない。西欧以外の宗教の倫理が近代資本主義の原因になることは、論理的にありえないのだ。だから、ウェーバーが「世界宗教の経済的倫理」と名づけた比較分析は、「儒教と道教」も「ヒンドゥー教と仏教」も「古代ユダヤ教」も、文化科学の立場からは、全て無意味だといわざるをえない。

実際、ウェーバーが亡くなった直後、自宅を訪問したK・ヤスパースに、リッカートは「彼の著作は悲劇的に崩壊しており、その認識が影響をあたえる可能性は乏しい」と断じた(Karl Jaspers, *Philosophische Autobiographie* (2 Aufl.), S. 38, Piper & Co, 1984, 重田英世訳『ヤスパース選集14　哲学的自伝』五四頁、理想社、一九六五年)。ヤスパース自身は、それに激怒したと自伝で述べているが、リッカートにとっては、そう断言することこそが誠実な態度だっただろう。彼にとって、一九〇六年以降のウェーバーの研究は、ほとんど全てが無駄なものだった。

そう考えるしかないのだ、文化科学の構想を本気で引き受けるならば。

その意味で、この逸話はむしろ、ウェーバーの社会学に対しても、そして自らの文化科学に対しても、真摯に対応しようとしたリッカートの人柄を伝えてくれる。裏返せば、「世界宗教の経済的倫理」の比較分析は、ウェーバーの社会学がリッカートのいう文化科学ではないことを示す。その最も良い証拠の一つである。

四.

だから、ジンメルの批判にもリッカートは屈しなかった。一九〇二年に刊行された『自然科学的概念構成の限界(第二版)』はその後何度も改訂されたが、一九二九年の第七版でもこの定義は保持されている(S. 390–391)。屈しなかった、というより屈することはできなかった。ここで譲れば、文化科学の構想は全面的に崩壊するからだ(3)。

そしてそれゆえ、ウェーバーは自分自身でこの問題に答えを出さなければならなかった。「『客観性論文』の後、彼は……社会科学的認識の客観性のために、事実の模写でないにしても、何らかの仕方で事実との対応が必要であると考えるようになる。……ウェーバーの科学論は、ヘンリッヒが強調するように最初から体系的な統一性をもって完成されたものでもなければ、またテンブルックが主張するように方法論への実質的な貢献は『客観性論文』をもって終わっているのでもない。むしろまったく正反対に、……これを基礎にしてわずか数年の間に急激的かつ爆発的に展開されるのである」(向井前掲二七七～二七八頁)。

ウェーバーの前に差し出された問いは、こういうものだった。——事実として一回的である歴史的事象の間で、どうすれば因果を経験的に同定できるのか? 一回しか観察できなかった事象に対して、どうすれば(複数回観察できる事象と同じような)科学的な因果同定手続きを適用できるのだろうか?

文化科学論文の第二節では、こう書かれている(一八三～一八四頁、S. 271)。

私たちがまず問うことは、法学の理論と全く共通である。すなわち、どうすれば一つの具体的「結果」を単一の einzel「原因」に帰属させることが一般的に原理的に可能であるのか、また実行できるのだろうか。実際、原因となる要因の無限性が単一の「出来事」の成立をつねに条件づけており、なおかつその結果がその具体的形態において成立するには、あの原因となる単一の要因の全てがことごとく不可欠である、という状況を前にして。

先ほど述べたように、ジンメルも一九〇五年の「注記」で、まさにこの形で問いを再定義しているが、答えは示さなかった。その答えをあたえてくれたのは、J・v・クリースの因果同定手続きの方法論、「適合的因果構成 adäquate Verursachung」であった。

v・クリースは一八八六年の『確率計算の諸原理』で、「法則論的 nomologisch／存在論的 ontologisch」という対概念を立てて、「客観的に可能 objektiv möglich」という概念を新たに定義した。さらに一八八八年には、法学における因果の同定手続きを論じた「客観的可能性の概念」論文も発表している(→コラム1二節)。ウェーバーはその考え方を自分の方法論に採用するのである。

五.

v・クリースの『確率計算の諸原理』は、一九世紀後半の統計学で最も重要な理論的研究ともいわれる。次回以降であらためて述べるが、例えばエドムント・フッサールの『論理学的研究1(第一版)』(一九〇〇年)や、さらには量子力学の始まりとなったM・プランクのエネルギー量子仮説の論文(一九〇一年)でも、引用されたり参照されたりしている。分野を問わず、広く読まれたらしい。「客観的可能性の概念」論文も、社会科学の分野ではかなり読まれていたようだ。

それによって「法則論的」や「適合的因果構成」という術語も知られるようになり[4]、特に法学では因果関係を定式化する重要な理論の一つとして定着する(→はじめに)。ウェーバーもおそらく、G・ラートブルフの一九〇二年の論文「適合的因果構成の理論」(Gustav Radbruch, "Die Lehre von der adäquaten Verursachung," Monika Frommel (hrsg.), *Gesamtausgabe Bd. 7, Strafrecht I*, C. F. Müller)から、v・クリースの本来の考え方を知ったのではないだろうか。

適合的因果の定義は、やはり次回以降で詳しく述べるが、手短にいえば、「ある一定の原因的契機が、ある結果の可能性を増大させること、この契機が存在する場合、その結果はそれがないときよりもはるかに多様な状況において実現されること」である。「客観的可能性の概念」論文のなかでそう定義した直後に、v・クリースはさらにこうつけ加えている。「こうした観察は確率理論ではごくあたりまえのもので、促進的な状況 **begünstigende Umstand** という専門用語 terminus technicus がある」（山田・江口訳(1)前掲一五〇〜一五一頁、S. 202 →コラム1五節）。

科学論や分析哲学をある程度知っている人ならすぐに気づいただろうが、これはいわゆる「確率的因果論 probalistic causation（theory of probabilistic causality）」にあたる。現代の表記法でいえば、先ほどの定義は、

——原因候補をC、結果をEとすると、**P(E|C)>P(E|¬C)** の場合（＝Cが成立するという条件の下でEが成立する確率が、Cが成立しないという条件の下でEが成立する確率より大きい場合）、CとEは適合的因果関係にある。

ということにほかならない。**P(E|C)>P(E|¬C)** がv・クリースのいう「促進的な状況」にあたる。

つまり、v・クリースの著作と論文は、科学史的には、確率的因果論の枠組みを定式化したものなのである。現在の通説的な理解では、確率的因果論は二〇世紀後半にH・ライヘンバッハやP・スッピスによって提唱されたものだとされているが[5]、少なくとも社会科学においては、これは正しくない。

確率的因果論はv・クリースによって提唱されたものであり、一九世紀終わりからラートブルフらに

よって法学に、そして二〇世紀初めにウェーバーによって社会学と歴史学に、それぞれ方法論として導入された。そういった方が、科学論としても科学史としても、そしてもちろん歴史の因果的記述としても、より適切だろう[6]。

(1)　つけ加えれば、「職業としての学問」では、自然科学と「歴史的文化科学」を、科学として同一平面において論じている。これ自体が文化科学への痛烈な批判である。自然科学に対する文化科学の優位こそが、リッカートの重要な主張点だったからだ(→第三回二節)。

(2)　前提の同義反復にならない因果同定手続きを示さない限り、後者も最終的には論点先取になる。したがって、リッカート自身の因果同定は、実際には、彼自身の世界観や歴史観などの、個人的で主観的な価値判断を反復するものになっていただろう。第三回五節参照。

(3)　それゆえ、ウェーバーの理念型によって文化科学を再解釈しようという試みにも、リッカートは否定的だった。方法論による区別を貫くのであれば、そうならざるをえないが、三木清の留学時には、それはすでに旧い立場と見なされていたようだ(→コラム1六節)。

　そのなかで留学当初の三木は、個性的因果関係を真剣に受け取っており、当時のリッカートの目には、数少ない理解者として映ったのではないだろうか。少なくともマリアンネ・ウェーバーやA・v・シェルティングが描く、法則科学化された文化科学よりも、当時の三木の論文群の方がはるかにリッカートに近い。

(4)　例えば「客観性」論文発表当時の『哲学概念辞典』でも、「法則論的」はv・クリースの術語として、「法則論的科学」はそれにもとづくフッサールの命名として、解説されている(Rudolf Eisler, *Wörterbuch der philosophischen Begriffe*. 1904. http://www.textlog.de/4728.html より)。

　v・クリースの科学論上の主著にあたるのは『論理学 *Logik*』(→コラム1八節)だろうが、社会科学にあたえた影響は主に『確率計算の諸原理』と「客観的可能性の概念」論文による。ウェーバーもこの二つを参照指示しているので、以下の議論はこの二つにもとづく。

(5)　確率的因果論の紹介と解説としては、田村均「確率論的因果説に関する覚書」(『名古屋大学文学部研究論集哲学』三六号、一九九〇年)が簡潔でわかりやすい。主な論点はほぼ言及されている。

より広い視野での哲学的な考察では、特に一ノ瀬正樹『原因と理由の迷宮』(勁草書房、二〇〇六年)が参考になる。過去の位置づけや法則性の検討、歴史の物語行為の分析などが論じられており、文化科学論文を理解する上でも良い解説書になる。同じ著者の『原因と結果の迷宮』(勁草書房、二〇〇一年)、『確率と曖昧性の哲学』(岩波書店、二〇一一年)も参考になる。第八回二節も参照。

(6) M・ハイデルベルガーが実質的に同じことをすでに指摘している(“Origins of the logical theory of probability: von Kries, Wittgenstein, Waismann,” *International Studies in Philisophy of Science* 15(2), pp. 41-42, 2001)。金子榮一もかなり近い指摘を述べているが、v・クリースもふくめ、当時の確率論や物理学の知識がやや不足しており、具体的な論証としては妥当性を欠く。コラム2とコラム4も参照。

［第七回］適合的因果と反実仮想
——リッカートからフォン・クリースへ(2)

一.

前回述べたように、v・クリースが提案し、ウェーバーが採用した適合的因果構成は、現在でいう確率的因果論の枠組みを使っている。けれども、ウェーバーは「確率の理論」にもとづくから、あるいは量的に測れるから、この枠組みを採ったわけではない。v・クリースもそうだ。

導入された理由は別のところにあった。——特定の原因候補が特定の結果にどう作用しているのか(例えば結果を成立させる方向に働くのか、それとも成立させない方向に働くのか)をあらかじめ決めずに、因果関係を同定するためにはどうすればよいのか？　当時の法学や社会科学では、それが大きな課題になっていたのである。

特定の原因候補がどのように働くかは、他の条件次第で変わりうる。結果を成立させる方向にも、成立させない方向にも(→第六回四節)。少なくとも私たちは日常的に因果をそういうものとしてとらえており、それと矛盾しない形で、因果を特定する手続きを定式化する必要があったのだ。

もし原因候補の働き方が、他の条件に全く関わりなく決まっているのであれば、この問題はなくなるが、その場合は、誰の目にも明確な因果法則が見えているはずだ。逆に、もし原因候補の働き方が全く特定できないのであれば、結果との間の因果関係も同定できないはずだ。

この点も、適合的因果を理解する上では重要になる。適合的因果は、特定の思想や科学を学んだ人間にしか、理解できない手続きではない。私たちの日常的な因果特定のやり方を反省的に形式化した上で、それをより適切に用いる方法論になっている(→第四回注5)。

だからこそ、当時の法的な手続きとも重なるし、現代の分析哲学とも重なる。ウェーバーも文化科学論文では、適合的因果がそういう方法だと、明確にわかるように書いている(第一一回参照)。

二

実際、先の問題は、現在の科学的な因果同定の手法を体系化したミルの『論理学の体系』で提起されて(第三部五章四節、book 3, chapter 5 section 4)、当時のドイツ語圏の法学でも大きな議論になっていた(Heidelberger, "From Mill via von Kries to Max Weber," 前掲)。法的な責任を誰かに、あるいは何かに帰属させる上では、こうした形での因果の特定が不可欠だからだが、もちろんこれは法学だけの問題ではない(1)。社会に関わる因果を特定する上でも、重大な方法論上の課題として、歴史学や社会科学もふくめて、すでに広く共有されていた。例えばジンメルの「個性的因果性についての注記」でも、同じ問題が指摘されている(→第六回二節(2))。

v・クリースはその解決策として、(a)反実仮想を取り込んだ、(b)確率的因果論の枠組みを提示したのである。

まず、どちらの方向に働くかは、その原因候補Cが「ある」場合に結果Eがどのくらい「生じた」の

か（$=P(E|C)$）と、「ない」場合にどのくらい「生じた」のか（$=P(E|\neg C)$）とを、（b）同じ条件の下でそれぞれ数えあげて比べればよい。それで$P(E|C)>P(E|\neg C)$であれば、CとEの間に因果関係がある、とする。

そのために、（a）反実仮想が必要になる。例えば、数えあげて比べるためには、原因候補Cが「ある」場合と「ない」場合の両方が、同じ条件の下で観察できなければならない。それゆえ、事実として一回的な事象のように、「ない」場合が現実には観察できないときには（＝コラム1でいえば（**2・1**））、反実仮想の形で、すなわち反事実的に、「ない」場合を想定する。

具体的にいえば、

（1）一回しか観察できない事象では、原因候補Cがあり、そしてその後に結果Eがある、という経過になっている。これは「cである」場合にEが「生じる」ことにあたるので、$P(E|C)=1$と考えられる。

（2）その上で、

（2-1）もし「cでない」場合にはEが「生じない」と仮想するならば、$P(E|\neg C)=0$になる。

（2-2）もし「cでない」場合にもEが「生じる」と仮想するならば、$P(E|\neg C)=1$になる。

仮想（2-1）では、$P(E|C)>P(E|\neg C)$になり、CはEを「促進する begünstigen」といえる。したがって「適合的 adäquat」因果があることになる（→第六回五節）。それに対して仮想（2-2）では、$P(E|C)=P(E|\neg C)$になるので、CとEの間に適合的な因果はない。この場合は「偶然的 zufällig」と呼ばれる（文化科学論文では森岡訳二〇一～二〇八頁、S. 283-287、第一二回参照）。現在の確率的因果論でいえば、

こちらは「疑似原因(贋の原因)spurious cause」にあたる(第八回注6参照)。

つまり、どう仮想するかによって、因果のあるなしが変わってくる。適合的因果における法則論的知識とは、因果を同定する上での、こうした前提知識にあたるものだ。例えば(2-1)や(2-2)のような反実仮想が必要な場合には、それぞれの仮想の論拠になるものが法則論的知識にあたる。(3)

だから、適合的因果における法則論的知識と法則科学の法則とは、論理的には全くことなる。法則科学の法則が特定の因果関係にもとづくのに対して、法則論的知識はその因果を具体的に同定する前提条件である。

三

これだけだと、わかりにくいかもしれない。もう少し詳しく説明しよう。

まず、差異法の場合と同じく(→第六回三節)、適合的因果を同定する要件は、Eの出現確率の差(例えば**0**と**1**)と、それに対応する原因候補の値のちがい(例えば「Cあり」と「Cなし」)だけである。したがって、どちらも経験的に観察できる場合には(＝コラム1でいえば(**2・2**))、それだけで因果を同定できる。また、そのためには最小限二回観察できればよい。恒常的に観察される必要はない。

もっと注意してほしいのは、一回しか観察できない場合だ。この場合、反実仮想を使うことになるが、そのためには、観察される単位において、結果の「ない」状態も定義できなければならない。その意味で、一つの事例の一回かぎりの観察であっても、結果にあたる事態(変数)自体は、一般的に定義できる必要がある。言い換えれば、数えあげるという特性は、反実仮想という形で、この場合にもあてはまる。

適合的因果の基本的な特徴はそこにある。これは一つまたは複数の観察や事例における、一般的に定義できる因果関係を同定する手続きなのである。それゆえ、「個別／一般」や「個性／法則」という言葉を、厳密な定義なしに使っていると、必ず誤解する。観察や事例の一回性と結果の定義の一般性が混同されてしまうからだ。

もう一つの特徴は、一回しか観察できない場合も、複数回できる場合も、法則論的知識にあたる仮定が必要になることだ。これも、適合的因果の理論でそうなるというよりも、私たちの日常的な因果同定は、実際にはそうやっているといった方がよいが。

一回しか観察できない場合は、「CがなければEは生じなかったろう」という法則論的知識が欠かせない（→二節）。Eの出現確率の差を経験的に同定できないからだ。

複数回観察できて、出現確率の差を経験的に同定できる場合は、こうした法則論的知識はいらないが、コラム1や第四回で述べたように、「観察されていない、CとEにともに影響する他の変数は全て同じ状態にある」という、関わる変数の範囲についての仮定が必要になる。つまり、CとEとの間の因果のあり方に直接言及するものではないが、CとEとの間の因果に関する法則論的知識を、やはり必要とする。

どちらの場合も、法則論的知識は、①必ず仮定の部分をふくむ。それゆえ、ウェーバーもくり返し強調しているように、経験則という性格をもつが、②観察や事例自体は一回的でよい。その両方で、適合的因果は因果法則ではない。

むしろ、どんな因果の同定にも何らかの法則論的知識が必要なことをふまえて、一回的な事象に関して法則論的知識を用いて因果を同定することも、「客観的可能性」から排除しなかった。その意味で、適合的因果は、仮定を用いて因果を経験的に同定する方法だといえるが（→コラム1六節）、もっと重要なのはその帰結だ。
一回の場合も複数回の場合も、同じ枠組みで定式化することによって、一回しか観察できない場合はどんな仮定が不可欠になるのか、裏返せば、それぞれの場合で経験的なデータでいえる部分はどこまでなのかを、論理的に明快に示した。そこにこの方法の意義がある。

端的な例をあげれば、反実仮想できる、つまりその対象において「ない」こともありうる何かは、まさにそれゆえ、文化科学の考える「個性」ではありえない。だから、適合的因果と文化科学は論理的に両立しえない。そうしたこともこの定式化からわかる。

四.

ウェーバー自身も、これらの点を明確に解説している。例えば文化科学論文の長い注記の一つでは(二二二〜二二三頁、S. 269-270)、「T・キスティアコウスキーの批判……には私は賛成できない」から「[可能性の]範疇の使用は……現実の因果的諸連関のある部分が、原因の連鎖のなかに出現するまでは、あたかもいわば『宙に』浮いているかのような、そんな考え方は全くふくんでいない」までの文章で、先行研究をあげながら、主要な論点を整理している。

例えば、「『宙に』浮いているかのような」がさしているのは、特定の原因候補がどの方向に働くかは他の条件に関わりなく決まっている、とする種類の因果論である(第一〇回注6参照)。ウェーバーは、適合的因果論がそういうものではない、と解説しているのだ。さらに、「可能性」や「必然性」が、この枠組みのなかで整合的に定義できることも示されている。

その上で、「J・S・ミルの理論とv・クリースの理論との対立は、クリース自身によって、私の考えではきわめて説得的な形ですでに説明されている（前掲書一〇七頁）」と結論している。

この「対立」とは、原因の「促進的」と「偶然的」をどう識別するかに関するものである。三節で述べたように、事実として一回的な事象の場合には、因果の働き方を直接仮想するのでこの問題は生じないが、複数回観察できる場合は、原因候補Cと結果Eの間で、ある時点のデータでは「Cあり→Eあり」が「Cなし→Eあり」より多く、別のデータでは両者が同数、さらに別のデータでは「Cあり→Eあり」の方が少ない、ということが起きうる。

やはりミルが提起したこの問題に対して、v・クリースは、まず因果の有無を確率で定義した。その上で、観察されていないものもふくめて、CとEにともに影響する他の変数群の状態の全ての場合（＝「他の諸条件との、可能だと考えられる組み合わせ」（二一〇頁、S. 289）の全て）を想定して、もし$P(E|C)>P(E|\neg C)$（＝「あり→あり」が「なし→あり」より多い）の場合の方が多ければ、CはEの「促進的」原因とし、$P(E|C)<P(E|\neg C)$（＝「あり→あり」が「なし→あり」より少ない）の場合の方が多ければ「阻害的」原因とし、そのどちらでもなければ「偶然的」とすればよい、と答えた。

それによって、Cそれ自体は「促進的」本質をもつのかそれとも「偶然的」本質をもつのか、といった実体論（＝「因果の擬人化的解釈」（二〇九頁、S. 289など））にならずに、一般的な因果として「促進的／偶然的／阻害的」を定義できる。そして、複数回観察できる場合には、どちらであるかを経験的に特定できる。その論理的な道筋を示したのである。

（これは現代の統計的因果推論でいえば、他の条件すなわち共変量の分布に関して、$P(E|C)-P(E|\neg C)$の期待値をとることにあたる。その意味で、v・クリースはこの問題を適切に解決しており、そう考えたウェーバ

ーの解説も、妥当なものであった。詳しくは第五章で述べる。第一三回注7も参照。）

一節で述べたように、特定の原因候補がどう働くのかをあらかじめ決めずに、因果関係を同定するにはどうすればよいのか、という問題は、ミル以来の方法論的な課題として、社会科学や歴史学で広く共有されてきた。ウェーバーも文化科学論文第二節では、そのことが読み手に明確に伝わる形で書いている（Ringer, *Max Weber's Methodology* 前掲 p. 77 などを参照）。なお、「一〇七頁」を参照指示されている「前掲書」は、V・クリースの『確率計算の諸原理』である。[*1]

五.

これ以降、ウェーバーはV・クリースの適合的因果構成を自らの方法とする。方法論の論文だけではない。経験的な研究でもそうだ。

例えば、一九〇九年に発表された「古代における農地関係（第三版）」（弓削達・渡辺金一訳『古代社会経済史』東洋経済新報社、一九五九年、*MWG1/6* S. 320–747）のⅡ七章では、古代地中海世界と西欧の中世以降を、それぞれ一つの単位に見立てて、両者の資本主義の展開のちがいに関する原因同定を試みている。(4)

もっと明瞭なのは、一九〇八〜〇九年に『アルヒーフ』に発表された「工業労働の精神物理学について」（以下「工業労働論文」と略す）だ（鼓肇雄訳『工業労働調査論』日本労働協会、一九七五年、*MWG1/11* S. 162–380）。この論考では数値データを用いて、現在でいう要因統制をいろいろ試みている。ウェーバーの研究のなかではあまり読まれないものの一つだが、方法論の展開の上では重要な論考である。

この論文は、ある亜麻織物工場を調査し、労働者の成果量や作業効率の記録を再計算して、熟練や消耗、年齢や性別、経歴、遺伝的形質、さらには文化や宗教といった要因が、特に心理や生理を通じて、どんな影響をあたえているかを計測しようとしたものだ。つまり、今でいう計量社会学の論文であり、そして「プロテスタント的禁欲」という言葉が出てくるように、実は倫理論文の計量分析編でもある(一九八～二〇一、三〇三～三〇五頁、*MWG I/11* S. 279–280, 362–363, 362Anm95 参照)。

Fälle, wo alle 6 Wochen vollwertige Zahlen bieten, die Zahlenreihe noch stetiger verlaufen müsse. Machen wir den Versuch und berechnen den Durchschnitt für diese Fälle (es sind lit. d, e, n, o, r, s, u, also nur 7 Fälle, so zeigt sich folgendes Bild:

Wochen:	1	2	3	4	5	6
Schwankungen:	9,83	7,54	7,06	10,04	6,53	4,49

Also auch hier bei sonst ganz stetigem Abschwellen — und zwar diesmal bis auf unter 46 % der ersten Woche — ein einzelner Rückschlag, diesmal in der 4. Woche. Wiederum je 2 Wochen zusammengefaßt, ergibt im 1. Drittel: 8,68, im 2.: 8,55, im 3.: 5,71 %, also in Maß und Rhythmus des Rückgangs ähnliche Verhältnisse, wie bei der Zusammenstellung aller Fälle überhaupt. Daß in beiden Fällen

図 **6-1** 「工業労働の精神物理学について」の一部
(『アルヒーフ』28(3), S. 743)

原文の一部を載せておこう。ドイツ語が読めない方も、数値が並んでいるのがおわかりだろう。ウェーバーはこうした論文も書く人なのである。

ここではd、e、n、……という記号で表された七人の労働者の、六週間にわたる、作業能率の変動の程度の「平均 Durchschnitt」を求めて、その推移を要約している(二五五～二五六頁、*MWG I/11* S. 322)。

「客観性」論文や『宗教社会学論集1』の「中間考察」などが注目されすぎて、しばしば忘れられているが、彼は社会調査の計量分析の専門家でもあった(↓コラム1九節、村上文司『社会調査の源流』法律文化社、二〇一四年など参照)。他の調査でも質問票の配布から集計作業の細部まで気を配っており、「社会心理学的アンケート調査の方法とその加工について」(一九〇九年)という小論も書いている(『工業労働調査論』前掲所収、*MWG I/11* S. 388–398)。

そして、最後の著作になった一九二〇年の『宗教社会学論集1』では、プロテスタンティズムの倫理と近代資本主義の間の因果の「大きさ」が測りうるものとされ（→第三回四節）、「儒教と道教」の結論部、いわゆる「儒教とピューリタニズム」では、「促進する」や「阻害する hemmend」というv・クリースから来た術語で、実際に因果を描き出している。[5] こんな文章だ（*RS1* (*9 Aufl.*), S. 535. ***MWG1/19*** S. 477. 木全徳雄訳『儒教と道教』創文社では四一一頁だが、全く独自に訳し直した）。

しかし、資本主義の成立を外的に促進する諸状況 begünstigende Umstände が西洋と比べてはるかに多様にあったにもかかわらず、古代のギリシア・ローマとオリエント、あるいはインドやイスラム世界と同様、ここでも資本主義は創り出されなかった。これらの地域ではそれぞれ、他の、やはり同じく資本主義の成立に促進的な諸状況 andere, ebenfalls: begünstigende, Umstände によって歓迎されていたにもかかわらず。

v・クリースのいう「確率理論」の「専門用語《テルミナス・テクニクス》」を使って、ウェーバーは近代資本主義の成立に関わる原因群を言い表しているのである（→第六回五節）。

それゆえ、これらがどんな意味で原因として考えられていたかも、先ほどの「促進的／偶然的」の識別基準からわかる。これらの原因群は、他の諸条件との組み合わせの如何にかかわらず、近代資本主義が出現させる確率を必ず大きくするようなものではない。「促進的」の厳密な定義は文化科学論文第二節の終わり近くにあるが（二一〇頁、S. 289, 第一七回七節参照）、一九二〇年以降もあまり顧みられることはなかったようだ。

六．

ウェーバーの時代には「確率的因果論」という呼び名はなかったが、適合的因果が確率的な考え方を用いていることは、彼も明確に自覚していた。

例えば文化科学論文では、『確率計算の諸原理』の一〇七頁と一〇八頁がくり返し参照指示されている。ここでは、仮説の値と観測値の平均のずれを正規分布で近似して評価する考え方、現在でいう母比率の検定にあたる考え方が解説されて、期待値が一般的な形で述べられている。その段落続きの一〇九頁では、ある変数の観測値が多数回観測できる場合には、各観測値の平均の分散の期待値は、ほぼ0になることが述べられている。

これは現在でいう「中心極限定理 central limit theorem」にあたる。統計学や社会調査法の解説で、聞いたことのある人もいるだろう。母比率の検定もこの定理を使う。当時のドイツ語圏の統計学では、その具体的なやり方もすでに知られていた(第九回注5参照)。

とはいえ、検定手続きの計算まで、ウェーバーは理解できていたわけではない。工業労働論文を読むかぎり、その数理に関してはほとんど理解していなかった、と考えた方がよいだろう。

(少し専門的になるが、具体的に説明しておこう。統計学が苦手な人は読み飛ばしてよい。

例えば工業労働論文では、実験室状況とのちがいに注意しながら、特定の因果連関が「適切に(適合的に)adäquat再現される」か、特定しようとしている(一四五頁、*MWG1/11* S. 229など)。ところがウェーバーはそれを、標本比率の差の大小だけで判定している。

$P(E|C)$と$P(E|\neg C)$の差は、現在でいう母比率の差にあたる。その差が有意かどうかには、標本比率だけでなく、標本分散にあたる値（母比率の検定の場合は標本規模）も関わる。その点は、おそらく全くわかっていなかっただろう。

また、「大数」の法則に何回か言及しているが、経験分布と確率分布の区別はしていない。これは当時の統計学を考えればしかたがないが、一九一一年の社会政策学会の大会で工場労働の共同調査が報告された際にも、討論者として招待された統計学者L・v・ボルトキヴィッチの好意的な批判に対して、的外れな反論をしている。村上前掲第一四章など参照。）

しかし、具体的なデータから因果を特定するには、何が課題になるのかについては、ほぼ理解していたようだ。

工業労働論文の第六節「方法上の諸問題」では、多くの変数からの影響が考えられるなかで、特定の原因候補の効果を識別しなければならないことに、明確に気づいている。また、データから$P(E|C)$と$P(E|\neg C)$の差を推論する際には、「偶然的なもの Zufälligkeiten」の影響を外して考えなければならない、とも述べている（一六四頁、*MWG1/11* S.248）[6]。適合的な因果があるかどうかを判定するには、どんな具体的な問題を解決する必要があるのかは、よくわかっていたようだ。

現代の社会科学では、このような場合、数理統計学的な手段を用いることが一般的である（→第四回）。例えば統計的因果推論では、二つの集団で「cである／でない」以外は同じである状態を、実験や一定の仮定を置くことで、つくりだす。その上で、それぞれでのEの出現確率、すなわち$P(E|C)$と$P(E|\neg C)$の差にあたる値を求めて、それが**0**でないかどうかで、因果のあるなしを判定する（→コラム1四節、第一四回以降参照）。

また、その際には、統計的な誤差を見込んでも、なお差があるといえるかどうかも検討した方がよいが、そこで用いられる比率の差の検定は、先ほどの母比率の検定を応用したものだ（第一四回注2も参照）。そうした手法を使って、v・クリースが提案したように、他の諸条件との組み合わせも考慮しながら、$P(E|C)$と$P(E|\neg C)$の差を、より厳密に求められるようになっている（→三節）。その意味で文化科学論文での、v・クリースの枠組みのまとめ方や著作への参照指示は、現代の方法論からみても、的確なものだった。数理の部分はともかく、何が問題にされており、それにどう答える必要があるかに関しては、一九〇六年以降のウェーバーは、ほぼ正確に理解できていた。そう考えてよいだろう。

七.

簡単にまとめておこう。

「客観性」論文でも「有限な人間精神による無限な実在の認識思考」「何らかの個々の出来事を決めている原因の数と種類は無限にあり」（七四、八七頁、S. 171. 177）と述べているが、当時の因果分析の方法論では、二つの課題が大きな焦点になっていた。［**Ⅰ：特定の原因候補の働き方をあらかじめ決めずに因果関係を同定する**］と［**Ⅱ：無数の原因候補のなかで特定の因果を識別する**］だ。文化科学論文の長い注記にも並んで出てくるが（一二二頁、S. 269 Anm3）、v・クリースが提案した適合的因果構成論は、この二つを経験的に解決できる枠組みであった。

現代の社会科学にとっても、［Ⅰ］と［Ⅱ］は大きな課題でありつづけている。その意味では、今も十分な解決の手段が用意されているわけではない。それどころか、十分な見通しすら、現在の統計的因果推論まで持ち越される、といった方がよい(↓第二回)。

それゆえ、現在でも[Ⅰ]と[Ⅱ]は部分的にしか解決されない、といった方が正確だが、解決の方向は明確に示されている。いや、実はウェーバーが文化科学論文を書いた時点で、その第一歩はすでに印されていた。先ほど述べた中心極限定理もその一つだ。これは次のように言い換えられる。――多数の変数の観測値が同じ分布にしたがって独立に出現する場合、その平均は正規分布にしたがう(この条件は現在ではもっと緩められている、コラム4注7参照)。そうした変数が無数にあれば、その平均の分散は0になる。

つまり、多数の原因候補の影響の総和の平均は、一定の条件をみたす場合には、正規分布にしたがい、候補の数が無限大に近づくにつれて、特定の値をとるようになる。例えば、それらが正負どちらにも同じように働きうるものならば、影響の総和も0になる。

そういう形で[Ⅱ]に経験的に答える途が見出されていた。コラム2で述べるように、v・クリースもウェーバーも、骰子《さいころ》の例でこの定理を解説した上で、「偶然的」因果の実例としている。現代的にいえば、これらの影響の総和は、「偶然的」誤差としてあつかえるのである。

特定の原因候補Cの有無による結果Eの出現確率の差を厳密な形で求める、という適合的因果の枠組みも、このことを前提にして組み立てられている(コラム2と第一五回参照)。ウェーバーが参照指示している『確率計算の諸原理』の一〇七頁と一〇八頁は、それに関わる統計学の基礎知識が述べられている部分でもある(↓五節、第一〇回注3とコラム4三節も参照)。

残念ながらウェーバーの手元には、そうした知識を応用できるような計算手段はなかったが、工業労働論文や「社会心理学的アンケート」の論文では、データから特定の結論を引き出す際にも、[Ⅰ]と

［Ⅱ］につねに注意している。［Ⅰ］と［Ⅱ］にどう答えられるか、だけでなく、現在の自分のやり方ではどの程度しか答えられないかまで、慎重に見極めながら書いている。

何よりも、そうした見極めを可能にした。その点で、ウェーバーの方法論の生成において、適合的因果の導入は決定的な転換点になった。それによってウェーバーは、リッカートの文化科学を完全に離れて、独自の比較社会学を始めていく。そのv・クリースの名前と「適合的因果構成」の語が登場するのは、第一回で述べたように、一九〇四年の「客観性」論文ではなく、一九〇六年の文化科学論文とクニース2論文なのである。

八.

一九〇四年六月のリッカート宛ての手紙に、ウェーバーは「近いうちに（この冬に）、歴史的な判断や発展の概念にとっての『客観的可能性』というカテゴリーの意義を分析することを試みるつもりです」と書いている（*MWG2/4* S. 231, 野崎前掲二〇四頁も参照）。ラートブルフの回想からみて、一九〇四年の終わりには、ウェーバーはラートブルフの論文を読んでいただろう（山田晟訳『ラートブルフ著作集第10巻 心の旅路』東京大学出版会、一九六二年）。翌年には、「個性的因果性についての注記」が追加されたジンメルの『歴史哲学の諸問題（第二版）』も刊行されている（→第六回）。

そして、そのどこかの時点でウェーバーは、自分が少し厄介な立場にいることに気づいたのではないだろうか。実は一九〇四年の「客観性」論文でも、「『法則論的』認識 »nomologische« Kenntnis」「適合的な原因の連関 **adäquat** ursächliche Zusammenhänge」「『客観的可能性』 »objektive Möglichkeit«」

といった形で、v・クリースの術語群が出てくるが、この論文のなかでは、全て参照指示なしで使われているのだ（八九〜九〇頁、S.179）。

特に大きいのは「法則論的」である。すでに述べたように、この言葉はv・クリースが二〇年以上も前に提唱して、ドイツ語圏の自然科学だけでなく、人文学や社会科学の分野でも広く知られていた。「適合的」や「客観的に可能」は日常的な言葉遣いでもありうるが、「法則論的」はv・クリースの術語だといってよい。W・ヴィンデルバントが「個性記述的／法則定立的」という二項図式を提唱したのは一八九四年だから、それよりもさらに旧い(7)。

例えば現象学の創始者フッサールも、一九〇〇年の『論理学的研究1（第一版）』で、「法則論的科学 nomologische Wissenschaft／存在論的科学 ontologische Wissenschaft」という区別を立てている。そこには「v・クリースの用語を借用すれば」と、はっきり書かれている（立松弘孝訳『論理学研究1』二五七〜二五八頁、みすず書房、一九六八年、Edmund Husserl, *Logische Untersuchungen 1* (*1 Aufl.*), S. 234–235, Niemeiyer, 1900)。

> 理論、すなわち原理上の統一という観点によってその領域を特定されている諸学、それゆえ全ての可能な事態と類的個別者をイデア的完結性 Geschlossenheit のなかで包括し、一つの基本法則性の内部でその説明原理を有する諸学は、……抽象的な学と呼ばれている。その特徴からいえば本来は、理論的な諸学とするのが最も適切だろうが。……J・v・クリースの提案にしたがえば、これらの諸学は法則論的学 **nomologische** Wissenschaft として特徴づけられるかもしれない。……
> けれども、真理を学へ統合する上では、第二の、非本質的な観点もある。……すわち、その内容が

一つの同じ個体的対象性ないし一つの同じ経験的類に関係する全ての真理が結びつけられる。地理学、歴史学、天文学、博物学、解剖学のような具体的な諸学、すなわちv・クリースの用語を借用すれば、存在論的諸学 **ontologische Wissenscaften** は、こちらにあたる。

「非本質的 ausserwesentlich」という表現（この後でもう一度出てくる）や天文学の位置づけからもわかるように、フッサールによるこの区分は、リッカートの法則科学／文化科学とは全くちがうものだ。こちらの方が、v・クリースの「法則論的／存在論的」の定義には近い。実際に『確率計算の諸原理』を読んでいれば、「法則論的／存在論的」と法則科学／文化科学が異なる概念であるのに気づくのは、それほど難しくない(8)。

実はウェーバー自身も、クニース２論文では「法則論的科学」を使っている（二一八頁、S. 104）。おそらくフッサールの用例も念頭におきながら、v・クリースの本来の定義により沿った、方法論の特徴を表す術語として使われている。

九．

『論理学的研究』でフッサールは、『算術の哲学』の心理主義から論理主義へ転じたとされる。論理主義的確率論に分類されるv・クリースがそこに出てくるのは、興味深い。

当時の「論理」や「心理」の用法を考えあわせると、学説分類上の名称だけから関連性を推測するのはあやういが、フッサールはもともと数学者であった。微積分の理論を厳密化したK・ヴァイアーシュトラウスの下で、数学を学んでいた。そんなフッサールと、数理に苦手意識をもたなかったウェーバーの間には、内在的な近さがあったのではないか。(9) その背後には、M・フーコーなら「〈知〉《エピステーメー》の転換」と言い出しそうな、自然科学までふくめた西欧の学術全体の大きな転換もあった。

こうした広がりまで視野に入れると、ウェーバーがどこで「法則論的」という言葉を知ったのか、そしてv・クリースの論文や著作をいつ実際に読んだのかは、かえって特定しづらくなって少し頭が痛くなるが、正確な時点はともかく、それによってウェーバーの方法論は大きく転換していく。くり返しになるが、そこにはまさに、ウェーバーが知りたかったことが書いてあったからだ。一回しか観察できなかった事象にも、複数回観察できる事象と同じように適用できて、［I］と［Ⅱ］の課題を解決できる因果同定手続きが。

例えば「客観的可能性の概念」論文でv・クリースは、特定の対象における因果のあるなしを、反事実的な仮想の形で定義した上で、どうすればそれを同定できるかを考察している（山田・江口訳（1）一四八～一四九頁、S. 198–199）。

> ある特定された対象の因果性に関する問いは、あの実在の諸条件の諸複合 Complexe der Bedingungen において（ある特定された一部が）欠けていて、けれどもそれ以外全ては全く同じにふるまったとしたら、どうなったであろうか was geschehen wäre、と問うことに等しい。……つまりここでも、具体的な事例の関係性が一定の点に関して変更されたと考えられるべきであり、実際に存在した諸条件Xの代わりに、そのことから特定の修正を通じて生み出されたであろう諸条件Xダッシュが想定されなければならない。

XとXダッシュの対比は差異法の論理と同じだが、読んでおわかりのように、ここでは一回しか観察できなかった事象が念頭におかれている。その上で、一般的にしか定義できない因果関係をそうした対象にあてはめるためには、反実仮想を用いる必要がある、と述べられている。「どうなったであろうか」での完了の助動詞 sein は、反実仮想を示す接続法Ⅱ式 wäre である。

だからこそ、ウェーバーはv・クリースの考え方を取り入れたのだろう。実際、文化科学論文の第二節には「法則論的／存在論的」の対概念をはじめ、v・クリースの術語や文章をふまえた表現が、しつこいくらいに出てくる。≫〜≪のような引用表現も多用される。そして、接続法Ⅱ式が自在に使いこなされている。

それによってウェーバーは、経験的な分析の位置づけだけでなく、方法論の上でも、リッカートの文化科学から決定的に離れていく。「理論的価値関係づけ」の下で、あるいは個別的な価値関係づけの下で、歴史的な事象の文化意義を解明するという立場から(→第三回)、歴史的な事象の間の因果関係を経験的に同定していく立場へ、すなわち個々の事象の「文化意義の大きさ」も測りうるとする立場へ、転じていく。文化科学の枠組みにもとづく価値関係づけの「客観性」から、v・クリースが提唱した、法則論的知識を用いた「可能性判断」の「客観性」へと、舵を切っていくのである。

実際、方法論の最後の論考になった一九二一年刊の「社会学の基礎概念」(基礎概念論文)では、はっきりとこう述べられる(阿閉吉男・内藤莞爾訳『社会学の基礎概念』六〜七頁、恒星社厚生閣、一九八七年、S. 542, *MWG1/23* S. 149)。

社会学とは、社会的行為を解明しつつ理解し、これによってその経過とその影響を因果的に説明しようとする、一つの科学だというべきである。

それがウェーバーの社会学なのである。

（1）W・リュッベも「すでにクリースが一八八八年の論文で示唆し、それをふり返りつつマックス・ウェーバーが一九〇六年に詳細に展開しているように、歴史科学も、因果性論からみると全く同じ問題にぶつかっていた」と指摘している（Weyma Lübbe, "Die Theorie der adäquaten Verursachung," S. 97, *Journal for General Philosophy of Science* 24, 1993）。

（2）というか、そもそもリッカートが個性的因果関係の定義で参考にした、『歴史哲学の諸問題（第二版）』でのジンメルの議論は、本来、この問題をとりあげたものだった（前掲 一二〇～一二三頁、S. 310-313, 第一版の該当箇所は *Gesamtausgabe Band* 2, Suhrkamp (stw 802), S. 339-341）。それをリッカートが誤解もしくは転用したのである。

（3）D・ルイスの枠組みにそっていえば、一回的な事象に関する法則論的知識は「必推量反事実的条件"would" counterfactuals」にあたる。これは現実世界と各可能世界の近さの基準にもなる（吉満昭宏訳『反事実的条件法』三頁、勁草書房、二〇〇七年、David Lewis, *Counterfactuals*, p. 4, Basil Blackwell, 1973 など）。ウェーバー自身があげている例は、第一三回注9参照。

（4）この点は金子がすでに指摘しており、ウェーバーの研究活動の第二期（＝精神疾患後）前半から後半への転換点として、この「農地関係」論文を位置づけている（『マックス・ウェーバー研究』前掲「序論　社会学の成立」）。第一七回六節も参照。

ただし、金子は適合的因果を因果法則の確率化だとした上で、因果法則を個別事例に適用する場合に比較が必要になる、と考えた（特に七一～七二頁）。そのため、文化科学論文では比較が方法論として組み込まれておらず、「農地関係」論文で初めて組み込まれた、とした（四〇～四二頁）。けれども、「もし～でなかったら～」という反事実的な因果定義は、それ自体が比較になっている。適合的因果自体が比較なのであり、金子の時期区分の論拠は成立しない。詳しくは第一二回とコラム4を参照。

また、山之内靖も「農地関係」論文に注目して、「客観性」論文での「歴史学的個性記述から……脱却し」(『マックス・ヴェーバー入門』前掲一六四頁)、『宗教社会学論集1』に通じる「一般的な適用可能性を目指す……社会学段階にはっきりと進み入った」(一九二頁)として、金子とほぼ同じ時期区分を提案している。

実際には、すでに一九〇六年の二つの論文で、比較を組み込んだ適合的因果の方法論が導入されている。それゆえ、一九〇九年前後に注目した「第一期／第二期前半／第二期後半」(金子)や「前期／中期／後期」(山之内)といった時期区分は、説得的ではない。もし区切りをおくとしたら一九〇六年だろうが、むしろそれ以前の、「客観性」論文や倫理論文アルヒーフ版では、因果分析の方法自体が確立していなかった、と考えるべきだろう。

また、山之内は「マイヤーから教えられた古代史に関する解釈図式は、ニーチェから継承した比較類型学の篩《ふるい》にかけられて、独特の構成を生み出すことになった」とも述べているが(一六五頁)、v・クリースからの影響を考えても、また金子がニーチェと全く無関連にほぼ同じ時期区分を提案していることからも、たとえ「ニーチェから継承した」ように見えたとしても、それは疑似原因だろう。ニーチェの影響があろうとなかろうと、適合的因果を採れば比較研究をすることになるからだ。

なお、『マックス・ヴェーバー入門』には「文献案内」があるが、その『学問論集』(＝『科学論集』)の項には、文化科学論文が載っていない。また、「ヴェーバーの研究書」の項にも、金子の『マックス・ウェーバー研究』は載っていない。ウェーバーの方法論の論考やそれに関する多くの先行研究(→コラム1)をあまり参照せずに、この著作は書かれたのだろう。

(5) この点は田中真晴がすでに指摘しているが(→コラム1二節)、現在入手できる二つの日本語訳では、意識されていないようだ。また、工業労働論文に出てくる "ungünstig" や "Hemmung" は専門的な術語とは言い切れないが(*MWG1/11* S. 355)、[I]と[II]の課題は明確に述べられている(→七節)。

なお「促進的」と「客観的可能性」も日常的にも使う表現なので、v・クリースの定義を採用したものは「　」つきで表記する(→第一回注4)。

(6) 現在の知識では、これは、標本比率と母比率を区別することにあたる。ただし、統計学でもこの二つが厳密に区別されるのは、一九〇八年のW・ゴセットの論文「平均の確率誤差」以降になる。この論文からt検定が始まる(安藤洋美『多変量解析の歴史』現代数学社、一九九七年、特に第八章)。コラム4七節参照。

(7) ハイデルベルガーによれば、v・クリースはスピノザの『エチカ』から「適合的」という表現をもってきた、と考えられる（"From Mill via von Kries to Max Weber" 前掲 p. 247）。また、「法則論的／存在論的」という術語が、ウィンデルバントやリッカートらの科学論のかなり前に発表され、かなり知られていたことは、v・クリース自身も『確率計算の諸原理』「第二版への序文」で言及している（→コラム1九節）。彼からすれば、後からまぎらわしい術語を創られて迷惑だったろう。

ウィンデルバントの「個性記述的／法則定立的」の二分法は、当時の科学論の水準から見ても、かなり限られた知識の下で考案された（→第三回一節）。現在の因果分析の方法論で、使用に耐える概念ではない。第一七回参照。

（8） ここの注記でフッサールは、『確率計算の諸原理』と一八九二年の別の論文をあげた上で、「ただし『法則論的』と『存在論的』という術語でv・クリースがとりあげたのは、判断の区別であって、ここでのような学術の区別ではない」とも述べている。これも適切な言及だろう。

（9） だから、もし理解社会学と現象学との関わりを考えるのであれば、確率的因果論や「法則論的／存在論的」の対概念と、フッサールの数学論との関連性も、視野にいれておく必要があるだろう。鈴木俊洋『数学の現象学』法政大学出版局、二〇一三年などを参照。A・シュッツ以降の「現象学的社会学」では、こうした関連性は見過ごされてきたように思う。シュッツに関しては、第一三回五節であらためて述べる。

＊1　この点および関連する議論に関しては、小野裕亮氏から重要な批判が寄せられている(https://drive.google.com/file/d/1MtZ7W3SYqcw6lw9gEG90VcRleZhErw5B/view)。こちらもぜひ参照していただきたい。二〇一八年刊の全集版MWG1/7でも、小野氏の指摘通りの参照指示になっている。合本版の可能性を考慮せず、なおかつ少なくとも本書の校正時点では確認できた全集版を「未刊行」だと思い込んでいた、私の二重の確認ミスである。

私としては、適合的因果構成が反事実的な因果定義と確率的因果論にもとづく因果特定手法であることは、v・クリースの「客観的可能性の概念」論文だけでもいえることであり、これによって本書の基本的な論理構成を変更する必要はないと考えている。

ただし、もしその考えが正しいとしても、ウェーバーが期待値演算の一般的な形を知っていた、とはいえなくなる。したがって、ウェーバーの理解した「適合的因果構成」は、統計的因果推論の「原型」というよりも、より曖昧な、「原始的な形」と表現した方がよいものになる。関連して、「二〇七～二〇八頁」の内容を特定せずに『確率計算の諸原理』とウェーバーの方法論との関連性を論じた先行研究は、E・マッシミラとS・ターナー以外に金子榮一であるが、ターナーや金子と私の解釈の主なちがいは、法則論的知識とその可変性になる。コラム1の九節、注4と注8も参照。マッシミラに関してはコラム4注2参照。

もちろん、これらの点もまた、本書での「客観的可能性の概念」論文やウェーバーの文化科学論文第二節の読解への批判的再検討を通じて、さらに検証されていくべきものである。

［第八回］「法則論的／存在論的」
――「客観的可能性」の考察(1)

一.

一九〇四年の「客観性」論文に出てくるv・クリース由来の術語群に関して、執筆当時のウェーバーがどのように理解していたのかは、見極めがたい部分がある。書き方自体がかなり中途半端だからだ。例えば、v・クリースは自らが定式化した因果のとらえ方を、「適合的因果構成」と名づけた。ところが「客観性」論文では、「適合的な原因的な連関」という表現だけが使われている(→第七回八節)。『法則論的 nomologisch』」についても、ただ「因果連関の規則性の認識」と言い換えているだけだ。それ以上の説明はない。そのため、v・クリースの著作や論文を読んでいなければ、法則科学の法則と同じものに読めてしまい、そこからさらに、文化科学論文での「法則論的」も同じだ、と思い込んでしまう。実際、日本語圏の解説の多くはそう受け取ってきた。

もちろん、「客観性」論文には具体的な例示がないので、これらが一九〇六年の文化科学論文と同じく、v・クリース自身のものと同じ意味である可能性も、完全には否定できない。しかし、仮にそうだとしても、〇四年当時のウェーバーは、適合的因果の考え方を十分には理解していなかったか、消化しきれていなかった。それだけは明確にいえる。

なぜならば、v・クリースは「法則論的／存在論的」を対概念として用いているからだ。これは法則科学と文化科学という二つの科学をさすものではなく、因果を具体的に特定する作業で切り出される二つの面をさす(→コラム1三節)。だからこそ、対概念になる。ラートブルフも、そして前回みたようにフッサールも、対概念として使っている。v・クリースの定式化を十分に理解していれば、それが自然な用語法なのだ。

ところが、ウェーバーの「客観性」論文では「法則論的」は出てくるが、「存在論的」は出てこない。一九〇五年のクニース1論文では「法則論的」も「存在論的」も出てくるが、対概念にはなっておらず、特に「存在論的」は全く別の意味で用いられている[1]。「法則論的」と「存在論的」が明確に対概念として出てくるのは、一九〇六年の文化科学論文の、それも第二節「歴史の因果観察における客観的可能性と適合的因果構成」だけである。ここではv・クリースの名前も著作も言及され、「適合的因果構成」や「促進的」(森岡訳では「助成」)などの術語も多用される(→第七回六〜七節)[2]。

では、この対概念はどんなものなのか。それによってウェーバーの方法論は、どう転換していったのだろうか。

二

広い意味では、v・クリースのいう「法則論的」は、その時点の知識において、ある事態や対象に関して成立していると考えられている、一般的に定義できる性質をさす。「存在論的」はそれ以外、すなわち（その時点の知識において）その事態や対象でのみ成立していると考えられている性質をさす（『確率計算の諸原理』前掲 S. 86 など）。

それゆえ因果関係に関していえば、「法則論的」は特定の事象で成立していると考えられる、一般的に定義された因果に関わる面をさす。「存在論的」は特定の事象におけるそれ以外の面をさす。例えばハイデルベルガーは、"nomological" and "ontological" features of reality と英訳している（"From Mill via von Kries to Max Weber" 前掲 p. 253）。妥当な訳し方だと思う[3]。

適合的因果構成という手続きは、この「法則論的／存在論的」の概念を基軸にする。「客観的可能性」は、この関係性に関する法則論的な知識にもとづく。「客観的可能性の概念」論文ではこう述べられている（山田・江口訳(1)一三八頁、S. 181–182）。

> ある事象の生起が、厳密には特定されていないある状況において、客観的に可能だと呼ばれるのは、事実上妥当する出来事の法則に従ってその事象を実現させるだろうと思われる、これら状況を特定することが考えられる場合である。――かつて私が提案したように、出来事の法則的連関に関わる判断内容を法則論的 **nomologisch** と呼ぶとすれば、客観的可能性に関する命題にはつねに法則論的内容の知識が表現されているといえる。

したがって、「客観的可能性」とは、一般的に定義できる因果関係に関する仮定にもとづいて、成立するだろうと考えられる因果関係をさす。そして、何らかの法則論的知識にもとづき、ある事象Aが別の事象Bの生起する確率を増加させると判断されるとき、それを「促進的」と呼び、AをBの「適合的」原因、BをAの「適合的」結果と呼ぶ。それに対して、AがBの生起する確率を変化させないと判断されるときは、「偶然的」とする。v・クリースは「適合的／偶然的」の定義をそう明記しており、この論文を読んでいれば、誤解は生じない[4]。

前回も述べたように、Bが生じる／生じないは確率**1**と**0**で表される。だから、例えば他の諸条件との組み合わせの多くの場合で、AがあるとBが生じると考えられるのであれば、Bに関してAは「促進的」であり、AとBの間に「適合的」因果があることになる。v・クリースはこれを「ある一定の原因的契機が、ある結果の可能性を増大させること、この契機が存在する場合、その結果はそれがないときよりもはるかに多様な状況において実現されること」と述べている(→第六回五節)。

この適合的因果構成という手続きを、ウェーバーは一九〇六年の文化科学論文で全面的に採用し、一九二一年刊の基礎概念論文の「因果的に適合的 kausal adäquat」まで、引き継がれる[5]。つまり、現代では確率的因果論と呼ばれる枠組みを、一九〇六年以降一貫して使いつづけた[6]。

一ノ瀬正樹は、確率的因果論が「行為論の歴史化」と「責任の論理」に特に関連深く、また適していることを指摘している(『原因と理由の迷宮』前掲二〇四～二〇九、二四一～二四八頁)。第六回で述べたように、実は一九世紀末から二〇世紀初めのドイツ語圏の社会科学で、二つはすでに実現されていた。「行為論の歴史化」にあたるのが、ウェーバーによる歴史学や社会学への導入であり、「責任の論理」にあたるのが、ラートブルフらによる法学への導入である(第四章参照)。

三.

先ほど述べたように、「法則論的」は個々の事実や対象において成立している、一般的に定義できる特性をさす。それ以外が「存在論的」である。一九二七年の『確率計算の諸原理』「第二版への序文」では、「存在論的」は微分方程式における定積分にあたる、とされている。

したがって図式的に表現すれば、とりあえず、

特定の事象＝「法則論的」側面＋「存在論的」側面　：（A）

だといえる。

例えば『確率計算の諸原理』第四章第四節では、「個々の事例の存在論的、純粋に事態的な特性 die **ontologischen**, rein thatsachlichen Bestimmungen der Einzelfalle」と表現されている(S. 86)。同じ頁の七行前でも「存在論的特性」を「純粋に事態的なもの、一般的な必然性に還元されないもの」と言い換えている。

つまり、全ての対象や事実に「法則論的／存在論的」の二つの面が必ずある。ウェーバーも文化科学論文やクニース2論文では、“zerglieden”や“einfugen”“Zerspaltung”“Zerlegung”などの表現を使っており、こうした区別を想定していたと考えられる(S. 113, 114, 277, 281, 287 など、第一一回〜第一二回、第一七回も参照)。

しかし、この対概念で本当に重要なのは、そこではない。両者の組み合わせは、個々の事実や対象によってちがってくるだけではない。区別の線引き自体が、現在時点の知識に応じて時間的に変化する。

一般的に定義できる因果の同定に関わる法則論的知識は①因果に関わる変数群に関する命題で、②具

体的な同定では前提となる仮定にあたる。だから、(「オッカムの剃刀」原則とあわせれば)データによって反証されうる。もし反証が成立すれば、それは法則論的知識でなくなる。あるいは、新たな内容の命題が仮定として置かれることもある。それが他の法則論的知識と論理的に矛盾せず、かつデータで反証されない間は、法則論的知識として通用する。

そこにv・クリースの独自性があった。

この区別の可変性ゆえに、特定の事態や対象ごとに個別的なものが残りつづけるだけでない。各時点で法則論的知識の内容が変わるたびに、一般的／個別的の区別が書き換えられる。そのたびに、全ての対象や事実は新たな面を見せる。そうした形で、いわば法則論的知識がより「進む」ごとに、それぞれの事態や対象の個別性もより「深まる」。一般的であることと個別的であることは、そういう形でも相互依存している。コラム2では、v・クリースとウェーバーがともに用いている骰子の例示を用いて、あらためて解説する。

だからこそ「法則論的／存在論的」は対概念になる。言い換えれば、もしこの二つを対概念とせず、例えば「法則論的」だけを引用すれば、法則科学の法則と同じ意味になりかねない。それによって、この区別の可変性という、最も重要な論点を落としてしまう。

そうなると、適合的因果構成とのつながりも見えなくなる。この可変性ゆえに、法則論的知識は仮説でありつづけるが、だからこそ反実仮想の論拠にもなりうる。現実に成立したわけではない事象の経過に関しても、「こうだったはずだ」と主張できる。法則論的知識の可変性を見落とすと、そういうつながりも見えなくなる。

四．

「存在論的」にも、もちろん同じことがあてはまる。日本語圏の方法論の研究では、これはしばしば「史実的」と訳される。例えば折原浩は「客観性」論文訳書の「解説」で「〈史実的《オントロギッシュ》知識〉」としており（前掲二四四頁）、向井守も似た表現を使っている（向井前掲四〇一頁）。これは伝統的な訳し方で、田中真晴は「事実の知識」としている（→コラム1三節）。

文化科学論文のなかにも、一見、そういう意味だと思えるような表現はある。例えば、

特定化された bestimmten、史料によってはっきりと証明できる、「歴史的な状況」に属する「事実 Tatsachen」についての知識（「存在論的知識」）（一九二頁、S. 276）

マイヤーは、あの「状況」をその「構成要素」に分解して、私たちの「想像力」が「存在論的」知識に、自分自身の生活の営みと他人のふるまいに関する知識から汲みあげた、私たちの「法則論的」経験知を適用できるようにしなければならないであろう。（一九二頁、S. 277）

などだ。

こうした語句を読むと、「存在論的」が特定の事実をさすように見える。それゆえ、

「存在論的」＝「法則論的」＋それ以外　：（**B**）

のような形でも解釈されてきた。

けれども、V・クリースの枠組みに戻れば、(A)(B)どちらの解釈もあまり適切ではない。「法則論的/存在論的」の区別は、現在時点の知識に応じて、時間的に変化する。したがって、いったん存在論的とされた特性も、新たな法則論的知識が受容されれば、それによって説明されうる。

つまり、時点つきで正確に表せば、

「(t1時点で)存在論的」＝**「(t2時点で)法則論的」**＋**「(t2時点で)存在論的」**
➡ **「(t2時点で)存在論的」**＝**「(t3時点で)法則論的」**＋**「(t3時点で)存在論的」**
➡ **「(t3時点で)存在論的」**＝**「(t4時点で)法則論的」**＋**「(t4時点で)存在論的」**
➡ ……

:(**C**)

のような、いわば動的なプロセスが想定されている。

それゆえ、特定時点では「存在論的知識」は二重の意味で出てきうる。一つは、法則論的知識を適用される(その時点より前の)存在論的知識である。もう一つは、適用した上でまだ説明できない「残り residual」にあたる、(その時点より後の)存在論的知識である。後者の方が、(次の時点までは)真の存在論的知識になる。

三節で引いた「個々の事例の存在論的、純粋に事態的な特性」という、v・クリースの定義はそういう意味だろう。つまり、これは特定時点では「存在論的」が二重になりうることをふまえた表現であり、だから「純粋に」という形容がつく。

さらに、(C)を各項の時点を省略した形で書き換えれば、

特定の事象＝(…(「**法則論的**」＋(「**法則論的**」＋(「**法則論的**」＋(…＋「**存在論的**」))…)　∴(**D**)

という形になる。次回で詳しく解説するが、文化科学論文でのウェーバーの「法則論的／存在論的」の使い方も、(**C**)や(**D**)の形になっている。

v・クリースの「法則論的／存在論的」は、このような可変的なものであった。(**C**)のようなプロセスの形で考えていくことを、彼は「遊隙の原理」と総称している(第九回参照)[7]。こうした考え方は、主に『確率計算の諸原理』の方で説明されており、統計学史の上では、v・クリースはこの「原理」の提唱者として知られている。次々回で述べるが、当時のドイツ語圏の自然科学でもそうだったようだ。

対象の個別的性質の位置づけに注意してほしい。リッカートの文化科学における「個性」は、意味ある事象が必ずもつ特性であり、いわば最初に出てくる。個性的因果関係の定義がまさにそうなっているように(→第六回二節)、その値(価値《ヴァリュー》)を正しく知らなければ、対象そのものをとらえられない。そんな何かである。その点で、カント的な超越論の枠組みを利用した立論になっている。

それに対して、v・クリースの「法則論的／存在論的」では、一般的に定義できる性質が解明されて

いき、そのいわば「残り」として、最後に出てくる。けれども、それは、対象の個別的性質が重要でない、ということでは全くない。ある対象の個別的性質がとても重要だからこそ、一般的に定義できる性質をまず特定していき、本当にこの対象に固有なものは何なのかを、現在の知識の範囲で厳密に同定する。そういう探究の方法論にもなる(コラム2参照)。

社会科学に限らず、現在の学術では多くの場合、こちらの形で対象の個別性をとらえているのではないだろうか。だとすれば、それを「文化科学的」と呼ぶのは、方法論としても科学史としても、適切ではない。それぞれの学術が、何をどうやってとらえているのか。それを反省的にとらえ直して、より良いやり方にしていく上でも、邪魔になる。

方法論としては一つなので、ウィンデルバントの「個性記述的」やフッサールの「存在論的科学」も、あまり良い呼び方ではない。例えば、社会科学はその性格上、自然科学に比べて対象の「存在論的」性質により強く関心をむける、みたいな言い方でよいと思う(8)。

(1) 例えば「どれほど包摂的で法則論的な知識——したがって『諸法則 Gesetzen』の、すなわち結局は抽象されたものの認識——であっても、それが……現実の『存在論的』無限性の認識を意味することはない」(松井秀親訳「Ⅱ クニースと非合理性の問題」『ロッシャーとクニース』前掲一六一頁、S. 80)。これが「法則論的／存在論的」の対概念とどうちがうかは、次回で詳しく述べるが、表記の上でも「存在論的」にだけ≫〜≪がつく。

なお、クニース1論文では「『適合的に因果を構成されたadäquat verursacht』」という表現も出てくるが(一四〇〜一四一頁、S. 68-69)、これは「動機」に関するもので、一九二一年刊の基礎概念論文でいえば、「因果的に適合的」ではなく「意味的に適合的」にあたる(第一八回参照)。また、この箇所では「法則論的」が確率的法則性の意味で用いられている。

(2) 文化科学論文の第一節と第二節は、術語系や参照指示される文献がかなりちがう。そのため、二つの論文に見える面もあるが、「価値解釈」の概念を軸にしてつながっている。かなり複雑な成立事情があるのではないか。第一一回～第一二回参照。

（３）　v・クリースは「法則論的／存在論的」を基本的に「特性 Bestimmung」や「関係 Verhältniss」の形容として用いている。例えば『確率計算の諸原理』第四章第四節は「法則論的および存在論的特性の区別。存在論的な挙動―遊隙。客観的可能性の概念。Unterschied nomologischer und ontologischer Bestimmungen. Die ontologischen Verhältungs-Spielräume. Begriff der objektiven Möglichkeit.」と題されている(S. 85-89)。

（４）　例えば、田中「因果性問題を中心とするウェーバー方法論の研究」前掲二二七頁、Ringer 前掲 p. 65, 宇都宮京子「マックス・ヴェーバーにおける『客観的可能性判断』をめぐる諸考察」六〇頁(『東洋大学社会学部紀要』五〇巻二号、二〇一三年)などを参照。

一方、金子は「適合的／偶然的」の定義を取り違えているが、彼の『マックス・ウェーバー研究』では「客観的可能性の概念」論文が参照指示されていない。

（５）　ウェーバーが一九〇六年以降、確率的因果論を使っていることは、大林信治「『現実科学』としての社会科学の方法」でも指摘されている(『マックス・ウェーバーと同時代人たち』第四章、岩波書店、一九九三年)。大林はヴァグナー&ツィプリアンの論文にも言及しているが、「法則論的」をラートブルフの概念だとしている。

（６）　確率的因果論の現代的な定義はライヘンバッハやスッピスによる。これは「疑似原因 spurious cause／真の原因 genuine cause」という二つの概念をもち、「疑似原因」だと判定されていないものが「真の原因」とされる(↓第六回五節と注４)。

(1)「一応の原因」Cは結果Eに対して以下の条件をみたすものである：$P(E|C)>P(E|\neg C)$、ただしCはEに時間的に先行する。

(2)「疑似原因」Aは、CとEに関連して以下の条件をみたすものである：$P(E|C\cap A)=P(E|C)$、ただしCはAとEに、AはEに時間的に先行する。

(3)「一応の原因」のうち「疑似原因」でないものが「真の原因」である。

要するに、疑似原因は、計量分析でいう「疑似相関 spurious correlation」にあたる。「先行変数による交絡」と同じものだ。第一六回とコラム４参照。

(7) これは現在の言い方でいえば、確率モデルで説明できない誤差を確率変数としてあつかい、かつ、その誤差をさらに別のモデル+誤差の形で説明していく、みたいな過程に近い。モデルの各説明変数にも独立に誤差がありうると考えていたようなので、なかでも変量効果モデルに一番近いだろう。ただし、現在の統計学のように、そのモデルがあてはまる一般的条件を理論的に特定できていたわけではない。事態を確率変数としてあつかいながら、段階的に解明していく、というとらえ方を総称していた、と考えた方がよい。

(8) なぜそうなるのかは以降の章でも少しずつ述べていくが、数理科学に慣れた人向けの簡潔な解説としては、佐藤俊樹「意味と数理」『社会学理論応用事典』丸善出版、二〇一七年を参照。

［第九回］「事実」と知識

──「客観的可能性」の考察（2）

一．

前回解説したように、「法則論的／存在論的」の対概念は、時間的には動的なプロセスになる。つまり、

「（t1時点で）存在論的」＝「（t2時点で）法則論的」＋「（t2時点で）存在論的」

➡「（t2時点で）存在論的」＝「（t3時点で）法則論的」＋「（t3時点で）存在論的」

➡……：**（C）**

という形になっている。

このプロセスの一つの段階だけを取り出せば、どの時点かを省略して述べれば、「『存在論的』知識に……『法則論的』経験知を適用」するといえるが、それはより正確には、

特定の事象＝（…（「法則論的」＋（「法則論的」＋（「法則論的」＋（…＋「存在論的」））…）∴（D）

という重層構造の一部なのである。

ウェーバー自身も文化科学論文では、この点もかなり注意深く書いている。そもそもこの論文は因果同定の方法を主題にしたものだ。それゆえ、**（D）**の「**特定の事象**」にあたるのは、ウェーバー自身の例示や研究でいえば、例えば「古代ギリシアで神政的―宗教的文化が成立した（または成立しなかった）」や「ベルリンで三月革命が起きた（または起きなかった）」、あるいは「伝統中国社会で近代資本主義が発生しなかった（または発生した）」といった種類の「事実」である。

日本語でいえば、これはむしろ「事態」に近い[1]。すでに特定の観点から抽象化されたものだからだ。

ウェーバーも、そのことはくり返し強調している。文化科学論文では、

> 歴史にとって重要なのはもっぱら、当該の事象の特有の「構成要素」と「側面」の、すなわち「一般的意義」をもち、そしてそれゆえ歴史的な関心の対象になる特定の観点の下での「構成要素」と「側面」の、因果的な説明である。それは裁判官の検討にとって、出来事の全体的で個性的な経過ではなく、法規の下に包摂するために本質的なその構成要素だけを観察することが重要になるのと、全く同じである。
>
> （一八四頁、S. 272）

したがって歴史的判断への第一歩がすでに……一つの抽象過程 Abstraktionsprozess である。……

この第一歩がすでに、与えられた「現実性」を、それを歴史的「事実」となすために、一個の思惟像Gedankengebildeにもはや変換している。ゲーテの言葉を借りれば、「事実Tatsache」のなかに「理論Theorie」が埋めこまれている。（一九〇頁、S. 275）

と述べた上で、前回の二つの「存在論的」が出てきて、

特定化された bestimmten、史料によってはっきりと証明できる、「歴史的な状況」に属する「事実Tatsachen」についての知識（「存在論的知識」）

マイヤーは、あの状況をその「構成要素」に分解して、私たちの「想像力」が「存在論的」知識に、自分自身の生活の営みと他人のふるまいに関する知識から汲みあげた、私たちの「法則論的」経験知を適用できるようにしなければならないであろう。

それらを受けて、

一つの具体的な「事実Tatsache」【WLでは「具体的事実konkreten Tatsache」】の、歴史的「意義」に関する最も単純な歴史学的な判断でさえ、「見出されたこと」の単なる記録からは大きく離れており、むしろただたんに一つの範疇的に形成された思惟像Gedankengebildeを表現しているというだけでなく、私たちが「与えられた」現実性に対して、きわめて膨大な、私たちの「法則論的」経験知

を加《・》え《・》あたえた hinzubringen ということによってのみ、実際には妥当性を手に入れたものでもある

（一九三頁、S. 277, *Archiv* 22(1), S. 195)

と結ばれる。

二

つまり、ウェーバーも（**C**）にあたるプロセスを想定しており、「抽象過程」という独自の表現も使っている。その上で「『事実 Tatsachen』についての知識」や「『存在論的』知識に……『法則論的』経験知を適用」する、と述べている。(2)

前者の「事実」はいうまでもなく、それまで延々語られてきた、そのような意味での「事実」である。彼自身が明言しているように、それ自体が「抽象過程」の産物であり、「思惟像」だ。より正確に日本語に置き換えれば「事実＝事態」だろうか。

ウェーバーは文化科学論文では、『確率計算の諸原理』と「客観的可能性の概念」論文の両方を参照指示しており、むしろ『確率計算の諸原理』の方を主に言及している。クニース2論文では文化科学論文を、何度も参照指示している。つまり、二つの論文では、「存在論的」の二重性もふくめて、v・クリースの枠組みが引き継がれており、文献参照指示からもそれがたどれるようになっている。

だから、ウェーバーの書き方に特に問題があるわけではなく、一番重要な部分はくり返し強調もしている。ただ率直にいえば、予備知識がないと、やはりやや読みにくいものになっているかもしれない。

LITERATUR.

Kritische Studien
auf dem Gebiet der kulturwissenschaftlichen Logik.

Von

MAX WEBER.

Inhalt: I. Zur Auseinandersetzung mit Eduard Meyer. — II. Objektive Möglichkeit und adäquate Verursachung in der historischen Kausalbetrachtung.

I. Zur Auseinandersetzung mit Eduard Meyer.

Wenn einer unserer ersten Historiker sich veranlaßt sieht, sich selbst und seinen Fachgenossen über Ziele und Wege seiner Arbeit Rechenschaft

図**9-1**　『アルヒーフ』掲載時の冒頭部(『アルヒーフ』22(1), S. 143)

特に文化科学論文の第二節では、術語系の厳密な定義はv・クリースの論文と著作にまかせている。その上で、それらを用いて従来の歴史学や日常会話での因果的説明を再構成することに、力を注いでいる。学説史的な解説はいくつもの長い注記に分けて、かなり手短に詰め込まれている。

そのため、v・クリース自身の議論を知らなければ、ウェーバーが使う術語の意味も、正確には理解しにくい。私自身も長い間、存在論的知識は「事実に関する知識」だ、と素朴に受け取っていた。

実は「客観性」論文やシュタムラー論文とはちがって、文化科学論文は『アルヒーフ』では、LITERATUR(目次ではLITERATUR-BERSICHTUNGEN)の部で発表されている(図9-1)。現代的にいえば、書評論文だろうか。とりあげた著作や論文を読んでいることが前提になる、とウェーバーも自覚していたのだろう。

実際、文化科学論文をv・クリースの「客観的可能性の概念」論文や『確率計算の諸原理』と読み比べると、文章表現の水準でも、v・クリースの議論との対応関係がわかるように書いてある(コラム2、コラム4参照)。少なくともこの論文の第二節を執筆した時点では、参照指示したv・クリースの文献を全く読まずに、これだけが読まれるようなことは、全く想定しなかったのではないか。

いずれにせよ、以上の点を考えるとnomologisch/ontologischは、v・クリースの術語としてもウェーバーの術語としても、「法則論的／存在論的」と訳さざるをえない。両方ともに「-logos」がつくことには、方法論的な意味がある。(3)ウェーバーはゲーテの言葉を引いているが、現代の言い方では「観察の理論負荷性」をふまえた表現になっている(→第三回二節)。

それゆえ、「法則の知識／事実の知識」や「法則的知識／史実的知識」といった言い換えは適切ではない。それによって、「法則論的／存在論的」の区別の可変性が消えてしまい、(**C**)のような動的なプロセスを想定できなくなるからだ。その結果、法則科学と適合的因果も区別できなくなる。

三

「法則論的／存在論的」の区別には、もう一つ重要なことがある。これは観察者側での知識の状態に相関的に成立する。その意味で、法則論的知識には必ず経験則の部分がふくまれる。ウェーバーの言葉を借りれば「『法則論的』経験知 »nomologische« Erfahrungswissen」(英語でいえば"nomological" empirical knowledge)なのだ。

だから二つの区別は可変的になる。「この骰子の目は確率1/6で出現してくる」といった確率論的な命題でも、もちろんそうだ(コラム2参照)。それゆえ、具体的な対象に法則論的知識をあてはめる作業は、つねに「仮定的な性格 **hypothetische** Charakter」をもたざるをえない。ウェーバーはクニース2

論文でこの点も明確に指摘しているが（二三六～二三七頁の注記、S. 114Anm1）、だからこそ、「どうなったであろうか」という反事実的な命題にも適用できる（→第八回三節）。

その上で、v・クリースは「客観的に可能」という判断を、こうした意味での法則論的知識にもとづくものだとした。「客観的可能性の概念」論文の第一節でも簡潔に要約された形で述べられているが（コラム4五節参照）、これは「法則論的／存在論的」の対概念以上に重要な考え方になる。

法則論的知識は不完全なもの、というより、完全だとはいえないものだ。だから因果関係は主観的で疑わしい、と考えたのではなく（そしてもちろん、本当はすでに完全な知識があると考えたのでもなく）、それでやってきたのだから、既存の知識をより正確にしていきながら、今後も同様にやっていけばよいだろう、と考えた。

そこに大きな突破《ブレイク・スルー》があった。前回少しふれたが、v・クリース自身はこうしたとらえ方を「遊隙の原理 Princip der Spielräume」と総称している（『確率計算の諸原理』S. 157–159など）。これは「法則論的／存在論的」の可変性から帰結する、「存在論的」な性質の非決定性（不定性）にもとづく。より正確にいえば、この非決定性には対象の個別性と性質自体の不確定性の両方がありうるが、確率論の枠組みでともにとらえられる、とv・クリースは考えていたようだ。

A・カムラーはこれを次のように要約している（長屋政勝訳「ラプラス確率論の衰退」近・木村ほか訳『確率革命』前掲八五頁、Andreas Kamlah, "The decline of the Laplacian theory of probability," *The Probablistic Revolution 1*, p. 110. なお［　］内は佐藤による補足、以下同じ）。文中の各記号は、Biが事象iの生起、Aがその境界条件、Tは所与のAとBiに対する確率pの値を計算する科学理論をさす。

もし完全に先験的な考察によって、確率$\mathbf{P}(\mathbf{B}_i|\mathbf{A}\cap\mathbf{T})$がBi、A、Tと「遊隙の原理」から獲得されるとすれば、それが観察された相対頻度と一致しない場合には、私たちはどうすればよいだろうか？　事実として生起していることはきわめてありそうにないことだと結論するのだろうか？　フォン・クリースは次のように答える。このような場合にはA、あるいはTが誤った命題かもしれない、そして私たちは別の説明Aダッシュ、あるいはTダッシュを追求すべきである、と。このようにして、観察された相対的な頻度に関する良い理論的説明は、そのような「観察されたものと一致しない」相対頻度をありそうにないものにしていく。この点で、フォン・クリースの客観的論理的確率は経験と一致する。

ここでも時間的に動的なプロセスが想定されている（→第八回の図式（**C**））。ベイズ統計学を知っている人なら、このv・クリースの「答え」が、「ベイズ更新 Baysian update」と同じ考え方であることに気づいただろう。特定の事象が出現する確率を、現時点での知識、すなわちカムラーのいう「科学理論 scientific theory」と相関的に定義することで、v・クリースはそういう枠組みを組み立てた。(4)

四.

だから、適合的因果の枠組みでは、「不完全 unvollkommen」や「不充分 mangelnd」が鍵概念《キー・コンセプト》になる。実際、『確率計算の諸原理』のあちこちに、これらの言葉は出てくる。F・リンガーはそれを次のように整理している（Ringer, *Max Weber's Methodology* 前掲 p. 64　→第一回）。

ウェーバーとちがって、v・クリースはカテゴリーの上では、世界の状態はそれがどんなものであれ、それに先行する変数群全体によって完全に決定されると主張した。しかしながら、ウェーバーと同じく、現実は完全には記述しえないことを彼は見ていた。したがって、先行する諸条件についての私たちの言明は、典型的《ティピカル》に不完全 incomplete なものであり、仮想的《コンセプチュアル》に一般化されたものである。私たちの知識の欠如を前にして、私たちが望めるのはただ、言及された先行変数にもとづいて、特定の結果の尤もらしさ likelihood を見積もることである。

最初の文については、私はリンガーとは意見がちがい、この点でもウェーバーとv・クリースは同じ立場だったと考えている（第一〇回四節、コラム4五節参照）。つまりv・クリースもウェーバーも、もし完全な情報があれば、現実世界の全ての事象の間の継起を確定的に記述できる、と考えていた。わかりやすくいえば、もし完全な情報があれば、世界を構成する全ての変数の間の因果関係は具体的に特定できる、と考えていた。

その上で、実際には不完全な情報しかえられない、とv・クリースもウェーバーも考えた。それゆえ、具体的に因果を特定する場合には、第四回で述べたように、一定の仮定、例えば「Aという種類の変数はBという種類の変数と関連するが、Dという種類の事象（変数）とは関連しない」といった、関わる変数の範囲と経路に関する仮定を置いた上で、観察できたデータから「こういう因果があると考えられる」と推論するしかない。その仮定をv・クリースは法則論的知識と呼んだ。

適合的因果という因果同定手続きは、こうした考え方にもとづく。したがって、法則論的知識は具体的な因果同定の結論ではなく、その前提条件にあたる。ただし、情報がより多く集まるにつれて、程度の差はあれ、仮定の部分も少しずつ確定的な知識に置き換えられる。法則論的知識には、そういう意味もふくまれている。

もう一つ重要な点がある。もし完全な情報があれば、全ての事象間の継起を具体的に特定できる。けれども、だからといって、それを少数の因果法則とその組み合わせに還元できるわけではない。両者は別のことである。

仮に全てのありうる事象を観察できたとしても、原因候補Cや結果Eにあたる具体的な事象は複数ある。それゆえ、Cにあたる個々の事象の後に、Eにあたる個々の事象がどの程度生じるかは、さまざまでありうる。

したがって、それらを仮に全て集計できたとしても、全ての場合を集計した値としては、例えば、

(1) $P(E|C)=1$, $P(E|\neg C)=0$
(2) $P(E|C)=0.4$, $P(E|\neg C)=0$
(3) $P(E|C)=0.6$, $P(E|\neg C)=0.2$
(4) $P(E|C)=0.8$, $P(E|\neg C)=0.2$

のどれもが出現しうる(→第七回四節)。

もし(1)であれば、因果法則があるといえよう。それに対して(2)と(3)はどちらも適合的であるだけでなく、ともに $P(E|C)-P(E|\neg C)=0.4$ だから、同程度に適合的である。けれども、因果法則の必然性を重視する立場からは、(2)は因果法則だが、(3)は因果法則でないとも考えられる。

では(2)と(4)ではどうだろうか。(4)は(2)よりもより適合的だが、それでも(2)は因果法則であり(4)は因果法則でない、といえるだろうか。おそらく立場がさらに分かれてくるだろう。つまり、適合的因果の考え方からみれば、むしろ「因果法則」という概念の方が曖昧で自明でない。その面でも適合的因果と法則科学は全くちがう。

(念のためつけ加えておくと、最初の設定からもわかる通り、これらの**P(E|C)**や**P(E|¬C)**は、全てを集計できたとした場合の値であり、**1**または**0**でなければ、個々のCにあたる変数とEにあたる変数の間でも、同じ値をとるとはかぎらない。したがって、**P(E|C)−P(E|¬C)**も、個々のCとEの間ではマイナス1とプラス1の間を動きうる。その点でも、適合的因果の考え方からみれば、「因果法則」の概念の方が曖昧で自明でない。これは統計的因果推論では「因果推論の根本問題」と呼ばれている。詳しくは第五章で解説する。)

五.

さらに実際の観察では、個々の具体的な事象がどの程度CやEにあてはまるかどうかにも、程度が生じる。宗教倫理でいえば、どの程度禁欲的であるか、経営でいえば、どの程度近代資本主義的であるか。それらに関しても、現実にはつねに程度がある。

第四回や第七回で述べたように、現在の社会科学では、こうした課題を厳密にあつかうときは、何らかの確率モデルを用いた計量手法を使うことが多い。『確率計算の諸原理』の一〇七〜一〇八頁で解説されている比率の差の検定は、その最も原始的なものにあたる[5]。また、工業労働論文や「社会心理学的アンケート」の論文では、現代なら重回帰やログリニア分析などの、特定の多変量解析手法を使うケースだな、と判断できるくらい、原因識別の課題が詳しく定式化されている。

ウェーバーはそうした箇所でも、現在なら数理的な記号で簡潔に書ける内容を、できるだけ正確に言葉で表現しようとして、苦労を重ねている。それが文化科学論文や他の方法論や計量分析の論文を読みにくくしたことは否定できないが、それは彼の責任ではないだろう。

現代の著作や論文なら、統計学の術語系と数式記号で表現される内容を、ウェーバーは言葉だけで書いている。それらを「混乱」だとか「晦渋」だとか決めつける前に、彼自身の議論の不完全さもふくめて、必要ならば現代の方法論の知識を補助線に使って補いながら、できるだけ論理的に読み解いていく。その努力を払うのは、現代の読み手の側の責任だと思う。文章の難解さを嘆くのは、その後でよい。

第七回で述べたように、ウェーバーが数理統計学の数理まで理解できていたとは考えにくいが、現在の日本語圏の社会学者の、少なくとも平均ぐらいには、統計学に関する知識をもち、それを方法論の論考にむしろ積極的に活かしていた。一九〇六年以降のウェーバーの研究を読むときには、そのことも頭においておいた方がよい。例えばラートブルフと比べても、v・クリースの概念枠組みをよりよく理解しており、それは彼の方法論の展開にも影響している（→第七回四節、詳しくは第一三回六節とコラム4五節などを参照）。

（1）　ただし文化科学論文の議論は、ドイツ語の“Tatsache”が具体的な「事実」と抽象的な「事態」の二重の意味をもつことを利用して、進められている。したがって、この論文の訳としては「事実」と訳すしかない。そうした点をふくめて、森岡訳は全体として質の高い翻訳だと思う。

（2）　だから、例えば向井の「この場合、存在論的知識とはこの当時、神政的＝宗教的発展へともたらすに積極的に適したある種の歴史的構成部分が客観的に存在していたということである」（向井前掲四〇〇頁）という解説も、誤解をまねくように思う。この場合の主要な存在論的知識は「古代ギリシアで神政的−宗教的文化が成立しなかった」だろう。もちろん、その適合的な原因として(抽象化されてとらえられた特定の)「構成部分」も、(**C**)や(**D**)のようなプロセスを想定すれば、存在論的知識の一つだろうが。第一二回も参照。

金子は、ウェーバーのいう「事実」の抽象性に関しては的確に指摘している(金子前掲四一〜四二頁)。

(3)　山田吉二郎「マックス・ウェーバーとフォン・クリース」(『メディア・コミュニケーション研究』五九号、二〇一〇年)参照。この論考は文化科学論文の特に注記を読む上でいろいろ参考になるが、『確率計算の諸原理』にはほとんどふれていない。また、文化科学論文での参照指示に疑問が呈されているが(一八四頁)、ウェーバーが指示しているのは『確率計算の諸原理』の頁である。

(4)　v・クリースの確率概念やその理論的背景、二〇世紀以降の確率論との関係に関しては、カムラーの概説的論文、"Probability as a quasi-theoretical concept: von Kries' sophisticated account after a century," *Erkenntnis* 19, 1983 がわかりやすい。

(5)　具体的な方法が気になる人向けに解説しておくと、W・レキシスは一八七五年の人口統計学の著作で、判定基準として(現在の言い方で) $3\sqrt{2p(1-p)/N}$ を提案していた(Theodore Porter, ***The Rise of statistical Thinking 1820-1900***, pp. 243-244, Princeton Univ. Press, 1986, 長屋・木村・近・杉森訳『統計学と社会認識』二八五頁、梓出版社、一九九五年)。

pが母比率、Nは総試行回数にあたる。これは標準正規分布で近似すれば、標準偏差σの$3\sqrt{2}$倍$=4.24\sigma$にあたるので、両側だと有意水準0.000022になる。なお、現在では社会調査などでは2σが、素粒子物理学の実験では5σが一般的な基準になっている。人口統計学のデータなので厳しめにしたのかもしれないが、さすがに厳しすぎたようだ(Stephan Stigler, "The Mesurement of uncertainty in nineteenth-century social science," ***The Probablistic Revolution 1*** 前掲 pp. 290-291 参照)。

［第一〇回］　量子力学と経験論
――「客観的可能性」の考察（3）

一．

これまで見てきたように、ラートブルフやウェーバーによって社会科学に導入された適合的因果構成は、確率的因果論の先駆けにあたるものだった。実はこの時期、一九世紀後半から二〇世紀初めにかけて、自然科学の理論にも確率論の枠組みが取り入れられていく。v・クリースの『確率計算の諸原理』にもJ・マクスウェルやL・ボルツマンの研究が出てくるが（第八章「理論物理学での確率計算の適用」）、その術語は理論物理学の専門的な論文でも実際に使われている。それもきわめて重要な研究で。M・プランクのエネルギー量子仮説の論文である。

量子力学の始まりを告げるものとして、どんな物理学史にもこの論文は出てくる。そのくらい有名なものだが、その論文の、それもエネルギー量子仮説を導入する部分で、v・クリースの「遊隙」が引用されているのだ。

量子力学の出発点となったのは、黒体放射のスペクトルをどうやって説明するか、であった。詳しい解説は省略するが、これは溶鉱炉の温度管理にも関わる。当時のドイツは急速な重工業化を進めて、アメリカ合衆国に次ぐ世界第二位の鉄鋼生産国になっていた。そのドイツの近代資本主義にとっても、この問題の解決は産業上の重要課題であった。

実験データの数値を近似できる公式としては、「ウィーンの公式」がすでに知られていたが、低周波数域では実験の値とずれてしまう。さらに、なぜこの公式があてはまるのかも、うまく説明できなかった。文字通り経験則でしかなかった。

プランクは一九〇〇年の論文で、まず、低周波数域にもあてはまる新たな公式を、経験的な近似として提案した。そして翌年の論文で、この「プランクの公式」をボルツマン原理から導き出すことに踏み切り、プランク定数hを見出す。ここで「量子」が物理学に初めて登場してくる。

その鍵となったエネルギー量子仮説の導入を、プランクはv・クリースの「遊隙」を用いて位置づけているのだ。もちろん『確率計算の諸原理』も参照指示されている（辻哲夫訳「正常スペクトル中のエネルギー分布の法則について」物理学史研究刊行会編『物理学古典論文叢書１　熱輻射と量子』二三五〜二三六頁、東海大学出版会、一九七〇年、Max Planck, "Ueber das Gesetz der Energieverteilung im Normalspectrum," *Annalen der Physik* 4, S. 558, 1901）。


この仮説が自然の事象に現実にあてはまるかどうか、最終的にはただ経験によって検証されるしかない。けれども、それは裏返せば、もし仮に経験がこの仮説に都合の良い方向に転がるとしたら、この仮説の妥当性から、共鳴振動子の特別な性質について、いくつかのさらなる帰結 weitere Schlüsse を導き出すこともありうる。すなわち、J・v・クリースの表現を用いれば、ここに現れている「相互に無関連で、かつその大きさによってのみ比較可能な、本源的な遊隙[1]」の性格について。この問いの現状においては、こうした思考をさらに進めていくことはまだまだ早すぎるだろうが。

1）ヨハネス・v・クリース『確率計算の諸原理』p. 36. フライブルク、1886.

「経験」の言い回しからみても、もちろんプランクはv・クリースの枠組みを理解した上で引用している。したがって、「法則論的／存在論的」の対概念で表現すれば、「この仮説」（＝エネルギー量子仮説）を法則論的知識として導入することで、実験などによって、もし経験的な裏づけが今後さらにえられれば、現在は存在論的な性質である「共鳴振動子の特別な性質」（＝量子性）を、さらに解明できる可能性がある。そう述べていると考えられる。[1]

前々回の解説で使った図式（**C**）、

➡ **「（t1時点で）存在論的」＝「（t2時点で）法則論的」＋「（t2時点で）存在論的」**

……

にあてはめると、以前の「（＝t1時点での）存在論的」知識にあたるのは、黒体放射のスペクトル、より正確には、ウィーンの公式からのその数値のずれだ。

それにエネルギー量子仮説という新たな「（＝t2時点での）法則論的」知識が適用されて、「共鳴振動子の特別な性質」すなわち「量子」が、新たな「（＝t2時点での）存在論的知識」になる。別の言い方をすれば、プランクは「量子」という形で、あえて新たな存在論的知識を置いた。それによって、エネルギー量子仮説の法則論的知識としての妥当性を確保しつつ、さらにこの新たな存在論的知識を説明できる、新たな法則論的知識を求めようとしたのである。

二．

前回述べたように、「存在論的」と呼ばれている「事実＝事態 Tatsache」の面とは、こういうものなのである。「『事実 Tatsachen』についての知識」や「『存在論的』知識に……『法則論的』経験知を適用」する、といったウェーバーの言い方も、むしろこの事例から理解していった方がよいかもしれない。まさに「抽象過程」の産物であり、日本語の「事実」や「史実」とはかなり距離がある（→第九回二節）。

プランクの論文に戻ると、「この仮説」で直接指示されているのは、熱力学の第二法則へのボルツマンの原理（気体分子運動論）の適用であるが、この論文の結論を考えると、これはエネルギー量子仮説の導入と同義になる。「さらなる帰結」は複数形なので、実験によるさらなる検証というきわめて慎重な仮定つきだが（動詞は接続法Ⅱ式）、プランクはその先にさらに何かがある、と考えていたのだろう。それが「量子」性を、何らかの非確率的なしくみによって解消してくれることを願いながら（コラム４五節参照）。

少なくともそう解釈すれば、v・クリースの「遊隙」をわざわざ引用した理由も説明できる。また後であらためて述べるが、法則論的知識の可変性、ウェーバーの言葉を借りれば、その「仮定的な性格」が、結果的かもしれないが、うまく活かされた研究上の実例といえる。

そういう意味では、v・クリースの確率的因果論は、一九世紀終わりから二〇世紀初めにかけて、法学や社会学に導入されていっただけではない。自然科学における量子力学の誕生にも関わっている。その点では、金子が指摘したように、ウェーバーの方法論は同時代の自然科学とも関連しており(→コラム1二節)、気体分子運動論につながる面もある(→コラム1九節)。

現在の科学論では、確率的因果論は量子力学に影響されて成立した、とされている。当事者による証言もあるそうだが、v・クリースという先行変数を考慮すると、その関係はむしろ疑似原因だと考えられる。これまで見てきたように、量子力学が成立する前に確率的因果論は出現し、かつ法学や社会学に導入されるほどの影響力をもった。だとすれば、量子力学そのものは確率的因果論の形成には関係ない[2]。そうした「客観的可能性」を図で表すと、図10-1のようになる。

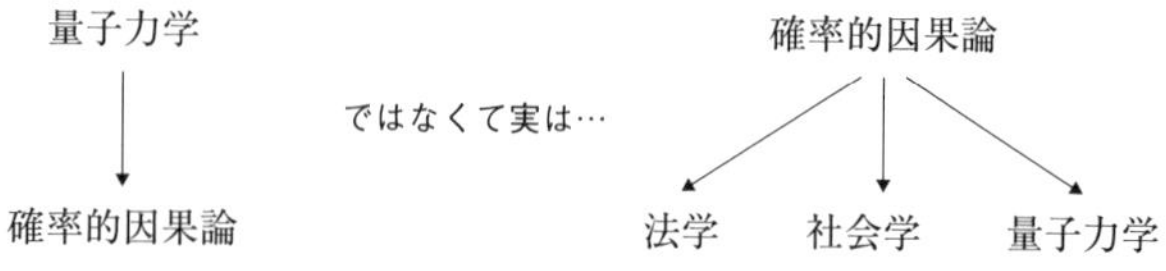

図10-1　確率的因果論に関する「客観的可能性」

v・クリースの存在とその術語系の継承という一つの知識が加わるだけで、二〇世紀以降の科学の歴史はかなり変わってくる。例えば、左の「量子力学→確率的因果論」のような「歴史」は、実は「先端的自然科学が先端的人文社会科学に影響する」という法則論的知識によるもので、かつ、この知識はあくまで経験則であって、つねに正しいわけではない。そんな可能性も十分に考えられる。

今さらいうまでもないが、v・クリースの確率的因果論は、一九世紀西欧での自然科学の爆発的な発展と密接に関わっている。それは明らかだ。その意味で、これもまた自然科学が社会科学に影響をあたえた事例にあたるが、このデータ(とさまざまな経験的知識)から推定される学術分野の間の因果のしくみは、少なくともそれほど単純なものではない。その点でも示唆的な事例である。

科学の歴史だけではない。v・クリースの影響がなくても、エネルギー量子仮説はいずれ発見されていただろう。けれども、その発表者はプランクではなく、もっと後の別の人になったかもしれない。そのことが後続するさまざまな出来事の連鎖にさらに影響した可能性はある。原子爆弾の開発と使用などを通じて、第二次大戦までの、日本をふくむ国家社会群の歴史に、量子力学があたえた影響は決して小さくない。確率的因果論への影響よりも、こちらの方がもっと重要かもしれない。

それだけに、この反実仮想はいろんなことを考えさせてくれる。

三

v・クリースはともかく、一九〇六年当時のウェーバーがプランクの論文や「量子」を知っていたとは考えにくいが、物理学にはかなり関心があったようだ。統計学の知識や数式を使った解説も、特に抵抗なく受け入れている(3)。むしろ、だからこそ「『エネルギー的』文化理論」のような「社会物理学」的な類比には、厳しく批判的だったのだろう(S. 400-426)。

日本語圏の社会科学にはしばしば、数理・計量は嫌いで歴史が好き、あるいは逆に歴史は嫌いで数理・計量が好き、みたいな二者択一が見られるが、そういう「文科系／理科系」的な二者択一は、リッカートにはあてはまっても、ウェーバーにはあてはまらない。ウェーバーの方法論を、あるいはその社会学全体を理解する上でも、これはかなり重要な点だと思う。

ついでにいうと、実はリッカートの文化科学／法則科学にとっても、熱力学の第二法則は頭の痛い問題だった。歴史の本源的な一回性を主張し、それをあつかう科学として文化科学を定義したリッカートにとって(↓第三回、第六回)、エントロピー増大の法則は、世界の一回性を証明するように見えたからだ。そうなると、熱力学は文化科学になってしまう！　そういう超物理学的《メタフィジカル》な「解釈」も実際にあったらしい(第一三回参照)。

けれども、そうなると、法則科学／文化科学という方法論の区別が成立しなくなる。それゆえ、リッカートは躍起になって、熱力学の第二法則自体の妥当性を否定しようとした。その理由がさらに面白い。第二法則は空間が区切れることが前提になるが、空間には絶対的な区切りがないからだ、というのだ(『文化科学と自然科学』前掲二〇七頁、S. 125、なお第一七回六節参照)。だとすれば、プランクのエネルギー量子仮説は、リッカートの文化科学／法則科学の区別もゆるがしたことになる。[4]

「遊隙の原理」は、そういう形で自然科学にも影響をあたえたが、現在の統計学史では残念ながらあまり知られていない。v・クリースの業績として有名なのは、「等確率の原理」に関する考察である。それまでの確率論はこの原理を使って、現代風にいえば「各事象は等確率で生じる」という事前分布をおいて、さまざまな事象の確率計算をしていたが、原理自体の位置づけは不明確だった。

それをv・クリースは、「不充分な理由の原理」にもとづくものとした(Ian Hacking, *The Emergence of Probability*, Cambridge Univ. Press, 1975 (2ed. 2006), 広田すみれ・森元良太訳『確率の出現』慶應義塾大学出版会、二〇一三年など参照)。この言葉自体はP・ラプラスによるが、それを、ある事象が他の事象よりもありえるとする根拠を知らない場合には等確率だと仮定する、という形で再定義した(『確率計算の諸原理』S. 6)。[5] それによって、統計学から神学的な世界計算の性格をとりのぞいた(S. 127–131 など)。

これも「法則論的／存在論的」の対概念の延長上にある。現在時点の知識の状態にもとづくものだからだ。v・クリースは、こういう考え方をする人だった。抽象的な概念定義を展開しながら、経験論的に考えていく。カント哲学とは全く逆の方向性をもっていた。

カントの超越論的な哲学が、Ｄ・ヒュームの懐疑論への「回答」として考案されたことは、今さらいうまでもないだろう。――因果という関係性は、観察者の知識相関的であり、絶対的に正しいとはいえない、だから別のア・プリオリな形で、絶対的な正しいといえる命題を導き出すしかない。それがカントの超越論的哲学の出発点であった。

だからこそ、リッカートも具体的な内容なしに「理論的価値関係づけ」を構想した（↓第三回）。現在の私たちから見れば、これはただの空白だが、リッカート自身にとってむしろ方法論的な企てであった。そしてｖ・クリースの方法論はそれと正反対の方向をむいていた。

四.

ウェーバーが文化科学論文で導入した「客観的可能性」は、このような枠組みにもとづく。一九〇六年のもう一つの方法論、クニース２論文にも、適合的因果やｖ・クリースの名が出てくる。「法則論的／存在論的」の対概念は出てこないが、議論のなかで同じ枠組みを確認できる。例えばこんな具合だ（二二一～二二二頁、S. 113–114）。

歴史は「現実科学」であるが、それは決して、何らかの現実の全ての内容を「模写した」――それは原理的に不可能である――という意味においてではない。所与の現実の構成部分、この構成部分はそれ自体としては概念的にただ相対的にのみ特定され bestimmt うるが、それを「実在的な real」構成部分として、特定の具体的な因果的な連関のなかにはめこむ einfügen、という全く別の意味においてである。具体的な因果連関の実在に関する個々のこの種の判断は全て、それ自体ただちに無限に細分化されうるものであり ist[1]、そうしたものは——法則論的知識の完全化という絶対的に理念的な状態においては bei absolut idealer Vollendung des nomologischen Wissens——正確な「法則」を用いて十全な帰属へむかうようになるのであろうが würde。歴史的な認識は、ただ具体的な認識目的が必要とする程度において分解をおこなうにすぎない。そして、この帰属の不可避的にただ相対的な十全さは、その遂行に適用された「経験則 Erfahrungsregeln」の、不可避的にただ相対的な特定性 Bestimmtheit において、明らかにされている。

つまり、①世界は因果的には完全に決定されているが、②人間の知識は不完全なので、現実の因果同定は必ず不完全なものにとどまる。そうした v・クリースの枠組みが引き継がれている。

そして、「それを『実在的な』構成部分として……具体的な因果的な連関のなかにはめこむ」という表現で、③因果に関わる変数の範囲と状態を、経験則という形で仮定することによって、具体的な因果は特定されることが明確に述べられている。第七回四節で述べたように、これは適合的因果構成の最も重要な点の一つだ[6]。ウェーバーはこの操作を「遊離と一般化 Isolation und Generalisation」と呼んでいるが、第五章でみていくように、現在では統計的因果推論によってより厳密に定義できるようになり、数量的でないデータにとってもより見通しやすくなっている。

さらに、それにつづく「個々のこの種の判断は全て……無限に細分化されうるものであり」や「不可避的にただ相対的な特定性」で、「存在論的」特性の可変性も示唆されている。つまり「法則論的／存在論的」の対概念も実質的に言及されている。

それだけではない。よく読むと、ウェーバーは③の位置づけに独自の留保をつけている。②にあたる「無限に細分化されうるものであり」はistで、直説法現在だ(注記1)は文化科学論文への参照指示)。それに対して、③にあたる「十全な帰属へむかうようになるのであろうが」はwürdeで、接続法Ⅱ式の未来形だ。

つまり、ウェーバーは完全な情報があれば、因果の経路は確定しうるが、現実には、完全な情報がえられることはないので、具体的な因果の特定には不確定な部分が残りつづける、と考えていた(↓第九回四節)。具体的な因果の特定でいえば、原因候補と結果に関わりがあると考えられる変数の範囲と経路という形で、「価値解釈」の部分は必ず入ってくる(↓第三回一節)。こうした基本的な立場の確認は、文化科学論文の結論部でもなされている(コラム４五節参照)。

五.

したがって、v・クリースもウェーバーも、①②を前提として適合的因果の方法論を考えていたが、③の具体的な因果同定の位置づけでは、ちがう立場をとっていた。v・クリースは、③の積み重ねによって②は将来的には解消されていく、と考えていた。それに対してウェーバーは、③によって②は必ずしも解消されない、と考えていた。

前々回の図式(**D**)を使えば、v・クリースもウェーバーも

特定の事象＝（…（「法則論的」＋（「法則論的」＋（「法則論的」＋（…＋「存在論的」））…）

という動的なプロセスを想定しており、そのなかの特定時点に観察者が立っていることを認めていた。けれども、この「法則論的」の積み重ねが最終的にどこに、あるいはどのように収束していくかの見積もりは、大きくちがっていた。

ウェーバーは、その集積が世界の因果記述に近づいていくとしても、その速度はかなり遅いと考えていたのだろう（『社会学の方法的立場』をめぐる方法論的考察」参照）。あえて現代風にいえば、局所安定解にはまって、人類史の有限の時間内にはそこにとどまる。そんな可能性も想定していたのではないか。

その点でいえば、ウェーバーは一貫して「価値解釈」の人であった。もしv・クリースがクニース2論文のあの文章を書けば、「なるのであろうが würde」は直説法の「なる wird」にしただろう。前回引用したリンガーの文章がとりあげていた二人のちがいは、むしろそういうものだったと私は考えている（→第九回四節）。

そのちがいは適合的因果の解説にも表れている。第七回四節で述べた、（観察されていないものもふくめて）他の諸条件との組み合わせの全ての場合を想定するという操作を、ウェーバーは文化科学論文でくり返し描いている。これは仮想だと考えていたからこそ、抽象的な言い方でも厳密に定式化しておく必要を感じたのだろう。それに対して、v・クリースは一九世紀の統計学者らしく、あるいはW・レキシスがいうように楽観的に（コラム3五節参照）、データを多く集めれば、そういう状態に至りつくのではないか、と考えていたようだ（詳しくはコラム4参照）。

裏返せば、他の諸条件との組み合わせを全て想定するという仮想を、近似的にせよ実現する方法は、ウェーバーもv・クリースも見つけられなかった。それゆえ実際には、「観察されていない他の条件の状態は全て同じ」に加えて、「観察されている他の条件の状態は全て同じか、全くちがうかのどちらか」のような、より強い法則論的知識を仮定として置いて、因果を同定するしかなかった（→コラム１四節、第一六回六節参照）。その意味で、v・クリースは［Ⅰ］と［Ⅱ］の課題の解き方を見出し、現代の統計的因果推論が、具体的な答えを厳密に求める方法を見つけ出した、といえる。

例えば、v・クリースは複数の「遊隙」がある場合は、相互に無関連だと考える、としている（→一節）。こうした仮定を天下り的に置くと、「存在論的」性質は大幅にあつかいやすくなる。その点でもv・クリースの考え方は、ウェーバーに比べて法則科学により近い。

ただし、v・クリースの枠組みの論理の上では、②の解消は前提条件ではない。それを明確に指摘したのはラートブルフだったようだ（“Die Lehre von der adäquaten Verursachung” 前掲 S. 27, 原論文 S. 347–348）[7]。裏返せば、そのくらい反省的に形式化されていた。そういう意味では、v・クリースは、一九世紀の科学と二〇世紀の科学のいわば橋渡しをした人でもある。

一九〇六年の二つの論文ではウェーバーは、そうした適合的因果の枠組みと術語系をしっかり理解した上で、自分自身の立場も簡潔に言葉にしてみせている。その意味で、ウェーバーは「法則論的／存在論的」の対概念をv・クリースから引き継いだだけでなく、独自の考察でより深めていた。

そして、現実の因果の特定作業では「仮定的な性格」、言い換えれば「価値解釈」に依存する部分を取り除けない、というウェーバーの見方は、現代の方法論の知識からみても、少なくとも社会科学としてはより正しかった。これについては第四章以降で解説しよう。

六.

第六回から、リッカートとv・クリースそれぞれの因果同定手続きや方法論の枠組みを紹介しながら、二人がそれぞれどのように「客観性」をとらえていたかをみてきた。わかりやすくいえば、当時のドイツ語圏の科学論において、リッカートは観念論的な立場を、v・クリースは経験論的な立場をそれぞれ代表する。

したがって、ウェーバーの方法論での「客観性」の転換は、一言でいえば、カント哲学からの、つまりドイツ観念論からの離脱でもある。「経験によって」「経験則によって」といった表現で「客観的可能性」を定義する文化科学論文の論理展開は、基本的にv・クリースの枠組みによる。

だから、文化科学論文第二節でもリッカートは直接批判されていないが、v・クリースの方法論をすでに知っている人にとっては、それはむしろ中途半端な態度に見えただろう。例えば、v・ボルトキヴィッチが文化科学論文の発表直後に出した手紙には、そうした内容が書かれていたのではないか（一九〇六年三月一二日付けの、ウェーバーの返信のタイプ稿が一部残っている、*MWG2/5 S. 45-47*）[8]。

五節で述べたv・クリースとのちがいを考えると、ウェーバーがリッカートの文化科学を否定しなかったのは必ずしも不適切ではないが、少なくとも経験的な研究の方法では、適合的因果の考え方を採ることで、法則科学／文化科学の地平を超えていった。

次章以降で述べていくが、翌年の一九〇七年に発表された「R・シュタムラーにおける唯物史観の『克服』」（シュタムラー論文）では、ウェーバーは自らを「『経験論者』»Empiriker«」の立場において、シュタムラーを厳しく批判する（松井秀親訳「R・シュタムラーにおける唯物史観の『克服』」『ウェーバー　宗教・社会論集』前掲一二頁、S. 295)。またこれ以降、具体的な因果同定手続きではv・クリースの術語系を使いつづけ、確率的因果論の立場から離れることはなかった。

ウェーバーの社会学はこれまでしばしば、文化科学論文を実質的に無視して、あるいは「客観性」論文をウェーバーの方法論の到達点だと最初から決めつけて、語られてきた。社会科学方法論としても、科学論としても、そして学説研究としても、それは乱暴すぎる(↓第六回四節)。少なくとも、もしリッカートの哲学を知らなければ、ウェーバーの方法論が理解できないのであれば、全く同じ理由で、v・クリースの統計学を知らなければ、ウェーバーの方法論はやはり理解できない。

また、文化科学論文第二節の最後の四分の一や工業労働論文も視野に入れなければ、「『プロテスタント的禁欲 protestantische Askese』」をデータでどう裏づけるか(＝実証するか)に関わる、倫理論文のアルヒーフ版から改訂版への展開も十分には理解できない(↓第七回、コラム4、および佐藤俊樹「マックス・ウェーバーをめぐる最近の展開――野﨑敏郎『ヴェーバー『職業としての学問』の研究(完全版)』」『UP』五三〇号、二〇一六年も参照)。そして「儒教と道教」での因果分析がどのようなものであったかも、十分には理解できないのではないか(↓コラム1四節)。

やや乱暴に要約すれば、ウェーバーの方法論は「価値解釈」という形で主観性を、「客観的可能性判断」という形で客観性をともに取り入れた。その意味で、観察者側の前提仮説と観察されたデータをともに取り込める枠組みになっていった。「法則論的／存在論的」の区別の可変性が、両者を両立可能にした。

主観性と客観性を二者択一にする文化科学／法則科学という地平を、ウェーバーはそういう形で超えていったのである。――そう考えた方が、当時のドイツ語圏の人文学や社会科学の方法論の展開だけでなく、ウェーバー自身のテキストもふくめて、一貫的に理解できる。

法則論的知識がデータによる反証にさらされることは、抽象的には、弱い限定に見えるかもしれない。けれども、実際には、データによる反証を通り抜けられる仮説は決して多くない。経験的な分析においては、反証可能性は十分に強い制約だ。

これがもし弱い限定に見えるとすれば、具体的な研究の状況を無視して抽象的な言葉だけで考えているか、「オッカムの剃刀」原則を忘れて、実際には多くの前提仮説を無自覚にもちこんでいるか、あるいは、強い前提仮説を自明視して、単純な同義反復になっているか、そのどれかだろう。

(1) したがって、H-G・シェップが述べているように、きわめて慎重で限定された言い方だが、プランクにとって、エネルギー量子仮説はたんなる計算テクニックではなく、それ自体が何らかの物理学的な意味をもちうるものだっただろう(Hans-Georg Schöpf, *Von Kirchhoff bis Planck*, S. 121-123, Springer, 1978)。

「遊隙 Spielraum」は英語では"amplitude"や"play space"、日本語では「活動区域」と訳されているが、v・クリースの固有の術語である。それをわざわざ引用したのには、実験的事実の説明というオブジェクトの水準だけでなく、メタの水準での含意もあったと考えられる。

例えば小長谷大介『熱輻射実験と量子概念の誕生』(北海道大学出版会、二〇一二年)では、プランクが、理論的な演繹と実験データからの帰納の両面から、考察を進めていったことの重要性が指摘されている(二九八～三〇一頁)。「法則論的/存在論的」の枠組みはまさにそういう考え方であった。少なくとも、この点を考慮せずに、この論文でプランクが「量子」をどう考えていたかを論じるのはむずかしいと思う。

オブジェクトの水準でいえば、プランクは「遊隙」を相互に「無関連で、比較可能で、根源的」だと仮定したv・クリースの文をわざわざ引用している。これに一番あてはまるのは、おそらく、位置pと運動量qに関して離散的な軌道上のみで線積分する、というエネルギー量子仮説そのものだろう。例えば朝永振一郎『量子力学[第二版]』三〇～三五頁、みすず書房、一九六九年を参照。

(2) 量子力学の影響が考えられるのは、因果そのものが確率的に働くことを認めるかどうかだろう。v・クリースもウェーバーも、この点は明確に否定した。コラム4五節と注4参照。

（3）文化科学論文では重要な箇所で『確率計算の諸原理』の一〇七頁と一〇八頁が参照指示されているが（二二三、二二六、二二七頁、S. 270, 288, 289）、一〇七頁では現在の母比率の検定にあたる考え方が、一〇八頁では期待値演算の考え方が一般的な数式の形で、述べられている（→第七回）。

その前の一〇五～一〇六頁では、特定の確率で**0**か**1**の値をとる観測値（＝二項分布にしたがう確率変数の観測値）の平均が正規分布にしたがうことが述べられている。さらに、一〇八頁の最後の段落は一〇九頁までつづくが、そこでは、特定の確率で**0**か**1**の値をとる観測値の平均の、今度は分散の期待値がほぼ**0**になることが紹介されている。

これは現在の中心極限定理の原型である「ド・モアブル－ラプラスの定理」にあたる。コラム4でも解説するが、一言でいえば、ウェーバーが参照指示しているのは、この定理を簡単に解説した部分である。

（4）法則科学の法則性は「必然性」を意味する。だから、リッカートにとって、熱力学の第二法則の法則性を否定することと自体はそれほど難しくないが、一九〇〇年代の理論物理学は、法則科学／文化科学の区別が予想していなかった方向に進みつつあった。リッカートもむしろそちらの方を念頭においていたのではないか。

（5）この等確率の原理の位置づけは、現在のベイズ統計学でいえばD・リンドレーの「曖昧な事前分布（変則分布）improper distribution」につながる。つまり、頻度主義の統計学とベイズ統計学をつなぐ接点にもなる。コラム2七節を参照。

「法則論的／存在論的」の区別の可変性も、ベイズ統計学でいえば、事前分布はどんな意味で客観的といえるのかへの一つの答えになる。もちろん『確率計算の諸原理』の各所に「ベイズの原理 Bayes'sche Princip」は出てくる（第五章第三節など）。

（6）重要な部分なので少し詳しく解説しておく。

文化科学論文の学説史的な注記の一つで、ウェーバーは適合的因果構成が、因果の特定の部分を他の部分から切り離して考えようとするものではない、とはっきり述べている。「可能性の範疇の使用は……現実の因果諸連関のある部分が原因的連鎖のなかに出現するまでは、あたかもいわば『宙に浮いて』いた »in der Schwebe« gewesen wären かのように考えることを、少しもふくんでいない」（二二三頁、S. 269Anm3　→第七回四節）。

したがって、クニース2論文での「はめこむ einfügen」や、文化科学論文での「遊離と一般化」や「はめこむ」（一九一頁、S. 275–276）、「遊離させて考えられた isoliert **gedacht**」（二一〇頁、S. 289）といった表現は、特定の構成部分をただ組み込む、あるいはただ切り離すことを想定しているとは考えにくい。

むしろ、その部分を、それら以外の変数群との関連性のなかに、どのように接続させるのが適切なのかを考えている。そう解釈する方が整合的だろう。特定の構成部分に関わるそれ以外の変数群の状態をどのようにしておけばよいのかが特定できれば、適切な接続（＝「はめこむ」「一般化」）のやり方も、適切な接続解除（＝「遊離させて考え」る）のやり方も、特定できる。

現在の因果分析の方法論のなかで、こうした接続の操作（演算）に一番近いのは、「他の変数の状態が同じであれば」という形をとる変数統制の手続き、そしてそれを未知の変数までふくめて一般化した「原因候補と結果にともに影響する他の全ての変数の状態が同じであれば」という、統計的因果推論の独立性条件だろう（第一六回〜第一七回参照）。実際、文化科学論文のなかには、現在でいう「共変量にあたる変数が動く範囲で期待値をとる」に相当する論理的な操作が、抽象的で仮想的な形であるが、定式化されている（コラム4参照）。現在の統計学の期待値演算のような、一般的に定義された記号を使った見通しの良い形ではなく、かなり言葉に頼った言い回しであるが。

そのことが文化科学論文やクニース2論文、工業労働論文の第六節「方法上の諸問題」などを読みにくいものにした面は否めないが、当時のウェーバーにそれ以上を求めるのは無理難題だと思う。

（7）　v・クリースも取り外し可能なことには気づいていたらしい（第一三回注7参照）。v・クリースは、法則論的知識が論理的構築物であることも強調している。だから、彼の確率論は論理主義に分類される。もしこの仮定が取り外し不可能であれば、彼の立場は客観主義的確率論になる（→コラム1一節）。

ラートブルフのこの指摘は、適合的因果の考え方では、当事者水準での因果的説明と観察者水準での因果的説明が同型になることも含意している。ウェーバーの理解社会学がこの同型性にもとづくことを考えれば（第一二回六節と第一四回二節参照）、このことも、理解社会学論文での「客観的可能性」に関する参照先が、v・クリースではなく、ラートブルフになった理由の一つではないだろうか。第一三回六節を参照。

（8）　返信稿からも、「遊離と一般化」の問題が焦点になっていたことはわかる。また、v・ボルトキヴィッチの疑義に対しては、もし時間があれば今後の詳論で答えたい、と述べている（*MWG2/5 S.* 46）。『アルヒーフ』掲載時に予告されていた文化科学論文の続きは、結局書かれなかったが、基礎概念論文でウェーバーは、因果を明確に確率的に定義する。それが実質的な応答の一つにあたるのではないだろうか（第一四回参照）。

もしかすると一九〇六年当時のウェーバーは、エミール・ラスクによって、リッカートの文化科学と自身の経験的な因果同定手続きの方法論とが統合されることを、願っていたのかもしれない（『三木清全集　第二巻』前掲の論考群も参照)。だとすれば、ラスクが第一次大戦で亡くなることで、その願望は物理的に絶たれたが、たとえ生きていても、実現されることはなかっただろう。反実仮想を使う適合的因果は、文化科学のいう「個性」とは論理的に両立しないからだ(↓第七回三節)。

コラム❷ 骰子の目の法則論《ノモロジー》と存在論《オントロジー》

一.

V・クリースの『確率計算の諸原理』では、「法則論的／存在論的」の区別の例として、骰子《さいころ》の目の出方がしばしばとりあげられる。ウェーバーの文化科学論文でも、この例示を使って、法則論的知識のあてはめ方が具体的に解説されている(二〇三〜二〇五頁、S. 284-286)。「法則論的／存在論的」の対概念を理解する上では、たしかに良い例なので、当時の統計学の知識もふまえつつ、さらに少し敷衍する形で説明しておこう。

今、A社製の骰子を買ってきて、転がして出た目の数字を36回観察してみたとしよう。その結果、

1、5、1、3、3、2、6、4、2、5、4、3、……

という具合に、「1」が4回、「2」が7回、「3」が8回、「4」が7回、「5」が6回、「6」が4回、出たとする。これ自体は具体的な観察によるものであり、特定の時間と空間において出現した事象である。

この事象にあてはめられる法則論的知識は、まず、①それぞれの目は大体1/6の割合で出てくる、というものだろう。これは全く経験的な知識、すなわち完全に経験則である。

36÷6は6で、実際に各目が出た回数も6前後が多い。だから、①を法則論的知識としてあてはめることで、こうした出方はある程度説明できるが、細かくみると、「5」以外は6回ぴったりではない。そもそも①は「大体」なので、どこまで説明できる／できないかがはっきりしないが、このずれは、存在論的性質をふくむかもしれない。つまり、「5」以外の目の出方は、①だけであれば、厳密には存在論的知識にとどまる。

けれども、V・クリースの時代にはすでに中心極限定理も知られていた（清水良一『中心極限定理』教育出版、一九七六年、特に一六〜一八頁）。それぞれの目が出てくる確率が1/6である場合に、もしそれぞれの目が偶然に出現してくるとすれば、それぞれが実際に出る回数がどのくらい6回からずれやすいのか。そのずれやすさも、②観察回数が十分に多ければ、中心極限定理から理論的に求められる。そういう知識もすでにあった。

先ほどの事象にこの知識②をあてはめれば、それぞれの目が実際に出た回数を全回数で割った値（例えば「2」であれば7/36＝0.19444…）は、期待値0.1666、分散0.00386…（標準偏差なら0.062…）の正規分布にしたがう。

『確率計算の諸原理』では、中心極限定理は第二章第九節「偏差 Dispersion」で、ド・モアブル－ラプラスの定理の形で出ている。すなわち、観察回数が十分に多ければ、二項分布の観測値の平均（この事例では「それぞれの目が実際に出た回数を全回数で割った値」）はほぼ正規分布にしたがい、その分散の期待値はほぼ**0**になる（S. 104-109）。ウェーバーが文化科学論文で参照指示しているのも、この箇所である

（↓第一〇回注3）。

さらに第九章第四節「ガウスの誤差法則Gauss'sche Fehlergesetz」では、観測値の誤差が現在でいう正規分布にしたがうと考えられることを述べた上で（S. 226–227）、その適用条件や具体的な実験例との一致度が検討されている（S. 228–229）。

二．

「法則論的／存在論的」の区別を使えば、このことは次のように表現できる。——中心極限定理という知識②を法則論的知識としてあてはめることで、「6回ぴったりではない」のなかにも、法則論的な部分が見出されるようになった。

具体的にいうと、この新たな法則論的知識をふまえると、「2」「4」の7回は、ありえない事態とまではいえない。その意味で、この二つの出方は①と②から説明できる。それに対して、「1」「6」の4回や「3」の8回はかなりありえない事態であり、これらは「存在論的」性質にとどまる。

そういう形で、①だけでは「法則論的／存在論的」の区別自体が不明確だった領域にも、②が加わることで、明確に区別できる部分ができた。v・クリースはこういう事態を、「遊隙の原理」として考えていたのだろう（↓第八回～第九回）。

ただし、中心極限定理には「十分に多ければ」という条件がある。36という回数は、この条件を十分にみたすとはいいがたい。実は中心極限定理だけでは、その「多さ」は具体的には特定されない。したがって、先ほど述べた「この新たな法則論的知識をふまえると～」の「～」全体が、本当は中心極限定理という外部にある、その意味で本当は「存在論的」である可能性も、排除できない。また、目の出方に中心極限定理が適用できる前提条件として、骰子の転がり方に関わるさまざまな物理的要因が、(1)極端な状態をとる確率が一定程度未満におさえられ、(2)相互に独立な、(3)多数の、確率変数の形で近似できることがある。先の「もしそれぞれの目が偶然に出現してくるとすれば」という仮定は、正確にはこの三つの条件がみたされることをさす(詳しくはコラム4注7参照)。したがって、中心極限定理を法則論的知識としてあてはめる際には、この骰子がこれらの条件をみたす物理的な性質をもっていることも想定されている。つまり、そういう経験的な知識や仮定も、法則論的知識③として加わっている。

文化科学論文では、これを次のように述べている(二〇三～二〇四頁、S 284-285)。

私が骰子を投げる前の、筒の握り方や振り方は、私が実際に投げて出た骰子の目にとって、一つの絶対的に決定的な構成要素である。しかし……にもかかわらず、握り方と振り方の特定のやり方が、特定の目を出すのを促進 begünstigen するのに「適している」、などということを言い表せるような経験命題は、考えることすらできない。それゆえ、この因果は絶対的に「偶然的」因果である。すなわち、骰子を投じる物理的なやり方は特定の目を出す機会 Chance には「一般的」には影響しない、と私たちは正しく言明することができる。

この解説で、内容的には全く問題ない。ウェーバーは積極的な無作為化までは想定していなかったが、中心極限定理の「誤差法則」としての現れ方は、大まかには理解しており、v・クリースが定式化した

「法則論的／存在論的」の区別や「遊隙の原理」の使い方についても、十分に理解していた。それがわかる文章でもある。

なお、v・クリースの『確率計算の諸原理』の第四章第六節「促進性の概念Begriff der Begünstigung」では、「促進的」がまさに骰子の例を用いて解説されており、「客観的可能性の概念」論文でも骰子にふれながら、「こうした観察は確率理論ではごくあたりまえのもので、促進的な状況begünstige Umstandという専門用語がある」と述べている（↓第六回五節）。

注意してほしいのは、この場合「骰子を投じる物理的なやり方」と出てきた目の間には、明らかに物理的な因果があることだ。けれども、その因果は（中心極限定理で想定されるような、誤差の一要因にくりこまれて）特定の目を出す機会、すなわち特定の目が出る確率を「一般的に」高めることはない（＝P(E|C)>P(E|¬C)が成り立たない）。

少し詳しく解説すれば、それぞれの要因の影響は平均的にはプラスマイナス0だと考えられるので、それらの総和の平均の期待値は0で、要因の数が多ければその分散もほぼ0になる。すなわち、影響の総和の平均はほぼ0という特定の値になる。それゆえ、「物理的なやり方」は特定の目が出る確率に関しては「適合的」な原因ではない、すなわち「偶然的」な因果だといえる（↓第七回七節）。

したがって、この例示によって、適合的因果の定義がより明確になるだけではない。無数の変数の影響を経験的にあつかう方法を示すことで、リッカートの「理論的価値関係づけ」のような、新カント派の超越論とはちがう形で［II］に答える途を具体的に見せるとともに（↓第一〇回六節）、存在論的知識が抽象化された「事実＝事態」の「構成要素」であることも確認できる（↓第九回二節）。

だからこそ、v・クリースもウェーバーもこれを例示として使ったのだろう。v・クリースの著作や論文を読んでいれば、こうした継承関係はすぐに見て取れる。ウェーバーが一九〇六年に発表した二つの論文は、そういう風に書かれているのである。

三

こうした形で、現在の知識の状態に応じて「法則論的／存在論的」の区別は変わっていく。また、この中心極限定理のあてはめのうち、「それぞれの目の数字が出てくる確率が1/6」は、経験的知識①の形ではなく、「不充分な理由の原理」から導き出すこともできる(↓第一〇回三節)。いずれにせよ、この命題は厳密には経験的な仮定である。その点でも、②の中心極限定理を法則論的知識として実際の事象にあてはめる際には、③のような経験的な知識や仮定をあわせて用いる必要がある。

こうした面もv・クリースの「遊隙の原理」にはふくまれる。そこから逆に、彼がなぜ「法則論的／存在論的」という発想をとったのかも推測できる。

統計学は不確実な事象に対して数理的な知識、つまり高度に反省的に形式化された知識をあてはめる。そうすることで、(a)明確な知識で説明される部分とそうでない部分の区別を、その区別がどのくらい明確かの見積もりまでふくめて、より明確にできる。また、(b)数理的な知識を実際の事象にあてはめる上で、どんな経験的な知識や仮定が必要になるかも、より明確にできる。さらに、(c)数理的な知識自体もふえていきつつあり、それによって(a)と(b)がどう変化してきたかも、明確にかつ具体的に再構成できる。

そういう意味で、v・クリースの考え方はやはり経験論に近い。逆にいえば、不明確さのなかに絶対的な明確さを確立しようとしたカント哲学からは、遠い。ウィンデルバントの棲み分け志向にせよ、リッカートの方法論的区別にせよ、新カント派の自然科学論は、現実の自然科学とはかけ離れた空論に見えたのではないか。

実際、文化科学論文の発表当時には、前回紹介したプランクのエネルギー量子仮説の論文がすでに出ていた。さらにA・アインシュタインの光量子仮説の論文も、文化科学論文と同じく一九〇六年に発表されて、量子力学が始まる。リッカートの文化科学／法則科学の図式は、一九〇二年の『自然科学的概念構成の限界(第二版)』刊行時点で、すでに時代遅れになりつつあった。

その一方で、その二〇年前に出たv・クリースの『確率計算の諸原理』の方は、自然科学と社会科学の両方で、当時の最先端の論文に引用されていたことになる(→第八回～第一〇回)。物理学のプランク、法学のラートブルフ、そして社会学のウェーバーという、三人の傑出した研究者の方法論的考察でともに引用されている著作、というのはなかなか化け物じみている。ドイツ語圏の影響が強い日本語圏であれば、科学論や科学史でももっと注目されてよいように思うのだが。

ただし、「法則論的／存在論的」の区別が具体的にどう変動していくか、簡単にいえば、不明確さをどこまで明確にしていけるかに関しては、v・クリースの見方が当時のドイツ語圏の数理統計学を代表するものだった、とはいいがたい。例えば、同世代のやはり優れた統計学者であるレキシスには、v・クリースの立場は楽観的に見えていたようだ(コラム3五節参照)。

この点では、ウェーバーはv・クリースよりむしろレキシスに近いが(→第一〇回六節)、そうした意見のちがいもふくめて、人間が関わる事象についても、新カント派にはない種類の「明晰さ」をもつ枠組みが、この時期にできつつあった。そうした知識の水準をふまえると、経験的な分析と論理的明確さをともに重視するウェーバーが、最終的にはv・クリースの枠組みにそって、自らの方法論を構築していったのは、自然な歩みだったといえよう（第一四回と第一六回参照）。

先ほど述べたように、文化科学論文での骰子の例示は、おそらくv・クリースの著作から取り入れたものであり、v・クリースが最初に言及される箇所では（第一一回三節参照）、注記でレキシスにも言及している。コラム３で述べるように、ウェーバーはもともと統計学に近い経済学者でもあった。

そんな形で文化科学論文第二節やクニース２論文では、ウェーバーは、自分の方法論の形成に関わる他の人の研究を、どう関わるかもふくめて、本文や注記にかなり丁寧に書き込んでいる。[1] 先行研究への参照指示のネットワークを、さまざまな箇所で書き記している。

にもかかわらず、v・クリースとの関連が見過ごされてきた理由の一つは、率直にいえば、従来の学説研究が当時のドイツ語圏の統計学に関する知識を欠いていたからだと思う（↓第六回〜第九回）。そのため、v・クリース由来の術語系に、読み手が勝手に意味を貼りつけて読んできた。また、v・クリースの論文や著作をふまえた解説や事例も、独自に解釈してきた。ウェーバーのテキストだけに閉じることで、読み手自身の思い込みや同時代の流行がむしろ無反省にもち込まれてきた。

ウェーバーの適合的因果にマルクス主義的な法則科学を読み込むという、戦後の日本語圏の読み方はそうやって再生産されつづけたのではないか（↓第二回、コラム１七節）。第一二回で述べる「適合的／偶然的」をめぐる解釈の混乱もその一つだと思う。

四

「法則論的／存在論的」の話に戻ろう。

二一世紀初めの現在では、先ほど見てきたこの二つの区別はさらに変動している。『確率計算の諸原理』刊行後に、また新たな知識が加わったからだ。

中心極限定理はそれぞれの目の出方のずれ一つ一つに関する知識であるが、現在では、それぞれの出方のずれの総和がどんな出現のし方をするか、についても定理の形でわかっている。これまでも何度かふれたカイ2乗検定は、それを用いたものだ。確率を使った判断になるので、各目の出方の全体を検討したい場合には、出方全体を一つの量としてあつかえた方がよいのである。

この例でいえば、やはり各目が偶然に出現してくるのであれば、④ずれの総和はカイ2乗分布という確率分布にしたがう。具体的にいえば、各目の実際に出た回数と回数の期待値（＝6）の差の2乗を回数の期待値で割ったものの総和の値は、自由度5のカイ2乗分布という確率分布にしたがって出現する。

実際に計算すると、ずれの総和は、

$$(4-6)^2/6+(7-6)^2/6+(8-6)^2/6+(7-6)^2/6+(6-6)^2/6+(4-6)^2/6=2.333\cdots$$

になる。自由度5のカイ2乗分布の片側0.90点の値は1.610、片側0.85点の値は2.343だから、ずれ方全体はありうる範囲におさまっている。

ただし、カイ2乗検定では、観測度数が5未満のものがあると、カイ2乗分布にしたがうとはいいにくい。それゆえ、「1」と「2」、「5」と「6」をあわせた形でも調べてみた方がよい。先ほどと同様に計算すると、この場合のずれの総和は、

$$(11-12)^2/12+(8-6)^2/6+(7-6)^2/6+(10-12)^2/12=1.25$$

になる。このずれは（自由度5ではなく）自由度3のカイ2乗分布にしたがう。その片側0.8点の値は1.005、片側0.7点の値は1.424なので、ありうる範囲に十分おさまっているか、少し微妙なところだ。

しかし、この「微妙だ」は先ほどの、中心極限定理だけの知識の状態とはことなる。目の出方全体としてみても、やはり「微妙だ」といえるからだ。その意味で、「微妙だ」という判断自体は、より信頼できるものになっている。したがって、④が法則論的知識として加わることで、「法則論的／存在論的」の区別は、やはりまた変動したことになる。

このカイ2乗分布を用いた検定の手続きは、一九〇〇年のK・ピアソンの論文で最初に定式化される。プランクのエネルギー量子仮説の論文やウェーバーの文化科学論文と、やはり同時代だ。当時の西欧の学術が大きな転換期にあったことが、あらためて実感される[2]。

五．

さらにもう一つ、⑤逆正弦法則という定理もある。経済学ではおなじみのものだが、社会学ではあまり知られていないので、簡単に紹介しておこう。

逆正弦法則は確率過程に関するものだ。事例に用いた事象にあわせていえば、観察される回数の如何にかかわらず、実際の結果の集計は確率の期待値(1/6)にぴったり一致することは稀である、という定理である。

逆正弦法則は、賭け事にからめて話題になることが多い。なぜならば、「観察の回数の如何にかかわらず」ということから、ある程度以上回数が多い場合には、期待値からどんどん離れていく過程が生じる可能性が高い、といえるからだ。わかりやすい例をあげれば、骰子の目の偶数／奇数による「丁／半」でも、ルーレットの「赤／黒」でもよい。ある程度以上長くやっていれば、「丁」がつづけて出る、とか、「赤」がつづけて出る、という事態は、起きない方が稀なのだ。

これは日常的な表現でいえば、「ツキがある／ない」にあたる。確率0.5で全く偶然に「勝ち／負け」が決まるゲームにおいても、勝ちつづける、あるいは負けつづけるという事態は、起きない方が稀だといえるからだ。つまり、「ツキがある／ない」という経験的な記述、あるいは、こういう形で事象を理解する経験則は、実は統計学的に一定の根拠をもつ。現在の知識では、これも法則論的知識なのである。

この定理によって、最初に出てきた①の経験的知識、すなわち「骰子のそれぞれの目は大体1/6の割合で出てくる」の性格もより明確になる。「大体」という表現は不明確というよりも、むしろかなり正確な記述なのである。実際の事象が期待値にぴ
ったり一致することは、稀だからだ。

裏返せば、この「大体」で表現されていた「存在論的」性質の一部は、少なくとも統計学の知識の範囲では消去できない。そういう水準では、この「大体」は法則論的性質であることも、⑤の逆正弦法則から示される。

このように、統計学的な知識を具体的な対象にあてはめることで、(a)明確な知識で説明される部分

とそうでない部分の区別を、その区別がどのくらい明確かの見積もりまでふくめて、より明確にできる。また、(b)数理的な知識を実際の事象にあてはめる上で、どんな経験的な知識や仮定が必要になるかも、より明確にできる(→三節)。

逆にいえば、それゆえ、個々の事象はさまざまな知識の複合体の形でしか説明できないし、それで完全に説明しきれるわけでもない。さらにどの面をどの程度説明できるかも、そのときどきの知識によって変動する。その意味でも、「法則論的／存在論的」の可変性の典型例になる。

それでも、やはり(a)の意義はとても大きい。例えば、何がどのくらい不明確なのかがこの程度まで明確になると、その知識は全くちがう方向でも使える。例えば、ある程度の確率や統計の知識があれば、あるいはそれに類する経験的な知識があると、「統計学的知識にそった形で事象が起こりやすい」と考えるようになる。現代社会では特にそうだ。

けれども、専門家でないと、逆正弦法則のような知識までは知らないことが多い。つまり「事象が起こりやすい」がどんな形で起きやすいか、までは詳しく知らない。そのため、何らかの理由で架空のデータを「造る」場合も、②中心極限定理や④カイ2乗分布の知識にだけ一致するデータを、偽造してしまう。いわゆる「正しすぎるデータ」である(3)。

六.

こうした使い方まで視野に入れると、最初の骰子の事例にも別の説明可能性が出てくる。「1」が4回、「2」が7回、「3」が8回、「4」が7回、「5」が6回、「6」が4回出たという結果は、四節で述べたように、やや微妙なものだ。だとすれば、先ほどは③のような経験的な知識や仮定を法則論的知識として使って、この事象に②や④をあてはめて説明したが、本当は③があてはまらないのかもしれない。具体的にいえば、「もしそれぞれの目が偶然に出現してくるとすれば」という仮定が、本当は外れているかもしれない。

もし同じ骰子をもっと多くの回数投げてみて、目の出方を観察できれば、それも検証できる。もしその場合でも②や④から予測される回数から大きく外れれば、この骰子は「それぞれの目が偶然に出現してくる」ものではないだろう、と判断される。つまり、骰子としては不良品だと考えられる。

その意味で、この骰子は通常手に入るものとはちがう、特異な骰子であり、そういう意味で「存在論的」性質をもつものになる。そしてこの「事実＝事態」もまた、例えば骰子の重心が偏っているといった形で、別の法則論的知識をあてはめることで、さらに説明することもできる。裏返せば、第八回四節でも述べたように、これらの法則論的知識によって、骰子の目の出方の一般的に定義できる性質がより精密にとらえられるからこそ、この骰子の造られ方という特定の変数が原因ではないか、という原因候補の絞り込みが、より信頼できるものになっていく。

この変数は、この骰子だけにあてはまる特性をもつのかもしれない。あるいは、もし同じ時期にA社で生産された別の骰子を同じように観察できれば、やはり理論的に予測される回数の範囲から外れる結果が、くり返し出てくるかもしれない。そうなれば、今度は、A社の製造工程に何らかの不具合が発生していたと考えられる。

あてはめられる法則論的知識がふえてくれれば、そういう形で、個別的性質を原因としてより特定することもできる。v・クリースが「具体的な事例の関係性がある一定の点に関して変更されたと考えられるべきであり、実際に存在した諸条件Xの代わりに、そのことから特定の修正を通じて生み出されたであろう諸条件Xダッシュが想定されなければならない」と述べているのは、そういうやり方をさす（↓第七回九節、第九回三節）。これは一般的性質の同定にも個別的性質の同定にも、どちらにも使える方法なのである（↓第八回四節）。

こうした考え方は一般的には、「『最小限変更』の原則〝minimum rewrite〟rule」として知られている。「オッカムの剃刀」原則の一種だが、社会科学では、データが生成される具体的な因果も、検討の範囲に入ることが多い。それゆえ、どこをどう変更するのが最小限かが、説明に用いる「法則論的／存在論的」知識の種類によっても変わりうる。例えば、一つ一つの対象や事実の個別的な性質を想定するか、それともデータが生成される社会的なしくみを想定するかでも、変わってくる（第二〇回参照）。「法則論的／存在論的」の区別の可変性には、そういう面もある。

七．

少し専門的になるので、最後に簡単に述べておくが、統計学史の上では、v・クリースは一九世紀後半の、旧いベイズ統計学の最後の世代にあたる。四節でも少しふれたK・ピアソンやR・A・フィッシャー、W・ゴセット（ステューデント）らによって、『生物統計』学派が成立して、現代の数理統計学はできあがっていくのだが、その直前の世代の一人だ。

例えば、v・クリースは確率の差を「この契機が存在する場合、その結果はそれがないときよりもはるかに多様な状況において実現されること」と定義している（↓第六回五節）。こうした表現は、ラプラスの確率の定義「可能な場合の数に対する、その出来事に好都合な場合の数」にもとづく(「客観的可能性の概念」論文の原注3、第一七回注7を参照)。第一〇回で述べたように、v・クリース自身はラプラスの確率の使い方には批判的だったが、理論的な枠組み自体をつくり変えることはしなかった。

その点をふまえても、法則論的知識はベイズ統計学の事前分布に近いものだと考えた方がよい。すなわち、何らかの法則論的知識から、事前分布を具体的に特定する。あるいはもし十分な知識がないようであれば、「不充分な理由の原理」という別の法則論的知識を使って、一様分布をとりあえず事前分布にしておく。

その上で、えられたデータの情報を取り込んで、事後分布を求める。もしさらに新たなデータが加われば、その事後分布を新たな事前分布にして、加わったデータの情報を取り込んで、事後分布をさらに更新していく。

そうしたベイズ更新の過程に近いものを、v・クリースは「遊隙の原理」として考えていた(→第九回三節)。現在ならそう言った方が、主観的かつ客観的という法則論的知識の特徴が、よりよく伝わるかもしれない。その意味では、ラプラスの逆確率の考え方と現代のベイズ統計学をつなぐ環《リング》にあたる人でもある。

頻度主義の統計学は、事前分布という概念を曖昧で不明確なものとして、消し去ろうとした。それによってたしかに美しく完結した体系性を手に入れたが、推論という面ではさまざまな不自然さが発生した。近年のベイズ統計学の復活が、その不自然さへの対応だとすれば、適合的因果の考え方にも通じる。適合的因果という手続きは、反実仮想と確率を導入することで、因果の推論を日常的な観念にできるだけそった形で、かつ論理的に再構成したものだからだ。

次回以降みていくように、そうした考え方はウェーバーの社会学にも引き継がれる。例えば、彼の理解社会学もまた、ベイズ統計学の枠組みを使って定式化できる（第二〇回五節、および「自己産出系のセマンティクス」「データを計量する　社会を推論する」参照）。因果分析の方法論だけでなく、ウェーバーの社会学全体がベイズ統計学に近い発想に貫かれていた。そう言えるのではないだろうか。

（1）　その点で、本文中に参照指示や例示がほとんどない「客観性」論文は、方法論の研究としては異例なものである。ウェーバー自身も論文冒頭の注記で、わざわざこのことにふれている。だからこそ、この論文だけを取り出して読みやすいが、それはむしろウェーバーの方法論の理解を妨げてきたのではないか。コラム1参照。

（2）　現在の仮説検定論が『生物統計』学派によって完成するのは、もっと後の一九三〇年代になるが、そのなかで数理統計学は因果の概念を排除していく（第一四回六節参照）。そのため、カイ2乗検定は現在でも、標準的でない使い方がされやすいが、それだけに仮説とデータとの関係を考えるには良い題材になる（→第二回注5、「データを計量する　社会を推論する」参照）。

なおピアソンの論文でも骰子の例が使われている（芝村良『R・A・フィッシャーの統計理論』九七頁、九州大学出版会、二〇〇四年）。

（3）　科学史上有名な事例としては、「遺伝の法則」で有名なG・メンデルのエンドウ豆の研究がある。例えばC・R・ラオ『統計学とは何か』の第三章二節では、興味深い他の事例とともに、これを簡潔に解説している（藤越・柳井・田栗訳、ちくま学芸文庫、二〇一〇年、C. R. Rao, *Statistics and Truth*, International Co-Operative Publishing House, 1989）。

ただし、メンデルの分析に関しては、他の実験例もふくめて、現在ではさらに詳しく検討されている（長田敏行『メンデルの軌跡を訪ねる旅』裳華房、二〇一七年）。それによると、少なくともメンデル自身による意図的なデータ操作は考えにくいようだ。したがって、この事例はむしろ、他の研究者による追試験がいかに重要かを示すものだ、と考える方がよいだろう。

その点でいえば、もちろん、メンデルは正しかったのである。

第四章

歴史と比較

［第一二回］ 日常会話の可能世界
——因果分析の方法論（1）

一.

第二章でみてきたように、一九〇六年以降のウェーバーの社会科学の方法論には、J・v・クリースの影響が色濃く見られる。第七回の最後で述べたように、ウェーバーは、自分の社会学を因果分析だとはっきり位置づけている。その因果分析の方法において、H・リッカートの個性的因果関係を退けて、v・クリースの適合的因果構成を使いつづけた。

実はv・クリースとマックス・ウェーバーは、面識があった。第二回で述べたように、ウェーバーにとってv・クリースはフライブルク大学の同僚、というより偉大な先達であった（コラム3参照）。マリアンネ・ウェーバーの伝記的回想にも、v・クリースの名前はさりげなく、しかし読みようによっては意味深い形で登場する。彼女がリッカートの「熱心な生徒」になったと述べ（↓コラム1注6）、ウェーバーとフライブルク大学の教授陣との交友にふれた最後に、国外からの招聘を断ったv・クリースへの祝宴が開かれたことが、語られる。

v・クリースは生理学の分野で優れた業績をあげていただけでなく、統計学でも経験論的な立場から、確率論の整備を進めていた。英語圏からも高く評価されていただろう。その祝宴や、v・クリースを祝う別の宴にもウェーバーは出席し、酒豪ぶりを発揮する（マリアンネ・ウェーバー『マックス・ウェーバー』前掲一六四～一六五頁、S. 217）。

そのくらい、v・クリースは高名な学者であった。当時のドイツ語圏の学術で、そしてとりわけフライブルク大学で、その存在がどれほど巨大だったかは、E・マッシミラが詳しく跡づけている（Massimilla 前掲 S. 156–160）。

そんな研究者の、それも広く知られている術語を、ウェーバーは「客観性」論文で、参照指示なしで使っていたのである（→第七回八節）。「剽窃」でも「詐術」でもないが、専門家としては深刻な事態だ。『アルヒーフ』はv・クリースをよく知る統計学者たちにも読まれていたから、なおさらである。

「客観性」論文の執筆時点なら、まだよかった。恥ずかしいが、起こりうるミスだ。研究者をやっていれば、一度や二度は経験あるだろう（私自身は数回どころか、数える気にならないくらいある）。けれども、v・クリースが本来どんな意味でこれらの術語を用いていたかに気づいた後では、それも大きく変わってくる。v・クリース自身の枠組みに接続できる形で収拾を図るか、法則論的知識や「適合的な原因の連関」「客観的可能性」などに言及していた箇所を撤回するか。どちらかを選択しなければならない。ウェーバーは「客観的可能性の概念」論文だけではなく、主著だった『確率計算の諸原理』まで、真剣に読まざるをえなかっただろう。

ウェーバーが最終的に選んだのは前者だった。研究に戻れるようになったとはいえ、精神疾患が完治したわけではない。ウェーバーは統計学を苦手にはしていなかったが、『確率計算の諸原理』は当時の最先端の専門書だ。読んでいくのは、かなりの精神的な負荷と苦痛をともなったと思う。一九〇四年までとはまたちがった理由で、眠れない夜を何度も過ごしたのではないだろうか。そんな作業をやってのけたウェーバーは、やはり知の巨人だといってよい。

二

というわけで、マリアンネの回想にもv・クリースは登場するが、彼女自身はウェーバーの方法論に大きな影響をあたえた研究者として、リッカートだけをあげている。v・クリースは彼女にとっては、縁遠い人だったようだ。リッカートからの影響が内容面まで踏み込んで、活き活きと語られるのに比べて、「生理学者v・クリースの洞察力にとんだ議論を支えにして、具体的な事象の妥当な歴史的認識をつくりだす複雑な論理的操作を分析して、自然科学と歴史的文化科学がそれぞれちがった出発点とちがった認識目的をもつにもかかわらず、同種の道具を用いているという結論に達した」という、ひどく遠回しで、抽象的で、どこか歯切れの悪い表現にとどまっている(『マックス・ウェーバー』前掲二四八頁、S. 326 →第六回注3)。

マリアンネにとって、リッカート以上に巨大な存在だったv・クリースの影響に光をあてることは、彼女自身の存在感を薄めることにもなる。リッカートとウェーバーをつなぐ環を、彼女は自任していたからだ。だから、ことさらに遠く描いたとも考えられるが、それ以前に、v・クリースの論文や著作を読んでも、あまり理解できなかったのではないだろうか。

それはマリアンネ個人の限界だけではない。当時のドイツ語圏の歴史学や社会科学の研究者の多くも、やはりそうだった。A・v・シェルティングやA・シュッツが良い例だ。もしもウェーバーの周囲でその限界を超えられる人がいたとすれば、たぶんエルゼ・フォン・リヒトホーフェンだろう。職業的な専門性からみても、彼女の方が統計学には近かった。

あえて個人史にふみこんで憶測すれば、マリアンネには見ることができなかったウェーバーの貌を、エルゼは見ることができたのかもしれない[1]。それは、マリアンネがリッカートに近い「ウェーバー像」をつくった、もう一つの理由かもしれない。

三

そうしたことが重なって、ウェーバーの社会学方法論の生成過程を追跡しにくくした。

一九〇四年の「客観性」論文でこれらの言葉が出てきた後、一九〇六年の文化科学論文とクニース2論文で、これらがどんな方法論にもとづくもので、どんな因果同定手続きをとるかが、初めて具体的に提示される。「法則論的」が何をさすのか、具体的に語られるのも実はこの二つの論文からであるが、これらがv・クリースの術語だと知らない人が読めば、「客観性」論文でも当然同じ意味で使われている、と思い込むだろう。v・クリース自身が「法則論的」をどんな意味で用いているのか、知らなければ、なおさらそうなる。

しかし、そうした読み方では説明できない事実が、「法則論的／存在論的」の対概念以外にも、もう一つある。すでに述べたように、一九〇五年のクニース1論文にも「『法則論的』」は出てくるが、v・クリースの名はやはり出てこない。二つの論文でともにそうなので、うっかり書き落としたとは考えにくい。

特に「客観性」論文では「『法則論的』」の内容には踏み込んでおらず、「『客観的可能性』」に関しては「立ち入った分析はしない」と断っている(九〇頁、S. 179)。そういう形でふれるのなら、なおさらv・クリースの著作か論文への参照指示があるべきだろう。「客観的可能性の概念」論文では、まさに題名が物語るように、詳しく立ち入った分析をv・クリース自身がやっているのだから。

また、第七回で紹介したフッサールの「法則論的科学／存在論的科学」が示すように、「法則論的／存在論的」とリッカートの法則科学／文化科学は全くことなるし、ことなることもある程度知られていた。その点を考えても、「客観性」論文でも、もしv・クリースが用いた意味でその術語を使っているのであれば、v・クリースの名前や著作に明示的に言及する方が自然だ。

こうした一連の経緯を整合的に説明できるのは、(1)少なくとも一九〇四年の「客観性」論文を執筆した時点では、ウェーバーは「『法則論的』」などがv・クリースの術語だとは気づいていなかった、[2] (2)その後気づいて、一九〇六年の二つの論文で収拾を図った。[3] そういう仮説だろう。

この二つの論文では、v・クリースの名前も著作も言及される。「法則論的」や「客観的可能性」がv・クリースに由来する概念であることも、くり返し強調される。例えば、文化科学論文での最初の言及はこんな具合だ(一八二頁、S. 269)。

> ここでとりあげる、いわゆる「客観的可能性」の理論は、傑出した生理学者v・クリースの諸研究にもとづくものであり、これらの概念の通常の使い方は、v・クリースを引き継ぐ、あるいは彼に批判的な諸研究にもとづくものである。これらの研究はまず刑法学の、さらには他の法学の著述家たち、とりわけ……最近ではラートブルフによって、なされている。社会諸科学の方法論では今まで、クリース的な考え方は、さしあたり統計学でのみ取り入れられている。

さらに注記の一つでは、こう述べている(二二六～二二七頁、S. 288, *Achiv* 22(1), S. 204)[4]。

これまでの多くの議論でと同じく、ここでv・クリースの考え方が「編集されている gegliedert」【WLでは「剽窃されている geplündert」】度合いは、私にとってほとんど「当惑させられる」くらいだ ist mir fast genant。

そしてクニース2論文では、こう書かれる(松井訳前掲二三七～二三八頁、S. 115)。

特に歴史の領域での「客観的可能性」の意味については、社会科学アルヒーフの一九〇六年の巻の私の見解(v・クリースのよく知られた理論の全くの延長上のもの durchaus im Anschluss an die bekannte Theorie von v. Kries)を見よ。

このように、v・クリースの枠組みを引き継いだことが、何度も念押しされている。少し卑屈な感じさえ受けるが、クニース1論文までの言及の欠落と「法則論的」の使い方を考えると、たとえ格好わるく見えても、一九〇六年の二つの論文では、こういう形で言及しておく必要を感じたのだろう。

私の仮説が正しければ、ウェーバーはそういうことを、研究者人生のなかで一度はやった人になる。

逆にいえば、もし本当に「客観性」論文での「法則論的」や「客観的可能性」が、v・クリースと同じ意味で使われているとすれば、ウェーバーは他の人が提唱した重要な術語群を、そうだと知りながら、断りなしに自分の論文中に用いたことになる（注2と注3も参照）。

私はウェーバーを「神さま」扱いするつもりはないし、人格的な理想とも考えていない。例えば、倫理論文の改訂に関する彼自身の説明は、明確な誤りでもなく「犯罪」でもないが、少しあざといと思う（羽入辰郎『マックス・ヴェーバーの犯罪』ミネルヴァ書房、二〇〇二年、安藤『ウェーバー歴史社会学の出立』前掲など参照）。けれども、他人の術語や概念を、それもきわめて高名な学者のそれらを、断りなしに論文中で用いるのは、倫理的判断を棚上げしても、少なくともかなりの愚行だ。(5) ウェーバーがそれほど愚かだったとは、私には思えない。いうまでもなく、これも特定の法則論的知識を用いた仮説であるが。

四.

術語群の使い方や著作や論文への言及に比べると、やや目立たないが、文化科学論文では、議論の展開のしかた自体も変化している。これもやはり、法則論的知識の解説の箇所が良い例になる。

全く新たな概念としてではなく、①従来の歴史学や日常的な言葉遣いでも、実際には適合的因果に近い考え方が使われていて、だから、②「法則論的／存在論的」の枠組みを用いることで、より明確に論理的に説明し直せる。そういう形でこれらの術語群の妥当性を示すようになっている。

特に興味深いのは、例示の一つに、子どもを叩いた若い母親、という架空の例が出てくることである。ここでは、叩かれた子どもが泣きだして、聞きつけた父親が母親を叱る、という場面が描かれる（一九七～一九八頁、S. 279-280）。

「彼女」はそこで例えば少し考えて、弁明 Entschuldigung を始めるだろう、……もし **wenn** 私があのときに料理女と喧嘩したことで「興奮」していなかったならば **wäre**、決してあんな懲らしめ方や、「そのような」やり方はしなかったでしょう **wäre**。彼女は彼にこう打ち明けたいのだ、「さもなければ私がそんなことをしないことを、あなたは知っているでしょう」と。

現代の社会科学ならば、架空の例だとしても問題になりそうだが、この当時としては、むしろ「進歩的」な家族の姿だろう。

この例示では、若い母親はまさに反事実的命題を用いて、自分に責任がないこと Entschuldigung を主張している。確率的因果論が「責任の論理」であることがよくわかる事例でもある（一ノ瀬『原因と理由の迷宮』前掲二四一頁　→第八回二節）。

ウェーバーは「もし **wenn** 〜かったならば **wäre**、〜かったでしょう **wäre**」という形で、接続法Ⅱ式（英語の仮定法過去完了）を用いて、これが反実仮想として主張されていることを明示している。反実仮想を用いた因果帰属だと明確に意識しているだけでなく、読者にも十分に理解させようとしている。そんな文章だ。v・クリースも「客観的可能性の概念」論文で、「それ以外全ては全く同じにふるまったとしたら、どうなったであろうか was geschehen wäre」という表現を使っている（→第七回九節）。

ここで用いられている法則論的知識は、「優しい母親（である私）は通常は子どもを叩かない」（または「優しい母親は通常は子どもを叩かない」＋「私は優しい母親である」）だ。それに対して、実際に起きた事態の経過は、「母親（である私）が子どもを叩いた」である。

適合的因果構成では、両者を対比することで原因を特定していく。F・リンガーがわかりやすい図の

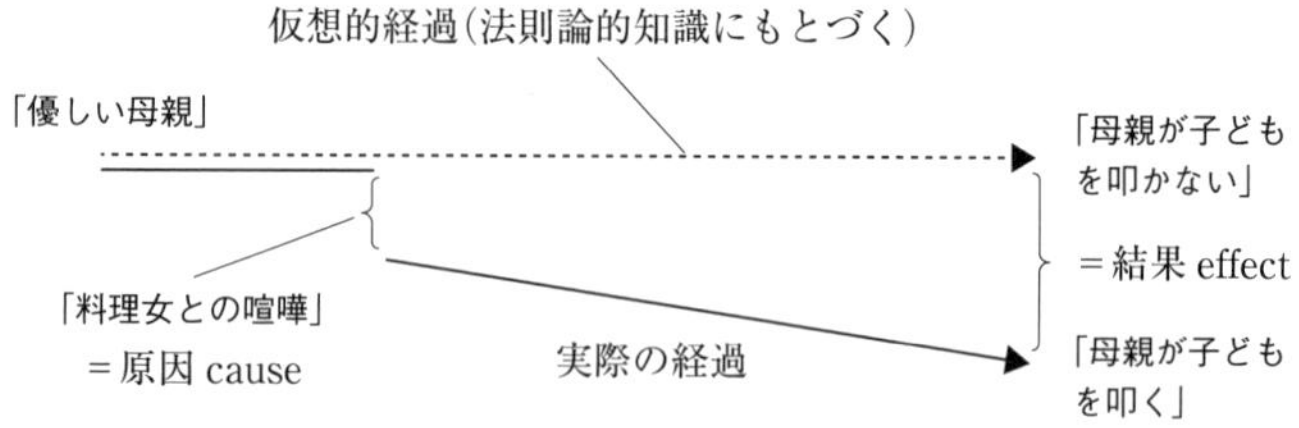

図 **11-1**　法則論的知識にもとづく仮想的経過と実際の経過(1)

形で示しているので(Ringer 前掲 p. 78 など)、一部改変して以下の解説に使わせてもらおう。

五.

先ほどの母親の主張を図にすると、図11-1になる。

点線で示したのが、母親が主張した法則論的知識(にもとづく仮想的な経過)である。こちらは、いわば本来ならば生じたはずの経過にあたる。それに対比されるのが実際の経過である。こちらは実線で表してある。

本来ならば、点線で示した仮想的経過をたどるはずであったのに、実際には実線の経過が生じた。つまり、本来であれば起きないはずの、「子どもを叩く」という結果が生じた。だから、その原因として考えられるのは「料理女との喧嘩」の方だ、と母親は主張しているのである。日常的な言葉に翻案すれば、「だって、そんなとんでもない出来事でもない限り、優しい母親である私があの子を叩いたりするわけないでしょう！　家族のことをよくご存じの、愛情深い『家父長 pater familias』(S. 280, 森岡の訳文では省略されている)であるあなたは、もちろんそんなことはよくご存じでしょう！」――若い母親は父親にそう主張しているわけだ。

その意味で、この法則論的知識は因果同定に必要な前提条件になってい

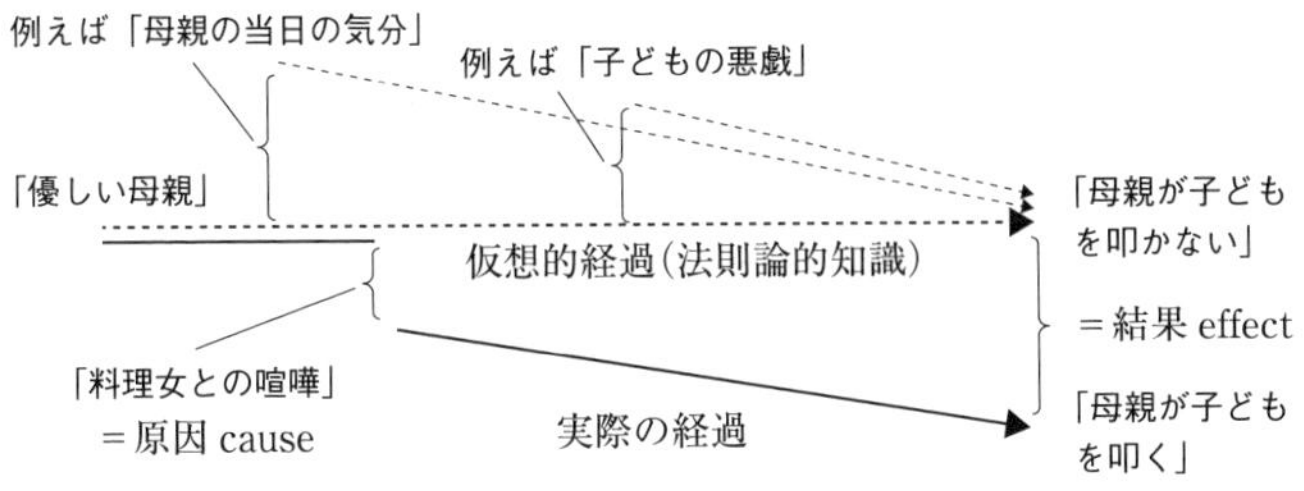

図 **11-2**　法則論的知識にもとづく仮想的経過と実際の経過(2)

る(→第四回四節、第七回三節)。点線で示した仮想的経過は、このような「経験則 Erfahrungsregel」、すなわち経験的な知識にもとづいて主張されており、それを用いて、他の変数群が原因候補から排除されている。例えば「子どもの悪戯」や「母親の当日の気分」などが。

その意味で、一つの法則論的知識は実は多数の条件―帰結の組み合わせ、v・クリースの言葉を借りれば「諸条件の諸複合」になっている(→第七回九節)。これらも明示的に書き込めば、図11-2のようになる。

多数の条件―帰結が非明示的にふくまれるのは、反事実的な因果定義の重要な特徴の一つである(ルイス『反事実的条件法』前掲なども参照)。第五章で詳しく述べるが、こうした点を見通しよく表すために、現代の統計的因果推論や可能世界意味論は、数理論理学の記号系を使っている。v・クリースやウェーバーの時代にはそういう知識はなかったが、具体的な事例も用いながら、二人とも工夫を重ねて、ほぼ正確に定式化している。

なお、ウェーバー自身も指摘しているが(一九八頁、S. 280)、この法則論的知識の下では、「子どもの悪戯」があろうとなかろうと「優しい母親が子どもを叩く」ことはない。したがって「子どもの悪戯」をC1、「母親が子どもを叩く」をEとすれば、$\mathbf{P(E|C1) = P(E|\neg C1) = 0}$が成り立つ。

それゆえ、この場合、Eに関してC1は「促進的」ではない、すなわち結果事象の生起確率を増加させない。それゆえ、C1はEの「適合的」な原因ではなく、「偶然的」つまり疑似原因にあたる。

六.

この例示はいろんな面で良くできている。適合的な因果構成の手順がわかりやすいだけでない。その妥当性がどのように成立しているのか、背景にある文脈や時間的な展開まで浮かび上がってくる。

例えば、もしこの因果構成が受け入れられた場合には、法則論的知識は「料理女との喧嘩のような外在的な突発的事態でもないかぎり、優しい母親は通常子どもを叩かない」のような形に、部分的に書き換えられる。つまり、条件―帰結の新たな組み合わせ、v・クリースの表現を借りれば「諸条件Xダッシュ」に変更される。その意味で、個別的な原因を特定する作業は、既存の法則論的知識を更新する作業でもあり、それによって「法則論的／存在論的」の区別の線引きが新たに生まれる。

この例示では母親は、「子どもを叩く」という結果自体を「存在論的」なものだ、とも主張しているようだ。もし今後「子どもを叩く」ことが生じなければ、この家族にとってはそうなり、法則論的知識にあたる経験則は「優しい母親は子どもを叩かない」に戻っていくだろう。もし新たに生じれば、法則論的知識の内容の方がまた部分的に更新されるだろう。そういう形で、「法則論的／存在論的」の区別や法則論的知識の内容は変わっていく。

社会学的にもう一つ興味深いのは、この法則論的知識が、「優れた『家父長』である男性はどのようにふるまうか」とか「愛情のある夫は妻に対してどうふるまうか」といった、他の法則論的知識の主張と組み合わせて、主張されていることだ。この設定も意識的なものだろう。日常的な経験則としての法則論的知識では、その受け入れ自体がしばしば、当事者同士の社会関係に直接結びつけられている。

その点でも、架空ではあるが、とてもリアルな例示だ。ウェーバー自身もマリアンネとの間で、こんな会話をしばしば交わしていたのかもしれない。

七.

この子どもを叩いた母親の事例が示すように、適合的因果構成の基本的な論理は日常的な因果特定の方法でもある(→第七回一節)。一ノ瀬の言葉を借りれば、日常会話での「責任の論理」としても使われてきたものだ(→第八回二節)。v・クリースは確率論の枠組みを用いて、それを反省的に形式化したわけだが、その背景には、第七回で述べたように、J・S・ミル以来の因果分析の、方法論研究の積み重ねがある。

一九〇六年の文化科学論文はその研究史もふまえて書かれている。「客観性」論文とはそこも大きくちがう。さらにクニース2論文では、こうした(a)日常的な法則論的知識と(b)学術的な法則論的知識のちがい、そして(c)法則科学的な科学観での「自然法則」とのちがいにも、関心をむけている(二二八~二三二頁、S. 111-114)。向井守は、クニース2論文でウェーバーが「日常的法則論的知識」と「社会学的法則論的知識」のちがいをとりあげたとしている(向井前掲四〇一~四〇三頁)。たしかにそういう面もあるが、ウェーバーは文化科学論文でもクニース2論文でも、(a)と(b)の差異を認めつつ、その共通性にも何度もふれている。

ウェーバーがこの二つの論文で主に対比しているのは、(a)+(b)と(c)のちがいの方である。V・クリースの『確率計算の諸原理』はもともと自然科学の方法論として書かれたもので、「客観的可能性の概念」論文は、その基本的な枠組みが社会科学にも適用できることを示したものだが、日常的な因果の観念の延長上に、それを位置づけている。この二つを参照指示した時点で、ウェーバーは法則科学／文化科学の対立図式からはっきり離れた、と考えられる。

それに対して、当時の社会科学や自然科学には(c)による説明を掲げる研究者も多くいた。クニース2論文でいえば、「K・メンガーの多くのエピゴーネン」と呼ばれている経済学者や、「物理的公理」や「エネルギー法則」をふりかざす心理学者がそれにあたる(二三八～二四〇頁、S. 117)。翌一九〇七年に『アルヒーフ』に発表された論文、「シュタムラーにおける唯物史観の『克服』」(シュタムラー論文)でとりあげられるR・シュタムラーもその一人だ(第一三回参照)。

(a)+(b)と(c)との決定的なちがいは、文科系か理科系か、社会や歴史を対象とするか自然を対象とするか、ではない。因果に「必然的 notwendig」という概念を使うかどうか、にある。だから、簡単に図式化すれば、一九〇六年の時点では、ウェーバーはこんな分類軸で考えていたのではないか。

(1)「適合的」因果論による

(1・1)社会をあつかう

＝一回または複数回観察された事象を法則論的知識を用いて解明する

(1・2)自然をあつかう

＝一般的な現象を法則論的知識を用いて解明する

(2)「必然的」因果論による
(2・1)社会をあつかう　↓「法則科学」
(2・2)自然をあつかう　↓「法則科学」
(3)「個性的」因果論による
(3・1)社会をあつかう　↓「文化科学」
(3・2)自然をあつかう　↓エントロピー増大則の超物理学？

「客観性」論文とのちがいは、いうまでもなく、法則科学／文化科学、必然的／個性的という二分法の外に立っていることだ。その一方で、方法論、特に因果特定の方法論のちがいによって、諸科学の間のちがいを明らかにする。その発想自体は、リッカートの『自然科学的概念構成の限界』から来ている（→第三回、第六回）。そういう意味では、ウェーバーはリッカートの批判的継承者である。

八．

次回ではもう一つの重要な例示、ベルリンの三月革命に関する歴史学者の説明をとりあげるが、文化科学論文の第二節の後半部では、こうした例示が畳みかけるように出てくる。そのなかで適合的因果の概念定義や判定基準の使い方が明確にされていき、「私たちは、現実の因果諸連関を見通すために、非現実的因果諸連関を構成する」(二〇八頁、S. 287)という結論に至りつく。

複雑に屈折する迷宮のように見えるが、論理の糸をたどって解きほぐしていくと、透徹した方法論が立ち現れる。不思議な感動さえ覚える文章だ。

その途中、ちょうど子どもを叩いた母親から三月革命に関する歴史学の説明へと移るところで、ウェーバーはこう書いている(二〇五頁、S. 285–286)。

日常生活だけでなく、まさに歴史学においても、我々は「促進」の「程度」に関するこうした判断を恒常的に適用している。なぜならば、それなしには、因果的に「重要なこと」と「重要でないこと」の区別は全く不可能だろうからだ gar nicht möglich wäre。そしてE・マイヤーもまた、ここでとりあげた彼の著作において、この区別を自明に使っている。

第六回〜第八回で述べたように、事象Cによって(=「cである」ことで)事象Eが生起する確率が大きくなることを、v・クリースは「促進的 begünstigend」と呼んだ。「客観的可能性の概念」論文で「確率論の専門用語」だとされているこの術語を、ウェーバーは文化科学論文第二節でそのまま採用し、とりわけこの最後の四分の一の部分で多用する(コラム4参照)。

因果のあるなしは「促進」の「程度」の形で、すなわち反実仮想も交えた確率の差として示される。子どもを叩いた若い母親の事例のような、日常的な会話だけではない。E・マイヤーのような歴史学者による因果的説明、すなわち個別的な出来事を重視する専門家の歴史記述でも、そうだ。歴史学者もまた、特定の法則論的知識を用いた確率的因果論の枠組みを、むしろ無自覚に使っており、それゆえ論理的な混乱を起こしている。

そのことを容赦ない形でウェーバーは示していく。

(1)　野﨑敏郎によれば、マリアンネは、ウェーバーの手紙にある「客観的可能性」を「現実的可能性」と取り違えている(『ヴェーバー『職業としての学問』の研究(完全版)』前掲二〇四頁)。彼女が著した『マックス・ウェーバー』(前掲)でのv・クリースの位置づけは二節で述べたが、法則科学／文化科学の区別に関しても、第一次大戦後の考え方がかなり混ざっている(→コラム１六節、第六回注３)。少なくともウェーバーの方法論に関する部分は、ウェーバーの伝記というよりも、マリアンネ自身の回顧的回想として読んだ方がよい。

エルゼ・v・リヒトホーフェンに関しては、ウェーバーの生前と死後のマリアンネとの関係もふくめて、M・グリーン『リヒトホーフェン姉妹』(塚本明子訳、みすず書房、二〇〇三年、Martin Green, *The Von Richthofen Sisters*, Univ. of New Mexico Press, 1988)が詳しい。ウェーバーが亡くなった一九二〇年以降の、ウェーバーをめぐるリッカートとヤスパースの対立や、アメリカ社会学での受容のされ方も追跡されていて、興味深い。

(2)　ウェーバーは一九〇四年六月のリッカート宛ての手紙で、「客観的可能性」の意義について近いうちに分析したいと述べている(→第七回八節)。もしこの手紙の通り、一九〇四年末～〇五年初めに集中的に検討したとすれば、そのときにv・クリースの著作や論文も読んだ可能性が高い。そう考えれば、「客観性」論文からクニース２論文までの、v・クリース由来の術語の使い方や言及のし方も一貫的に説明できる。

その場合、最初にどこで「法則論的」という言葉を知ったのかが問題になるが、一つの可能性として、第七回でふれたE・フッサール『論理学的研究１(第一版)』(一九〇〇年)での「法則論的科学／存在論的科学」の区別が考えられる。ただし、フッサール自身は「v・クリースの用語だ」と明確にくり返し書いているので、『論理学的研究１』絡みで知ったのだとしても、二次文献か伝聞で知ったのだろう。

なお、一九〇五年のクニース１論文では、『論理学的研究２』の方が参照されている。この論文での「法則論的……『存在論的』」や「『適合的に因果を構成された』」の用例を見ると(→第八回注１)、ウェーバーはv・クリースの論文や著作を読み始めており、法則論的と法則科学のちがいにも気づきつつあったが、まだ十分には理解できていなかったのではないか。

それに対して、〇六年のクニース2論文では、「法則論的知識」や「客観的可能性」だけでなく、「法則論的科学」も、v・クリースの本来の定義にそった意味で使われている(→第七回八節)。

だが、いつの時点でウェーバーが気づいたかは、方法論の検討にとってはそれほど重要ではない。フッサールの『論理学的研究1』からわかる最も重要なことは、①もしv・クリースの著作を読んでいれば、「法則論的」がどんな意味かを理解するのは、それほど難しくない。②参照元としてv・クリースの名前や著作・論文を挙示するのは、当時でも常識だった、の二つである。それゆえ、「客観性」論文での「『法則論的』」は、v・クリースの術語だとは知らずに、v・クリースとはちがう意味で使っていた可能性が高い、と考えられる。

(3) 安藤英治は『アルヒーフ』の編集交代時の予告などをもとに、「客観性」論文は文化科学論文の第三節にあたるものだったのではないかとしているが(安藤前掲三六八～三六九、三七五～三七六頁)、「客観性」論文(の原型)は、むしろ文化科学論文の第一節(の原型)につづくものだったのではないだろうか。

「客観性」論文が単独で発表された後、v・クリースの術語系との関係性を明示する必要が生じた。そこで、ウェーバーは文化科学論文の第一節(の原型)の一部を書き直した上で、現在の第二節を新たに書き加えたのではないか。v・クリースへの言及のし方や、v・クリース由来の概念の理解の程度からみて、文化科学論文第二節が「客観性」論文の前に書かれた、とは考えにくい。

(4) この注記でのgenantは、フランス語から来た当時の慣用的な表現で、英語ではembarrassing! にあたる、とハイデルベルガーが述べている("From Mill via von Kries to Max Weber" 前掲 note2)。だとすれば、森岡の訳文の「その範囲がはなはだ私には窮屈であり」も適切ではないだろう。

『アルヒーフ』発表時の「『編集された gegliedert』」が ***WL*** で「『剽窃された geplündert』」になった経緯は不明だが、***MWG*** の担当編者の一人でもあるG・ヴァグナーによれば、ウェーバー本人による改変ではないそうだ(Treiber 前掲 p. 48 note3)。一九二二年刊の第一版ですでにそうなっているので、マリアンネによるものではないか。

ここで言及されているのは、第七回四節で述べたミルとv・クリースの理論的な「対立」で、ウェーバーは、それをv・クリースは適切に解決している、とむしろ積極的に主張している。また、ウェーバーはv・クリースの説明も独自に言い換えて解説しており(→第一〇回五節、第一七回七節とコラム4一節参照)、その意味でも「編集」が適切な表現だろう。それで、v・クリースの枠組みを引き継いでいることも示せるし、どのくらい大きくv・クリースに依っているかも、十分伝わる。それがどのくらい大きいかは自分でも当惑するくらいだ、とウェーバーは述べているのである。*WL*の編者が改変した意図はわからないが、少なくとも、ここで述べられていることを十分には理解できなかったようだ。

（5）「客観性」論文では冒頭にだけ、他の研究者への参照指示があるが、言及されているのはウィンデルバントとジンメルと「とりわけ」リッカートである。

［第一二回］ 歴史学者の思考実験
――因果分析の方法論（2）

一．

前回ふれたように、文化科学論文には子どもを叩いた母親の例とならんで、もう一つ重要な例示がある。一八四八年にベルリンで起きた三月革命に関するものだ。

ベルリンの三月革命は、ドイツ近代史上で大きな画期をなす出来事であった。ルイ・フィリップの七月王政を倒したフランスの二月革命に触発されて、プロイセンでも自由とドイツ統一を求める政治運動が活発になり、市民と軍隊の衝突も起きる。

そうした社会的・政治的な情勢のなか、国王フリードリヒ・ウィルヘルム四世は、ベルリンの王宮前に集まった民衆に向かって、プロイセンの改革に関する勅令を発表する。それを聞いた民衆の間から革命を求める声が高まるなか、二発の銃弾が発射される。この射撃をきっかけにしてベルリン市内で激しい市街戦が始まり、数百名の死者を出すが、やがて国王が軍隊を撤退させ、譲歩と謝罪をすることで収拾が図られた。

この一連の経過に関する歴史学者Ｅ・マイヤーの説明を、ウェーバーはくり返し検討している（二〇一～二〇八頁、S. 283–287）。適合的因果構成がどんなものなのか、ウェーバーがそれをどう理解していた

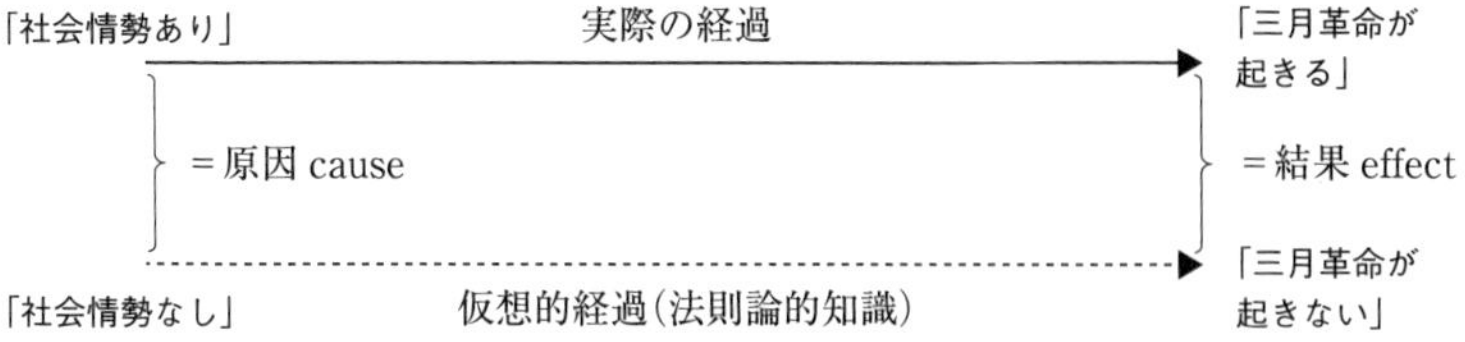

図 **12-1**　三月革命に関するマイヤーの説明

のか、最も良くわかる部分なので、少し詳しく解説しておこう。

マイヤーは三月革命について、実は二通りの説明をしている。まず、政治運動の活発化や軍隊との対立といった、どの社会でも一般的に生じうる、社会的・政治的な情勢が革命を引き起こした、と述べている。

図にすると、図12-1のようになる。こうした情勢がなければ革命は起きなかっただろう、という仮想的な経過をおくことで、「情勢あり」を「革命が起きた」ことの原因だと同定したわけだ。

ところが、マイヤーは別の説明も述べている。王宮前で起きた二回の射撃が三月革命を引き起こしたとして、この一回きりの事象も原因だと認めているのである(二〇一～二〇二頁、S. 283)。ウェーバーはこの二つの説明の間の不整合をとりあげる。なぜならば、最初の説明で見出された、「情勢ありならば革命が起きる」という因果のあり方が妥当だとすると、図12-2のようになるからだ。

この場合、「情勢あり」も「二回の射撃」も、どちらも同じ結果＝「革命が起きる」をもたらすように見えるが、「二回の射撃」を一回きりの個性的事象だとすれば、「情勢あり」の方は一般的要因なので、「二回の射撃」がなく「情勢あり」である他の事例が論理的に必ずあることになる。それゆえ、「二回の射撃」があろうとなかろうと「革命が起きる」。

条件つき確率で表せば、「二回の射撃」をC、「革命が起きた」をEとすると、

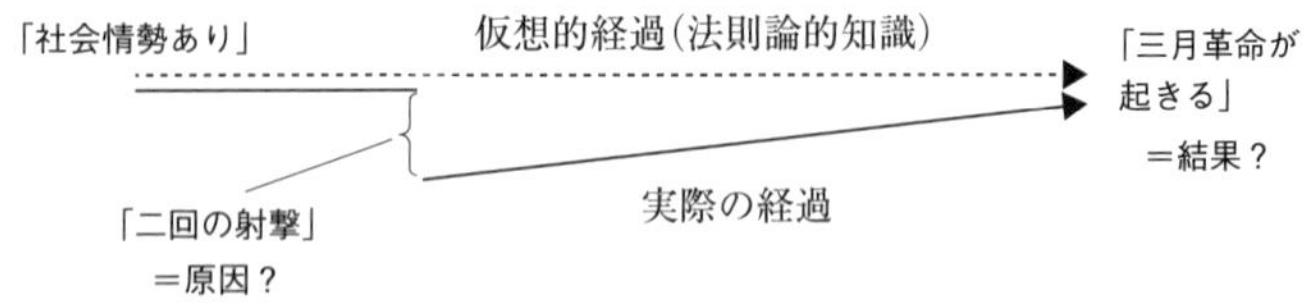

図 **12-2**　マイヤーのもう一つの説明

$P(E|C)=1$ではあるが、$P(E|\neg C)=1$でもあるので、$P(E|C)>P(E|\neg C)$ではない。それゆえ「二回の射撃」は原因ではない(=疑似原因である)(→第八回注6)。現代の確率的因果論でよく使われる「裁判所の死刑判決と執行官の射撃」の例と同じだ。

言い換えれば、「二回の射撃」を原因だとするのであれば、仮想的な経過の方を変更する必要がある。すなわち、こうした社会情勢がなければ革命は起きなかっただろう、という当初の(=図12-1の)法則論的知識の内容を反転させなければならない。

こちらを図にすると、図12-3のようになる。こうすれば、たしかに「二回の射撃」は「三月革命」の原因になるが、そのためには、「情勢あり」と「革命」の因果に関する法則論的知識を、正反対のものに書き換える必要があるのである。

二.

文化科学論文では、これを次のように表現している。長く、かつ文法的にやや複雑な文章だが、適合的因果構成が経験則にもとづく反実仮想も用いて因果を特定しており、それゆえどんな論理的な構成をとるのかを、ウェーバーは正確に見通していた。そのことが明瞭にわかる箇所なので、あえて直訳して引用しよう。なお、わかりやすさを優先して一文ごとに段落分けして番号をふった。

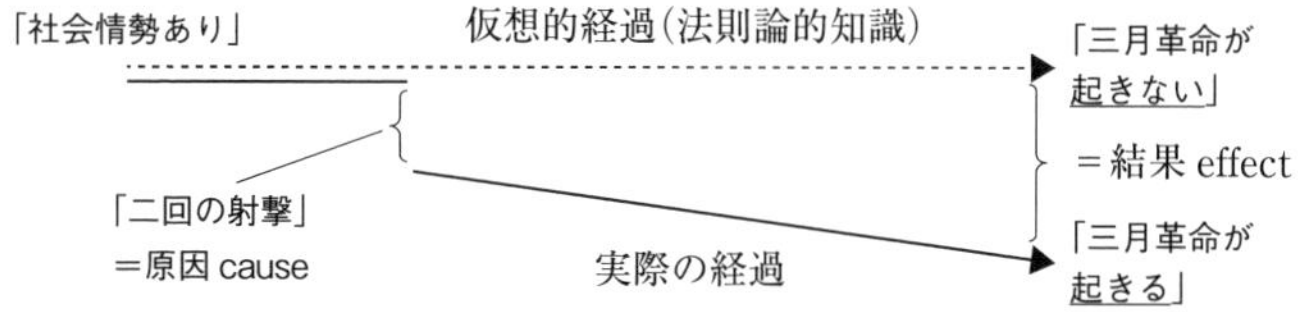

図 12-3　ウェーバーによる「訂正」

［1］v・ベローが異議を唱えた、マイヤーのドイツ統一についての意見も、同じく、私たちは論理的かつ正確には、次のようにとらえられるだろう。

［2］すなわち、ドイツ統一は、それに先行する一定の事象の「適合的」な結果として、同様にまた、ベルリンでの三月革命も、一定の一般的で社会的・政治的な「情勢」の適合的な結果として、一般的な経験則 Erfahrungsregel から理解できる。

［3］それに対して、もし仮に例えば、ベルリン王宮前のあの二回の射撃なしには、一般的な経験則からすれば革命はきわめて高い確率で回避でき「たであろう hätte」、なぜならば、一般的な経験則からすればあの射撃が加わることなしには、明らかに残りの「諸条件」の組み合わせは、革命を決してあるいは十分には「促進 begünstigt」——この表現のすでに展開した意味において——しなかった hätte からだ、ともし仮に信じることができた glaubhaft zu machen wäre ならば、その場合には［社会的・政治的な「情勢」に関しては］「偶然的 zufällig」因果構成の話をするだろう würde し、それゆえ、こうした場合には、これは明らかに考えにくい事態ではあるが、こうした場合には、三月革命をまさにあの二回の射撃に因果的に「帰属」しなければならない。

［4］あのドイツ統一の事例でも同じように、「偶然的」に対立するものとしては、v・ベローが想定したように、「必然的 notwendig」を置くことはできな

い。そうではなくて、v・クリースを引き継いだ、先ほど展開された意味での「適合的」を置くべきである。

[2]の内容が図12-1に、[3]の内容が図12-3にあたる。読んでおわかりのように、「二回の射撃」を三月革命の原因の一つだとするには、「情勢あり」と「革命」に関する法則論的知識の方を変更しなければならない、とウェーバーも述べている。

なお、「一般的な社会的・政治的な『情勢』」という言葉からわかるように、この法則論的知識では、原因にあたる「情勢あり／なし」も、結果にあたる「革命が起きる／起きない」も、一般的に定義できる変数としてあつかわれている。そして「一般的な経験則」とくり返し呼ばれていることから、これは歴史法則のようなものではなく、西欧・中欧の複数の社会で同時期に生じた革命関連事象を観察して、一定の条件を仮定して推論された因果関係として、それゆえこれ自体もまた、適合的因果という手続きで同定された法則論的知識として、ウェーバー自身は想定していることもわかる。

図12-3では、「三月革命が起きた」という実際の事象に関して、「社会情勢あり」は、その生起の確率をあげる方向には働いていない。つまり、「情勢あり」は「革命が起きる」に関しては「促進的」ではない。したがって、両者の間は「偶然的」になる。それに対して、「二回の射撃」の方はこの図では、「三月革命が起きた」の確率を**0**から**1**へあげている。それゆえ、「二回の射撃」と「革命が起きる」が「適合的」になる。

もちろん、これは常識的な理解に反しており、ウェーバーも現実とはちがうと考えている。だから[3]の文でも「仮に信じることができた」「話をするだろう」と接続法Ⅱ式が使われている。

一方、法則論的知識を用いた因果同定も反事実的な命題を使う場合には、反実仮想にあたるから、やはり接続法Ⅱ式になる。[1]［3］のなかの「高い確率で回避でき『たであろう』」「決してあるいは十分には『促進』……しなかった」はこちらの意味だ。

［3］では従属節が形式上は三重になっており、かつ接続法Ⅱ式が別々の、それぞれ重要な意味をもたせて用いられている。文法的にはかなり複雑な文だ。けれども、今の説明でもわかるように、法則論的知識を用いた因果同定にあたる接続法Ⅱ式の箇所では、わざわざ「一般的経験則から」とつけている。冗長度をあげて、読者が誤解しないように配慮している。

また、文章中の「適合的」「促進」「条件」はそれぞれ≫～≪をつけてあり、v・クリースの論文や著作からの引用であることが明示されている。例えば「残りの『諸条件』の組み合わせ」も、v・クリースの「客観的可能性の概念」論文での「条件Xダッシュ」などを敷衍したものだろう（↓第七回九節、コラム4参照）。

さらに、「きわめて高い確率で」という文言をいれて、結果事象の生起する確率の差で「促進」が定義されていることを明記した上で、「この表現のすでに展開した意味において」とつけ加えている。この箇所より前の「促進的」も同じ意味だよ、と念押ししている。論旨が追跡しやすいように、やはり配慮された書き方だ。

三

従来の学説研究では、文化科学論文第二節のこの箇所は、しばしば難解だとされ、ときには、ウェーバー自身の文章に混乱があるとさえ、言われてきた。

例えば、コラム1で紹介したように、金子榮一はウェーバーの説明を「難渋」「難解」だとして、「一連のミスプリント」があるとしたv・シェルティングを引いている（金子前掲四九頁、v. Schelting, *Max Webers Wissenschaftslehre* 前掲*S.* 258）。向井も「ウェーバーの議論は混乱し、矛盾している」とし、「ウェーバーの思い違い、もしくは校正のミスが見られるのではないだろうか」と述べている（向井前掲四〇六、四〇七頁）。

私はそうは思わない。ここの文章の論理展開も全く明快で、読み手にもできるだけ配慮している。接続法Ⅱ式という話法を最大限に活用して、意味が正確に伝わるように努めている。文法的に少し複雑なのはそのためだから、やむをえない。

ウェーバーの解説が難解に思えるとしたら、それは全く別の理由によるものだ。この箇所がこれまで適切に理解されてこなかったのは、二つの理由からだろう。

第一の理由は、適合的因果がどんな方法論であるかについて、そもそも誤解があったことだ。従来の学説研究や解説書の多くは、法則論的知識を因果法則と誤解した上で、適合的因果を、因果法則を個別的な出来事に適用するための方法だとしてきた。そう考えてしまうと、この文章は理解できない。

ここでウェーバーが述べているのは、複数の原因候補の間の論理的な関係性である。先ほど解説したように、二回の射撃という一回的な事象を原因だとするには、社会的・政治的情勢という一般的な条件が革命を引き起こすようなものではなかった、と想定する必要がある。そういう法則論的知識を想定して、はじめて二回の射撃が革命の原因だといえる。

現代風にいえば、「社会的・政治的情勢」という第三の変数が「革命」にどのように影響すると考えるかによって、「二回の射撃」と「革命」という二つの変数の因果関係も変わってくる(→第一〇回注6、第一七回七節とコラム4を参照)。二つではなく、三つの変数の間の関係性を考える必要があるのだ。それも、二つの変数の間の因果の強弱を第三の変数が決めているのではなく、第三の変数の影響のし方によって、他の二つの変数間で経験的に同定できる因果のあるなしが変わってくる。そんな種類の関係性を考察している(→第七回一節)。

ところが、マイヤーはその点を無視してどちらも「革命」の原因だとした上で、どれが歴史的に重要かを単純に比較して議論しようとした(→第一一回八節)。その混乱ぶりが批判的に検討されているのである。

因果同定における個別事象と法則論的知識との関係にも注意してほしい。「二回の射撃」を原因とする上で、「二回の射撃」を包摂するような、一般的な法則を想定する必要はない。第七回で述べたように、適合的因果の同定の要件は、①結果事象の出現確率の差(「革命が起きる」と「起きない」)と、②それに対応する先行変数の値のちがい(「二回の射撃がある」と「ない」)だけである。

この事例でも、二回の射撃が「ある／ない」とベルリンで「革命が起きる／起きない」は、一般的に定義できなければならないが、「二回の射撃」と「革命」との関係は一回的でよい。その点でも、適合的因果は個別的事象に関する法則科学とは全くちがう。

第二章とコラム2でくり返し述べたように、適合的因果は、一回だけ観察される場合も複数回観察できる場合も、同じ枠組みであつかう。それゆえ、最終的に見出される原因候補も、個別的なものでも一般的なものでもよい。そこにこの方法の大きな特徴がある。その点もよくわかるようにこの例示、すなわち三月革命とそれをめぐる複数の因果帰属(因果的説明)の可能性の解説は、組み立てられている。

逆にいえば、本来明確なウェーバーの文章が「混乱」しているように見えたり、何かのミスプリントがありそうに思えたりするのは、読み手の方が適合的因果を法則科学の一種だと考えているか、少なくとも両者を明確に区別できていないからだろう。実際、「二つの変数の間の因果の強弱を第三の変数が決めている」みたいな風に読むと、三月革命の事例だけでなく、その前後の箇所もふくめて「混乱」し「矛盾」して見える。

もう一つつけ加えておくと、もしもあくまでも両者をともに原因としたければ、例えば政治的・社会的情勢のあるなしによる革命の出現確率の差が**0・6**で、二回の射撃のあるなしによる差が**0・3**、といった形で考える必要がある。そのためには、反実仮想を用いる確率的因果論を使わざるをえない。いうまでもなく、これはv・クリースの枠組みと全く同じものだ。

そういう意味で、歴史学者は、特定の法則論的知識を用いた確率的因果論の枠組みを無自覚に使っており、それゆえ論理的な混乱を起こしている、といえる。

四.

第二の理由は第一の理由とも関連するが、用いられている術語の意味が、十分に理解されてこなかったことだ。「適合的」「促進」「諸条件」などの術語はv・クリースの著作と論文から来ており、そのなかで正確に定義されている（コラム4一節も参照）。ウェーバーはそれらをそのまま採用しているのだが、その点を無視して、独自の解釈がされてきた。

それがより明瞭に出てくるのは、「適合的」よりも「偶然的」の定義の方かもしれない。例えば、金子は次のように解説している（前掲六〇頁）。

ウェーバーは……社会法則は、他であることが不可能であるような一義的決定性という意味での必然性をもつものではなく、適合性の程度（Grad der Adäquatheit）をもつものとみなしている。すなわち、あったものは、かならずかくなるべくしてかくなったのではなく、他でもありえたがかくなったものとして理解されるのである。そしてこの場合、他でもありえた可能性がきわめてすくない場合には因果関係は適合的（adäquat）といわれ、他でもありえた可能性がきわめて多い場合には偶然的（zufällig）といわれる。

金子が、適合的因果を確率的に働く社会法則のあてはめだと誤解し、それゆえ、ウェーバーの社会学も確率的な法則科学だと誤解していたことがよくわかる。そしてそれ以上に問題なのは「偶然的」の定義だ。「他でもありえた可能性」が多い場合だとしている。つまり「適合的／偶然的」を可能性の大小で定義している。

すでに述べたように、正しい定義は、「適合的」が$P(E|C)>P(E|\neg C)$、「偶然的」が$P(E|C)=P(E|\neg C)$である。v・クリースもウェーバーも、もちろんこちらの意味で一貫して使っている（→第八回三節）。文化科学論文第二節には「適合性の『程度』を見積もる den »Grad« der Adäquanz zu schätzen」という表現も出てくるが（二二六頁、S. 287Anm1）、これは$P(E|C)-P(E|\neg C)$が$0\sim1$の間の値をとりうることをさす。第四回で述べたように、複数の事例が観察できる場合では、$P(E|C)$や$P(E|\neg C)$は、$0\sim1$の間の値をとりうる。それゆえ、$P(E|C)-P(E|\neg C)$も$0\sim1$（あるいはマイナス$1\sim$プラス1）

の間の値をとる。三節で述べたように、そう考えれば、一回的な事象と一般的な条件がともに原因であることも成り立つ。

つまり、「適合性の『程度』を見積もる」とは、$\mathbf{P(E|C)-P(E|\neg C)}$の値を量的に評価できる、という意味だ。それに対して、「偶然的」であれば$\mathbf{P(E|C)-P(E|\neg C)}$の値はつねに$\mathbf{0}$で、「程度」にはならない。

ウェーバーもv・クリースも「適合的／偶然的」が現実には程度の差になることを認めているが、それは「適合的／偶然的」が可能性の大小で定義されるからではない。複数の事例が観察できる場合には、$\mathbf{P(E|C)-P(E|\neg C)}$は集まり単位の平均値、より正確には、集まり単位の期待値で測られる。その場合、CとEにともに影響する他の変数がそれぞれの集まりでどうなっているかによって、$\mathbf{P(E|C)-P(E|\neg C)}$の値も左右される。

現在の言い方に直せば、他の条件、すなわちCとEにともに影響する他の変数の状態次第で、$\mathbf{P(E|C)-P(E|\neg C)}$の値は変わってくる。そのため実際には、他の条件の状態をどのくらい広く観察できるかによって、具体的な値の大きさは変わってくる。そのため、本来は$\mathbf{0}$でないのに$\mathbf{0}$の値が観察されたり、本来は$\mathbf{0}$なのに$\mathbf{0}$でない値になったりすることがある。程度の差になるのは、そういう観察のしくみによるものだ(→第七回四節、第九回四節)。

v・クリースの「客観的可能性の概念」論文では、肺炎と死亡率との関係が年齢層や居住地によって変化する、という事例をあげている。ウェーバーは具体的な事例はあげていないが、文化科学論文では『確率計算の諸原理』の期待値と中心極限定理の解説の頁を参照指示しながら、集まり単位の期待値の適切な求め方について明確に定式化している。

文化科学論文での例示の多くが、事実として一回的な事象であるために誤解しやすいが、適合的／偶然的の定義や法則論的知識、「客観的可能性」といった適合的因果の基本的な枠組みは、第七回三節ですでに述べたように、最初から、一回しか観察できない場合も複数回観察できる場合も、両方ふくめて考えられている。重要な点なので、第一七回とコラム４でもう一度詳しく述べることにしよう。

金子の「適合的／偶然的」の解説はｖ・シェルティングをほぼ引き写しており、こうした点は一貫して見過ごされている（→コラム１六節、第八回注４）ｖ・クリース由来の術語も独自に解釈して、適合的因果を因果法則の確率化だとした[2]。そのため、文化科学論文でのベルリン三月革命の例示についても、論理的には全く明快なウェーバーの文章をとらえ損ねている（金子前掲六一～六三頁）。

五．

そういう意味でも、適合的因果と法則科学的な法則を混同すると、文化科学論文のこの箇所は全く理解できなくなる。ウェーバー自身はこの点にも明確に注意をうながしている。

まず、前回そして今回述べてきたように、文化科学論文の第二節では、ｖ・クリースの著作をしつこいくらいくり返し参照指示している。例えばこの［１］～［４］の直前の段落でも、「クリースの研究以来、確立された法学の因果理論の研究者たちの用語法にしたがって」、「適合的」や「偶然的」という術語を使う、と明言されている（二〇六頁、S. 286　→第一一回三節）。

その上さらに、［４］では「ｖ・ベローが想定したように、『必然的 notwendig』を置くことはできない」と述べて、法則科学における法則性ではないと明記している。そして、「ｖ・クリースを引き継いだ、先ほど展開された意味での『適合的』」であることが、あらためて強調される。「必然的」と「適合的」が論理的に異質な概念であり、法則科学の法則と法則論的知識が全くちがうものであることが、明瞭に表現されている。

実はこれもかなり重要な指摘で、v・クリースの「客観的可能性の概念」論文はその冒頭、I章1節の第一段落だけを読むと、因果を「必然性」で考えているかのように思える。実際、例えばA・シュッツはそう誤読している。裏返せば、ウェーバー自身はこの論文の経験的な分析例のところまでしっかり読んだ上で、誤読しないように、親切な書き方をしているのである。

［1］で「論理的かつ正確には」と記しているが、全くその通りだ。なお森岡の訳文は、言葉を補ったり語順を一部変えたりしながら、原文の内容を正確に日本語に写している（→第九回注1）。

そして、これは文化科学の因果のとらえ方を完全に否定するものでもあった。——一回的な事象の因果的な意義を重視する歴史学者も、実際には「一般的な経験則」という法則論的知識を用いている。それも無自覚に[3]。

文化科学論文の第二節は、そうした論考なのである。ここでウェーバーは、歴史の一般法則やそのあてはめ方を解明しようとしたのではない。彼の関心はあくまでも、一回しか観察できなかった事象の因果をどう科学的に解明できるのか、にあった。彼が論証したのは、個別的な事象（例えば「一回の射撃」）に原因を求める場合も、一般的な事象（例えば「社会的情勢」）に原因を求める場合も、基本的に同じ因果同定手続きを用いている、ということだ。だからこそ、文化科学／法則科学という区別は成り立たない。

それゆえ、経験的なデータにもとづいて同定された因果も「法則」ではない。第一に、第七回で述べたように、ここで見出された因果自体は、完全に一回的なものであってもかまわない。

第二に、もし見出された因果が何らかの形で一般化される場合でも、(4)もともとの同定が特定の仮定を前提とする以上、一般化された因果関係もその仮定に依存した仮説的なものでありつづける。社会科学では、その一部を体系的に検証にかけられるが、その検証にも前提仮説が必要になる。

コラム１や第七回でも述べたが、もしその仮説性を取り除こうとすれば、事実として一回的な事象であれば、前提と結論の同義反復を、つまり「もしＣがなければＥは生じなかっただろう」という結論の先取りを「正しい」と認めなければならない。複数回観察される事象であれば、「ＣとＥにともに影響する他の全ての変数の状態が全ての事例で同じ」という仮定を、特に根拠なく「正しい」と認めなければならない。これについては第五章であらためて解説しよう。

この二重の意味で、適合的因果の方法論は法則科学ではない。また、事実として一回的な事象をあつかう場合も、リンガーの「一回的因果分析 singular causal analysis」のような呼び方が適切だろう（Ringer 前掲など）。第六回で述べたように、本当に問題になるのは、いかなる意味で「個別的」や「個性的」といえるのか、だからだ。リッカートの「個性的 individuell」は、英語でいえば individual よりも、singular や unique の方が近い。日本語でいえば「一回的」「独異的」にあたる。

リンガーの呼び方もその点を考慮したものだ。ウェーバー自身「個性的」という言葉を、文化科学的な意味でも、必ずしもそうでない意味でも使っているので、まぎらわしいが、リッカートによる文化科学や個性的因果関係の本来の定義が知られていない現代では、より慎重な術語の選び方と表現の使い分けが望ましい。(5)

六.

もう一つ重要なことがある。

前回もふれたが、文化科学論文では、子どもを叩いた母親の弁明とマイヤーの三月革命の説明が並列されている。日常的な会話での因果的説明と歴史学者の因果的説明が、同じ種類のものだとされている。言い換えれば、歴史学や社会科学の因果的な説明は、私たちの日常的な因果的な説明の延長上にある。社会科学や歴史学が何か特別な方法をもっているわけではない。

むしろだからこそ、観察者として因果を同定する上でだけでなく、当事者がどんな因果を想定してふるまっているかを推論する上でも、適合的因果の考え方は適切な準拠枠《スキーム》（「解読型 Deutungsschema」）になる。そういう意味で、法則論的知識は当事者の思念を再構成する、すなわち理解するための重要な手段にもなる、とクニース2論文では指摘している（二五九〜二六九頁、S. 126–131、第一四回二節参照）。

第八回で用いた図式でいえば、日常的な因果的説明と社会科学の因果的説明は、そういう形で、

「（t1時点で）存在論的」 ＝ **「（t2時点で）法則論的」** ＋ **「（t2時点で）存在論的」**

➡

「（t2時点で）存在論的」 ＝ **「（t3時点で）法則論的」** ＋ **「（t3時点で）存在論的」**

➡

……

という動的プロセスをなしている。これはまさに「行為論の歴史化」にあたる（→第八回二節）。

もちろん、だからといって二つが同じわけではない。学術の世界には、個々の説明がもとづく法則論的知識を、体系的に検証にかけるしくみが用意されている。それに対して、日常的な会話での因果帰属では、そうした体系的な検証が制度的には用意されていない。

けれども、それも何かの法的な紛争や事件と関われば、法廷でのより厳密な手続きによって、その妥当性を再評価される。また、日常的な会話でも、特定の因果構成が無条件に受け入れられるわけではない。語られる側から反証されることは十分にありうる。日常会話でも、因果特定はつねに検証可能性にさらされている。

それゆえ、専門家である研究者の方が、必ずしも誤りにくいわけでもない。むしろ、因果的説明とは何かを反省的に理解していなければ、優れた歴史学者でも初歩的なまちがいをしてしまう。もし子どもを叩いた若き母親の弁明が強引な説明だとすれば、同じ理由で、「社会的・政治的情勢」という一般的条件と「二回の射撃」という個別的な事件がともに三月革命の原因であるとした、歴史学者の記述もまた、論理的に錯誤している。そう言うべきだろう。

そうした意味でも、適合的因果の同定は、観察者の現在の知識に依存する。ウェーバーはそのことに敏感だった。いや、きわめて自覚的だった。第一〇回で引用したクニース2論文の一部を、もう一度引用しておこう。

歴史は「現実科学」であるが、それは決して、何らかの現実の全ての内容を「模写した」――それは原理的に不可能である――という意味においてではない。所与の現実の構成部分、この構成部分はそれ自体としては概念的にただ相対的にのみ特定されうるが、それを「実在的な」構成部分として、特定の具体的な因果的な連関のなかにはめこむ、という全く別の意味においてである。具体的な因果連関の実在に関する個々のこの種の判断は全て、それ自体ただちに無限に細分化されうるものであり、そうしたものは――法則論的知識の完全化という絶対的に理念的な状態においては――正確な「法則」を用いて十全な帰属へ向かうようになるのであろうが。歴史的な認識は、ただ具体的な認識目的が必要とする程度において分解をおこなうにすぎない。そして、この帰属の不可避的にただ相対的な十全さは、その遂行に適用された「経験則」の、不可避的にただ相対的な特定性において明らかにされている。

(1) 野﨑敏郎は「ヴェーバーは、接続法を多用する書き手であり、また接続法の使い方が巧みな書き手である」と評しているが(野﨑前掲三六七頁)、因果的な記述や説明でも、ヴェーバーの方法論では接続法Ⅱ式が大きな意味をもつ。田中真晴も「仮定法過去完了」の意義を指摘している(→コラム1二節、第一一回)。

私自身の、因果分析の方法論や経験的分析の文章での接続法Ⅱ式への注目は、野﨑の指摘に負うものである。野﨑のいう「翻訳者・解釈者はヴェーバーの用いるドイツ語を完全に理解しなくてはならない」(三八〇頁)の条件を私は全くみたしていないが、記して感謝する。「マックス・ヴェーバーをめぐる最近の展開」参照。

(2) 例えば折原浩の「……『法則的知識』に照らして、その個性的『因果』関係の『合法則性』=『適合性』を論証する『客観的可能性判断』」(『マックス・ヴェーバーにとって社会学とは何か』前掲一三頁 →第二回注1)も、金子と同じ種類のものだと思う。

コラム1注4で述べたように、ウェーバーの社会学全体を理解する上で、金子の研究は重要な出発点になりうる。その点は折原の述べている通りだが、「方法論的思索の進展を追跡する」(同一一頁)上では、金子はいくつかの点で大きな誤解をしており、ハイデルベルガーやリンガーを参考にした方がよい。第一七回も参照。

(3) 実際、マイヤーはリッカートの文化科学に共感し、『自然科学的概念構成の限界(第二版)』の、あの「歴史科学と法則科学は概念的には互いに互いを排除する」も引用している(「歴史の理論と方法」森岡弘通編訳『歴史は科学か』前掲三六～三八頁　↓第三回注1、第六回)。

(4)　例えば、もし同時期の他の西欧社会での革命でも社会的・政治的情勢が共通しているとすれば、ベルリン三月革命で二回の射撃が革命の原因とされる場合には、他の革命それぞれの個別的な事象群のなかに、ベルリンでの二回の射撃と等価な、革命の原因になるものを見出さなければならない。その等価性の置き方によっては、二回の射撃と革命との間に一般的に定義できる因果を想定することになる。

(5)　例えば折原は、「客観性」論文訳書の「解説」で、「方法論レベルでの粗筋」と断った上でこう述べている(前掲三五四頁)。

ウェーバーは、一九〇三年の「ロッシャー論文」から「客観性論文」をへて「マイヤー論文」[＝文化科学論文]にいたるまでは、ウィンデルバント／リッカート流の〈法則科学〉と〈現実科学〉との――法則定立的(一般化)的方法をとる「自然科学」と、個性記述(特殊化)的方法をとる「文化科学」ないし「歴史」との――方法上の対立を主軸に、議論を展開していた。ところが、それでは処理できない法(解釈)学などの位置づけのため、「シュタムラー論文」で……

しかし、v・クリースの適合的因果は、反実仮想を用いる点でリッカートの個性的因果とは論理的に両立しえないし、一回性の事象もあつかう点では法則科学でもない(↓第七回)。

［第一三回］ 自然の科学と社会の科学
――経験的探究としての社会科学（1）

一．

第八回から前回まで二つの章にわたって、一九〇六年の二つの論文、文化科学論文とクニース2論文がどんな論考なのか、そこでウェーバーは本当はどんなことを考えていたのかを、社会科学だけでなく、自然科学もふくめた当時の学術全体の転換も視野にいれて、かなり詳しくみてきた。

その解説はここで一区切りにするが、一九〇七年以降の方法論の展開も興味深い。文化科学論文を書いたことで、ウェーバーの前には、大きくいって、二つの課題が現れた。

第一は、社会科学や歴史学の位置づけである。

リッカートは『自然科学的概念構成の限界（第二版）』で、自然科学と人文社会科学を方法論のちがいによって定義した。それが法則科学／文化科学の二分法だが（→第三回）、そこでは、一回しか観察できなかった事象をどうやって因果的に説明するか、という最も基本的な課題が全く未解決だった。より正確には、リッカート自身が提案したものは、反証可能性も論理的一貫性も欠いており、経験的な研究からはかけ離れていた。

その課題を解決するために、ウェーバーが採用したのがv・クリースの適合的因果構成であった。

V・クリースは統計学者であるだけでなく、生理学者でもあった。つまり、経験的な自然科学の研究者だ。したがって、彼が定式化した適合的因果は自然科学と歴史学や社会科学に共通する方法論である。

V・クリースの専門分野からも、そして方法論の論理内在的にも、そう考えざるをえない。

だとすれば、歴史学や社会科学、すなわち経験的な人文社会科学と自然科学はどうちがうのか。方法論が同じだから、同じものなのか。文化科学／法則科学の地平を乗り越えたことで、ウェーバーはこの新たな課題に出会うことになった。

第二の課題は第一とも関連するが、法則論的知識の見出し方や使い方である。

自然現象と社会の営みは、対象としての性格自体がかなりちがう。特に大きいのは、社会の営みのなかでは（当事者水準で）法則論的知識がすでに使われていることだ。そうした法則論的知識と、経験的な歴史学や社会科学で用いられる法則論的知識はどう関連しており、どう区別されるのか。逆にいえば、経験的な歴史学や社会科学は独自の法則論的知識をどうやって見出し、検証していけばよいのか。

適合的因果という方法論を確立したことで、今度はそうした、より具体的な方法の検討と探究が求められる。とりわけ第一一回と第一二回でみてきたように、文化科学論文では、自然科学との間だけでなく、日常会話での因果同定との間にも、共通性が明確に見出されている。それだけにいっそう、それぞれの区別が切実な課題となってくる。もちろん、経験的な自然科学と経験的な歴史学や社会科学がどうちがうのかを解明する上でも、それは重要な手がかりになる。

この二つの課題に取り組んだのが翌年、一九〇七年に発表されたシュタムラー論文（「R・シュタムラーにおける唯物史観の『克服』」）である。

二.

一九〇七年のシュタムラー論文は、社会事象における「規則性」をあつかったものだ。この論考は完全に中途で終わるが、全体で四つの節から構成されている。

第一節の導入部の後、第二節でウェーバーは自らを「経験論者」の位置に置いて、シュタムラーの議論を徹底的に批判する（→第一〇回六節）。さらに第三節では、特にシュタムラーの法則観や因果の概念、目的論的図式をとりあげて、その混乱ぶりと恣意性を厳しく指摘する。そのなかで、熱力学の第二法則を宇宙の究極目的《テロス》に見立てて「有限＝終末的な世界過程 endliche Weltprozess」（松井訳前掲二四頁、S. 311）を実証しようとしたE・ハルトマンにも一瞬、言及している。

その上で、法則科学／文化科学という新カント派の学術区分もふくめて、「自然」科学の定義を再検討した後、第四節では、カード・ゲームや法律を事例にとりながら、社会的な事象での規則性をどのように見出して、特定していくかについて考察する。カード・ゲームでの具体的なふるまいを、「私たちの知識」すなわち特定の経験的な知識から因果的に説明する際には、「機会 Chance」という表現も使われている（五〇頁、S. 342）。

特に注目されるのは第三節の終わりだ。さまざまな「自然」の概念のちがいをとりあげて、日常語の「自然」を第一の「自然」と呼び、第二の「自然」として法則科学／文化科学という区分をとりあげた後、第三の「自然」として、因果の探究という点では、歴史学や社会科学も実は「自然科学」になると述べている（三二～三四頁、S. 320–322）。

文化科学論文でウェーバー自身が述べているように、自然科学でも歴史学や社会科学でも、経験的な研究では実際には適合的因果の手続きが使われている。両者の因果同定の方法論が同じものであることは、クニース2論文でも（二五七〜二五八頁、S. 126）、リッカートの法則科学論への批判としてはっきり書かれている。

だとすれば、少なくとも因果特定の方法論からすれば、すなわちその「観察様式 **Betrachtungsweise** の種類」（三三頁、S. 321）をふまえれば、第三の「自然」が最も妥当になる。そして、そうした経験的―因果的な解明をめざす学に対立するものとしては、論理学、理論的な倫理学、美学、法教義学、神学などの規範学（教義学）などがあげられる[1]。

つまり、シュタムラー論文の第三節までは、文化科学論文とクニース2論文での考察が再確認される。その後で第四節が始まり、ウェーバーは、社会生活における規則性がどのように特定されるかの議論に入っていく。

ここでは、第三の意味での「自然」科学を認めた上で、どのような法則論的知識が見出され、用いられているかのちがいによって、先ほど述べた第一の課題、すなわち自然科学と歴史学や社会科学とのちがいを再定義しようとする。これはそのまま第二の課題、法則論的知識を特定し、その妥当性を体系的に検証する科学的方法の特徴を明らかにすることにもなる。

そこに「意味」が登場する（四二頁、S. 332-333）。これがその後の理解社会学論文（一九一三年）や基礎概念論文（一九二一年）の「思念された意味 gemeinte Sinn」「意味的に適合的 sinnhaft adäquat」へつながっていく。つまり、「理解社会学」という、よく知られた彼の自己定義《セルフ・ディフィニション》が姿を現す。そしてそれは「価値関係づけ」の主題化という、リッカートの『自然科学的概念構成の限界』を貫く問題意識に、新たな視座と方法論を手にして、立ち戻っていくことでもあった。

三．

こうしたシュタムラー論文での新たな展開を、向井は「五つの自然」として再構成し、特に第四節に現れる「第四の自然」と「第五の自然」に注目している（「『シュタムラー論文』の意義」橋本努・橋本直人・矢野善郎編『マックス・ヴェーバーの新世紀』未來社、二〇〇〇年）。向井の再構成でほぼ言い尽くされているが、あえて再整理すれば、次のようにいえるだろう。

①日常語にもとづく「第一の自然」概念から入り

➡

②リッカートが提唱した、方法論のちがいにもとづく「第二の自然」概念＝法則科学／文化科学の区分の経験的な妥当性を否定する

➡

③方法論のちがいにもとづく新たな区分として、V・クリースの枠組みの採用から論理的に帰結される「第三の自然」概念を認める

↓

「（自然科学＋経験的な人文社会科学＝）自然科学／規範学」

➡

④（③の内部で）自然科学と人文社会科学のちがいにあたるものとして、「第四の自然」すなわち「『意味的でない Sinnlose』」と「『意味的である Sinnvolle』」との区別を見出す

↓「自然科学／経験的な人文社会科学」

➡ ⑤(④で区別された)経験的な人文社会科学が、「意味的である」事象をあつかうという点では、第三の「自然」で区別された規範学との間に共通性をもつとして、「第五の自然」にあたる区別を示唆する

↓「自然科学／意味をあつかう科学(＝経験的な人文社会科学＋規範学)」

こう考えれば、シュタムラー論文は一九〇六年の二つの論文のまさに延長上にある。「たしかに『シュタムラー論文』は精神の最悪の状態において執筆された。しかしそのために、彼の精神の明晰さはいささかも曇らされることはなかった」(向井前掲二五六頁)というのは、全くその通りだと思う。

シュタムラー論文は、次の文章でひとまず結ばれる。(「観察 Betrachtung」が現在の「方法」、「論理学 Logik」が現在の「科学論」に近い意味で使われるのがよくわかる箇所なので、あえて直訳する)。

――「教義的な」観察については「形式的」と呼ぶこともできる。なぜならば、それが「概念」の世界にとどまるからである。――けれどもその場合には、因果的な観察 kausale Betrachtung 一般という意味での「経験的」がその反対語になる。他方、「法的規則」の経験的－因果的「把握」を、法教義学でのそれらの取り扱い方に対比させて、「自然主義的」と呼ぶことは全く差し支えない。その場合は、あらゆる経験的な存在の総体が一般に「自然」と呼ばれ、それゆえ例えば「法制史」もまた、論理学的に観察すれば logisch betrachtet、一つの「自然主義的な」学科である。なぜならば、それは法規範の理念的な意味ではなく、その事実性を対象とするからである。その点だけは明確にしてお

かなければならないが。

（六一〜六二頁、S. 356–357）

くり返すが、この「自然」科学の再定義、およびそれによる自然科学と社会科学の区別の再定義は、v・クリースの枠組みの導入から、論理的に、当時の言い方を借りれば「形式的―必然的に」帰結するものだ。この点は金子がすでに指摘しているが（金子前掲五三〜五六頁）、さらに遡ればフッサールが『論理学的研究1』で法則論的科学／存在論的科学を区別し、後者を「非本質的」とした上で、それ以外に規範学を置いたときに、③はすでに含意されていた。

四

第一一回で述べたように、この再定義は法則科学／文化科学の区別を完全に否定するものだが、同時に、方法論のちがいによって科学を定義する、というリッカートの着想を引き継いでもいる。そういう意味で、先の結びの文章は、ウェーバーが彼自身の方法論によって、「自然科学的概念構成の限界」を記したものだといえるかもしれない。

一九〇四年の「客観性」論文では、リッカートの文化科学の円環に対して、閉じない形で自覚的にそれに加わることがめざされていたが（↓第三回）、一九〇六年の二つの論文では、v・クリースの適合的因果の方法論を導入することで、文化科学／法則科学の地平自体を超えていく。その上で、独自の立場から、リッカートの円環を全く新たな螺旋へと開いていった。

二〇世紀の経験的な人文社会科学、社会科学と歴史学はここに誕生する。それが現代の社会科学にもつながってくる。ウェーバーの方法論の論考群は、このシュタムラー論文で一つの区切りを迎えるが、たしかにここが一つの到達点であり、そして出発点になる。論文自体が途中で打ち切られたため、第二の課題の多くは積み残しになったが、どのように考えていくかの方向性はすでに示されている。

言い換えれば、シュタムラー論文は未完に終わるが、その完成はむしろ他の社会科学者、正確にいえば経験的な人文社会科学者に委ねられた。委ねることができる地点まで、ウェーバーは考え抜いたのだ（→第六回、第五章参照）。そういった方がよい。そういう意味で、ウェーバーの方法論の論考群は、凄まじい苦闘の痕も残しながら、明確に一つの軌跡を描いている[2]。

シュタムラー論文は、一見雑然とした感じをあたえる。けれども、想像してみてほしい。二一世紀の現在でも十分に通用するくらいに、考え抜かれたv・クリースの枠組みに導かれ、それに対する独自の考察もつけ加えながら（→第一〇回五節）、ウェーバーは文化科学論文の、特に第二節を書いた。クニース2論文で、迷走気味だった連作にも一応の決着をつけた。

その後に、シュタムラーの旧態依然とした論考につきあってしまったのだ。いちいち癇に障り、毒づきたくなる気持ちは、わからないでもない。

> わが「経験論者」の健全な常識は、このような論議に対して何というだろうか？　私が思うに、もし仮にただ呆然としているのでなかったとすれば、これらを、素朴なものであれ厚かましいものであれ、スコラ的な神秘的まやかし **scholastische Mystifikation** として取り扱うであろう。（一四～一五頁、S. 298）

本当ならただ呆れ返るしかない代物だぞ！ と叫びたかったのではないだろうか。

そんな呻きを除けば、この論文は明晰に一つの方向をさし示している。v・クリースの適合的因果によって法則科学／文化科学の地平を乗り越えた後、自分がどこにいて、何をする必要があるのかを、ウェーバーは十分に理解し自覚していた。第三の「自然」、その意味での「自然」科学という再定義は、それをよく示す。

この再定義がシュタムラー論文の中心軸になっている。もしこの論文が唐突で混乱しているように見えるとすれば、おそらく、この前に書かれた文化科学論文とクニース2論文でウェーバーがどんな展開を遂げたか、どんな転換を見せたかが、明確に理解されていないからだと思う。

五.

そういう意味では、シュタムラー論文の第四節は、シュッツやT・ルックマンが構想した「知識の社会学 Wissenssoziologie」にあたる。「法則論的／存在論的」というv・クリースの枠組みは、もともと「知識 Wissen」のあり方を主題化していた。それにもとづいてフッサールは「法則論的科学／存在論的科学」という科学論を展開し（↓第七回八節）、ウェーバーも一九〇〇年代初めには、同じ術語を使って、知識の社会学を実質的に始めていたことになる。

ただし、シュッツの「現象学的社会学」は、そうした過去の研究を継承するというより、むしろ無視することから出発した、といった方がよい。シュタムラー論文が知識の社会学につながることは、v・シェルティングも指摘している（↓コラム1六節）。シュッツの『社会的世界の意味構成』（佐藤嘉一訳、木鐸社、二〇〇六年、Alfred Schütz, *Der sinnhafte Aufbau der sozialen Welt*, Springer, 1932)では、「客観性」論文を批判したL・v・ミーゼスの「社会学と歴史」が、何度も参照指示されているが(三三九頁注一一、S. 259Anm1など)、v・シェルティングの論文も§44で参照指示されている。

ウェーバーの「理念型」や「因果適合性」に関するシュッツやL・v・ミーゼスの解説は、v・シェルティングの議論とほぼ重なる。彼らの考える「理解社会学」はウェーバーの、というよりも、v・シェルティングのものだろう。[3] v・シェルティングは理念型論を特に重視したが、適合的因果に関しては、解説自体がかなり混乱している。「適合的／偶然的」の説明も、全く彼独自の解釈である(↓第一二回四節)。

『意味構成』の§45では、v・クリースの「客観的可能性の概念」論文をわざわざあげて、適合的因果について論じているが、その理解も根底的に誤っている。[4] 文化科学論文の「事実=事態」を、素朴な事実だとみなしており(↓第九回一節)、適合的因果の重要な特徴である反実仮想性も、見逃している。フッサールも言及している「法則論的／存在論的」にも、ふれていない。ウェーバーの文化科学論文も、v・クリースの論文も、あまり理解できなかったのだろう。『確率計算の諸原理』の方は全く読んでいないようだ。

「主観的意味連関／客観的意味連関」や「主観的機会／客観的機会」、あるいは「主観的知識の『客観化』」のように、シュッツは主観／客観図式を多用するが、あくまでも独自の立場で定義されている。それに対して、ウェーバーの方法論の中心的な主題は、そもそも「客観性」とは何か、つまりどのような命題が「客観的」だと判断されるのか、にあった。法則論的知識というv・クリース由来の概念も、その判断の基準に関わる。[5] わかりやすい例をあげれば、シュッツの「社会的直接世界／前世界／後世界

／……」という世界区分自体が、ウェーバーからすれば、法則論的知識の一つにあたる。シュッツは「ヴェーバーに対してある種の反ヴェーバー的要素を示したのと同じように、フッサールに対しても反フッサール的要素を明瞭にしている」という森元孝の指摘は、そういう意味でも妥当だと思う（『アルフレート・シュッツのウィーン』新評論、一九九五年、特に三九〇〜三九四頁を参照）。T・パーソンズがウェーバーの後継者でない以上に、シュッツはウェーバーの後継者ではない。社会学の古典のなかで彼に最も近い人をあげるとすれば、むしろE・デュルケムだろう。

六.

その後のウェーバーの研究の展開でも、基本的な方向性は維持されている。

第七回で紹介したように、一九〇八〜〇九年の工業労働論文では、実際のデータを使って原因候補の変数の効果を測定しようとした。ある変数の影響を他の変数の影響から区別しようとしたり、偶然的なものかどうかを識別しようとして、計算をいろいろ工夫している。現在の要因統制や検定からみれば不十分なものだが、いうまでもなく、これは「客観的可能性」の実証例にあたる。

方法論の論文群でも、シュタムラー論文の六年後、一九一三年に発表された「理解社会学の若干のカテゴリーについて」（理解社会学論文）では、冒頭の注記で「方法論の著作では……他に（『客観的可能性』に関しては）ラートブルフ」と述べた後、「間接的にはフッサールとラスク」とつけ加えている（S. 427）(6)。

さらに一九一八年の「社会学および経済学の『価値自由』の意味」（「価値自由」論文）では、文化科学論文で現れる「価値解釈」が重要な概念となり、文化科学論文自体も参照指示されている（S. 512）。この論文での因果的解明の解説は、シュタムラー論文第四節の考察をほぼそのまま使っている。

理解社会学論文での参照先の指示は、文化科学論文から説明できる。第一〇回や第一二回でも述べたが、ウェーバーは、v・クリースの考え方を全面的に受け入れたわけではない。現在の知識の不十分さでは一致していたが、法則論的知識の探究を積み重ねていけば、世界の完全な因果的説明にいたるのかに関しては、対照的な立場をとっていた。v・クリースは肯定的だったのに対して、ウェーバーは懐疑的あるいは否定的だった。より一般的に言い換えると、現時点での法則論的知識は全てデータによる反証可能性にさらされているが、それらが具体的にどの程度仮定的かの見積もりは、同じ知識を用いる場合でもちがいうる(↓第一〇回)。

ラートブルフの一九〇二年の論文はこの点も視野にいれて、適合的因果のとらえ方を、「(v・クリースの)主観説／(リューメリンの)客観説／(ソーンの)折衷説」という三つに整理していた(Radbruch 前掲)。この整理自体は妥当だが、v・クリース自身の立場はかなり「客観説」寄りだった。『確率計算の諸原理』の「第二版序文」で、彼自身そう述べている。

ラートブルフも誤解していたわけではなく、客観説と区別することで、v・クリースが置いたいくつかの仮定が、「法則論的／存在論的」の枠組みから取り外せることを示したのだろう(↓第一〇回注7)[7]。けれども、だとすれば学説の分類としては、(ラートブルフの)主観説／(リューメリンの)客観説／(ソーンの)折衷説、といった方がよい。ウェーバー自身の立場も、この意味での「主観説」に一番近い。

こうした点は、文化科学論文の執筆中に自覚されていたようだ。例えば、第二節の四番目の注記は、それを述べたものだろう(二二一～二二二頁、S. 269 Anm2)[8]。だから、自分の方法論を独自に展開する形をとった理解社会学論文では、「客観的可能性」の参照先としてラートブルフの方が適切だと考えたのではないか。例えば、理解社会学論文の第二節に出てくる「『意味的に適合的な因果 sinnhafc adäquate Verursachung』」などの表現は、そういう意味で使われているのだろう(海老原明夫・中野敏男訳『理解社会学のカテゴリー』二四頁、未來社、一九九〇年、S. 434 など)[9]。

ラートブルフも「法則論的／存在論的」を対概念として使っており(→第八回)、主な術語系がv・クリースによることも、読めばすぐわかる。そもそも「客観的可能性」という術語自体がv・クリースのもので、実はラートブルフ自身はこの語に留保をつけている。そういう術語をウェーバーは、わざわざ論文の冒頭にあげているのである。

そして、これはシュタムラー論文の二つの課題への答えにもなっている。ここでv・クリースではなくラートブルフを参照指示することで、第一の課題［同じく経験的な科学としての自然科学と人文社会科学はどんなちがいがあるのか］と第二の課題［経験的な人文・社会科学で用いられる法則論的知識とはどんなものなのか、どう見出され、用いられるか］にも、ウェーバーは部分的にせよ、答えているのだ。

実際、理解社会学論文では「平均的 durchschnittlich」という言葉が、執拗にくり返される。社会科学の因果的な説明は全て、適合的因果の手続きを通じて、その「妥当性 Gültigkeit」を確保せざるをえない。そのことを前提に、社会学の探究対象となる社会関係のあり方と成り立ち方を考察している[10]。そうした点でも、現代の統計的因果推論との連続性がより明確に確認できる(第一六回四節参照)。さらに、これはパーソンズの「ホッブス問題とその解決」とは全くちがう方向での、理論社会学の可能性も示している。こちらの面では、むしろN・ルーマンの意味システム論との共通性が見えてくる[11]。

ただし、ルーマン自身はこうした共通性に言及していない。G・ジンメルの読解と比べても、教科書的に、というかむしろ硬直的に、パーソンズのウェーバー読解をなぞっている。文化科学論文以降のウエーバーの方法論の意義に関しては、J・ゴールドソープの方が、最近の『集まりの科学としての社会学』(J. Goldthorpe, *Sociology as a Population Science*, Cambridge Univ. Press, 2016, 杉野勇・常松淳訳でミネルヴァ書房より刊行予定)もふくめて、より適切に位置づけている(↓コラム1九節、第一七回一節も参照)。

第五回で述べたように、全体社会システムにあたるものを想定しない点もふくめて(↓第二回注3)、むしろウェーバーの理解社会学の延長上で、ルーマンのシステム論は再展開すべきだ、と私は考えている(詳しくは『意味とシステム』、「行為と意味」『社会学理論応用事典』前掲、「自己産出系のセマンティクス」などを参照)。例えばコラム2の最後で少しふれたが、行為の意味の事後的な推論の不確実性を組み込めば、官僚制組織の決定連関などの(↓第五回六節)、コミュニケーションの自己産出系論もより論理的に再構成できる。複雑系論との共通性も、たんなる喩えをこえて、経験的な分析に役立つ近似として位置づけ直せる(第二〇回五節および「データを計量する　社会を推論する」参照)。

まとめていえば、一九〇八～〇九年の工業労働論文も、一九一三年の理解社会学論文も、一九一八年の「価値自由」論文も、文化科学論文からシュタムラー論文への方法論の展開を引き継いでいる。たんなるくり返しではなく、経験的な分析としても、理論的な検討としても、さらに先へ進んでいる。

その点でも、ウェーバーの方法論の論考群は高度に一貫している。そして現在の理論社会学や計量社会学にとっても、重要な考察でありつづけている。

(1)　ウェーバーはここで論理学と数学を「『あるべきSollen』」をあつかう教義学にふくめている。奇異に感じるかもしれないが、数学はともかく、当時の「論理学 Logik」は、現在でいう科学論・科学哲学に近い意味で使われていた。例えば速水『論理学』前掲参照(↓コラム1七節)。文化科学論文の題名「文化科学の論理学の領域での批判的研究」の「論理学」もそうである。

(2)「はしがき」やコラム1でも述べておいたが、もしここで描いてきた軌跡が学説研究的に妥当なものだとしても、私の独創性によるものではない。例えば向井の著作と論文にも、かなりの部分がすでに書かれている。v・クリースの術語系がどのように引き継がれたかに関しても、ターナーやマッシミラの研究がすでにある。

　私がつけ加えたのは、現代の科学論と統計学の知識を援用して、それがどんな意味をもつかを再構成した部分だが、この点に関しても、ウァグナー&ツィプリアンやハイデルベルガー、リンガーらがすでにとりあげている(→コラム1)。田中や金子をふくめて、特に関連深い先行研究は本文や注記で参照指示しておいたが、並行的な発見者は他にもおられるだろう。

(3) v・シェルティングは *Max Webers Wissenschaftslehre*(前掲)では、適合的因果に関する議論を苦労して書き直しており、自分の理解の不十分さに気づいていたようだ。文化科学論文の英訳にもv・シェルティングの助言があったらしい。彼自身は、文化科学論文を真面目に読もうとしていたのだと思う。それに対して、L・v・ミーゼスの「社会学と歴史」には文化科学論文への言及はない。

(4) なおこの箇所のS. 264Anm1は訳書の注12にあたるが、誤訳されている。正しくは「論文『客観的可能性の概念について』……、因果適合性の概念については特にその二〇一頁以降を見よ。ウェーバーの見解に関しては、特にこのテーマにあてられた論文である、『科学論集』の二六六頁以降を参照せよ」。「『科学論集』の二六六頁以降」は文化科学論文の第二節である。内容の理解はともかく、ウェーバーの論考のどこで何が論じられているかは、シュッツは的確に知っていた。

(5) したがって、「ウェーバーの思考は、新カント派の哲学の伝統的な前提から完全に離れることができなかった」というルックマンの評価も的外れだと思う(那須壽監訳『生活世界の構造』二五頁、ちくま学芸文庫、二〇一五年、A. Schütz und T. Luckmann, *Strukturen der Lebenswelt*, S. 13, Lutherland, 1975)。あえて近さ遠さを論じるならば、「主観的知識の『客観化』»Objektivierungen« der subjektiven Wissens」(五一三頁、S. 270など)のような表現を簡単に使うシュッツやルックマンの方が、新カント派にはるかに近い。

　例えばシュッツ&ルックマンのいう「一般的知識 Allgemeinwissen/個別的知識 Sonderwissen」は、特定の(法則論的)知識が特定の社会関係によって選択的に保持されるという考え方にもとづくが、ウェーバーの枠組みでは、それ自体もまた、法則論的知識にあたる。すなわち、シュッツ&ルックマン自身の言い方を借りれば「仮定的な有意性《レリヴァンス》 hypothetische Relevanz」でしかない。「一般的知識/個別的知識」は、社会的状態に関する経験的な命題をふくんでいる。そうした命題の客観的妥当性がどう根拠づけられるのかが、文化科学論文以降の、ウェーバーの方法論の中心的課題なのである。

(6) それぞれのどの著作を念頭においていたかはわからないが、もし「客観的可能性」との関連を強く意識していたとすれば、フッサールに関しては「法則論的／存在論的科学」が出てくる『論理学的研究1』も考えられる(→第一一回注2)。より広く、社会科学の方法論での「抽象」の意義を考えていたとすれば、『論理学的研究』全体があてはまる。

(7) 例えばハイデルベルガーによれば("From Mill via von Kries to Max Weber" 前掲 pp. 258–259)、

「v・クリース自身が用いた、馬車の御者という」この例は三つのことを証示している。第一に、ある帰結に対するある原因の適合性は、状況に関する利用可能な知識相関的にしか正当化できない。第二にそれは、ある当事者へのある結果の帰責は、その当事者に利用可能な知識またはその当事者に正しくそして正当に期待できる知識に依存する、ということを示す。……第三に、この例は同様に、条件が適合的な原因かどうかは、当該の条件がどう記述されるかに依存することを示す。

v・クリースがこの異議を自覚していたことを示す箇所は、いくつか(少数)ある。けれども、彼はこれを軽くあつかい、知識一般の曖昧さと非決定性を指摘すれば足りるだろうと考えた。しかし、これでは十分ではなかった。法哲学者のG・ラートブルフは、「適合的因果」のアプローチをこの点で批判した……。

(8) ラートブルフ独自の影響に関しては、宇都宮京子がより包括的に論じている(「マックス・ヴェーバーにおける『客観的可能性判断』をめぐる諸考察」前掲)。その位置づけがほぼ妥当だと私も考えているが、法則論的知識の可変性は、すでに文化科学論文第二節で重要な論点になっており、理解社会学論文との間でウェーバーの考え方に大きな変化はないと思う。注7および第六回〜第一一回を参照。

ただし、ウェーバーはラートブルフの批判に全て賛成したわけではない。例えば文化科学論文の注記の一つでは、「因果の擬人化的解釈」へのラートブルフらの疑義を退けて、v・クリースはすでに解決ずみだとしている(二二六頁、S. 269Anm3)。第七回四節で述べたように、この疑義はミルとv・クリースの「対立」に関するもので、v・クリースの枠組みを、二人がそれぞれどの程度理解できていたかを測る上でも、かなり重要になる(→第九回五節)。コラム4五節も参照。

(9) ここでウェーバーがあげている例はややわかりにくいが、現代的にいえば、論理学の研究の社会学的な記述にあたる。基礎概念論文に出てくる計算過程の例と同種のものだが(第一四回注1参照)、行為者の「思念された意味」に関わる因果的説明において、数学や論理学の定理や公理がどんな形で法則論的知識として使われるのか、に関しては、より丁寧に述べてある。

具体的にいうと、論理学上のある問題が解決されたことは、社会学的な因果記述としては、ある研究者が主観的に思念していた研究上の「問題設定」があり、それを解こうとした結果、論理学上でのその問題の解決にきわめて近い考えを「思いついた」、という形になる。

この場合、原因候補としては、その研究者に解きたいという強い動機づけがあったことだけでなく、その研究者が適切な問題設定に成功したこともあげられる。その適切さの論証手段として、論理学の定理や公理が利用される。例えば、「もしこうした問題設定をしていなければ、その研究者はその論理学上の問題の解決につながる考えを思いつかなかっただろう」という反実仮想の論拠として、これらは使われる(→第七回二節)。

現代の読者になじみやすい例としては、T・スコーレムによる一階術語論理の非範疇性の証明(一九二二年)と、K・ゲーデルによる完全性定理の証明(一九三一年)との関連性の議論がある。ゲーデル自身のものもふくめて、複数の因果的説明が実際に提示されている。出口康夫「ゲーデルとスコーレム」(『現代思想』三五巻三号)など参照。

(10) 念のためつけ加えておくと、これは、社会関係が「平均的」にしか成立しない、ということではない。二人の個人だけで取り結ぶ関係はつねにあるだろうし、(a)社会科学の仮説として、そういう関係を想定することも全く問題ない。けれども、それが「平均的」にはどんな結果をもたらすと考えられて、それゆえ、(b)どんな点に着目すれば、適合的因果の手続きによって検証できる可能性があるかは、論証する必要がある。

その意味で、クニース2論文や理解社会学論文でウェーバーも述べている通り、(a)仮説が論理的に成立するという「明証性 Evidenz」と、(b)経験的なデータで検証できるという「妥当性」とは区別する必要がある。裏返せば、どちらか一方がもう一方に吸収されるわけではない。

(11) その意味でも、*Zeitschrift für Soziologie* 21-23で交わされた、システムの同一性をめぐるウァグナーらとルーマンの論争は(→コラム1八節)、それがA・ナセヒの独自の応答("Das Identische 'ist' das Nichit-Identische." *Zeitschrift für Soziologie* 22(6), 1993)を引き出した点もふくめて、興味深い。高橋顕也『社会システムとメディア』前掲も参照。

［第一四回］　比較社会学への展開
――経験的探究としての社会科学（2）

一．

ウェーバーの最後の方法論の論考、「社会学の基礎概念」（基礎概念論文）は、彼の死後、一九二一年に刊行された。そのため、彼の最終的な到達点、より正確にいえば、どこまで考えていたかが、よくわかるものになっている。

この論文でウェーバーは、自らの方法論を「理解社会学 verstehende Soziologie」（英語では interpretive sociology）として、あらためて定式化する。その冒頭にはジンメルとリッカートの名前が出てくるが、V・クリースは出てこない。彼自身の論考では、シュタムラー論文があげられている。「客観性」論文は途中で参照指示されるが（阿閉・内藤訳前掲一四～一五頁、S. 548 Anm1, *MWG1/23* S. 156 など）、文化科学論文は言及されていない。

もしかすると、V・クリースの新たな主著として、一九一六年に『論理学』という大著が刊行されたことも関わっているのかもしれない（↓第六回）。当時のウェーバーには、研究面でも生活面でも、この著作をじっくり読んで検討する余裕はなかっただろう。こうした言及のされ方も、「客観性」論文を方法論の代表作だとする誤解を促進させたのかもしれない。

しかし実際には、文化科学論文の基本的な枠組みは、基礎概念論文にも引き継がれている。例えば第二回で述べたように、この論文では、因果関係が明示的に確率的に定義される。

> 「因果的に適合的 Kausal adäquat」とは、ある事象の経緯が、経験則にもとづいてある機会 Chance が成立して、事実上いつも同じようなあり方で経過する、その程度に応じて in dem Grade、そういわれるべきである。……したがって、因果的な説明とは、何らかの測りうる、理想的な——稀ではあるが——場合には数量的に示しうる、確率的な［蓋然性の］規則 Wahrscheinlichkeits**regel** にしたがって、特定の観察された（内的または外的な）事象の後に別の特定の事象がつづく（または、ともに出現する）と確定すること Feststellung を意味する。
>
> （一七～一八頁、S. 550, *MWG I/23* S. 159）

むしろ一九〇六年の二つの論文に比べて、因果のとらえ方がはっきり統計学的になっている。すなわち、特定の事象Cがあることで別の特定の事象Eが生起する「確率 Wahrscheinlichkeit」が大きくなれば、より厳密にいえば「他の条件が同じであれば」という条件の下で **P(E|C)>P(E|¬C)** が成立することが確定されれば、因果関係があるといえる。[1] そういう定義がされている。

文化科学論文の術語と対応させると、先の引用のうち、まず「経験則にもとづいて……事実上いつも同じようなあり方で経過する」は、特定の法則論的知識によって（一回的な事象であれば）「もしcでなければEは……」の形で直接指定される、あるいは（複数回観察される事象であれば）「CとEの値にともに影響する……」の形で言及される（→第四回、第七回）、二つの事象CとEの組み合わせにあたる。

そして「ある機会が成立して……その程度に応じて」や「何らかの測りうる」が「促進的」、すなわ

ち$P(E|C) > P(E|\neg C)$の程度にあたる。その後の「理想的な……場合には数量的に示しうる、確率的な」で、それが0と1の間の値をとる、複数回観察できる場合をふくむことも明示される。

第一二回で述べたように、「偶然的」では$P(E|C) - P(E|\neg C) = 0$であるのに対して、「適合的」は$P(E|C) - P(E|\neg C) > 0$、すなわち0より大きく1以下の値をとる。つまり「程度Grad」という量をもつ。このことは文化科学論文で指摘されており、第三回で述べた倫理論文改訂版での「禁欲的なプロテスタンティズムの文化意義の大きさ」にも引き継がれる。基礎概念論文では、それが「理想的な……場合には数量的に示しうる」と明記され、確率的因果論の考え方がより前面に出ている[2]。つまり、この論文では複数回観察できる場合を標準形として、因果同定手続きが解説されている。

リッカートの文化科学からの離脱としても、これはさらに大きな一歩であった。対象を統計学的にあつかう上では、集計という操作が必ず入る。すなわち、文化科学的な「個性」を正面から否定することになる(↓第七回三節)。

それだけではない。適合的因果構成では因果が反事実的に定義されるため、因果のあるなしをデータから経験的な手段だけで求めるためには、コラム1で述べたような一定の条件をみたす必要がある。統計的因果推論はまさにそこを数理的に明確にすることで、数量的なデータ以外の場合もふくめて、論理的に見通しよくした。現在の知識の水準では、ウェーバーの「何らかの測りうる、理想的な……場合には数量的に示しうる」という表現も、より厳密に再定義できる。それによってどんな場合に測れるかも明確になり、具体的な測り方もいろいろ工夫されている。

第五章で詳しく述べるが、「因果的に適合的」の定義はこうした方向性にそうものでもある。実際、この論文でも「平均的」が頻繁に出てくる(↓第一三回六節)。理解社会学論文や『宗教社会学論集1』

での「促進的」と考えあわせると、集まり単位の期待値に近いものが想定されていたのだろう(→第三回四節、コラム4参照)。

確率論の著作だからあたりまえだが、v・クリースの『確率計算の諸原理』では「機会」や「平均的に」という術語は頻出する。というか、それ以前に、そもそも上の「因果的に適合的」の定義は、「客観的可能性の概念」論文で「一般的可能性 generelle Möglichkeiten」「一般的連関 generelle Zusammenhang」と呼ばれているものと全く同じだ(コラム4特に四節参照)。

第一二回で述べたように、ウェーバーもv・クリースも、最初から一回しか観察できない場合も、複数回または複数の事例が観察できる場合をふくめて、適合的因果の枠組みを考えていた。一九〇六年の時点ですでに、ウェーバーは確率論の術語や考え方になじんでいた。その点でも、文化科学論文の枠組みが引き継がれて、より徹底されている。むしろ、こういう形でウェーバーは、文化科学論文第二節の続きを書こうとしたのかもしれない(→第一〇回注8)。

二

もう少し詳しくみていくと、文化科学論文と基礎概念論文で示された枠組みの間には、ちがいも見出される。大きくいえば、二つの点でちがう。

一つは、一九一三年の理解社会学論文を引き継ぐ形で、社会学の説明対象が、行為の「思念された意味 gemeinte Sinn」に明確に限定されることだ。

「意味」とはここでは、(a)事実的に、α：歴史的にあたえられた一つの場合に一人の行為者によって、β：平均的または近似的に、ある程度多くの場合に行為者たちによって、あるいは(b)概念的に構成された純粋型において、類型として考えられた行為者または行為者たちによって、主観的に思念された意味のことである。……行為に関する経験的な諸科学、すなわち社会学と歴史学と、全ての教義学的な諸科学、すなわちその対象において「正しい」「妥当な」意味を探究しようとする法理学、論理学、倫理学、美学とのちがいはここにある。

(七頁、S. 542, *MWG1/23* S. 149)

前回述べたように、これはシュタムラー論文での学術区分を引き継ぐものだ。言い換えれば、ここでウェーバーは、社会科学は「第三の自然」の意味では自然科学だが、「第五の自然」の意味では自然科学ではない、と述べているわけだが、具体的な事例に即していえば、文化科学論文でも、因果の特定に使われる法則論的知識は、全て「行為の意味」に準拠(言及)している(→第一一回～第一二回)。したがって、二つの論文の間で実質的なちがいはない。

むしろ、基礎概念論文では、社会学で用いられる法則論的知識の種類を明確に限定した。そう考えた方がすっきり理解できる。この論文ではまず、社会学で用いられる法則論的知識を、「思念された意味」に準拠(言及)するものに明示的に限定した。その上で、そうした法則論的知識によって二つの事象が関連づけられることを、より正確にいえば、その関連づけの想定と「同じようなあり方で経過する」ことを「意味的に適合的 sinnhaft adäquat」と名づけた(一六頁、S. 549, *MWG1/23* S. 159)。

基礎概念論文の「意味連関 Sinnzusammenhang」はこうした種類の法則論的知識、およびそれによって関連づけられることにあたる(詳しくは第一八回で述べる)。

……これら全てが理解される意味連関であって、私たちはその理解を、行為の事実的な経過の説明と考える。それゆえ行為の意味をあつかう科学にとって、「説明」とは、現実に理解される行為が、その主観的に思念された意味にしたがってそこに内属している、その意味連関をあつかうことである。

（一四頁、S. 547, *MWG1/23* S. 155）

「理解」と「説明」を等置するウェーバーの説明は、一見奇妙に思えるかもしれないが、まず、観察された特定の行為に関する因果の特定は、当事者水準での「思念された意味」に関わる、観察者の法則論的知識にもとづく。さらに、その「思念された意味」を推論する上では、当事者がもつ（と考えられる）法則論的知識が重要な手がかりになる（↓第一二回六節）。当事者も多くの場合、自分に関わる因果を自分なりに観察し考慮しながら、ふるまっているからだ。

この二つの法則論的知識はもちろん同じものではないが、ともに経験則であるがゆえに、内容上は重なる部分も少なくない。そして、当事者水準での法則論的知識をより正確に推定できれば、その思念に関わる因果の同定における、観察者側の法則論的知識もより適切な形であてはめられる。[3] ――そう考えれば、「理解」と「説明」はたしかに一体的にあつかえる。

結果によって、すなわち事実的な経過における偏差を通じて、理解される意味解明を統制することは、したがって、あらゆる仮説の場合と同じく、不可欠である。これは心理学的な実験では、残念ながら少数の、きわめて特別な、これに適した場合にのみ、相対的な正確さで達成されうる。統計を用いた、計量可能な、その帰属が明瞭な大量現象の（これも同じく限られた）場合では、きわめて多種多様な近似をともなってのみ、達成されうる。それら以外の場合には、できるだけ多くの歴史的および日常生活での出来事を、その他の点では等しいが決定的な一つの点……で異なる種類の出来事を、比較する可能性だけがある。それが比較社会学の重要な課題である。しばしばもちろん、因果的帰属を達成するには、「思考実験」という不確実な手段、すなわち動機連鎖の個々の構成要素を思考の上で押し進めてFort**denken**、それから**dann**ありえそうな経過を構成する、という手段だけが残念ながら残るが。

（一六頁、S. 549, *MWG I/23* S. 157）

「私たちは、現実の因果諸連関を見通すために、非現実的因果諸連関を構成する」（二〇八頁、S. 287）という文化科学論文の結論は、ここにつながってくる。v・クリース由来の枠組みは、基礎概念論文でも基本的に保持されているのである。

なお、これらの議論は、現在の知識を使えばもっと体系的に整理できる。例えば、「意味連関」には、二つの変数の間の関連性の内容が了解できること、すなわち、「思念された意味」に関わる既存の法則論的知識に何らかの形で関連づけられることもふくまれる。

これも経験的分析では重要な基準になるが、このこと自体は、因果の同定そのものとは関係ない。ただし、実際の調査観察データではほとんどの場合、原因候補と結果を関連づける仮説自体が、この基準をみたす法則論的知識にもなっている。第一八回でまた述べる。

三．

もう一つのちがいは、枠組みを説明する用語がかなり単純化されることだ。これは文化科学論文だけでなく、理解社会学論文との間でも見出される。

よく知られているのは「ゲマインシャフト／ゲゼルシャフト」の定義変更だろう（松井克浩『ヴェーバー社会理論のダイナミクス』未來社、二〇〇七年など）。折原浩の「カテゴリー論文」（『マックス・ヴェーバーにとって社会学とは何か』前掲）でも的確に解説されているように、理解社会学論文では、この二つは近代化以前／以後のような歴史的変動に重なるものではなかった。そもそもこの二つの言葉に大きな意味のちがいはなく、当時のドイツ語圏では互換的に使われていた（Manfred Riedel, "Gemeinschaft, Gesellschaft," O. Brunner, W. Conze und R. Koselleck (hrsg.), *Geschichtliche Grundbegriffe*, Klett-Cotta, 1979, 今井弘道・筏津安恕訳「ゲゼルシャフト・ゲマインシャフト」河上倫逸・常俊宗三郎編『市民社会の概念史』以文社、一九九〇年）。ウェーバーの歴史社会学的な分析にとっても、概念の定義は歴史的変動に重ねない方が自然である。

けれども、基礎概念論文では、F・テンニースの『ゲマインシャフトとゲゼルシャフト』にあわせる形で、その定義が変更される。当時の多くの読者、とりわけ発展段階説や社会進化論を肯定する人にとっては、たしかにわかりやすくなっただろうが、ウェーバーにとっても社会学にとっても、失うものの方が多かったと思う。

「因果的に適合的」にも同じことがいえる。はっきりと統計学的な定義にすることで、「法則論的／存在論的」や「客観的可能性」などのv・クリースの術語系を使わないようにしてあるが、これらは残しておいた方がよかったと思う。適合的因果の判定が法則論的知識の内容に依存することが、それによって明示できるからだ。

特に「法則論的」はその後、C・ヘンペルによって「演繹的－法則論的モデル（DNモデル）」という、因果とは無関連化された法則性を表す言葉に転用される（↓第二回注6）。v・クリースとはある面で正反対の意味をもたされるようになり、それによってウェーバーの文化科学論文の「法則論的」も誤解されやすくなった（↓コラム1九節）。

もちろん、もし法則論的知識を残せば、今度は、法則科学／文化科学の対立図式を自明視する読者から、「因果法則」と混同されてしまっただろう。実際、日本語圏では文化科学論文はほとんどそう読まれてきた。ウェーバーとしては、むしろそういう読まれ方をさけようとして、因果それ自体は確率論的に定義した上で、法則論的知識にあたるものを「意味連関」と呼び換えて、二つの基準の形にしてその両方をみたす必要がある、と述べたのではないだろうか。

また、すでに述べたように、複数回観察ができる場合でも、因果のあるなしを同定するためには、「原因候補と結果にともに影響すると考えられる他の変数群は全て同じ状態にある」という法則論的知識を仮定する必要がある。「と考えられる」と書いたように、これは現実には因果に関わる変数の範囲を観察者の側で限定することであり、「価値解釈」にあたる（↓第三回一節）。意味連関というより抽象的な言葉を使えば、法則論的知識のそうした面も同時に表せる。

けれども、この言い換えによって失われたものは、やはり大きかった。因果の定義や具体的な同定手続きのちがいを考慮せず、抽象的な形容だけでウェーバーの方法論を解釈しようとする読み手には、あたかも文化科学的な法則科学があるかのように見せてしまうからである。これも反実仮想になるが、もし文化科学論文の術語系をそのまま用いていれば、反事実的な因果同定だけでなく、確率的因果論を社会科学に導入した人としても、ウェーバーは記憶されていたのではなかろうか。

四

ウェーバー自身の方法論の検討に話を戻そう。文化科学論文での枠組みは、このように、シュタムラー論文での再確認とさらなる展開を通じて、その後のウェーバーの社会学に引き継がれている。それを最もよく示すのは、第七回でも引用した『宗教社会学論集1』「儒教と道教」の最終章、「儒教とピューリタニズム」のこの一節かもしれない。

予想できるかぎりにおいて、近年の文化的地域で技術的にも経済的にも完全な発達をとげた資本主義に適応する能力があるという点では、中国人は日本人と同様か、おそらくは日本人をしのぐ。彼らが本性上「資質に欠けていた」と考えられないことは明らかだ。しかし、資本主義の成立を外的に促進する諸状況 begünstigende Umstände が西洋と比べてはるかに多様にあったにもかかわらず、古代のギリシア・ローマとオリエント、あるいはインドやイスラム世界と同様、ここでも資本主義は創り出されなかった。これらの地域ではそれぞれ、他の、やはり同じく資本主義の成立に促進的な諸状況 andere, ebenfalls: begünstigende, Umstände によって歓迎されていたにもかかわらず。

「促進的」は、もう何度も述べたが、v・クリースの術語だ。すぐ後には「阻害 Hemmnis」という言葉も出てくる。これは「促進」の反対語で、ある事象が生起する確率を小さくすることを意味する

(→第七回四節)。「促進」も「阻害」も、厳密な定義は文化科学論文の第二節にある。コラム1や第四回で使った言い方でいえば、原因候補と結果にともに影響する他の全ての変数の状態が同一であれば(→第一〇回注6)、結果事象の生じる確率を大きくすると考えられるのが「促進的」、小さくすると考えられるのが「阻害的」にあたる。

ウェーバー自身はこれを、「他の諸条件との、可能だと考えられる結びつきの多くで、当の結果を引き起こすことを、常としている」という形で述べている(文化科学論文二一〇～二一一頁、S. 289)。現代の言い方でいえば、原因候補と結果にともに影響する他の全ての変数について期待値をとれば、結果事象の出現確率を大きくすることにあたる(第一七回七節、コラム4参照)。

したがって、最後の方法論の論考である基礎概念論文でも、そして最後の比較社会学の著作となった『宗教社会学論集1』でも、その方法論は文化科学論文の延長上にある。基礎概念論文の冒頭部では、シュタムラー論文を参照指示した上で「これは、以下で述べることの基礎をすでにさまざまに含んでいる」と述べているが(六頁、S. 541, *MWG1/23* S. 148)、第一三回で述べた文化科学論文とシュタムラー論文の関連性を考えれば、これも的確な自己理解だと思う。

むしろ一九二〇年当時のウェーバーは、一九〇四年の「客観性」論文の「『法則論的』」や「『客観的可能性』」も、そこからいわば事後的に位置づけ直そうとしたのかもしれない[4]。倫理論文改訂版にはこうした位置づけ直しが見られるが、基礎概念論文にも同じことがいえるかもしれない。

しかし、それによって、特定の術語がどの論文でどんな意味で用いられているかは、かえって見極めにくくなった。例えば、もしv・クリースの影響に気づかなければ、基礎概念論文での「因果的に適合的」の定義は、統計学的な議論を急に導入したものに見えるだろう。「当時の科学技術の爆発的な発展をうけて……」みたいな解釈をしたくなりそうだ。

実際には、すでに一九〇六年の段階で、ウェーバーの方法論は統計学の考え方を積極的に活かしていた。v・クリースは結果事象の生起する確率の差として「促進的」を定義し、その術語をウェーバーは文化科学論文で採用した。そして、その後もその枠組みを、独自の修正を加えた上で使いつづけた（↓第一〇回六〜七節）。

それらを考慮して、ウェーバーの社会科学方法論をめぐる影響関係を描くと、図14-1のようになる。参考程度に見てほしいが、なかなか豪華だ。当時のドイツ語圏の学術の厚みを、あらためて感じさせる。

このなかでウェーバーに最も近い人をあげるとすれば、ラートブルフだろう。そのラートブルフを通じた間接効果もあわせると、v・クリースからの影響は大きい。リッカートの影響も重要だが、ラートブルフは法則論的知識を客観的なものではなく、論理的なものだとした。その延長上で、ウェーバーのいう「価値解釈」と等価な考え方は必ず入ってくる（↓第二回〜第三回）。v・クリースの確率論が論理主義に分類されるように、「法則論的／存在論的」の枠組み自体が、最初からそういう方向性をもっていた。論理主義的確率論では、知識依存性が必ず主題化されるからだ（↓第七回、第一三回）。

「価値解釈」というとらえ方は、そこにもつながっている（↓第三回）。文化科学論文の第一節でこれが登場することを考えると、リッカートやv・クリース、あるいはラートブルフのうちの誰かから特に影響されたというよりも、彼らからの影響をウェーバーが消化した上で、独自に創り出したものだろう。

また、v・クリースの影響の広さが、この図からもあらためて確認できる。当時の最先端の自然科学と社会科学だけでなく、哲学とのつなぎ目にもなっている。さらに、ウェーバーの方法論が、同時代のどんな知的営為と関連深かったのか、もよくわかる。

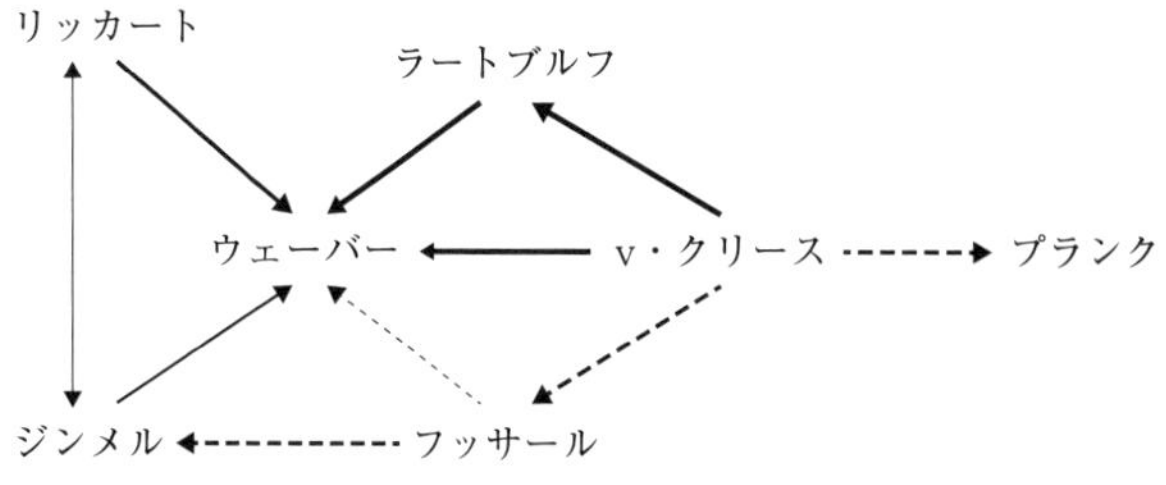

図 **14-1**　因果分析の方法論をめぐる影響関係

それは反省的形式化への流れであり、一九世紀／二〇世紀の区分けでいえば、むしろ二〇世紀の科学のあり方の先駆けであった(「一九世紀／二〇世紀の転換と社会の科学」参照)。第二回で述べたように、社会科学が「文科系／理科系」の区別を超える横断的な学術になっていく、その先駆けでもある。

六.

現代の方法論では、統計的な関連性(例えば確率モデルの有意性)と因果関係の同定を明確に区別する。後者には前者にない仮定がふくまれるからだ(パール『統計的因果推論』前掲四〇頁、p. 40)。

統計的な概念の例としては、相関、回帰、条件つき独立、連関、尤《ゆう》度《ど》、併合可能性、リスク比、オッズ比、傾向スコア……などがあげられる。因果的な概念の例としては、無作為化《ランダム》、影響、効果、交絡、外生性、無視可能性、攪乱、……、疑似相関、パス係数、操作変数、介入、説明などがある。こうした区別をする目的は、統計分析の領域から因果的な概念を除外することではない。むしろ、適切な手法を組み合わせて、統計的でない概念を取り扱えるように、探索する人々を勇気づけることにある。

……あらゆる因果的な主張の背後には、何らかの因果的な仮定が必ず置かれている。その仮定は同時分布からは識別できず、そしてそれゆえ、観察研究でも検証できない。そうした仮定は通常、人間によってあたえられ、専門家の判断に依っている。このように、人間が経験的な知識を組織化し伝える方法は、研究の不可欠な一部に組み込まれている。なぜならば、まさにその方法が、専門家が表明することを求められている判断の真実性を決めるからである。

法則論的知識や「経験則によって」という表現は、まさにこれを別の言葉で表現したものだ。パールの『統計的因果推論』にはウェーバーもv・クリースも出てこないが、だからこそ、その主張との共通性はいっそう意義深い。

「法則論的」という術語はもともと、因果を仮説的に同定する手続きを表現するために導入された。ところがその後、『生物統計』学派の数理統計学が爆発的に発展するなかで、統計学的規則性と因果関係は無関連だとされていった(→第二回、コラム2)。それによって一方では、統計学は数理的には簡潔で見通しやすくなった。ヘンペルのDNモデルもそうした展開に連なるものだが、もう一方ではそれによって、日常的な、あるいは社会科学での因果的な説明との関わりはかえって不明確になった。

例えば、社会科学の計量手法の授業では、誰でも最初に「相関は因果ではない」と教えられる。けれども、教える教員自身もふくめて、経験的な分析では、相関だけを論じることはほとんどない。実際には相関から因果を解釈している。そこには当然、論理的な飛躍があるが、飛躍自体が問題なのではない。統計学の知識から因果の概念を脱落させれば、その飛躍を反省的にあつかえなくなる。それが問題なのである。

先の引用からわかるように、統計的因果推論はこの課題に応えようとした。それは科学論でいえば、W・サモンらによる因果概念の復活と重なるが、そのなかで、因果を具体的に特定するには、反事実的定義と関連する変数群の範囲の仮定とが必要であることが、方法的に自覚されるようになった(↓第四回)。これまでみてきたように、v・クリースやウェーバーも「法則論的／存在論的」の対概念を通じて、まさにそこを明らかにしようとしていた。

そういう意味では、因果分析の方法論は百年あまりの時間をへて、ようやく本来の出発点の直上に戻ってきたといえる。より洗練された手法と、より反省的に形式化された知識とを携えて。

(1)　なお、基礎概念論文のこの箇所はやや誤解を招きやすい。計算の正答や誤答が生じる過程を例に使っているからだ。計算過程の場合、「経験則にもとづいて……経過する」すなわち法則論的知識にあたるものは、数学や数理論理学の公理系をその一部にふくむ。そのため、ウェーバーが客観的な真理のようなものを基準として、因果を同定しているように誤解しやすい。理解社会学論文ではこの点はもう少し丁寧に解説されている(↓第一三回注9)。

(2)　したがって、多くの事例がある場合には、「偶然的かどうか」の判定では、統計的な誤差を考慮して、$P(E|C)-P(E|\neg C)=0$という仮説に関する検定か、区間推定をする方が望ましい(↓第七回六節、第一二回四節)。比率の差の検定は関連性があると仮定するかどうかで検定統計量が変わってくるので(↓第二回注5)、現状ではクラマーのVなどの関連性指標の大きさを、非心カイ2乗分布を使って近似的に区間推定する方がよいだろう。「デー

タを計量する　社会を推論する」の特に3節を参照。
　事例数が少ない場合には、推定や検定は断念せざるをえないが、因果に関わる変数が一般的に定義できる場合、観察された事例はたまたま観察できたものだと考えた方が自然である。したがって、その出現に関する統計的誤差はつねにありうる。そのことは念頭においておいた方がよい。第一七回五節参照。

（3）理解社会学論文では、まさにこの二つの水準の論理的な区別と内容的な重なりとその方法論的意義が、「客観的可能性判断」に関連づけて、述べられている（五三〜五五頁、S. 444）。言い換えれば、ウェーバーの「理解社会学」は最初からA・ギデンズのいう「二重の解釈学」として考えられている（Anthony Giddens, *New Rules of Sociological Method*, Stanford Univ. Press, 1976. 松尾・藤井・小幡沢『社会学の新しい方法規準』而立書房、一九八七年）。

（4）「儒教と道教」の先の箇所は、一九一五年に『アルヒーフ』に発表された「儒教」論文から変わっていない（*Archiv* 41(2), S. 385-386）。したがって執筆年代はそれ以前になるが、逆にいえば、一九二〇年の改訂時にも変更されなかった。その意味でも、一九二〇年時点でも、v・クリース由来の術語系は生きていた。
　ここでわざわざ「促進的」が言及された理由としては、倫理論文アルヒーフ版への激しい批判が考えられる。それらに対して、自分が考える「原因」とは適合的因果の意味での原因だと、再定義しようとしたのではないか（↓第七回）。倫理論文アルヒーフ版では実際には適合的因果を採っていないので（↓第三回四節、第七回注4）、これも事後的な位置づけ直しにあたる。

コラム❸　一九世紀の統計学と社会学

一．

第一一回で紹介したように、ウェーバーはフライブルク大学でv・クリースの同僚であった。リッカートも一八九六年に、この大学で正教授に就く。だからウェーバーがその翌年にハイデルベルク大学に移るまで、短い間だが、この三人は同僚だったことになる。v・クリースは一八五三年、ウェーバーとリッカートはともに一八六四年の生まれだ。

その後、リッカートは一九一六年にハイデルベルク大学へ移る。野﨑敏郎『大学人ヴェーバーの軌跡』(晃洋書房、二〇一一年)によれば、当時のウェーバーは「嘱託教授」の地位にあり、教育業務は実質的に病気休職中だったが、正規の教授会メンバーであった。だから、ハイデルベルクでも二人は同僚だった。

リッカートの後任としてフライブルク大学の正教授に就いたのが、現象学のフッサールである。フッサールは一八五九年生まれだから、v・クリースとウェーバーたちのちょうど間にあたる。第七回で述べたように、フッサールは一九〇〇年の『論理学的研究1(第一版)』で、v・クリースの著作や論文に言及していた。プランクの論文は一九〇一年、ラートブルフの論文は一九〇二年に発表されている。

v・クリースが広く読まれていたのがあらためてわかるが、そういう経緯をふまえると、ウェーバーが「客観性」論文で、v・クリースに言及せずに「法則論的」や「客観的可能性」を使ったことの、そして文化科学論文やクニース2論文での、異様なくらいのv・クリースの言及され方の、それぞれの意味もいっそう際立つ（→第七回～第八回、第一一回）。

プランクは一八五八年生まれでフッサールと同世代、ラートブルフはさすがに若く、一八七八年生まれだ。一九〇三年にハイデルベルク大学で教授資格論文を提出し、私講師になっていた。キール大学教授をへて、一九二六年にハイデルベルク大学の教授として戻ってくる。というわけで、図14-1の登場人物のうち、五人はフライブルクとハイデルベルクという、二つの都市の大学で教えていた。ウェーバーは、ジンメルもハイデルベルク大学教授に招聘しようとしたが、うまくいかなかった。

v・クリースは一八八〇年にフライブルク大学の員外教授、八三年に正教授に就いている。正教授になった年齢はウェーバーと同じく三〇歳だ。どれほどの俊英だったか、これだけでもよくわかる。一九〇九年にはハイデルベルクの科学アカデミーの員外メンバーになるから、ハイデルベルクでも顔を会わせたかもしれない。

二人がどの程度個人的に親しかったかはわからないが、少なくとも学術の上では決して遠くなかった。もともとウェーバーは国民経済学者、つまり広い意味では経済学者だった。この時代のドイツ語圏の国家―統計学《スタティスティーク》は大きく二つに分かれていた。国家を一つの個体としてあつかう学派と、個人の集合体としてあつかう学派である。社会学でいえば、方法的全体主義と方法的個人主義の区別に重なる。

ウェーバー自身はいうまでもなく、後者の学派に近かった。彼の「東エルベ」の調査論文を激賞したF・クナップも(1)、一九一一年のドイツ社会政策学会で、工場調査をめぐって議論を交わしたL・v・ボルトキヴィッチも、こちらに属している。v・ボルトキヴィッチは、文化科学論文の発表直後にも、その中心的な論点をめぐってウェーバーと手紙を交わしている(↓第一〇回六節と注8)。実は彼も、ウェーバーの方法論の形成に立ち会った一人なのである。

二

この学派は、現在では「数理統計学の大陸学派」とも呼ばれる。その名が示すように、現代の数理統計学を創っていくイングランドの『生物統計《バイオメトリカ》』学派とも近い位置にあった(↓コラム2)。

例えば統計学史では、v・ボルトキヴィッチはポアソン分布の実質的な発見者として、また母分散と標本分散の比が(今でいう)カイ2乗分布にしたがうことを完全な形で証明したことでも、知られている。ポアソン分布の(再)発見は、プロイセンの騎兵連隊での兵士の死亡事故の研究から生まれた。その数を調べて、観察単位当たりの事故の頻度が特定の分布にしたがうことを見出した。それが現在でいうポアソン分布である。だから、ポアソン分布は「ボルトキヴィッチ分布」や「B分布」と呼ばれても、おかしくなかった。

そうならなかった背景にはもちろん、現在の統計学が確立するのが二〇世紀前半の英語圏で、その間の二度の世界大戦でドイツがつねに敵国だった、という事情がある。けれども、それ以前は、例えばカイ2乗検定を考案したカール・ピアソンが(↓コラム2四節)、ドイツに留学して「C《カール》」から「K《カール》」に改名したように、学術的な交流はさかんだった。v・クリースの招聘もその一つだったかもしれない。第一次大戦中には大陸側の購読者を失って、『生物統計』の刊行も危うくなる。

当時のドイツ語圏の国家―統計学《スタティスティーク》でも、方法的個人主義に立つ学派の方は、英語圏の学術ともつながっていた。ウェーバーはもともとそちらの学派と関係が深く、v・クリースはその学派にとって特に重要な研究者であった。v・ボルトキヴィッチも、彼の指導教員だったW・レキシスも、『アルヒーフ』に寄稿している。

さらにいえば、それはウェーバーの国民国家主義者《ナショナリスト》という面とも矛盾しない。英語圏の事実上の標準ともいえる方法的個人主義的な思考の上で、英語圏より優れた業績をあげることは、むしろドイツの優秀さを示す良い手段になる。同じ競技場の同じ競技で、相手を打ち負かすようなものだからだ。

二〇世紀後半以降、第二次大戦以降の世界を生きる私たちは、現在からの視点で歴史をとらえがちだが、それによって見えなくなる部分がある。そのことも頭においておいた方がよいだろう。

三

そんなことを書きたくなるのは、とても面白い、それだけに考えさせられる事実が、もう一つあるからだ。先ほど、ドイツ語圏の国家―統計学《スタティスティーク》では二つの学派があったと述べた。そのなかで方法的個人主義の立場をとった学派は、現在では「数理統計学の大陸学派」と呼ばれている。では当時は、どう呼ばれていたのだろうか。

この時期、個人の選択的なふるまいをあつかう統計学は「道徳統計学 moral statistics」と総称されていたが(ここでの「道徳」は現在の「社会的」に近い)、実はこの学派は自分たちを「(道徳統計学の)ドイツ学派」、対立する側を「フランス学派」と呼んでいた。念を押しておくと、方法的個人主義に立つ方の学派が、自分たちを「ドイツ学派」、対立する方を「フランス学派」と呼んでいたのだ。「ドイツ」を方法的個人主義の、「フランス」を方法的全体主義の代名詞に使っていた。

常識的な理解とは正反対だろう。もちろん、だからといって常識的な理解が誤りだとはかぎらない。例えば、方法的個人主義に立つ側が「その思想はドイツ的でない」と攻撃されないように、あらかじめ「ドイツ」と自称したとも考えられる。

しかし、学派の自称も、広い意味では学術的な命名であり、何らかの学術的な根拠は必要だ。そもそも全く根拠のない呼び名なら、政治的な効果も期待できない。実際、ウェーバーとならぶ社会学の創始者の一人、デュルケムは方法的全体主義に立っていた。「ドイツ」が方法的個人主義で、「フランス」が方法的全体主義、という対照は、社会学史の上ではたしかにそうなのだ。

方法的全体主義の立場から道徳の社会的意義を考えたデュルケムは、そういう意味で、まさに「フランス」的だった。自殺をあつかった彼の最初の論文の題名も「自殺と出生率　道徳統計の研究」(一八八八年)である。デュルケムは哲学から道徳統計学をへて、社会学を始めた。「道徳統計学のフランス学派」の一人だったのである。

四.

だから、I・ハッキングが述べたような、統計学の「東と西」図式は信じない方がよい(*The Taming of Chance*, Cambridge Univ. Press, 1990, 石原英樹・重田園江訳『偶然を飼いならす』木鐸社、一九九九年)。ハッキングの図式は常識通り、「東」が全体主義で「西」が個人主義になっている。それを強引に押し通したため、一九世紀の道徳統計学に関しても、社会学の成立についても、悲惨なくらいまちがっている。『偶然を飼いならす』では、「ウェーバーはその方法論が統計学的でなかった」「デュルケムとウェーバーは統計学的／反統計学的という対立軸を示している」と述べられている（一九二頁、p. 132）。その一方でv・クリースの『確率計算の諸原理』は、「一九世紀を通じて、哲学的には最も興味深いドイツ語での確率に関する著作」と、べた褒めされている（一九三頁、p. 237）。

もしハッキングが文化科学論文と『確率計算の諸原理』を両方読んでいれば、関連性に気づかないはずはない。「客観性」論文にも「法則論的」や「客観的可能性」は出てくるから、「あれ？」と思えたはずだ。したがって、ハッキングは実際には、ウェーバーの方法論を全く読んでいないか、あるいは、v・クリースの著作や論文を読んでいないか、少なくともどちらかだろう。まして「フランスとドイツの二つの文化の価値の間で、人がどのようにして『科学的に』判定したいと思うのか、私は知らない」という、「職業としての学問」の文には（二三二頁、S. 604, ***MWG1/17*** S. 100）、目をとめた瞬間すらないはずだ。

おそらくウェーバーについては、『確率革命』の研究集団で聞きかじっただけではないか（→コラム1八節）。v・クリースの著作や論文も、自分自身で読んだとは考えにくい。

この研究集団のなかで、社会学を担当したのはA・オバーシャルであった。彼は「客観性」論文をウェーバーの「最も重要な方法論の論考」として、文化科学的な科学観を述べた箇所を引用している（Anthony Oberschall, "Empirical roots of social theory," L. Krüger, L. Daston, and M. Heidelberger (eds.), *The Probabilistic Revolution 2*, pp. 111-112, The MIT Press, 1987）。

けれども、その一方で「全体主義と機能主義に代わる途は方法的な個人主義である。その社会学版はマックス・ウェーバーによって擁護された行為の理論である」とも述べている(p. 127)。「デュルケムとウェーバーは統計学的／反統計学的」や「東と西」といった図式とは、反対の立場だ。そもそもオバーシャルは、経験的な社会調査の専門家としてのウェーバーを再発見した一人でもある(↓コラム１八節)。

『偶然を飼いならす』第一六章の注記では、オバーシャルの論文を参照指示しているが(二〇八頁、pp. 240–241)、ハッキングは自分の思い込みだけで書いたのだろう。ちなみに『確率の出現』の方では、『確率計算の諸原理』は「J・フォン・クリースの、一八七一年の確率の教科書」と、あっさり片づけられている(*The Emergence of Probability* (2ed.) 前掲 p. 126, 訳文では二一四頁だが「一八八六年」に修正してある)。出版年はともかく、プランクのエネルギー量子仮説の論文やフッサールの『論理学的研究１』でも引用参照される著作は「教科書」ではないはずだが(↓第七回〜第一〇回)、それ以上に、評価の落差に驚かされる。

ハッキングはこういう人なのだろう。発想豊かで、問いの切り口を見つけるのがとても巧い。そうした面での貢献は大きい。統計学と社会学の関わりを考えていく上でも、入門書としては『偶然を飼いならす』はやはりわかりやすい。けれども、学術的な意味で信頼性が高いかといえば、残念ながらそうではない。彼の「考古学」はフーコーの「考古学」以上に、図式的である(2)。私も他人のことはあまり言えないが、そんな彼が「事実愛好家 fact-lover」(『確率の出現』三四四頁、p. xxx)を自称するのは、さすがに変だと思う。

五.

というわけで、少なくとも一九世紀の統計学と社会科学や社会との関連に関しては、『偶然を飼いならす』は信頼できる著作ではない。事実レベルの議論をするときには、使わない方がよいだろう。

概説的に知りたければ、T・ポーターの『統計学と社会認識』を読んだ方がよい(↓第九回注5)。社会制度までふくめた科学社会学・歴史社会学的な著作である『数値と客観性』も、お奨めだ(*Trust in Numbers*, Princeton Univ. Press, 1996, 藤垣裕子訳、みすず書房、二〇一三年)。v・クリース関連では、何度も引用してきたハイデルベルガーのものが、一番よくまとまっている。プランクのエネルギー量子仮説の論文で、v・クリースの著作が参照されていることも、もちろんすでに指摘されている。

英語圏での言説史では、M・プーヴィーの『近代的事実の歴史』(Mary Poovey, *A History of the modern Fact*, Univ. of Chicago Press, 1998)が、ミルの反省的な方法論が出現するまでの歴史としても、興味深い。また一八世紀までの確率論の思想史としては、ハッキングの『確率の出現』も良い参考になる。

ポーターの『統計学と社会認識』では、v・クリースは第一章で数行程度ふれてあるだけだが(一〇一頁、p. 86)、そのなかで彼の「主観/客観」論が簡潔にまとめられている。第八章のレキシスの解説で、『確率計算の諸原理』への書評が引用されているのも的確だ。「もともと主観的な数学的確率の領域から客観的事実の領域への移行は、決して円滑でも確実でもない」という言葉で、レキシスとv・クリース双方の立場が見事に表現されて(↓第一〇回五節、コラム2三節)、当時のドイツ語圏の数理統計学の状況も一望できる(二九三頁、p. 252とnote42参照、ただし三一四頁の注の訳はたぶん誤り)。研究者としてのセンスの良さを感じさせる。

ウェーバーの方法論に大きな影響をあたえたV・クリースが統計学者だった、というのは、日本語圏の社会学史や学説研究になじんだ人には、意外に思えるかもしれない。だが、当時のドイツ語圏の社会科学の状況からも、そしてウェーバー個人の歴史からみても、決して意外なことではない。彼はむしろ「統計学に強い」社会科学者だった（→第七回）。職業経歴の上でも、最初から道徳統計学のドイツ学派に近い立場にいた。倫理論文アルヒーフ版の冒頭部でも、宗派と学歴の2×2クロス表など、彼が指導したM・オッフェンバッハの論文からいくつも数値を引用している。ハイデルベルク大学でもミュンヘン大学でも、社会調査の計量分析を使った博士論文を指導している（村上『社会調査の源流』前掲）。

「客観性」論文が『アルヒーフ』の読者には不評だった、という挿話も、そうした文脈をふまえて受け取った方がよい。その「価値自由」論の意義は大きいが、この論文自体は彼の研究のなかでは特異な位置を占める。ウェーバーは経験的な分析を離れた方法論には、むしろ否定的だった（文化科学論文ならば一〇四頁、S. 217など）。にもかかわらず、「客観性」論文が方法論の代表作だとされてきた主な理由は、やはり読み手の側にあるのではないだろうか（→コラム1）。

先ほどふれたように、デュルケムの社会学の成立にも、道徳統計学は密接に関わっていた。『自殺論』の第三篇第一章は、道徳統計学のドイツ学派への反論として書かれたものだ。ウェーバーとデュルケムは社会学者になる以前から、肯定的／否定的のちがいはあれ、道徳統計学のドイツ学派を媒介につながっていた。

そうした関連を無視して、ウェーバーやデュルケムの方法論や学説史が語られてきた。それは日本語圏の社会学の大きな欠落の一つだと思う。その原因はそれこそ（仮定込みで）いくつか考えられるが、学説研究があまりにも専業化したことも、少なからず影響しているのではないか。もちろんその分、精密なテキスト読解は進んでいて、いろんな意味で助けられるのだが……。

「マックス・ウェーバーをめぐる最近の展開」でも述べたように、ウェーバーのテキストに研究の範囲を限定するという戦略は、一次近似としては成り立つ。研究者間の分業として、一部の研究者がそれに特化することで、全体が効率化される面も少なくない。けれども、方法論の理解の上では、それは大きな制約にもなる。とりわけウェーバーのように、複数の分野の先端的な研究を読み解いて、その上で、自らの進むべき方向を見定めた人においては。

(1) ウェーバーとクナップは、貨幣論でもつながりがあった。田中『ウェーバー研究の諸論点』前掲の第四章と第五章を参照。

(2) 例えば遠藤知巳『情念・感情・顔』以文社、二〇一六年を参照。

第五章

社会の観察と因果分析

［第一五回］ 法則論的知識と因果推論

一．

社会科学とは何か、何をどのように考える学術なのか――。

それを探究していく手がかりとして、これまで、歴史や社会の事象に対してどんな方法を用いれば、その因果を科学的に特定できるのか。その問いと答えの展開を、主にウェーバーの方法論の生成という形で見てきた。かなり長い議論になったので、この回では整理をかねて、社会科学の因果同定の方法をもう一度まとめておこう。

出発点となるのは、J・S・ミルの『論理学の体系』での定式化である（→第三章）。「差異法」「共変法」「一致法」などの分類もミルによるが、二〇世紀初めの時点で、これらはすでに共通知識になっていた（速水『論理学』前掲など）。例えば、E・デュルケムは『社会学的方法の規準』で、差異法ではなく共変法を採用すべきだと主張している。

ウェーバーも文化科学論文の注記で、ミルが適合的因果構成の概念をすでに組み立てていた、と述べている（二二三頁、S. 269 Anm3）。他の議論でもしばしばミルに言及しており、重要な参照先だったようだ（野﨑『ヴェーバー『職業としての学問』の研究（完全版）』前掲、特に二四二～二四七頁参照）。

実は、あの有名な「エートスethos」も『論理学の体系』に出てくる。ミルは“ethology”という学術分野を構想し、中身はともかく、名称はその後も引き継がれる。ウェーバーも工業労働論文で“Ethologie”に言及している(*MWG1/11* S. 219, ただし訳書では「民族学」)。当時の社会科学者にとって、ethosは決してなじみのない言葉ではなかった(「マックス・ウェーバーをめぐる最近の展開」参照[1])。

社会科学で因果の同定手続きの事実上の標準《デ・ファクトー・スタンダード》になってきたのは、差異法である。これは、特定の結果が生じた／生じなかった二つの事例を比較して、その結果に先行する変数群のなかで二つの事例に共通するものは原因ではない(裏返せば、二つの事例で共通しない変数のなかの、どれかまたは全てが原因である)とするものだ。

第四回で使った例をもう一度使おう。結果Y1が生じた(y1＝1)事例1と、結果Y1が生じなかった(y1＝0)事例2において、先行変数X1〜X5がそれぞれ、

事例1：x1＝1, x2＝1, x3＝1, x4＝1, x5＝0　→　y1＝1
事例2：x1＝1, x2＝1, x3＝1, x4＝0, x5＝0　→　y1＝0

だとする。この場合、他の変数が影響しないとすれば、x4＝1すなわちX4がY1の原因だとされる。

自然科学では、差異法は広く使える。実験室という形で閉じた系をつくり、そこで特定の変数だけを変化させて、結果が変わるかどうかを調べられるからだ。それによって、経験的なデータを用いて(反事実的に定義される)因果を特定した、と考えることができる。

けれども、社会や歴史の事象をあつかう場合には、そうはいかない。実験室のような閉じた系をつく

れないからだ。それでも、もしある一つの変数だけが異なる二つの事例において、特定の結果が生じる／生じないケースが見つかれば、その一つの変数がその結果の原因だと同定できるが、そんな都合の良い観察事例はほとんど見つからない。例えば、もし二つの事例の間に時間差があれば、その時間差自体が「共通しない変数」になってしまう。

言い換えれば、社会や歴史の事象には一回的なものが多い。閉じた系をつくれないので、先行する変数、すなわち原因の候補として考慮しなければならない変数が、無数にありうる。それらをあつかう上では、差異法は少なくとも完全な形では使えない。デュルケムも差異法を退ける理由として、まさにこの点をあげている。

二・

第六回で述べたように、ウェーバー自身は文化科学論文の第二節でこう書いている（一八三〜一八四頁、S. 271）。

> 私たちがまず問うことは、法学の理論と全く共通である。すなわち、どうすれば一つの具体的「結果」を単一のeinzel「原因」に帰属させることが一般的に原理的に可能であるのか、また実行できるのだろうか。実際、原因となる要因の無限性が単一の「出来事」の成立をつねに条件づけており、なおかつその結果がその具体的形態において成立するには、あの原因となる単一の要因の全てがことごとく不可欠である、という状況を前にして。

だからこそ、第七回で述べたように、他の諸条件との組み合わせの想定や、中心極限定理や、結果の出現確率の差による「適合的／偶然的」の区別が重要になるわけだが、実験室のような閉じた系をつくれない場合、差異法による因果の特定は、

［1］原因候補となりうる変数のうち、ただ一つの変数だけがちがう二つの事例があるとはかぎらない

［2］原因候補となりうる変数の範囲を適切に限定できない

という二つの深刻な問題をかかえる。

従来の比較社会学の方法論において、主に問題にされてきたのは［**1**］であった。先ほど述べたように、デュルケムが強調したのも［**1**］の方だった。それに対して、ウェーバーは［**2**］に注目した。むしろ［**2**］によって［**1**］が生じることに気づいていた。

実際、［**1**］だけであれば、原因にあたる変数をただ一つまでは絞り込めない、というだけだ。むしろ、調べられる範囲で調べつくして、それでも複数の原因候補が残ったら、そういう因果があると考えるべきだし、それらが実は一つの変数である可能性を検討すればよい（→コラム1四節）。

それに対して、［**2**］は、差異法という方法がそもそも使えるのか、に関わってくる。例えばH・リッカートが唱えた個性的因果関係も、［**1**］だけを考えれば滅茶苦茶な議論でしかないが、［**2**］を念頭におくと、それなりの説得力があるように見える。無限の原因の可能性を何らかの手段で縮約しなければならないとしたら、「理論的価値関係づけ」のようなア・プリオリな限定を導入するのも、一つのやり方

ではあるからだ。まさに、新カント派的な解決である（↓第八回四節）。

ウェーバーがぶつかったのも、この問題であった（↓第七回）。［**Ⅰ：特定の原因候補の働き方をあらかじめ決めずに因果関係を同定する**］、［**Ⅱ：無数の原因候補のなかで特定の因果を識別する**］のうち、［**Ⅰ**］を解くためには［**Ⅱ**］を解決する必要がある。「他の条件」が有限でなければ、その「組み合わせの全ての場合を想定する」ことも無意味になるからだ（↓第七回四節）[2]。そのためには［**2**］に答える必要があった。

しかし、ウェーバーが採った途はリッカートとは全くちがうものであった。適合的因果の枠組みを採ることで、反事実的な因果の同定を観察されたデータで代理する手法として、差異法を位置づけられる。それによって、法則論的知識、すなわち経験的な知識を援用した仮想や仮定を用いて、観察されたデータから反事実的な因果を同定しているのだ、と考えられるようになった。そのことが［**1**］と［**2**］を解決したのである。

だからこそ、文化科学論文は、当時の因果同定の方法論の展開全体をふまえて、読み解く必要がある。そうしないと、何が書かれているかを十分に理解することができない。差異法が反事実的な因果特定をどのように代理しているのか、そしてなぜ代理でしかないのかも、そこに関わってくる。

三．

反事実的な因果定義は次のような考え方にもとづく。

――結果にあたる事象Eが生じた同じ個体において、もしも特定の変数Cがなかったら（その状態がちがっていたら）、その結果は生じなかっただろうと考えられる場合、ＣはＥの原因にあたる。

これが「反事実的 counterfactual」と呼ばれるのは、この「同じ個体において……もしも特定の変数Ｃがなかったら」という仮定が現実に反しているからだ。実際には、その個体において結果にあたる事象Ｅは生じている。だからこそ、その原因が探究される。したがって、「同じ個体において……もしも特定の変数がなかったら」という事態が経験的に観察されることはない。これを「因果推論の根本問題」と呼ぶ。

そういう意味で、これは「反事実」であり「仮想」であるが、もしもこのような仮定が成立すれば、［**1**］と［**2**］はともに解決される。［**1**］に関しては、いうまでもないだろう。［**2**］に関しては、実際には結果事象が生じた個体について「もしも特定の変数がなかったら」と仮定されているのだから、仮定で言及される特定の変数以外は全て同じ状態にある。それゆえ、限定する必要自体がなくなる。

では、観察されたデータを用いて、この反実仮想をどのように代理できるのだろうか。これについてはどんな対象を想定するかで変わってくる。すでに述べたように（↓コラム１四節、第七回三節）――、（**1**）定義によって一回性の事象であれば、ありうる別の可能性が想定できないので、論理的に反実仮想が成立しない。つまり、反事実的に定義される因果に関しては、何もいえない。

（**2・1**）事実として一回的な事象であれば、現実には観察されなかった方でのＥの出現確率を仮想するしかない。それは「ｃでなければＥは生じない」や「ｃであればＥが生じる」といった命題を、正しい知識として天下り的に導入することにひとしい。つまり、因果同定の前提となる仮定（例えば「ｃでなければＥは生じない」）と同定の結論（「ＣとＥの間に因果がある」）が実質的に同義反復になってしまうが、逆にいえば、そうした仮定を導入すれば、反事実的に定義される因果のあるなしを同定できる。

それに対して、(**2・2**)複数の事例や複数回の観察ができる事象であれば、結果事象のあるなしがそれぞれ一回以上ある場合には、まず①「観察されていない、CとEにともに影響する他の変数群は全て同じ状態にある」、例えば「そうした変数は存在しない」と仮定する。その上で、②「観察されている、CとEにともに影響すると考えられる他の変数群」のうち、二つの集まりの間で同じ状態であるものがあれば、それらの変数群＋①で仮定された変数群に関しては、CとEの因果に限れば、この二つの集まりは、同じ個体(と同じ状態)だと見なせる(↓コラム1三節)。それゆえ、反事実的な因果を集まり単位で代理的に観察できる、と考えられる。

先ほどの例示で、もう一度、具体的に説明すると、

事例1：x1＝1, x2＝1, x3＝1, x4＝1, x5＝0　→　y1＝1
事例2：x1＝1, x2＝1, x3＝1, x4＝0, x5＝0　→　y1＝0

という二つの事例が観察できたとする。つまり、Y1が生じた／生じなかった集まりに、それぞれ一つずつ事例があることになる。

この場合、もし例えば①にあたる命題S「観察されていない他の変数(X6やX7やX8や……)は全てY1の生起に影響しない」が成立すれば、事例1と事例2は、②にあたる観察されている変数X1〜X3とX5は同じ状態であるので、X4とY1との因果に限れば、同じ個体と同じ状態にある。それゆえ、「同じ個体においてX4がなかったら／あったら」という反事実的な因果を、集まり単位で代理的に観察できた、と考えられる。

もちろん現実には、こんなに都合が良い状況はほとんどありえない。ウェーバーが「儒教と道教」で試みた比較分析でも、②にあたる変数群のうち、営利欲や手形などの信用制度、人口増加や耕地の拡大による経済成長などは（やや強引だが）同じ状態といいうるものだったのに対して、形式的に保証された法や合理的な行政の有無などでは、明らかにちがっていた。それゆえ、これらは本来の原因候補である宗教倫理のちがいと同程度に、近代資本主義の原因でありうる、という結論になった（→コラム１）。

けれども、もし何らかの計算手段によって、②にあたる変数群に関しても、二つの集まりの間で同じ状態であることに等しい状態をつくりだせれば、命題Ｓを仮定するだけで、特定の原因候補と結果の間の因果を経験的に測定できる。――ウェーバーが文化科学論文でくり返し言及している「遊離と一般化」の課題は、現代の術語系を使えば、このように言い換えられる（→第一〇回）。

この命題Ｓは、因果に関わる変数の範囲を限定しており、［**2**］の答えにもなる。つまり、もし命題Ｓが成立すれば、（**2**・**2**）は反事実的な因果を代理的に観察していることになり、かつ［**2**］も解決される。

もちろん、たんに命題Ｓを仮定するだけなら、結論の一部を前提に移しただけだが、命題Ｓは部分的に検証できる。調べられる範囲の変数を新たに調べて、観察できる変数を増やしていけばよい。たとえ自分自身では調べられなくても、他の人が調べたり、後から新たなデータが出現してきたりすることもある。「法則論的／存在論的」の区別の可変性からすれば、そういう形で部分的に解いていく方が自然である（→コラム２）。

それゆえ、とりあえず命題Ｓを仮定した上で、あとは、それぞれの群（事例）で、結果にあたる変数と、原因候補と結果にともに影響しうる他の変数を、測ればよい。それによって（**2**・**2**）でも、反事実的に定義された因果のあるなしを同定できる。(3)

ここで、法則科学の「法則 Gesetz」とJ・v・クリースの「法則論的 nomologisch」は決定的に分かれる。法則科学でも因果同定手続きとして差異法を使うが、法則科学では、命題Sを何らかの根拠から真理として主張する。法則論的な立場では、命題Sはあくまでも反事実的な因果を経験的に同定するための仮定だ、と考える。現在時点での不十分な知識、経験則や限定された観察データを援用した仮定だ、と。

v・クリースは、一八八六年の『確率計算の諸原理』で、「法則論的／存在論的」の区別を可変的なものだとして、命題Sを仮定的なものにしつづけた。だからこそ、一八八八年の「客観的可能性の概念」論文でも、私たちが日常的に具体的な因果関係を特定する際には、反実仮想を用いていて、そこには法則論的知識が使われていることを、明確にできたのだろう。

ウェーバー自身がこうした論理展開をどこまで反省的に理解していたかを、直接確認するのは難しいが、(a)反事実的な因果定義と確率的因果論を採用し、(b)(**2・1**)の場合には、原因候補と結果の間の因果を直接想定する形の法則論的知識を導入して、因果が同定されていることに気づいていた。(c)(**2・2**)の場合は「遊離と一般化」という言い方で、原因候補と結果にともに影響する他の変数の状態を同じにする必要があることを主題化していた。(d)そうした同定手続きを積み重ねて、特定の結果事象から原因の連関に遡っていくという、方法論の明確なイメージをもっていた。

この四点は、文化科学論文とそれ以降の方法論の論考や、『宗教社会学論集1』などの経験的な比較研究からも裏づけられる。この本でも(a)は主に第三章、(b)は第四章で述べた。(c)と(d)もこれまでの章で述べているが、この第五章の、特に第一七回とコラム4でまとめて述べる。

それゆえウェーバーは、適合的因果を採ることで、特に法則論的知識という考え方を導入することで、

［**1**］と［**2**］の問題が、したがって［Ⅱ］が解消されるのは見通していただろう。いやむしろ、だからこそ、適合的因果の枠組みを自らの因果分析の方法論として、使いつづけた。そういえるのではないか。

四

そうした現在の知識をふまえて、適合的因果の考え方をあらためて整理しておこう。

適合的因果の立場では、命題Ｓに関しては、経験則や限定された観察データを援用して、「たぶんそうだろう」としかいえない。Ｓはそういう意味での仮定であるが、裏返せば、限定的なものであれデータからの推論もふくむ。その意味では完全な空想でもない。そのような仮定Ｓを前提にした上で、差異法と同じく、観察されたデータでのＥの出現比率の差によって（より正確にいえば、その比率の差を出現確率の差の推定値として）原因を特定する。そういう形で推論された因果を、v・クリースは「適合的因果構成」と呼んだ。

先ほどの例示でいえば、（仮定Ｓの下では）$x4=1$ の場合は $y1=1$ になるが、$x4=0$ の場合は $y1=1$ にならない。したがって、X4とY1の間には「$\mathbf{P(y1=1|x4=1)>P(y1=1|x4=0)}$」（「$\mathbf{P(Y1|X4)>P(Y1|\neg X4)}$」）という関係が成り立つ。つまり、X4とY1の間には適合的因果がある、といえる。

それに対して、$x1=1$ の場合は $y1=1$ になるが、$x1=0$ の場合はY1がどうなるかは、事例1と2だけではわからない。したがって、「$\mathbf{P(y1=1|x1=1)>P(y1=1|x1=0)}$」（「$\mathbf{P(Y1|X1)>P(Y1|\neg X1)}$」）が成り立つとはいえない。

適合的因果構成での「適合的／偶然的」の判定は、こうした基準にもとづく（→第七回、第一四回）。文化科学論文に出てくる子どもを叩いた若い母親の日常会話や、ベルリンの三月革命に関する歴史学者の説明の事例でも、もちろんそうなっている(↓第一一回〜第一二回)。このとき、原因候補のX1〜X5の有無も結果のY1も、全て事例1と2に共通して定義されている。つまり、一般的な形で「ある(=1)/ない(=0)」を判定できる。したがって、X1〜X5の有無と結果Y1との関係性は、「適合的」にせよ「偶然的」にせよ、あるいはどちらとも判定できない場合でも、全て一般的なものである。

さらに、第四回や第七回で述べたように、原因候補の一つの変数だけがちがう他の事例が観察できない場合や、そもそも事例1にあたるものしか観察できない場合も、当然ありうる。というか、そういう場合の方が現実には多いだろう。

そうした場合でも、何らかの法則論的知識を用いて、事例2にあたるものが構成できれば、因果を同定できる。それもv・クリースは「客観的可能性」と呼んだ。より正確にいえば、私たちが「客観的に可能」だと表現しているのは、このような因果推論だと指摘した。

したがって、「客観的可能性」を操作的に定義すれば、何らかの法則論的知識にもとづいて、仮定Sの下で事例2にあたる事例が構成または観察できて、因果が同定できることにあたる(↓第八回二節、第一七回とコラム4参照)。だから「客観的可能性」はつねに仮定Sをともなう。たとえ観察できる原因候補のなかの一つの変数だけがちがう二つの事例が見出されたとしても、仮定Sにあたる命題を置かなければ、その変数が「疑似原因ではない」とはいえない。

それゆえ「客観的に可能」という判断は、最終的には仮定にもとづくといわざるをえないが、その仮定の下では「客観的に可能である/でない」は明確に定義される。また、仮定Sにあたる命題や、あるいは仮想的に事例2が成立するといえる論拠にあたる法則論的知識についても、別の適切なデータがあれば、少なくとも部分的には反証可能である。

特に第三章で述べたように、経験則から特定の条件をみたすと考えられる変数群であれば、中心極限定理にもとづいて、変数の数が十分に多ければ、それらの影響の総和の平均は正規分布にしたがい、その数が無限に近づくにつれて、特定の値として観察できる。そういう形で、無数の変数の影響を経験的にあつかえる。

それによって、仮定Ｓで「Y1の生起に影響しない」と仮定する必要のある変数の範囲も、より限定できる。つまり、関わる変数が無数にありえても、仮定Ｓにふくまれる変数の範囲は有限になりうる。それによって、結論への前提負荷は小さくなり、部分的な検証もいっそう効果的になる。

これらの点を考えると、「経験則にもとづく」というウェーバーの表現はきわめて的確なものだった（↓第一二回など）。経験則だから、それが一般的に正しいということはできないが、一般的に正しいとはいえないと経験的に論証することはできる。仮定の負荷も小さくできる。さらに、すでに原因でないとわかっている変数があれば、それと内容上関連が強い変数も排除できるから、仮定Ｓにふくまれる変数の範囲はもっと小さくできる。

もちろん、そうした場合でも、より複雑な因果の経路を想定して、現在のデータでは反証されない仮説を組み立てることはできる。けれども、同じデータであれば、より仮定が少ない仮説の方が採用される。「オッカムの剃刀」原則だ。そうした形で、データを積み重ねれば、「客観的に可能」な範囲はより限定されていく。

現代の社会科学からみれば、「客観的可能性」の客観性は最終的にはそういう形で確保されている。

五.

さらに、実際にやってみるとよくわかるが、たとえ仮想的な思考実験の形でも、原因候補Cと結果Eの間に、

「cである」下では「cでない」下よりもEが出現しやすい：「P(E|C)>P(E|¬C)」(「P(E=1|C=1)>P(E=1|C=0)」)

や、

「cである」下ではEが出現しうるが、「cでない」下ではEは出現しない：「「P(E|C)>0かつP(E|¬C)=0」(「P(E=1|C=1)>0かつP(E=1|C=0)=0」)

が具体的に成り立つことを示すのは、簡単ではない。

例えば、Eとして「合理的な経営」、Cとして「プロテスタンティズムのような禁欲的倫理」を考えた場合、まず「合理的」や「禁欲的」をそれぞれ一般的な形で操作的に定義するのは、かなり大変な作業になる。なぜなら、成功した経営は、どんな社会でもそれなりに合理的であるからだ。さらに、もし原因候補それ自体の方も一般的に定義しようとすれば、やはり多くの場合、宗教倫理はそれなりに禁欲的である[4]。

それらのなかで、少なくとも近代資本主義に特異な「合理的な経営」のあり方は、特定する必要があ

るが、「西欧近代」といった特定の時空に言及せずに、それを一般的に定義するのは、決してたやすくない。かといって、あまり広く定義すると、「真面目に働ければ事業に成功しやすい」という、本来検証したいのとは別の因果のあるなしを判定することになってしまう。

また、「合理的な経営がある／ない」あるいは「禁欲的な倫理がある／ない」という事態が、一人の個人や事業体でのことなのか、それとも一つの社会でのことなのかによっても、因果のあるなしは変わりうる。ウェーバーが『宗教社会学論集1』であつかったのは「一つの社会で」の形の方だが、「一人の個人や事業体で」の形でも測りうる。

「一つの社会で」の測り方はコラム1四節で述べた。「一つの個人や事業体で」の測り方は次回で述べるが、いずれにせよ、定義の一般性をたもちながら、どの地域で、どんな時間幅で成立したのかを特定した上で、因果のあるなしを判定するのは、決してたやすいことではない。もし興味があれば、『近代・組織・資本主義』などを参照してほしい。

一つの社会において「ある／ない」を特定する場合も、一人の個人や事業において「ある／ない」を特定する場合も、実際には一定の仮定を置かざるをえない。さらに、どちらの形にせよ、前提の同義反復ではない結論を導き出せるのは、特定の社会群という集まりでの、あるいは特定の個人や事業体の集まりでの、確率の差の期待値までだ。それから先、一つの社会や一人の個人でも本当に因果があるのかを特定しようとすれば、さらにまた別の、きわめて強い仮定を置く必要がある（第一六回七節参照）。

「客観的可能性」は、このような形で法則論的知識にもとづく（↓第六回〜第八回）。つまり、あくまでも経験則にもとづく判断である。それゆえ、何らかの法則論的知識にもとづいて同定された因果、すなわち適合的な因果もまた、厳密には法則論的知識になる（↓第一二回）。いわば経験則にもとづく経験則として、「仮定的な性格」をもちつづける(→第九回)。だから「価値解釈」と「客観的可能性」が両立する(→第一〇回)。それゆえ、現実の歴史や社会に関する事象の因果同定は、「価値解釈」という面をつねにもちつづける(→第一四回)。その意味で、ウェーバーの社会学はいわば主観的かつ客観的である。二つはそもそも相互排反ではない。むしろ、どちらか一方であれば、もう一方ではありえない、という決めつけこそが、臆断《ドクサ》ではないだろうか。

六.

第四章までで述べてきたように、ウェーバーはv・クリースの枠組みを引き継いで、反事実的に定義された因果を、仮定と観察を用いて経験的に同定する方法論を、歴史学や社会科学にも導入した。特に文化科学論文では、日常会話や歴史学での因果の特定にも反実仮想がふつうに使われていることを示した上で、法則論的知識、すなわち①因果に関わる変数群に関する命題で、②具体的な因果同定では前提条件になる仮定を用いて、「遊離と一般化 Isolationen und Generalisationen (Isolierung und Generalisierung)」という形で、観察されたデータから個々の原因が特定されていることを明らかにした(一九一、一九三、二一一頁、S. 275, 277, 289など →第一〇回)。

けれども、例えば、どんな場合にはどんな種類の法則論的知識が必要になるのか、それによって因果をどの程度まで特定できるのか、を体系的に示すことはなかった。観察できる条件と観察できない条件をそれぞれ考慮しながら、適切な「遊離と一般化」ができる手法を一般的に使える形で組み立てることも、できなかった。

もう少し具体的にいえば、仮定Sを適切に限定し、Sと同じ役割を果たす経験的な状態を、一定の仮定を置いた実験や観察からつくりだしながら、それぞれの事例や観察における、観察できる変数でのちがいの影響も、適切に測る。そうやって、他の諸条件との組み合わせの全ての場合を想定する操作を具体的に定式化する。それによって、因果の特定に「価値解釈」を反省的に組み込めるようにする。そのような具体的な方法を構築するところまでは、進めなかった。

要するに、ウェーバーは一回しか観察されなかった事象にも適用できる、科学的な因果同定手続きを探し求めて、v・クリースの適合的因果構成と「客観的可能性」に至りついた。それによってリッカートの「理論的価値関係づけ」に代わる、新たな客観性の論理を見出したが（↓第三回〜第七回）、それを経験的に実現する具体的な方法論は、提示できなかった。

例えば、中心極限定理によって［Ⅱ］に経験的に答える途を見出したが、どんな事例においても、「無限にありうる原因候補を考慮してもP(E|C)＞P(E|¬C)」だといえる経験的な手段は、示せなかった。そのため実際の分析では、コラム1四節でみたように、かなり強い法則論的な知識を仮定として置いて、因果を同定するしかなかった。

他の諸条件との組み合わせを全て想定するという操作を、近似的にせよ実現する方法を編み出したのは、現代の統計的因果推論である。統計的因果推論にはいくつかの源流があるが、現在の形にまとめられたのは、主にD・ルービンによる。

コラム1で紹介したように、ドイツ語圏でv・クリースの影響を再発見したウァグナー＆ツィプリアンの論文「方法論と存在論」は、一九八五年に発表された。その翌年には、P・ホランドの「統計学と因果推論」が出ている（Paul Holland, “Statistics and causal inference,” *Jounal of the American Statistical*

Association 81, 1986)。「実験なくして因果なし」という誤った断定で、多くの誤解と異議を招いたが、ミルの方法論やヒュームの懐疑、分析哲学の反事実的条件論と確率的因果論、そして経済学や統計学の従来の計量手法などもふまえて、経験的な因果同定の方法を分野横断的に体系化し、「ルービンの因果推論モデル Rubin's model for causal inference」と関連づけた。その点では明晰で、やはり画期的な論文であった。「因果推論の根本問題」という表現も、この論文による。

適合的因果の考え方は本来どんなものなのかが、少しずつ明らかにされていった。それとほぼ同じ時期に、v・クリースもウェーバーも抽象的にしか示せなかった「遊離と一般化」の操作を、近似的にせよ、経験的に実現する。その具体的な手法も、社会科学の世界に姿を現しつつあったのである。一九〇四年の「客観性」論文から始まるウェーバーの探究の航路の、少なくとも現時点の知識で終着点にあたる場所は、そこにある。

（1）W・ヘニスも「ミルの……『性格学』»Ethology«」に言及している（Wilhelm Hennis, "Eine »Wissenschaft des Menschen«," W. Mommsen und W. Schwentker (hrsg.), *Max Weber und seine Zeitgenossen*, S. 43Anm9, Vandenhoeck & Ruprecht, 雀部幸隆訳「人間の科学」鈴木ほか監訳『マックス・ヴェーバーとその同時代人群像』前掲七〇頁)。直前に「『性格学的 Charakterologisch』」も出てくるので、工業労働論文のこの頁にもとづくものだろう。

（2）数学的な無限の演算を導入することもできるが、それはそれで大きな前提負荷が生じる。

（3）個体レベルの反事実的な因果の定義では、命題Sは「同じ個体が」という反実仮想にくり込まれている。「同じ個体」だから自動的に「その他の変数、X6やX7やX8や……に関しては、全て同じ」ことになり、「その他の変数は全てY1の生起には影響しない」が成立する。つまり、個体レベルの反事実的因果と、事実として一回的な事象は、同じものになる。

（4）「あり／なし」でも因果は特定できるが、原因候補や結果の変数の程度がもし定義できれば、P(E|C)が0と1の間の何らかの値をとるような、因果が確率的に働く可能性も視野に入れられる。複数の原因が複合的に働く場合にはこれも重要になる（↓第一二回）。

［第一六回］ 社会科学と反事実的因果

一．

第一一回や第一二回でみてきたように、反事実的定義にもとづく因果の判定基準は、私たちがもつ因果の観念にかなりよく対応している。けれども、反事実な言明である以上、その妥当性を経験的に観察したり検証したりできないのではないか？　だとすれば、たとえ日常的な観念には対応しているとしても、経験的な科学として因果のしくみを探究する社会科学にとっては、無意味なのではないか？

そうした疑問は当然うかんでくるだろう。シュタムラー論文でウェーバーが取り組んだ第二の課題「経験的な人文・社会科学で用いられる法則論的知識とはどんなものなのか」も、そういうものだった（↓第一三回）。

これまで述べてきたように、この問いに対してウェーバーは、v・クリースの適合的因果の枠組みを導入し、リッカートから示唆をえた「価値解釈」という視点をつけ加えることで、現代の社会科学へと通じる途を見出していった。むしろその苦闘のなかで、現代の社会科学の一つの基盤が築かれていった、といってよい。

けれども、当時のウェーバーが使える知識や術語系は、現在に比べるとやはり限定的であり、また使いにくいものであった。それゆえ、ウェーバーの出した「答え」も、現代から見ればやはり途半ばであるだけでなく、その「答え」自体、十分には伝わりにくい形になっていた。

それゆえ、以下では、逆の方向から、つまり現代の方法論の知識にもとづいて、ウェーバーが解こうとしていた問題、解きつつあった問題に、どのような答えがあたえられているかをみていこう。そしてそれを通じて、ウェーバーの出した「答え」を、より見通し良い形で再構成するとともに、そこから見出される現代の社会科学の視座と課題を明らかにしていこう。

二

さて、前回述べたように、ウェーバーは因果を経験的に同定していく上で、どんな場合にはどんな種類の法則論的知識が必要になるのか、それによって因果をどの程度まで特定できるのかを、体系的に示すことはなかった。また、具体的なデータにおいて適切に「遊離と一般化」ができる手法を、一般的に組み立てることはできなかった。

実は現在では統計的因果推論によって、これらの点も見通しの良い形で答える途が見えている。簡単にいえば、以下のようなことがわかっている。

――一つの個体についてであれば、反事実的に定義される意味での原因かどうかを経験的に判定することはできない（「因果推論の根本問題」→第一五回）。けれども、（a）特定の集団における、（b）結果事象の出現確率の大きさを決めるものであれば、一定の条件をみたす場合には、反事実的に定義される原因かどうかを、経験的な手段だけで判定できる。

ウェーバーが基礎概念論文で用いた表現を借りていえば、（a）「類型的」かつ（b）「平均的かつ近似的に」であれば（→第一四回二節）、反事実的に定義される因果関係を、経験的な手段だけで同定できるのである。具体的には、一定の条件をみたせば、個体レベルでの因果 unit-level causation についての、特定の集団単位での期待値であれば、測定できる（正確にいえば、期待値の良い推定値となる値を測定できる）。

それが統計的因果推論での「平均因果効果 average causal effect」である。もちろんここで一番重要なのは、「一定の条件」とは何か、だ。この条件をみたす手段はいくつかあるが、心理学などでよく使われる「無作為割当」が、最も具体的でわかりやすいので、まずそれを用いて、簡単に解説しよう。

今、個体に処置Ｚを施す／施さないによって、特定の結果Ｙにちがいが出るかどうかを調べたいとする。言い換えれば、結果Ｙに対して、Ｚが本当に（反事実的に定義される）原因であるかどうかを判定したい。無作為割当では、その際に、次のようなやり方をとる。まず、実際に調べる集団（＝標本となる集団）の全ての個体に関して、それにＺを施すかどうか、すなわちその個体をz＝1（処置あり）に割り当てるかz＝0（処置なし）に割り当てるかを、くじなどによって無作為に決める。

なぜ、こうすればＺがＹの原因であるかどうかを判定できるのだろうか？

いうまでもないが、この実験においても、特定の結果（効果）が生じる原因となりうる先行変数、より正確にいえば、原因候補の変数Ｚにも結果の変数Ｙにも、ともに影響をおよぼす先行変数は、さまざま考えられる。こうした変数のことを、以下「共変量 covariant」と呼ぶ（「共変量」という言葉は別の意味で使われることもあるが、重要な術語なので、この本ではこの意味に限定して用いる）。前回まで使ってきた言い方では、「原因候補Ｃと結果Ｅにともに影響する他の変数」や「他の諸条件との組み合わせ」の「他の変数」「他の条件」と同じものだ。因果の特定では、これらのあつかい方が決定的に重要になる。

共変量にあたる先行変数はさまざまありうるが、どの個体がz＝1（処置あり）になるかz＝0（処置なし）になるかを無作為に決めておくと、もしz＝1（処置あり）の群とz＝0（処置なし）の群のどちらにも十分多くの個体がふくまれていれば、二つの群の間では、共変量にあたる変数群の状態は、具体的には未知（＝まだ特定されていない）のものまでふくめて、平均化される。すなわち、具体的には特定されていないものもふくめて、共変量に関して二つの群は同質化されている、といえる。

それゆえ、この集団に限れば、z＝1の群とz＝0の群は群としては「同じ個体である」ことと等価であると考えられる。したがって、二つの群の間で結果Yが生じる比率の差、

$$\mathbf{P(y=1|z=1)-P(y=1|z=0)}\ (「\mathbf{P(Y|Z)-P(Y|\neg Z)}」)$$

は、もし処置Zがなされなかった場合には結果Yがどうなっていただろうか、すなわちYに対してZは（反事実的に定義される）原因にあたるかどうかを示す。このような形で測定される確率の差が「平均因果効果」（「平均処置効果」ともいう）にあたる。

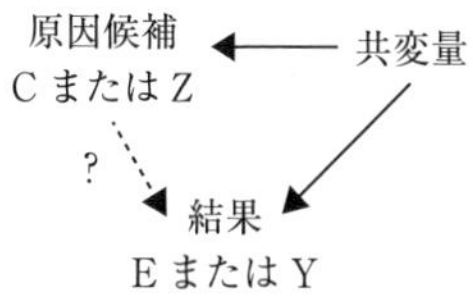

図 **16-1**　原因候補と結果と共変量

この確率の差にもとづく原因（の程度）という測り方は、第一四回で引用したウェーバーの基礎概念論文での「因果的に適合的」の定義、「事実上いつも同じようなあり方で経過する」「確率的な規則にしたがって」にそのまま合致する。その言い方を借りれば、一つの個体において、二つの変数が「因果的に適合的」であるかどうかを、経験的な手段だけで「確定」することはできない。無限にありうる全ての共変量を観察しているとはいえないからだ。あの「Ⅱ：

無数の原因候補のなかで特定の因果を識別する」の問題だ。

けれども、集団単位であれば、一定の条件をみたせば、二つの変数がどの程度「因果的に適合的」かの期待値を経験的に求められる(1)。無作為割当による比較対照実験はその手段の一つにあたる。

三.

基本的な考え方は以上の解説でつきているが、抽象的な言い方だけだとわかりにくいと思う。ウェーバー自身が探究課題とした、プロテスタンティズムと近代資本主義の例を用いて、もう一度解説しておこう。

心理学の実験と同じく、この例でも、原因候補Zにあたる「禁欲的プロテスタンティズムの信仰(と同型の倫理)をもつ」と、結果Yにあたる「近代資本主義的な合理的な経営をやっている」との間に本当に因果があるかどうかは、一人一人の個人についてであれば、経験的な手段だけでは判定できない。なぜなら、そもそも一人の個人において、「ある信仰をもつ」と「もたない」は同時には成立しない。だから、個人のレベルで$\mathbf{P(y=1|z=1)-P(y=1|z=0)}$を測ることはできないからだ。それゆえ、例えば「この人は、もしこの信仰をもたなければ、こんな経営はできなかっただろう」みたいな命題は、経験的には検証できない。因果同定の前提になる仮定が結論の実質的な先取り、同義反復になるからだ。

言い換えれば、ウェーバーも文化科学論文で述べているように、あえて個人のレベルで因果を同定しようとすれば、反事実的命題にあたる法則論的知識を、天下り的に正しいものとして導入するしかない(→第一一回〜第一二回)。統計的因果推論での「因果推論の根本問題」は、適合的因果の枠組みのなかでは、そういう事態にあたる。つまり、事実として一回的な事象は、統計的因果推論における個体レベルでの因果推論にあたる(→コラム1三〜四節、第一五回注3)。

では、個体レベルでは測れないとしても、集団単位では測ることができるだろうか？

例えば、ある集団を調べて、そのなかでZにあたる「信仰をもつ」人たちと「もたない」人たちを特定する。その上で、その二種類の人たちの間で、つまり二つの群同士で、Yにあたる「合理的な経営をやっている」人の比率を比べる。「もつ」人たちの群での結果の比率にあたる $\mathbf{P(y=1|z=1)}$ と、「もたない」人たちの群での結果の比率 $\mathbf{P(y=1|z=0)}$ とを、「それぞれ数えあげて比べる」わけだ(→第七回)。

個体レベルとはちがい、集団単位であれば、この比率の差は具体的に調べられる(＝経験的な手段だけで測れる)。では、この比率の差が $\mathbf{0}$ でなければ、(一人一人の個人はともかく)その集団においては、禁欲的プロテスタンティズムの禁欲的倫理と近代資本主義的な合理的な経営との間に因果がある、といえるだろうか。

答えは「否」である。より正確にいえば、これだけでは信仰と合理的な経営の因果関係を測ったことにはならない。なぜならば、何度も述べてきたように、この場合も、原因候補と結果の両方に影響するさまざまな先行変数、すなわち共変量がありうるからだ。$\mathbf{P(y=1|z=1)}$ と $\mathbf{P(y=1|z=0)}$、それぞれの数値のなかには、それらの影響もふくまれている。だから、その差をとっただけでは、信仰と近代資本主義との間の因果を測ったことにはならない[2]。

共変量にあたる変数の影響がありうる場合には、ただ「それぞれを数えあげて比べる」だけでは、不十分なのだ。そのなかから信仰と資本主義との因果関係だけを取り出すために、共変量の影響をうまく消す必要がある。二節で述べた「一定の条件」はまさにそれにあたる。無作為割当のような手段を用いて、共変量の影響を消した上で「数えあげて比べる」必要がある（数式を使った、より正確な定式化はコラム4二節を参照）。

ウェーバーが適合的因果を導入する際に、彼の前にあったのは二つの大きな課題であった。「**Ⅰ：特定の原因候補の働き方をあらかじめ決めずに因果関係を同定する**」ことと、「**Ⅱ：無数の原因候補のなかで特定の因果を識別する**」ことである（↓第七回七節、第一五回二節）。実はこの二つは別々ではなく、「Ⅱ」が「Ⅰ」の前提になる。「Ⅱ」が解決できなければ、数えあげることで「Ⅰ」を解決することもできない。つまり、因果関係が本当にあるかどうかを、集団単位でも測定できない。

今の例でいえば、ただ「それぞれを数えあげて比べる」だけでは、その差が、信仰が原因で生じたものだとは確定できない。共変量のあり方をうまく調整する必要がある。そうしなければ、プロテスタンティズムの倫理と近代資本主義の間の因果の有無は判定できない。

文化科学論文の表現を借りれば、プロテスタンティズムの倫理の影響を「遊離させて考え」るには、まず適切な形で遊離させる必要がある（↓第一〇回）。コラム1で紹介した、「仮定法過去完了」を「代置」できるかどうかも、これと全く同じ問題である。

ウェーバーが定式化した「Ⅰ」と「Ⅱ」の課題は、現在の社会科学では、ここにつながってくる。統計的因果推論は、この問題をあつかうものなのだ。

四．

統計的因果推論は、この、反事実的な因果を同定するために必要な条件を明示した。その方法論的意義はとても大きい。

二節で述べたように、もし無作為割当で実験できれば、データにおける比率の差が、そのまま平均因果効果の大きさになる。つまり、もしも仮に（それこそ完全な反実仮想になるが）、ある個人が信仰をもつかどうかを実験的に割当ができて、かつその割当が無作為であれば（すなわち、もしも仮に被験者がその信仰を「もつ」にするか「もたない」にするかを、実験する側が無作為に決められたならば）、その「もつ」群と「もたない」群で、結果にあたる「近代資本主義的な合理的な経営をやっている」の出現比率をただ比べればよい。

二つの比率の差が、その信仰と近代資本主義の間の平均因果効果の大きさにほぼ一致する（正確にいえば、平均因果効果の良い推定値となる）からだ。それゆえ、その値が0かどうかで、因果のあるなしも判定できる。

こうした実験を専門用語で「ランダム化比較試験 randomized controlled trial（RCT）」と呼ぶ。いうまでもなく、社会科学ではランダム化比較試験が実行できるケースはきわめて限られる。けれども、その主な理由はそもそも経験的な手段では実行できないからではない。例えば基本的な人権を何らかの形で無視することができれば、多くの場合で、こうした実験は実行できる。つまり、経験的な手段だけで、共変量の影響を消した形で、具体的な因果のあるなしを判定できる。

例えばプロテスタンティズムの倫理と近代資本主義の因果関係であれば、一定の年齢層の子どもを、全寮制の寄宿学校のような閉鎖的な環境で育てる。そのうち半分を無作為に選んで、禁欲的な倫理の信仰を教え込む。そして成人後に職業生活に就かせて、それぞれがどのような経営をするかを観察する。――膨大な時間と手間はかかるが、ランダム化比較試験自体はできる。

それゆえ、方法論の上では、特定の集まり限りの期待値という形であれば、経験的な手段だけによって、「この変数は（疑似的ではなく）本当にあの変数の原因である」といえる。より正確にいえば、「この変数は本当はあの変数の原因ではない」といえる可能性を全て否定できる。したがって理論上は、因果を他ではないもの、その意味で実在的なものとしてあつかえる。

くり返しになるが、たとえこうした実験が実際にできたとしても、個人のレベルでの、信仰と合理的な経営との間の因果の大きさに関しては、かなり間接的にしか推測できない。平均因果効果は、数理的には、個体レベルの反事実的因果の期待値ではあるが、期待値が同じ値でも、個人の具体的なあり方はさまざまにありうるからだ。わかりやすくいえば、テストの平均点が七〇点であっても、全員が七〇点であるわけではない。

だから、三節で述べたように、本当に個体レベルの因果を特定したければ、実質的に同義反復になる反事実的命題を、正しい知識として導入するしかない。その意味で、「この人がもしこの信仰をもたなかったら、きっと経営に成功しなかっただろう」と、経験的な手段だけで確定的にいうことはできない。

けれども、社会科学では、厳密な意味で個体レベルの因果が問題になることは少ない。例えばウェーバーが倫理論文で述べた仮説の形に即して考えても、必ずしも個体レベルでの因果まで論証する必要はない。集団単位で因果が同定できればよい。インタビュー調査や歴史学の研究でも、厳密な意味でただ一つの事例だけを探究していることは少ない。ジンメルがリッカートの文化科学に関して指摘したように（→第六回二節）、多くの場合、明示的にせよ暗黙にせよ、何らかの経験的一般化を想定している。したがって、実際には集団単位で因果をあつかっている。

また、特定の政策の効果を調べたい場合も、個人のレベルの因果まで特定する必要はない。近代社会では特定の政策は必ず集団単位で実施される。すなわち、平等の原理にもとづいて、特定の要件をみたす全ての人が政策の対象となる。それゆえ、その効果も集団単位で測れればよい（七節参照）。

五．

それゆえ社会科学においても、方法論の上では、因果のあるなしを経験的な手段だけで特定できる。ウェーバーの定式化でいえば、［Ⅱ］の問題を解決して［Ⅰ］に具体的な回答をあたえる手段は、経験的に存在する。例えば、ランダム化比較試験をすればよい。

その意味で、社会科学でも因果は実在すると考えられる。より厳密にいえば、「Eという事態の成立は、この程度まではCによるものである（＝C以外によるものではない）」という、私たちが日常的にもつ因果の観念にきわめて近い内容の命題の真偽を、経験的な手段だけで判定できる。

社会科学が使う因果の概念としては、それで十分だ。例えば、これがさらにどんな実在や観念にもとづくかを考える必要はない。（私自身は、それらを因果の概念を使わずに記述することはできず、これ以上考えても短距離の循環論になるだけだろう、とも考えている。）

その一方で、ランダム化比較試験が実際に実行できるケースはかなり限られる。それも因果の結果にあたる事態が重要であればあるほど、広く関心をもたれるものであればあるほど、そうなってしまう。なぜなら、実験という形にせよ、ある人間にとって重大な意味をもつ結果が生じるかどうかを、他人が決めてしまうことになるからだ。要するに、重要な因果であればあるほど、「人体実験」になってしまう。実際、予防接種の効果などもふくめて、ランダム化比較試験の実例のかなりは、「先進国」の研究者が「開発途上国」の人たちを被験者にしたものである。その成果が科学的に貴重な知見であることはいうまでもないが、裏返せば、「先進国」ではそもそも実行できないか、被験者を見つけることがきわめて困難な、何らかの操作をやっている。それもまた事実である。

さらに実験室とはちがって、社会の内では他の要因の影響が途中で入りやすい。それを物理的に排除しようとすれば、四節で述べたように、全寮制の寄宿学校に実質的に閉じ込めるなど、被験者の日常生活を強く制約する必要がある。これも「先進国」ではそもそも実行できないか、被験者を見つけることがきわめて困難になる理由の一つだ。

要するに、社会に関する反事実的因果の厳密な特定は、基本的人権などの、社会の基本的なあり方それ自体によって大きく制約されている。そこに、人間が人間を観察する営みである社会科学の、大きな独自性がある。

わかりやすくいえば、自然科学では、(1)因果が経験的に存在すると考えられ、かつ(2)その有無をかなり厳密に判定できる。それに対して、社会科学では、(1)因果が経験的に存在すると考えられるが、(2)その有無を厳密に測定することはきわめて難しい。

その難しさは因果そのものによるものではない。私たちが社会を営んでおり、その社会を観察対象にしていることによるものだ。例えば、基本的人権という社会の営みが、因果の経験的な特定を困難にしている。社会を観察するという社会科学の営みもまた、社会の営みの一つであり、そうである以上、社会の営みの基本的な設定(例えば基本的人権)を大きく破ることはできない。

その意味で、私たちが社会の営みとして社会の営みを観察するということそれ自体が、すなわちN・ルーマンの言い方を借りれば、社会の自己観察という事態が、社会科学という観察の大きな限界を創り出している、ともいえる。基本的人権が守られているかどうかを、私たちは日常的につねに反省し見守っているからだ。

六．

くり返すが、この限界は社会的または制度的な制約であり、統計的因果推論にとっては外的制約にあたる。それゆえ、それを回避する手段も考案されている。無作為割当以外にも、全ての共変量の影響を消す手段はあるが、因果の現実的な測定可能性という点では、実は大きなちがいはない。それらの手段もまた、使える状況がきわめて限られるか、あるいは、共変量にあたる変数に関して、何らかの大きな仮定をもち込む。そのこともすでにわかっている。

代表的なものとしては、「傾向スコアの利用」という方法がある。三節で述べたように、実際の調査や歴史的事例の観察では、原因候補の変数の状態を、各人に無作為に割当することができない。過去の、すでに確定した事態として、例えば各人の過去の信仰や倫理のあり方とその後の経営の状態を、調べることしかできない。

この場合、調査結果にもとづく **P(y = 1|z = 1)** と **P(y = 1|z = 0)** の値は、原因候補と結果の両方に影響する共変量の影響を必ず受けてしまう。だから、ただたんに「数えあげて比べる」だけでは、因果の大きさやあるなしを測ることはできない。けれども、もしも仮に全ての共変量の状態がわかっていれば、それらから一つの指標をつくり、その指標を用いて共変量の影響を消すことができる。この指標を「傾向スコア propensity score」と呼ぶ。このとき、共変量の間での因果の経路は特定しなくてよい（傾向ス

コアの数理的な定義や具体的な使い方などについては、星野前掲、岩崎学『統計的因果推論』朝倉書店、二〇一五年、星野崇宏「統計的因果効果の基礎」『岩波データサイエンス』3、二〇一六年などを参照)。

だから、もし妥当な傾向スコアが算出できれば、それを使って平均因果効果を具体的に求められる。それによって、例えば信仰と合理的な経営の間の因果のあるなしも判定できるが、そのためには、全ての共変量の状態がわかっている必要がある。つまり、無数にありうる変数群のなかで、共変量にあたる変数はどれとどれで、調べた個体でそれらの状態がそれぞれどうであるかが、全て特定できていなければならない。

もちろん、現実にはそんな特定はほとんどできない。それゆえ、共変量になっていそうな変数群をとりあえず調べた上で、それらから傾向スコアを、何らかのモデルを用いて推定するしかない。この推定のやり方もいろいろ工夫されているが、どの推定法を使う場合でも、「これらの変数群が共変量の全てである」という仮定(と同種の仮定)を必要とする。つまり、因果に関わる変数群に関する仮定的な命題、適合的因果でいえば法則論的知識をやはり必要とする(↓第四回)。

その意味で、前回述べた仮定Sは、やはり完全には解消できない。そこは「経験則にもとづく」としかいえない。因果そのものは実在的なものであっても、その具体的な特定はほとんどの場合、何らかの仮定にもとづく推論にならざるをえない。ウェーバーの術語でいえば、「価値解釈」の面をまぬかれない。

その一方で、傾向スコアが使えれば、共変量の範囲は仮定せざるをえないが、ウェーバーが伝統中国と西欧との比較分析で置いたような、「観察されている他の条件の状態は全て同じか、全くちがうかのどちらか」という強い法則論的知識までは必要はない。より正確には、妥当な傾向スコアが推定できる場合には、観察されているCとEにともに影響する他の変数群が、二つの集まりの間で全てちがう状態であっても、原因候補と結果の間の因果効果の大きさを特定できる。

（つまり傾向スコアは、二つの集まりの間で、同じ状態であることに等しい状態をつくりだす計算手段にあたる（↓第一五回三節）。したがって、ウェーバーのいう「他の諸条件との、可能だと考えられる組み合わせ」を、仮定Sの下で、数値の形で指標化したものになる（↓第七回四節）。詳しくは第一七回七節で述べる。）

妥当な傾向スコアを推定するには、ある程度多くの事例や観察が必要なので、社会レベルの比較分析で実際に使える可能性は低いが、例えばそういう形で、どんな測り方をしたデータなら、どんな仮定が必要であるかは、かなり明確にわかっている。その意味で、仮定Sをむしろここまで限定できている、どの程度弱められるのかは、明確にわかっている。そう表現した方がよいだろう。

現代の社会科学では統計的因果推論を用いることで、適合的因果における法則論的知識とはどんなものので、どう使われるのかや、個々の比較研究がどんな手法を使っていることにあたるのかを、より適切に再定義できる。それも、従来それこそ経験的に、「こうした方がよいだろう」と考えられてきたやり方や技法に接続しやすい形で。例えば、ウェーバーが「儒教と道教」で試みた西欧近代と伝統中国の比較分析のデザインは（↓コラム1四節）、簡便な形で傾向スコアを推定した上で、事例のマッチングで「処置群における平均因果効果 average causal effect on the treated」を求めたものにあたる。

あの［I］と［II］の問題が、百年後にはここまで解明され、部分的にせよ答えが出ている。ウェーバーやv・クリースは、そんな未来は全く想像していなかったのではないか。

七.

統計的因果推論の最大の貢献は、おそらくそこにある。社会科学にとってどこまで因果として考えられるのか、を明確にしてくれたのだ。

そう考えればウェーバーが、文化科学の枠組みにもとづく価値関係づけの「客観性」から、v・クリースが提唱した、法則論的知識を用いた「可能性判断」の「客観性」へと舵を切ったことが(→第七回)、どんな意味をもっていたのかも、よくわかるだろう。

わかりやすくいえば、ウェーバーは「量で測れるから」「自然科学が使っている方法だから」、適合的因果を採用したわけではない。その枠組みを用いれば、これまで使ってきた概念や技法や、それこそ実践的な知恵《ティップス》を、論理的により明確に、かつ体系的に定式化できて、その妥当性を反省できる。それゆえ、それを使えば、より信頼できる形で経験的な分析を進められる。何よりもその点で、統計学の知識や概念が役に立つ。ならば、少々苦労しても学習しよう。

社会科学にとって統計学はそういうものであり、そしてあえていえば、そういうものでしかない。

このことが何をもたらすのかを考えていくのも、とても重要な課題だが、これ自体巨大な主題なので、ここでは因果分析の方法論という面に限定して、二つの点だけ述べておこう。

第一に、反事実的因果は個体レベルで定義されるが、その大きさやあるなしは、特定の集まり限りでの期待値の形でしか特定できない。それ以外に共変量の状態を同じにする方法がないからだ。ウェーバーが理解社会学論文や基礎概念論文で頻用する表現を借りれば、まさに「平均的に durchschnittlich」としか、言えないものだ(→第一三回〜第一四回)。

その意味で、個体レベルでの因果は定義できるが、経験的には測れない。そういう不確定性が必ず残る。もちろん、だからといって個体レベルでは何も考えられないわけではない。測ることができる期待値に対して、さらにその「散らばり」の大きさ（例えば分散）を仮定して、判断の目安にすることはできるが、裏返せば、目安にしかならない。

それゆえ、個々人の選択としては、不確定ななかで何らかの決断をせざるをえない。逆にいえば、だからこそ、四節で述べたように、政策の立案や実施では、こういう測り方（にできるだけ近い測り方）の結果に、できるだけもとづくべきである。そして、その政策を個人にとってどの程度強制的なものにするかに関しては、科学の立場からは確定的なことは言えない。その点は、民主主義の社会として判断していくしかない。

第二は、その裏返しでもあるが、統計的因果推論の形にのらない因果の主張に関しては、社会科学の立場からも民主主義の立場からも、抑制的であった方がよい。あるいはウェーバーの言葉を借りれば、その主張は「自分個人の価値判断だ」と明言するべきだ。

いうまでもなく、これは「実際に実験できるものだけが因果だ」ということではない。これまで述べたように、社会科学では、ほとんど全ての統計的因果推論は実際には、集まり単位の期待値でも不完全なものにとどまる。それゆえ、統計的因果推論の形にのるとは、「外的制約がなければ」という反実仮想の下での、理論上は実験可能なものであればよい。

また、具体的な測定では、何らかの代理指標を使うことはさけられない。だから例えば、脳のなかの思念を直接観察できなくてもかまわない。慎重に設計されたアンケート調査で、人々の考えの特定の面を代理測定できれば、十分だ（佐藤俊樹「世論と世論調査の社会学」『放送メディア研究』一三号、二〇一六年など参照）。その上で、共変量の影響ができるだけ同じになるように努めて、結果を観察する。

そこまで幅を広げた上で、なおかつこうした形にのらない因果の主張に関しては、抑制的であった方がよい。そのような型の主張は、現在の社会学の内部でもしばしば見られるが、統計的因果推論の知識がさらに広まれば、もっと説得力を失っていくだろう。

その帰結としてもう一つ、興味深いことが考えられる。ジェンダー差などがわかりやすい例になるが、社会的に問題になる差異は、その影響が小さければ小さいほど、あるいは現実の社会の制度がそれに無関連的であればあるほど、その効果や影響の大きさを、ランダム化比較試験に近い形で測定しやすい。すなわち、より信頼できる形で測りやすい。

「多様性に関する想像力」や「格差を縮める努力」にはそういう面もある。これらは科学的により適切な形で因果を測定しやすくする。それもまた、社会のなかで社会を観察する社会科学ならではの特性である。

（1）　無作為割当の実験の解説では、「集団」という限定が必ずしも明示されないこともある。けれども、実験データでも無作為割当をうける個体は、「実験への参加の呼びかけが届いて、参加することにした人々」であり、特定の属性を共有している。操作変数を用いた疑似実験の場合も同じことがいえる。第一七回参照。

（2）　この点を厳密に論証するには、条件つき確率と期待値の演算の知識が必要になる。日本語の解説書もすでにいくつもあるが、岩崎前掲は具体的な例が多く載っているので、専門家でない人にとっても比較的読みやすい。

心理統計学や計量分析になれた人ならば、星野崇宏『調査観察データの統計科学』（前掲）、科学論や分析哲学、そして統計学の歴史にまでふみこんだ全体的な考察としては、J・パールの『統計的因果推論』（前掲）がやはり見通しがよいが、どちらも読みやすいとはいいがたい。どちらも親切かつ丁寧に書いてあるのだが、内容自体がさすがに高度なのである。

統計学の術語系に慣れていない人には、むしろv・クリースの「客観的可能性の概念」論文の第一章第四節「客観的可能性という概念のその他の応用について」や第二章第六節「因果性概念の境界」(山田・江口訳(1)では一四四～一四六頁と一五六～一六二頁)を直接読んだ方が、参考になるかもしれない。

［第一七回］ 因果効果と比較研究

一．

第三章でみてきたように、ウェーバーは倫理論文アルヒーフ版での仮説をふまえて、v・クリースが提唱した適合的因果の方法論を採り入れた。それが文化科学論文の、特に第二節である。そのなかでウェーバーは、反実仮想と確率的因果論の枠組みを用いて、事実として一回的な、歴史や社会の事象にも適用できる因果同定手続きを定式化してみせた。

そこで彼が取り組んでいた課題は、このくらい巨大なものだったのである。そんなものに取り組んで、抽象的な形にせよ、答える途筋を見通していた。その点はやはり凄いとしか言いようがない。

別の面から見れば、統計的因果推論は、現在の社会科学の因果分析の最先端であるが、その方法論的探究を、こうした歴史的な文脈の上に位置づけることもできる。そう考えれば、計量分析の専門家以外の人にとっても、近づきやすくなるのではないだろうか。

こうした関連性も、実は欧米の社会学ではすでに知られている。例えばすでに述べたように、J・ゴールドソープは『社会学について』(二〇〇〇年)のなかで、統計的因果推論だけでなく、ウェーバーの方法論と確率論との関連性についてもとりあげている(→コラム1九節)。目のつけどころはさすがだし、議論自体も明確で、魅力的な論考だ(↓第一三回六節)。

もちろん、だからといって結論が正しいわけではなく、統計的因果推論やウェーバーの適合的因果論に関しては、重要な点で誤解している、と私は考えている(「データを計量する　社会を推論する」参照)。けれどもその視野のあり方だけでも、学ぶべきものは多い。日本語圏ではほとんど無視されてきたF・リンガーの著作も、参照されている。

少し脇道にそれた。話を戻そう。

現代の社会科学では、反事実的な因果はたんなる空想ではなく、こうした形で具体的なデータから推論したり検証したりできる。ただ、その際にはさまざまな難しさがあることは、前回述べた通りだ。困難があること自体は障害ではない。特に社会科学には、不完全さや不明確さはつきものだ。必要なのは、そのなかで明確にできるものを明確にしていくことである。ウェーバーが「職業としての学問」論文で使った言葉でいえば、大事なのは「明晰さ Klarheit」だ(野﨑『ヴェーバー『職業としての学問』の研究(完全版)』前掲二五八頁、S. 607)。

わかりやすくいえば、完全な測定など最初からない。だから、明確な手順で、より完全な形に近づけていく。人間ができるのはそれだけだし、それだけで十分だ。経験的なデータを用いて因果を同定していく上で、統計的因果推論はその「明晰な klar」基準になる。最も大きな意義はそこにある。

二.

では、どこをどのようにすれば、より良い測定に近づけられるのだろうか。

前回述べた「一定の条件」、すなわち共変量の影響を消すための条件は、統計的因果推論では「独立性条件」や「強い意味での無視可能性条件」という呼び名で一般化されている。これは「潜在的な結果｛Y(1), Y(0)｝と処置Zとの独立性」にあたる（「結果Yと処置Zとの独立性」とはちがうので注意してほしい）。やはりプロテスタンティズムと近代資本主義の例を使って、少し説明しておこう。この場合、Y(1)は、ある個人が「もし禁欲的プロテスタンティズムの信仰や倫理をもっていれば、合理的な経営をするかどうか」、Y(0)は、同じ個人が「もし禁欲的プロテスタンティズムの信仰や倫理をもっていなかったら、合理的な経営をするかどうか」にあたる。すでに述べたように、ある個人は信仰や倫理を「もつ」か「もたない」か、どちらかである。それゆえ、Y(1)とY(0)のどちらかは、定義的に観察できない。反実仮想になる。

つまり、独立性条件とは、反事実的なものもふくめて、結果の有無の観察されやすさがZの値に影響されないことにあたる（なお「結果Yと処置Zとの独立性」を同様の言い方で表現すれば、結果の有無がZの値に影響されないことにあたる）[1]。適合的因果の解説で述べた「同じ条件の下で」も、厳密に定義すれば、同じものになる（→第七回三節）。

いうまでもなく、独立性条件を完全に守るのはきわめてむずかしい。そもそも反事実的な状態の場合、直接確認することもできない。その点でも、前回紹介した無作為割当は巧みなやり方になっている。無作為に割当をすることで、結果的に、Zの値に対して潜在的な結果｛Y(1), Y(0)｝を独立にできているからだ。

もっと素朴な水準でも、この条件はなかなか守りづらい。例えばウェーバーの仮説の関連でいえば、戦後日本のいわゆる大塚史学は、プロテスタンティズムの歴史的な意義を証明しようとして、その信仰をもつ人々が禁欲的な事業運営や合理的な経営をした事例を探し求めた。

こうしたアプローチをとると、プロテスタンティズムの信仰をもつ人が合理的な経営をした事例は見つけやすいが、信仰をもたない人が合理的な経営をした事例は見落としやすい。特定の信団に所属するなどによって、特定の信仰をもつかどうかは特定しやすいが、合理的な経営をしているかどうかを、一般的に同定するのはむずかしいからだ。歴史的な史料を使う場合は、とりわけそうなりやすい。

さらに、大塚史学は個人の信仰の正しさの主張と結びついているので、個人のレベルで倫理と経営との因果関係を確定しようとした。これは方法論上不可能な課題であり、それゆえ、こうした課題に固執すると、経験的な分析では、ありうる共変量に対して鈍感になりやすい。その点でも、数えあげた比率の差が平均因果効果から外れやすくなる。

要するに、プロテスタンティズムという原因が、近代資本主義という結果を生んだのか。――その因果適合性を判定する研究としては、大塚史学はあまり適切なアプローチではなかった。少し厳しい言い方になるが、因果推論の方法論の上では、そう言わざるをえない。

三.

計量分析、特に社会学のそれに慣れた人向けに補足しておくと、独立性条件は重回帰分析などでの要因統制と同じ発想だが、同じものではない。

重回帰での要因統制も、しばしば「他の変数の影響を除けば」という言葉で表現されるが、傾向スコアの「全ての共変量の状態がわかっていれば」という条件と比べればわかるように、こちらは観察できた変数だけを考慮したものだ。

だから、重回帰での「統計的に有意な関連性あり」という結果から、因果関係を直ちに導くことはできない。その結果から因果を特定するには、関わる変数群について一定の仮定をもち込む必要がある（星野『調査観察データの統計科学』前掲五一〜五八、一三六〜一四一頁などを参照）。裏返せば、重回帰というのは本来、観察されたデータの値から目的変数の値を効率よく予測するための手法であり、因果を特定するための手段ではない。

そのような重回帰の要因統制ですら、歴史的な事象の因果の研究では使えるケースはほとんどない。ましてや、統計的因果推論の平均因果効果を具体的に測れることはないだろうが、だからといって、こうした方法論の知識が無意味なわけではない。

例えば大塚史学のように、アプローチ自体が因果の検証には不向きだということは示せる。あるいは、自分自身がデータを集める上では、独立性条件が守られやすい工夫をすることもできる。

その一つは、原因（例えば禁欲的倫理）の有無や結果（例えば合理的な経営）の有無を判定する上で、何らかの形式的な基準をあらかじめ決めておくことだ。それも、できるだけ機械的に適用できるものが望ましい。自分の仮説にとっての有利不利によって判定が影響されにくくなるし、多数の事例を統一的に判断しやすくもなる。ささやかな工夫だが、それでも認知バイアスを抑制して、独立性条件により近づくことはできる。

こうした判定基準として使いやすいのは、やはり実数値型の量的な指標だが、機械的に適用できるものであれば、0／1型でもよい。言い換えれば、より正確な因果の測定をめざしていくと、数理的なあつかい方に近づかざるをえない。

量的だから正しい、のではない。より正確な因果の同定をめざせば、数理的なあつかい方を支援手段に使わざるをえないのだ。その面でも、一九〇六年の文化科学論文から一九二一年の基礎概念論文にいたる、ウェーバーの方法論の展開はきわめて自然なものだった。

また、前回述べた、データでの比率と平均因果効果のちがいからわかるように、研究する側が気づいていない共変量があると、因果の推論は誤ったものになる。それゆえ、自分の仮説が正しいと思い込まずに、意識的に視野を幅広くとって、調査データや事例を見ていく方が望ましい。わかりやすくいえば、自分の仮説以外の別の仮説も複数考えておいて、それらの方向からデータや事例も眺め直してみる。そういう工夫も欠かせない。でないと、気づいていない共変量は発見できない。

もちろん、どちらの工夫も、事例研究の方法論ですでにいわれていることだが、その理論的根拠を統計的因果推論は明確にした。実際、全ての共変量が特定できない場合の調査データの計量分析でも、こうした方向で研究を進めていくことが推奨されている（星野前掲第四章など参照）。

四．

その意味でも、社会科学の方法論に「量と質」の区別は必要ない。私はそう考えている。

かつてリッカートが「自然科学対人文社会科学」の形で掲げた「量と質」は、最近の社会科学では、例えば「重回帰分析と単一事例研究」のような形で語られている。そもそも重回帰分析は因果を特定するための手法ではないので、こういう対照化自体、適切ではないが、「統計的因果推論と単一事例研究」のような言い方でも、誤解をまねきやすい。

前回述べたように、社会科学でランダム化比較試験、すなわち無作為割当による比較対照実験が実行できるケースはかなり限られる。それだけではない。実行できるケースでも、被験者の数を確保するのはとても難しい。無作為割当で独立性条件をみたすためには、二つの群の被験者の数が十分に多いことが前提になるからだ。

被験者の数をふやすために、被験者を何らかの手段で動員することも考えられるが、そうなると今度は、測られた因果効果は、そもそもどんな集団の期待値なのかが、あらためて問題になる。動員をかけて人数を確保すれば、被験者の人たちが特定の属性を強く共有する可能性も高くなるからだ。前回あげた例でいえば、「実験者に近い人たち」や『開発途上国』の人たち」などだ。

統計的因果推論は、共変量にあたる変数のちがいの影響を消す手法である。それゆえ、測られた集団全体に等しく影響する変数は、視野の外になる。その意味でも、特定の集まり限りの期待値を測るものだ。多くの被験者を動員しようとすれば、被験者集団そのものの特殊性も無視できなくなるが、無作為割当の実験のデザイン上、この変数の影響は測れない。

だから統計的因果推論でも、実験データに比べて調査観察データが必ずしも劣るわけではない。調査データでは、より低いコストで、より広い範囲の個体を調べ、そのさまざまな変数の状態を特定できるからだ。逆にいえば、特定の集まり限りの期待値である平均因果効果の大きさを(他の集まりにまで)一般化しようとすれば、調査データでも実験データでも、共変量に関する何らかの仮定、つまり法則論的知識にあたる命題をもちこまざるをえない。そうすることで、いわば近似的に、測れていることにしている。

そういう意味では、統計的因果推論と従来の計量手法のちがいも、最終的には「程度の差」になる。

実際の調査研究の結果の信頼性を評価する上では、この「差」もとても重要だが、それでも程度の差は程度の差である。

そしてそれゆえに、反省的な事例研究も、反省的な計量分析も、ともに科学的な方法になりうる。むしろ、より反省的になればなるほど、両者は互いに近づく。

詳しくはこれから述べるが、ただ一つの事例（単一事例）からでも、法則論的知識にあたる反事実的命題を仮定すれば、因果を特定できるが、その仮定は特定される因果と同義反復になる（→コラム1、第一回）[2]。それゆえ、さらに何らかの形でそれを裏づけられる方が望ましいが、そうなると今度は、その事例をどんな方向で一般化するのか、例えばどんな集団をその背後に想定すればよいのかが問題になる。それに答えるには別の法則論的知識を仮定する必要がある。それによって、因果のあるなしも当然変わってくる。

この点は、現在の確率的因果論でも指摘されているが（→第六回〜第八回）、特定の集まり限りの期待値という、平均因果効果の考え方とも重なってくる。そして一つの事例を集中的に調べる研究でも、「結論ありき」でなければ、大量観察データを援用するにせよ、仮想的な思考実験を試みるにせよ、結局は集まり単位の因果同定と同じような作業が求められる。ジンメルやウェーバーが指摘している通りで（→第六回二節）、その点からも「質」的分析と「量」的分析の間に区別はない。

文化科学論文でウェーバーが定式化した二つの課題、「**Ⅰ：特定の原因候補の働き方をあらかじめ決めずに因果関係を同定する**」と「**Ⅱ：無数の原因候補のなかで特定の因果を識別する**」は、現在ではこのような形で解決する途が見出されている。第七回で述べたように、v・クリースは、同じ条件の下でそれぞれ（結果の成否を）数えあげて比べればよい、と考えた。それが「遊離と一般化」だが、現代の社会科学ではその着想がより洗練され、より明確にされて、このように定式化されている。

そう考えていくと、社会科学における因果分析のさまざまなやり方は、基本的なあり方で共通する。例えば統計的因果推論も、単一事例研究と同じく、データにもとづく点では客観的だが、一定の仮定にもとづく点では主観的である。仮定の一部を別の実験や調査によって検証することはできるし、できるかぎりそうするべきだが、それもまた別の仮定を必要とする。もし仮定の部分をなくそうとすれば、そもそも因果を特定できなくなる。

ウェーバーの術語系でいえば、適合的因果はあくまでも、「価値解釈」の下での経験的な「客観的可能性判断」である。より正確にいえば、その判断の積み重ねである。第一五回で述べた「ウェーバーの探究の航路の……終着点にあたる場所」も、そういう意味だ。

五.

したがって抽象度を上げれば、ウェーバーが文化科学論文で例示したような、事実として一回的な事象での反実仮想も、大量観察データを使った現代の重回帰分析も、あるいは統計的因果推論の手法を応用した具体的な測定結果でさえも、反事実的な因果の不完全な推論としては等価になる。より正確にいえば、近似の程度という基準で、これらを一律に評価できる。

実際、これまでみてきた因果同定の議論は次のような表にまとめられる。番号はコラム1と同じだ。

（1）因果に関わる変数が一般的に定義できない

↓必ず一回しか観察できない　＝「定義によって一回性の事象」

↓因果を科学的に同定できない（前提の完全な同義反復になる）　＝リッカートの「個性的因果関係」

（2）因果に関わる変数が一般的に定義できる

↓複数回観察しうる

↓因果を科学的に同定できる（同定手続きを論理的に組み立てられる）

＝適合的因果や統計的因果推論

（2・1）実際には一回しか観察できなかった場合　＝「事実として一回的な事象」

↓同定の前提になる反実仮想が結論の因果と実質的に同義になる

↓因果を経験的には観察できない（「因果推論の根本問題」）

＝統計的因果推論における個体レベルの因果同定

（2・2）二回以上観察できた場合

↓同定の前提になる独立性条件をみたすかそう仮定するかすれば、（結果が生じた／生じなかった）集まり単位の期待値の形であれば因果を経験的に観察できる

＝統計的因果推論における平均因果効果

（2・2・1）二回（＝結果が生じた／生じなかった集まりごとに一回ずつ）観察できた場合

↓事例一つで集まり単位を構成する

＝集まり単位の期待値が個体レベルの因果と一致する　＝個体レベルの因果が経験的に観察できる

＝差異法の理想的なケース

↓特定の原因候補が原因かどうかは必ずしも判定できない

↓統計的誤差は考慮できない

（２・２・２）三回以上観察できる場合

↓集まり単位に二つ以上の事例がふくまれる

＝集まり単位の期待値は個体レベルの因果と必ずしも一致しない　＝個体レベルの因果は経験的には観察できない

↓無作為割当の実験や一定の仮定を置けば、集まり単位であれば、特定の原因候補が原因かどうかを判定できる

↓統計的誤差も考慮できる

従来のウェーバーの方法論の研究では（２・１）、（２・２・１）、（２・２・２）のどれか一つがとりあげられることが多いが、ウェーバーもｖ・クリースも三つ全てをあつかっている。したがって、適合的因果の枠組みの解説も、「法則論的知識」や「経験則」、「適合的／偶然的」などの定義の明確化も、三つに共通したものであることが望ましい。

それによって、反事実的な因果定義や統計的因果推論との対応も、ずっと見通しが良くなる。例えば、個性的因果関係と適合的因果のちがいも、この表の形にするとよくわかる。

(**1**)では、因果の同定手続きを論理的に組み立てられないのに対して、(**2・1**)では、手続き自体は成立するが、前提と結論が実質的に同じものになってしまう[3]。「もしAがなければBは生じなかっただろう」という仮定を置くことで、「Aにあたる事象がBにあたる事象の原因である」と同定される形になるからだ(↓第一一回〜第一二回)。

算譜《アルゴリズム》にたとえれば、(**1**)では計算自体が成立しない、すなわちそもそも計算できない。それに対して、(**2・1**)では計算できるが、入力《インプット》と出力《アウトプット》が必ず同じものになる。(**1**)も(**2・1**)も、因果を経験的に同定できない点は同じだが、論理的な状態は全くことなる。リッカートの文化科学で経験的な研究ができるという主張は、この二つを混同している[4]。

さらに、差異法がどのような意味で統計的因果推論の簡略版なのかも、よくわかる。それは、たんに独立性条件を暗黙に仮定しているからだけではない。

(**2**)では変数が一般的に定義できるので、現時点での観察回数は偶然的なものになる。わかりやすくいえば、(**2・2・1**)ではたまたま二つしか観察事例がなかった。だから、集まり単位の期待値として観察されるものが、個体レベルの因果効果とも一致する。そう考えた方がよい。

その意味で、(**2**)の一般形はやはり(**2・2・2**)であり、それゆえ、統計的因果推論の方が一般的な方法論になる。また、(**2・2・1**)では未知の共変量だけでなく、確率の差をデータから推定する上でありうる統計的誤差にも対処できない。したがって厳密には、その統計的誤差を**0**だと仮定しなければ、集まり単位の期待値も観察できたとはいえない。その点でも、(**2・2・1**)での因果同定は、(**2・**

2・2)に比べて信頼性がより低い。

裏返せば、法則論的知識の可変性をふまえて、(何らかの形で信頼性をより高めていくのが望ましいが)(**2・1**)や(**2・2・1**)も、因果的な説明から排除しなかった。そこに適合的因果の特徴がある(↓第七回三節)。それに対して、現代の統計的因果推論では(**2・1**)はもちろん、(**2・2・1**)も「判定不能としてあつかった方がよい」と考える人が多いのではないか。一方、分析哲学の反事実的な因果定義では、可能世界を想定することで(**2・1**)を正当化している。

そういう意味では、あえて乱暴に図式化すれば、**適合的因果=統計的因果推論+分析哲学の反事実的因果定義**だといえるかもしれないが、むしろ第七回三節で述べたように、一回しか観察できない場合も、複数回観察できる場合も、同じ枠組みで定式化した。そうすることによって、それぞれの場合にどんな仮定が欠かせないのか、裏返せば、それぞれの場合で経験的にいえる部分はどこまでなのかを、論理的に明快に示した。そこにこの方法論の大きな意義がある。

六．

実際、この一覧表の一部だけを「正しい因果同定の方法」としたり、一部と一部だけを対比させたりすれば、議論は混乱してしまう。従来の社会科学や歴史学の方法論争にも、そうした面があった。

例えば歴史学や経済史では、現在でも「法則定立的/個性記述的」が、しばしば二つの方法として位置づけられている。世界システム論もその一つだが(↓第一回)、こうした議論では(**1**)と(**2・1**)が理論的に区別されていない。

先ほど述べたように、適合的因果では（**2**）だけが、したがって一回的な事象では（**2・1**）だけが、因果の記述にあたる。すでに述べたように、（**2**）では特定の事象が個別的な要因によるかどうかも、どんな法則論的知識を前提にするかに依存する。したがって「法則定立的／個性記述的」をあえて使うなら、両者が螺旋状に進んでいくような表現がよりよいが（小田中直樹『ライブ・経済史入門』勁草書房、二〇一七年）、方法の呼び名としては使わない方がよいだろう（→第八回）。

因果関係をどのようにとらえるかをめぐっては、現代の歴史学でも反省的な検討がなされているが、いくつかの論点がまだ十分に区別されていないようだ。例えば「あらゆる因果論的説明は物語を含意し、あらゆる物語は因果論的解釈を含意する」といわれたりするが（Lynn Hunt, *Writing History in the global Era*, p. 126, W. W. Norton, 2014, 長谷川貴彦訳『グローバル時代の歴史学』一二七頁、岩波書店、二〇一六年）、物語が言説として目的論的な構成をとることと、因果同定が何らかの仮説をつねに前提とすることは、全く別の事態である。また、一回的な事象での因果同定が前提の実質的な同義反復になること（＝（**2・1**））と、因果それ自体を構築主義的に考えることも、全く別の問題だ（→第四回注3[5]）。

「グローバル・ヒストリー」といった視点が無意味なわけでは全くない。けれども、この視点をとった場合、一国史《ナショナル・ヒストリー》や比較史以上に、因果同定の論理的明確さを保つことが求められる。それには、因果分析の特性とその限界に関する、より明晰な反省的形式化が欠かせない。例えば、なぜ一国史から脱しがたいのかは、もっと方法論的に厳密に考えるべきだろう。

M・ヴェルネールとB・ツィンメルマンも指摘しているように、分析単位という枠組みが不可欠ならば、時空のどこかに必ず区切りを入れざるをえない（Michael Werner and Bénédicte Zimmermann, “Penser L'histoire croisée,” *Annales, Histoire, Sciences Sociales* 58(1), 2003, 小田中直樹訳「交錯する歴史を考える」『思想』一〇二二号、二〇〇九年、同編訳『歴史学の最前線』法政大学出版局、二〇一七年に再録)。そして、反証可能性を保持した形で因果の同定をしたければ、複数の単位を設定せざるをえない(「世界システムという物語」参照)。それはもちろん、なぜウェーバーが比較分析という手法を使ったのかとも、深く関連している(→コラム1四節、第四章)[6]。

第七回五節で述べたように、一九〇六年の文化科学論文とクニース2論文で適合的因果の方法論を社会科学に導入した後、ウェーバーは二つ、大きな経験的研究を発表している。一つは工業労働論文で、計量社会学の先駆ともいえるものだ。ここでウェーバーは、具体的な計算まではできなかったが、現在でいう多変量解析の要因統制にあたる手法を模索した。

もう一つが「古代における農地関係(第三版)」だ。そのII七章でウェーバーは、古代地中海世界と中世以降のアルプス以北の西欧をそれぞれ一つの単位と見なして、その内部の相互作用という形で、歴史の展開を描き出そうとした。こちらは現代でいう世界システム論やグローバル・ヒストリーにあたる。

それだけではない。この二つの単位を比較することで、ウェーバーは相互作用の内部の因果を同定しようと試みた。グローバルな単位を設定すれば、空間的な比較はできなくなる。それゆえ、時間を分割して、複数の時間的な単位の間で比較するしかなくなる。それ以外に反証可能な形で、因果を同定する手段がないからだ。

そんな実験的な試みを彼はこう結んでいる。「地中海的―ヨーロッパ的な文化発展の連続体は、現在までのところ、完結した『循環』にも、一義的に方向づけられた『直線的』発展にもならなかった」(弓削・渡辺訳前掲五〇二頁、*MWG1/6 S. 725*)。私も彼の結論は妥当なものだと思う。グローバル・ヒストリーにおいて、反証可能な形で因果を同定しようとすれば、循環的な因果関係を想定するしかないが、それは、歴史の進み方をあらかじめ結論することにひとしい。

その決定的な矛盾を百年以上前に、ウェーバーははっきり見えていた。「世界宗教の経済倫理」と名づけられる彼の比較歴史社会学は、グローバル・ヒストリーと世界システム論の後に、試みられるのである。

七．

ウェーバーの方法論に戻れば、文化科学論文第二節で、当時のドイツ歴史学の方法論が批判的に再検討された。その作業はまさにこうした「明晰さ」の追求であり、反省的形式化の最初の一歩だった（↓第一二回）。

第二節の終わり近くで、「促進的」は次のように定義される（二一〇頁、S. 289）。

> 「促進させる」という言い方が意味しているのは、つねに、結果に時間的に先行する現実性の、ある構成要素が遊離させて考えられて isoliert **gedacht**、一般的経験諸規則にしたがえば、そのような一つの結果を一般的に「促進させる」ということだけである。すなわち……この構成要素が、他の諸条件との、可能だと考えられる組み合わせの多くで in Überzahl der als möglich gedachten Kombinationen mit anderen Bedingungen、そうした結果を引き起こすことを、常としている **gepflegt** というにすぎない。

一読しただけではわかりにくいかもしれないが、「構成要素」が原因候補、「他の諸条件」が共変量にあたることに気がつけば、すっきり理解できる。

「すなわち」以下の部分では、「促進的」とは、共変量のありうる状態の多くにおいて、その原因候補があることで結果が引き起こされることだ、と述べている。[7] これはそのまま、共変量の値がとりうる範囲の多くで、原因候補の有無による出現確率の差が0より大きくなる、と言い換えられる。第一六回で紹介した平均因果効果の考え方と同じだ。「可能だと考えられる」だから、現実の事例だけに限定されるわけではない。

したがって、その前の部分「ある構成要素が遊離させて考えられて……一般的経験諸規則にしたがえば……一般的に」は、統計的因果推論の「独立性条件の下での特定の集まり単位の期待値では」にあたる(→第一〇回注6)。より正確には、それをかなり抽象的に、かつやや不明確な形で表現したものだ。

つまり、ここでウェーバーは、出現確率の差への共変量の影響をどう統制するかを、「遊離と一般化」の課題として考えている(→第一五回三節)。統計的因果推論でそれに一番近い操作をあげるとすれば、傾向スコアによるマッチングだろう(→第一六回六節)。コラム4で述べるが、因果の特定にはこのような考え方が必要なことも、v・クリースが肺炎による死亡率などを例に使ってすでに述べていた。

だからこそ、文化科学論文での「適合的因果構成 adäquate Verursachung」と、基礎概念論文での統計学的な因果定義＝「『因果的に適合的 kausal adäquat』」(→第一二回)も同じものだといえる。第七回や第一五回で述べてきたように、どちらも反事実的な因果定義にもとづいて、因果関係の範囲や経路に関する仮説を経験的知識という形で前提にして、観察されたデータから特定の因果のあるなしを判定する手続きになっている。

グローバル・ヒストリーと一国史の関係も、同じように考えた方がよい。因果の経験的な同定には複数の単位が必要だとすれば、一国史とグローバル・ヒストリーのちがいは、原因候補や共変量に国外の変数をふくめないかふくめるか、のちがいになる。

それだけとれば、グローバル・ヒストリーの方がより良く見えるが、あつかえる変数をふやせば、手続きは複雑になる（↓第四回三節）。それゆえ、少数の変数が他の変数を決めるような、強い因果法則をもち込まない限り、国外変数の組み込みは漸進的にやるしかない。具体的にいえば、原因候補や共変量に国外変数を新たに加えてみて、どんな因果が同定されるかを測る。これは仮定Sの部分的な検証と全く同じものだ。

つまり、因果分析として考えれば、一国史とグローバル・ヒストリーのちがいは、仮定Sの具体的な範囲のちがい、すなわち原因候補や共変量の範囲をどこまで広げていくかのちがいになる。もちろん経験的な研究では、それによって、従来は原因だとされてきた国内変数が「擬似相関」であることがわかったり、逆に、国外変数を新たに加えても、同定される因果は変わらないことがわかったりする。国外変数と結果との因果の「意味連関」の内容も新たに考える必要があるが（↓第一四回一節）、新たな社会科学や新たな因果同定の手続きが必要になるわけではない。方法論の問題でないことを、方法論の問題であるかのように語るのは、有害無益だ。

平均因果効果の考え方では、共変量の値の変化を考慮にいれて、確率の差の期待値を求める。したがって、もし仮定Sの範囲がより狭められれば、より信頼できる形でCとEの因果を測れたことになる。その意味で、一国史とグローバル・ヒストリーは対立するものではない。グローバル・ヒストリーでは比較ができない、という根本的な問題もそれで解消できる。

ランダム化比較試験のように、ありうる全ての共変量の状態を考慮に入れられるわけではないが、より良い結果になることに変わりはない。「交錯する歴史」が本当に意味をもつのは、おそらくそうした方向だろう。

八．

文化科学論文の第二節の最後の四分の一ほど、つまり文化科学論文の結論部では、実はこのような考え方が展開されている。それゆえ、ここは二〇世紀の初めの歴史学だけでなく、現在の歴史学にとっても重要な方法論の考察になると思う。（ただし、原因候補と結果と共変量の相互作用を、言葉だけで解説しようとすると、ウェーバー自身の文章のように、かなり複雑な言い回しを多用せざるをえない。現代の統計学の術語系を使った方が簡潔で見通しよく表現できるので、ウェーバーの議論の再構成はコラム4として、この後にまとめて述べる。）

そういう形で整理すれば、以前引いた文章もさらによく理解できるだろう。もう一度引用する（↓第一〇回、第一四回）。

歴史は「現実科学」であるが、それは決して、何らかの現実の全ての内容を「模写した」――それは原理的に不可能である――という意味においてではない。所与の現実の構成部分、この構成部分はそれ自体としては概念的にただ相対的にのみ特定されうるが、それを「実在的な」構成部分として、特定の具体的な因果的な連関のなかにはめこむ、という全く別の意味においてである。具体的な因果連関の実在に関する個々のこの種の判断は全て、それ自体ただちに無限に細分化されうるものであり、そうしたものは――法則論的知識の完全化という絶対的に理念的な状態においては――正確な「法則」を用いて十全な帰属へ向かうようになるのであろうが。歴史的な認識は、ただ具体的な認識目的が必要とする程度において分解をおこなうにすぎない。そして、この帰属の不可避的にただ相対的な十全さは、その遂行に適用された「経験則」の、不可避的にただ相対的な特定性において、明らかにされている。

「因果的に適合的」とは、ある事象の経緯が、経験則にもとづいてある機会が成立して、事実上いつも同じようなあり方で経過する、その程度に応じて、そういわれるべきである。……したがって、因果的な説明とは、何らかの測りうる、理想的な――稀ではあるが――場合には数量的に示しうる、確率的な［蓋然性の］規則にしたがって、特定の観察された（内的または外的な）事象の後に別の特定の事象がつづく（または、ともに出現する）と確定することを意味する。

一読したときには、ただ複雑に屈折していく言葉の連なりに見えるが、そこで何が考えられているのかに気づいた瞬間、一気に、明晰で透徹した論理へと結晶していく。これがマックス・ウェーバーなのだ。

（1）厳密には、独立性条件にはいくつかの種類があり、ここではやや単純化している。詳しくは星野前掲四三～四五頁、岩崎前掲八二～八九頁などを参照。

（2） この点はすでにW・サモンも指摘している。Wesley Salmon, "Laws, modalities, and counterfactuals," W. Salmon (ed.), *Hans Reichenbach: Logical Empiricist*, p. 664, D. Reidel Publishing, 2012.

（3） 厳密にいえば、前提は法則論的知識であり、結論は個別的事実なので、完全な同義反復ではない。例えば、分析哲学の可能世界意味論では、法則論的知識は可能世界群の布置に関する命題にあたるが、社会科学にとっては、経験的に同定できない仮定ならば、可能世界群の布置も現実世界の因果の想定も実質的に同じである。

逆にいえば、統計的因果推論は、特定の集まり内での個体をそれぞれ可能世界と見なして、可能世界間の布置を数値化するものだ、ともいえる。

（4） ウェーバーの方法論を文化科学の延長上で解釈した場合は、**（2・2）**と**（2・1）**を混同することになる。それゆえ、二つの読み方は実質的に重なってくるが（→コラム1六節）、こうした読み方では、①文化科学論文第二節に出てくる、具体的なデータから適合的因果を同定する経験的な手続きの例示や解説を無視することになり、②『確率計算の諸原理』のなかでも期待値と中心極限定理を解説した一〇七頁と一〇八頁が、なぜくり返し参照指示されるのか、にも答えられない（→第七回七節、第一〇回注3）。また③「古代における農地関係（第三版）」や『宗教社会学論集1』の比較研究も無意味になる（→第六回三節）。

そもそも、本当に**（2・1）**だけでよいのならば、わざわざv・クリースの適合的因果を参照する必要はない。リッカートの文化科学をたんに理念型の概念を使って再解釈すればよい。あえて図式化すれば、新カント派の考え方では、関わる変数が無限にあるからこそ、経験をこえた超越論的な論定が必要だとされる。それに対して、中心極限定理によれば、関わる変数の数が無限に近づけば近づくほど、（特定の条件下では）それらの変数の値の総和の平均は正規分布にしたがい、特定の値として経験的に観察できる。統計学の知識はそういう形で［Ⅱ］に答えることで、超越論的な視点を導入する根拠を消去するのである（→第八回四節、第一五回四節）。

そこにリッカートとウェーバーとの決定的な切断がある。そしてv・クリースが示したその途は、少なくとも結果的に正しかった。詳しくはコラム4を参照。

（5） ハントの論じ方をみると、法則科学と因果関係の同定も十分に区別できていないようだ。ウェーバーが文化科学論文で示したように、個別的な原因を同定する際にも、特定の法則論的知識が前提になる（→第一二回）。言い換えれば、法則科学を否定する立場であっても、法則論的知識を前提にした因果同定はやらざるをえない。「因果関係」を「相互関係」と呼び換えようと、文化史をやろうと、その点には変わりはない。

例えば「主体が、客観的な構造と交渉しながら、一定の法則性をもって作動する力学を認識するプロセスこそが

『因果関係』だとする」(長谷川「物語論的転回2・0」前掲六一～六二頁)という表現を例にとれば、このなかの「干渉」や「作動」や「力学」といった言葉は、すでに特定の因果関係を含意している。つまり、この言い方自体が、自らの主張する因果関係に関しては、それが客観的に存在し確定的に同定できることを自明の前提にしている。日本語圏の社会学では、「『客観性』の一段ずらし」と呼ばれるものだ(遠藤知巳「言説分析とその困難(改訂版)」佐藤俊樹・友枝敏雄編著『言説分析の可能性』東信堂、二〇〇六年)。

(6) ヴェルネール&ツィンメルマンの論文は、「価値解釈」などのウェーバーの方法論を的確に理解した上で、反省的に取り込んでいる。「構築」という言葉が使われているが、この論文を「構築主義的理解」(長谷川前掲六二頁)と呼ぶのは、少なくとも社会学的には適切ではないだろう。

彼らの方法論的考察は、論文の注7にあるように、ジンメルとウェーバー、特に歴史学派経済学をめぐるウェーバーの研究に根差している(→第六回)。なお「この研究は、ケーススタディというかたちをとりながらも、認識論的考察から議論を始めている」とあるが、「客観性」論文にはケーススタディにあたるものはないので、注7の表現に一番近いウェーバーの論文は文化科学論文である(→第一一回～第一二回)。

いずれにせよ、ハントのような、ウェーバーの方法論を実際には読まずに、因果同定の方法やウェーバーの近代化論を論じているものとは同列にあつかわない方がよい(→注5)。佐藤俊樹「消費される歴史」(『社会学理論応用事典』前掲)も参照。

従来のウェーバー研究の伝統をより活かした形で「グローバル」をとらえたものとしては、厚東洋輔『グローバリゼーション・インパクト』(ミネルヴァ書房、二〇一一年)がある。厚東は戦後の日本語圏の社会学者のなかで、適合的因果の論理を最も明断に理解しており(→第二回注1)、その点も反映されている。

(7) この表現は当時の一般的な確率の定義「可能な場合の数に対する、その出来事に好都合な場合の数」に対応している(→コラム2七節)。「客観的可能性の概念」論文の原注4(一四〇頁、S. 185Anm2)参照。

こうした確率定義の旧さが、シュッツやL・v・ミーゼスやターナーらの無理解を誘ったのかもしれない(→コラム1九節、第一三回五節)。実際、この点はv・クリースの枠組みが早く忘れられてしまう理由の一つになったと考えられるが(Treiber 前掲)、統計的因果推論の考え方をあてはめる上では、この旧い定義の方が、適当な単純化になってわかりやすい。

コラム❹ 三月革命の適合的因果と期待値演算

一.

ウェーバーの文化科学論文第二節の最後の四分の一、「むしろ我々は……『客観的可能性』という範疇の、さらに詳しい観察に向かおう」(二〇〇頁、*S.* 282, *Archiv* 22(1), S. 200)以降の文章は、その言葉通り、適合的因果とは何かを彼自身が考え抜いた考察であるが、従来、「混乱」や「矛盾」があるとされてきた。印刷ミスを疑う人もいる。

実際には、この部分に特に混乱や矛盾はない。書き方もむしろ親切だと思う。少なくともウェーバーの参照指示通り、v・クリースの「客観的可能性の概念」論文と『確率計算の諸原理』の各頁を読んでいれば、つまり執筆当時のウェーバーと同程度の統計学の知識があれば、ウェーバーがここで何を述べようとしていたかを再構成するのは、それほど難しくない。

結論からいえば、ここでウェーバーは(a)因果関係を原因候補Cと結果Eと共変量Uという三種類の変数の間の相互作用として考えた上で、(b)(CからEが生じる因果法則の強弱という形ではなく)共変量Uに関する期待値の形で、「cである/でない」によるEの出現確率の差を定式化している(↓第一七回七節)。第一六回で解説した統計的因果推論と同じ考え方だ。因果を反事実的に定義した確率的因果論を、経験的なデータにあてはめようとすれば、こう考えるのが自然なのである。

もちろんウェーバー自身は現代的な術語系を使っていないが、注意深く読むと、原因候補と共変量を区別する必要がある場合には、表現上でも区別している。

例えば、v・クリースや当時の法学にならって、変数は「条件」と呼ばれているが、原因候補として考えている場合には、「『諸条件』»Bedingungen«」という、»〜«つきの形で表記される。あるいは「因果的構成要素 kausale Komponent」のような、意味の上でわかる呼び方に言い換えている。それに対して、共変量として考えている場合は、「諸条件」という、»〜«なしの形で表記される。また、どちらであるかを特定しないで使う場合には「『促進的』そして『阻害的』条件」のような呼び方をしている(→第一二回五節)。

そうした工夫によって、どの因果に言及しているのかを、言い換えれば、特定の変数を原因候補として考えているのか、それとも共変量として考えているのかを、識別できるようにしてある。例えばこんな書き方だ(二〇二~二〇三頁、S. 284, 二〇六頁、S. 286)。

> 人はあれらの因果的構成要素を……遊離させて、これらの構成要素を、これらと協働していると一般的に考えられる、他の全ての諸条件 Bedingungen に対置して考える。そして、これらの遊離して考えられた構成要素が「可能的」結果を引き起こすのに「適する」ことになっただろう、全ての附随する諸条件の広がりと、これらの構成要素がその結果を「おそらくは」引き起こさなかっただろう、全ての附随する諸条件の広がりとが、どんな関係にあるかを問題にする。

あたえられた歴史的情勢のなかで、特定の「諸条件」»Bedingungen«が、すなわち、圧倒的多数の、……おそらくは附随していると考えられる諸条件 Bedingungen の下で、まさしくあの結果を引き起こしたであろう、特定の「諸条件」が思考の上で遊離できる

最初の引用でいえば「因果的構成要素」が原因候補、「諸条件」が共変量にあたる。第一七回七節で引用した「促進的」の定義の文は、この文章をより簡潔に言い換えたものだ。二番目では»～«つきの「『諸条件』」が原因候補、»～«なしの「諸条件」が共変量にあたる[1]。

文化科学論文全体を通じて、この二つが明確に区別されているわけではないが、区別する必要がある場合には区別していた。その意味で、彼もv・クリースの枠組みを引き継いで(→第六回五節)、原因候補と共変量という形で考えていた(→第七回四節)。より正確にいえば、だからこそ、そう仮定すれば、この部分はすっきり読める。

二

現代の術語系を使えば、この「むしろ我々は……」以降の考察は次のように要約できる。なお、ウェーバーは先ほど引用したように、原因候補も共変量も複数想定しているが、簡略化のために、原因候補だけでなく、共変量も一つだけで、その値も離散型だとする。すなわち、共変量にあたる「条件」をUで表すと、Uはu_1、u_2、u_3、……という飛び飛びの値をとるものとする。

――Uは共変量だから、CとEにともに影響する。それゆえ、Uがu_1、u_2、u_3、……のどの値かに

よって、CとEとの関係、すなわち「cである／でない」によるEの出現確率の差$\mathbf{P}(E|C)-\mathbf{P}(E|\neg C)$の値も、変わってくる。言い換えれば、Uのそれぞれの値つまりu_iごとに、CによるEの出現確率の差の値も、それぞれ変わってくる。その値はマイナス**1**からプラス**1**までで、当然**0**をふくむ。すなわち、Uの値次第で、「適合的」にも「阻害的」にも「偶然的」にもなりうる(↓第七回四節)。

だとすれば、CとEの間に因果関係があるかどうかも、すなわち$\mathbf{P}(E|C)-\mathbf{P}(E|\neg C)$がどんな値をとるかも、ありうるUの値に対応させてとらえる必要がある。具体的にいえば、各値u_iに対応する$\mathbf{P}(E|C)-\mathbf{P}(E|\neg C)$の値を、さらに各$u_i$の出現する確率によって重みづけた上で平均する必要がある。先ほどの二つの引用も、そういう内容を述べている。

現代の統計学では、これを「Uに関して$\mathbf{P}(E|C)-\mathbf{P}(E|\neg C)$の期待値をとる」と呼び、数式では$E_U[\mathbf{P}(E|C)-\mathbf{P}(E|\neg C)]$と表記する(Eは期待値 expectation をとる演算であることを、その下付き添字Uがどの変数に関して期待値をとるかを示す)。第一六回で述べた「共変量の影響を消した上で『数えあげて比べる』」や「反事実的因果の期待値」を数式で表せば、こういう形になる。それが平均因果効果という考え方だ。

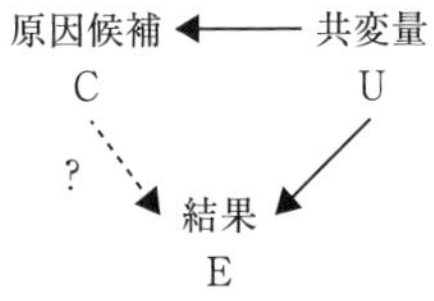

図 **C4-1**　原因候補と結果と共変量

もちろん、共変量に関して期待値を具体的に求めるには、全ての共変量の分布がわかっている必要がある。この条件は一般的にはみたされないが、無作為割当による比較実験ができれば、分布を具体的に特定できなくても、つまり、共変量になる変数の範囲とそれぞれの状態が具体的にわからなくても、特定の集まり単位に限定すれば、$\mathbf{P}(E|C)-\mathbf{P}(E|\neg C)$の期待値に等しい数値を求められる(↓第一六回二節)。第七回で使った言い方でいえば、観察されていない

ものもふくめて、その集まりにおける他の諸条件との組み合わせの全ての場合を、想定したことになっている。それがこの手法の大きな利点となっている。

逆にいえば、この手法が使えない調査観察データでは、「全ての共変量が既知である」と仮定して、傾向スコアなどを利用することになる(↓第一六回六節)。それと同じように、v・クリースは他の諸条件との組み合わせの全ての場合を想定する、すなわち全ての共変量が既知で、その値が全て特定できた状態を仮想的に想定することで、「促進的」原因と「阻害的」原因を、実体化せずに、一般的に定義できることを示した(↓第七回四節)。[I]と[II]の課題の解き方をv・クリースが見出し、統計的因果推論はその具体的な答えを厳密に求める方法を見つけ出した、というのは、そういうことである(↓第一〇回五節)。

さらに、UはEにも関わる変数なので、これも実は原因候補の一つである。したがって、UとEの間でも、Uの値u_iごとに、「u_iである／でない」によるEの出現確率の差$\mathbf{P}(E|u_i)-\mathbf{P}(E|\neg u_i)$がある。例えば$u_1$であれば、「$u_1$である／でない」によるEの出現確率の差$\mathbf{P}(E|u_1)-\mathbf{P}(E|\neg u_1)$が考えられる。そして、その$u_i$による確率の差$\mathbf{P}(E|u_i)-\mathbf{P}(E|\neg u_i)$の値も、「cである／でない」によって変わってくることがある。すなわちCの方が共変量になることもある。

それゆえ、「Uに関して$\mathbf{P}(E|C)-\mathbf{P}(E|\neg C)$の期待値をとる」のと同様に、「Cに関して$\mathbf{P}(E|u_i)-\mathbf{P}(E|\neg u_i)$の期待値をとる」こともできる。こちらは$u_i$によるEへの平均因果効果にあたり、数式で表せば$E_C[\mathbf{P}(E|u_i)-\mathbf{P}(E|\neg u_i)]$になる。

そういう形で、CとUは一方が原因候補の場合には他方が共変量、もう一方が原因候補の場合にはそうでない方が共変量になりうる。複数の変数が原因候補として想定される場合は、そんな形でも考えていく必要がある。

実際、文化科学論文の最後近くでは、こうした形で、互いに共変量の一部になりながら、（「促進的」である／でないと）それぞれ同定される複数の原因候補の変数が、並列的に言及される。その場合は、原因候補か共変量かを区別せず、一律に「因果的『諸契機』kausale »Momente«」と呼ばれている（二一一頁、S. 289）。また「儒教と道教」の結論部でも、複数の「促進的」要因と「阻害的」要因が並列されているが（→第一四回四節）、そこでも同じように考えられていたはずだ。

厳密には、それらは同時ではなく、交互に共変量になりあう。つまり、例えば過去のＵの状態が現在のＣとＥの、あるいは過去のＣの状態が現在のＵとＥの共変量になる、と考えられるが、特に時系列のデータがない場合には、こうした単純化はやむをえないだろう。

三

具体的な計算のやり方はともかく、ウェーバーは因果をこうした形でとらえていた（→第七回、第九回）。より正確には、歴史学者もふくめて、日常的には因果をこうした形で考えていることを、反省的に理解していた。

文化科学論文の「むしろ我々は……」以降の部分は、実はこの期待値演算の解説になっている。一言でいえば、（ｂ）因果の「適合的／偶然的」は、最終的には確率の差の期待値の形で考えるべきだ、と述べている。それが「さらに詳しい観察」の中身にあたる。

したがって、ここでは（ａ）原因候補Ｃと結果Ｅと共変量Ｕという、三種類の変数の間の相互作用があつかわれている。それを頭において読めば、論理展開もずっと追跡しやすくなる。もちろん、ウェーバーも断っているように(第一九回三節参照)、「各u_iの出現する確率」や「CによるEの出現確率の差の期待値」にあたるものが、具体的に求められるケースはほとんどない。重要なのはあくまでも考え方の基本的な論理だ。

——マイヤーのような歴史学者も、あるいは家庭の日常会話でも、実際には、観察された事象の因果をこのような考え方で推し量っている。ならば、どんな同定手続きを使っているのかを反省的に明らかにすることで、より適切な同定ができるようにするべきだ。

要するに、ウェーバーはそう主張しているのである(→第一二回六節)。適合的因果は科学的真理である以前に、我々の日常的な因果の観念をできるだけ論理的に再構成したものだ(→第四回、第一六回)。その点もウェーバーはしっかり見定めていた。

「期待値」という統計学の術語を奇異に感じる人がいるかもしれないが、v・クリースの『確率計算の諸原理』の原著一〇八頁では、この期待値演算にあたる操作が一般的な形で解説されている(→第一〇回注3)。文化科学論文の訳書二〇八頁の注記(注45、S. 289Anm1)では、まさにそこが参照指示されている。期待値演算のことをv・クリースは「総−可能性 Total-Möglichkeit」と呼んでいるが、使っている記号は「$\bar{\alpha}$」、すなわち現在でもαの期待値(平均値)を示す記号だ。だから、たとえドイツ語が読めなくても、この頁を開けば、期待値のことを述べているのだろうな、と推測がつく。

また、この段落は原著では一〇九頁までつづくが、そこでは、特定の確率で**0**か**1**をとる「観測値の平均 Durchschnittsresultat」は(多数回観察できた場合)「その期待される偏差 die zu erwartende Dispersion」が、すなわち現代の術語系でいえば、その分散の期待値がほぼ**0**になることを解説している(→第七回七節、第一〇回注3)。そうした言い回しからも、ここで期待値 Erwatungswert が論じられているのは確認できる。

四.

ウェーバー自身は抽象的な表現にとどめているが、v・クリースはさすがに統計学と生理学の専門家だけあって、具体的な事例で簡潔明瞭に解説してくれている。「客観的可能性の概念」論文から引用する。

そうした普遍的な条件がある特定の可能性を示すのは、他の諸特定 Bestimmungen……を暗黙の前提にしているからである。したがって、ある結果について特定の可能性を示すと思われる普遍的な諸条件がそうであるのは、明示されていないいくつかの特定が暗黙のうちにつけ加えて考えられている、そのかぎりにおいてであることに注意する必要がある。（山田・江口訳(1)一四五頁、S. 192)

誰かが肺炎にかかっているという普遍的な条件 Die allgemeine Bedingung は、死に至る経過のある可能性 eine gewisse Möglichkeit を表すが、その大きさは、我々が観察をある特定の年齢層、ある特定の場所などに限定した場合には、別のものとなる。それゆえ、ある具体的事例から出発したとしても、我々が個別事例の特殊性を無視する程度が多いか少ないかに応じて、また、研究がより大きなあるいはより小さな事象群へ広がっていくかにも応じて、一般的可能性 die generellen Möglichkeiten

に対してさまざまな値 verschiedene Werthe が出現する。にもかかわらず、それらの可能性の値 die Werthe des betreffenden Möglichkeiten はたいてい同程度の大きさから外れることはなく、ここから例えば、確かにある一定の行為は、我々がこうした、あるいはああした普遍的な関係に結びつけるのに応じて、ある結果を引き起こす適合度は大きくまたは小さく見えてくるが、しかし、その結果との一般的連関 generelle Zusammenhang そのものは、何の問題もなく、また、観察のこの不確定さを考慮に入れずとも、肯定されうることがわかる。

（山田・江口訳（1）一六〇～一六一頁、S. 219）

統計的因果推論の入門書に出てきそうな解説だが、最初の引用でいえば「普遍的な条件」が原因候補C、「結果」が結果E、「諸特定」が共変量Uにあたる。「ある特定の可能性」はもちろん $P(E|C)-P(E|\neg C)$ だ。

二番目の引用の前半部の例では、肺炎（「肺炎にかかっているという普遍的な条件」）が原因候補C、死亡する／しないが結果E、そして年齢層や場所（居住地）が共変量Uにあたる（↓第一二回四節）。後半部でいえば、「行為」がC、「結果」がE、「こうした、あるいはああした普遍的な関係」がUにあたる。

つまり二節で用いた表現にあてはめれば、ここでv・クリースは、原因候補C（例えば肺炎）による結果E（例えば死亡する／しない）の出現確率の差（$=P(E|C)-P(E|\neg C)$）は、共変量U（例えば年齢層や居住地）によってさまざまな値をとるが、もし適切な一般化ができれば、その期待値（$=E_U[P(E|C)-P(E|\neg C)]$）は一定の値をとると考えられる、と述べている。実はこの論文の最初、第一章二節「客観的可能性の量」でも、同じことがより理論的な表現で述べられている。現代の統計学の知識がある程度あれば、ここだけで十分に理解できるだろう。

第一五回で述べたように、v・クリースは、この適切な一般化を具体的に実現する手法までは提案できなかったが、現在では統計的因果推論によってその見通しもついている。(2) その点をふまえれば、適合的因果の「客観的可能性」(＝「一般的可能性」「行為……の結果との一般的連関」)が平均因果効果にあたり、具体的に観測される複数の比率(＝「それらの可能性の値」)から推測される期待値として考えられているのが、この文章からも確認できる。

一節や第一七回七節で引用したウェーバーの「遊離と一般化」の議論も、こうした定義と対応させて書かれており、それを「『客観的可能性』という範疇のさらに詳しい観察」として位置づけている。ウェーバーがv・クリースの枠組みをどんな形で理解していたかが、そこからもわかる(↓コラム１九節、第一四回一節、第一七回注４)。第一七回五節の表でいえば、v・クリースもウェーバーも(**2・2・2**)が(**2**)の、すなわち適合的因果の基本形だと位置づけていたのである。

要するに、「客観的可能性」とは何かに関しては、v・クリースもウェーバーも明確に定義している。「混乱」も「矛盾」も全くない。v・クリースによる適合的因果の例示としては、馬車の乗客の落雷による死亡がよく引かれるが、「適合的／偶然的」を判断する基準は、量的データを用いてより厳密に定義されている。

コラム１で述べたように、金子榮一は『確率計算の諸原理』を読んでいた。だから、そこで期待値演算のことが述べられていることは知っていたが(金子前掲六四頁など)、「適合的／偶然的」が**P(E|C)＝P(E|┐C)**の値であることに気づかず、因果法則の程度だとした。そのため、文化科学論文第二節でのウェーバーの説明に関しても、最初は、共変量のちがいを考慮した期待値演算の形で考えていながら(七一頁)、結局は因果法則の確率化と混同している(↓第一二回四節)。

けれども、確率の差の期待値であれば0になりうるのはあたりまえだが、因果法則であれば、それが「偶然的」になるのは論理的におかしい（例えば三木清「歴史的因果律の問題」一九二一年『三木清全集　第二巻』前掲一〇〇〜一〇一頁）。だから、金子もv・シェルティングにならって、文化科学論文の第二節には「一連のミスプリント」があるのでは、と示唆せざるをえなかった。ウェーバーのテキスト自体に錯誤があるとした。

ここまで来ると、取り違えというよりも、ウェーバーの適合的因果は因果法則の法則科学だという思い込みが、それだけ強かった（→コラム1）。そう考えた方がよさそうだが、たとえ適合的因果が確率の差の期待値だとわからなくても、因果法則の確率化のような考え方には、ウェーバーは少なくとも批判的だった。そのことは文化科学論文の、まさにここの文章からも読み取れる。

そういう考え方を「擬人化 Anthropomorphismus」として、きびしく批判しているからだ（二〇九頁、S. 288）。その上で、そのような「擬人化」にならない形で因果を一般的に定義する枠組みを示した点が、ミルと比べてv・クリースの優れているところだ、とはっきり述べている（→第七回四節）。

五.

それが最も明確に表現された箇所を引用しておこう（二〇九〜二一〇頁、S. 289）。［1］などの番号は便宜のために私の方でつけたものだ。

はっきりと明確にしておかなければならないのは、次のことである。［1］一つの具体的な結果を、いくつかのそれに向かって進んでいく諸原因と、いくつかの他の、それを押しとどめている諸原因との間の、一つの争いの結果としてみることはできない。そうではなくて、［2］ある具体的な結果を、このようにであり他のようにではなく成り立たせるには、一つの「結果」からたどっていく因果的な遡及でいたりつく全ての諸条件の全体が、また、このようにであり他のようにではなく「協働して」いなければならなかった。そして、［3］因果的に探究していくあらゆる経験科学にとって、ある結果の出現ということは、特定の時点で初めて確定したのではなく、「永遠の昔から」確定していた、ということである。

因果法則の考え方は［1］で否定されている。因果法則では、特定の原因と結果の関係性は固定的になる。その程度が変化することはあっても、他の条件次第で、全く反対の結果になったり、どちらにもならないことになったりはしない。もしそうなるのであれば、そもそも「法則」とはいえない。

つまり、因果法則という考え方は、［1］での「それに向かって進んでいく諸原因」か、「それを押しとどめている諸原因」か、どちらかにあたる。ウェーバーは、因果をそうした形でとらえること自体を、「擬人化」という強い表現まで使って明確に退けている。ウェーバーの社会学は、因果法則の法則科学ではない。それがはっきりわかる箇所の一つだ。

［2］は、その代わりにどう考えるべきか、を述べている。ここに出てくる「全ての諸条件の全体」は﹅〜﹅つきではないので、共変量として考えられている（もちろんそれら自体としては原因候補でもある）。つまり、諸原因と多数の共変量の相互作用として「一つの具体的な結果」が出現した、という形で考えて、それぞれの因果を遡及的に同定していくべきだ、とされている。

ウェーバーは、そうした因果同定の方法論のイメージを明確にもっていた(↓第一五回三節)。倫理論文改訂版の結論部に書き加えられた「ここでは、その作用の状態とあり方を、一つの点において……その諸要因に遡ることが試みられたにすぎない」という表現も、そういう遡及的因果同定を想定したものだろう(↓第三回四節)。統計的因果推論の、特に調査観察データのあつかい方と同じ考え方だ。

これは、原因の方から見た方がわかりやすいかもしれない。原因の方から見れば、[2]は、複数の原因の効果がただあわさるのではなく、複数の原因が相互に共変量になりあいながら、その全体の相互作用で結果が出現することにあたる。因果はそういう形で考えなければならない、とウェーバーは主張しているのだ。

因果推論での「交絡」の問題をご存じの人なら、有名な例が思い浮かぶだろう。「シンプソンのパラドクス」だ。

適合的因果の術語系で言い表せば、「シンプソンのパラドクス」とは、男性だけ、そして女性だけでみれば、投薬と治療結果の間に「適合的」な因果があるのに、両方をあわせて集計すれば、「偶然的」な因果になる。そういう状態である(岩崎前掲二一一~二一三頁など)。数値を工夫すれば、二つの集団それぞれではともに「適合的」なのに、あわせて集計すれば「阻害的」になる例もつくれる。

[1]でウェーバーが退けた、実体論的な因果のとらえ方(=「擬人化」)では、こんな状態はありえない。二つの原因がともに「適合的」ならば、二つがあわさった効果も「適合的」であるはずだからだ。それに対して、[2]でウェーバーが支持している、v・クリースのような因果のとらえ方、すなわち共変量を加えた三種類の変数の相互作用であれば、これもありうる(だからこそ、共変量の影響をうまく消す必要があり、独立性条件が要請される)。

こうした点をふまえて、v・クリースのとらえ方の方が適切だ、とウェーバーは述べているのである。[3]「シンプソンのパラドクス」は数値例だから、実際にありうる。というか（独立性条件がみたされていなければ）、どんな観察でもこうした状態が出現しうる。それゆえ、現在の方法論から考えてもこの主張は全く正しい。

［3］は一見、法則科学を連想させるが、そうではない。この箇所の前に述べられているのは、確率の差を期待値の形であつかうという考え方だ。つまり、v・クリースの枠組みを取り入れて、因果を反事実的かつ確率論的にあつかうべきだ、と主張した。それはどんな立場からの主張なのかを、確認しているのである。

すなわち、確率論的にあつかうからといって、因果そのものに不確定性がある、と考えているわけではない。もし完全な情報があれば、全ての因果経路は決定論的に確定できる（と経験科学では考えるべきだ）。ウェーバーは［3］でそう主張しているのである。A・アインシュタインの言葉を借りれば、「神は骰子をふらない」。

これは一九〇二年のエネルギー量子仮説で、プランクがv・クリースの「遊隙の原理」を援用して、保持しようとした立場と同じものだ。なおクニース2論文でもほぼ同じ内容が、現実には不確定さが残ることの方を強調した形で、述べられている（↓第一〇回六節）。

だから、ウェーバーは別に量子力学の出現を先取りしていたわけではない。社会科学における確率的因果論の導入は、量子力学に影響されたものではなく、それとは独立に、時間的にも先行してなされた（↓第一〇回二節）。そのことがこの文章からも裏づけられる。[4]

読み返してみると、ウェーバーがどれほど「明晰に」適合的因果の方法論を理解できていたか、あらためてよくわかる(→第九回五節、第一三回注8、第一四回注3)。また、読み比べればすぐにわかるように、この[1]~[3]は、「客観的可能性の概念」論文の第一節「確率と可能性」で、v・クリースが要約的に述べていることとほぼ完全に重なる(一三七~一三九頁、S. 180-182)。例えば、[3]はこの節の最初の文をより丁寧に言い換えている。ウェーバーは意図的にそうしたのだと思う。

くり返すのにもう嫌気がさしてきたが、ウェーバーの参照指示通りにv・クリースの著作と論文を読んで、当該箇所に何が書いているかを理解していれば、文化科学論文の第二節、特に最後の四分の一は論理的に理解できる。文章表現の上でも、v・クリースの議論との対応関係が追跡しやすいように書かれている(→第九回二節)。

もちろん、例えば条件とその値を区別するなど、もっと明確に書く工夫はありえたかもしれない。けれども、二〇世紀の統計学が苦労しながら整備していった術語系も表記法も、全く知らずに書いているのだ。その点を考えれば、十分に明快かつ親切な文章である。

六.

第一二回で解説したベルリン三月革命の事例研究は、一節で引用した期待値演算の考え方が解説される文章と、五節で引用したまとめの文章の、ちょうど間にある。だから、この事例でも原因候補と結果と共変量という、三つの変数の相互作用が考えられている。

この事例では、個別的な出来事の歴史的重要さが主題になる。したがって、原因候補が「二回の射撃」、結果が「革命」、共変量が「社会的・政治的情勢」になる。そして、「社会的・政治的情勢」は原因候補でもあることをふまえて、因果のあり方が考察されている。

だから「二回の射撃」は「適合的」であることも、「偶然的」であることも、どちらもありうる。「社会的・政治的情勢」と「革命」の因果関係次第で、「二回の射撃」と「革命」との因果のあるなしも変わってくるからだ。それも「適合的」の程度が(＝0より大きくプラス1以下で)変わるだけではなく、「偶然的」すなわち0の値もふくむ形で、さらには「阻害的」(＝0より小さくマイナス1以上の間で)もふくむ形で。

要するに、(1)ある条件が結果とどんな因果関係にあるかは、他の条件の値次第で変わってくる。だから、他の条件の値のあり方に関して期待値をとる形で、とらえる必要がある。そして、(2)それぞれの条件が原因候補であるか共変量であるかは、相互に交替しうる。

この二点をウェーバーははっきり念頭において、ここの文章を書いている。くり返すが、だから、適合的因果における因果は因果法則ではない。因果法則ならば「適合的」の程度は変化するとしても、「偶然的」になることはない。「0には必ずならない」という最低限の必然性がなければ、「法則」とは呼べない(→四節)。

それに対して、適合的因果では、共変量にあたる変数次第で、原因候補の有無による結果の出現確率の差が0にならなかったり、なったりする。つまり、具体的なデータの上では「適合的」になったり、「偶然的」になったりする。裏返せば、CとEの間が「適合的」になる共変量Uの値の範囲と、CとEが「偶然的」になるUの値の範囲とがある(→第七回四節、第一二回四節)。

一節で引用した一番目の文章では、この二つの範囲がそれぞれ、「構成要素が『可能的』結果を引き起こすのに『適する』ことになっただろう、全ての附随する諸条件の広がり」と「構成要素がその結果を『おそらくは』引き起こさなかっただろう、全ての附随する諸条件の広がり」として、対句的に言い表されている。(5) そういう風にいえば、文化科学論文のこの部分で、ウェーバーが期待値演算を考えていることが、もっとわかりやすくなるかもしれない。

裏返せば、もし適合的因果の法則論的知識を因果法則だと誤解していたり、ウェーバーの社会学は因果法則を積み上げていく法則科学だ、と誤解していたりすると、この部分、特に三月革命の事例は意味不明になる。

例えば向井守はこう書いている。「この後のウェーバーの議論は晦渋を極める。まず、彼は二回の射撃と三月革命の間の因果的関係を『適合的因果連関』(S. 289)と規定し、そして奇妙なことには、次のページでは『偶然的因果連関』(S. 287)と規定する。明らかにウェーバーの議論は混乱し、矛盾している」(向井『マックス・ウェーバーの科学論』前掲四〇六頁)。

何度か述べているように、この本で述べてきたウェーバーの方法論の理解は、向井の研究に多くを負っているが、少なくともこの点ではまちがえている、と私は考えている。(6) ウェーバーの議論は「晦渋」でも「奇妙」でもないし、「混乱」も「矛盾」もない。共変量や交絡のような専門用語もない当時の方法論の水準を考えれば、むしろ驚くほど明晰に書かれている。そういう文章だ(↓第一一回五節)。

逆にいえば、計量分析の要因統制の知識があれば、ここでのウェーバーの議論を再構成するのは難しくない。二節のようにモデル化すれば、因果を反事実的に定義するかどうかは、CやUの値がどんな範囲をどのように動くと想定するかに(↓第一七回七節)、v・クリースとウェーバーの立場のちがいは、そうした想定によって現実をどれほど良く近似していけるかの見積もりに(↓第一〇回六~七節)、回収できるからだ。それ以外の、期待値を求める計算手続きなどは同じものになる。実際、S・ターナーは文化科学論文のこの部分をふまえて、他の諸条件によって結果Eの出現確率が**0**〜**1**の間を動くことを指摘している（*The Search for a Methodology of Social Science* 前掲 pp. 169–170 →コラム１九節）。

原因候補と結果と共変量という三種類の変数の相互作用では、共変量のあり方次第で、原因候補と結果の間が「適合的」になったり、「偶然的」になったりする。それは適合的因果が法則科学ではなく、法則論的知識が法則ではないことを示す、最も良い証拠の一つだ。そう考えれば、なぜこの事例が文化科学論文の最後に出てくるのかも理解できる。

「むしろ我々は……」の次の段落が「ベルリンの三月の夜に」で始まるように、ここでの考察の中心的な事例は、やはりベルリン三月革命に関する歴史学者たちの説明である。つまり、その「批判的研究」が、文化科学論文第二節の最後の四分の一の主題になっている。

そして、ここがこの論文の結論部であることをふまえれば、これは第二節全体だけでなく、文化科学論文全体の、すなわち「文化科学の論理学の領域での批判的研究」の中心的な部分の、少なくとも一つでもある。だからこそ、この事例に関するウェーバーの議論をどこまで論理的に再構成できるかどうかで、文化科学論文の位置づけ自体も変わってくる。

その意味で、適合的因果の枠組みを理解しているかどうかも、ここで判定できる。文字通り試金石にあたる事例だ。

七．

ここまでくると今度は、現代の統計的因果推論と比べて、どこがまだわかっていなかったのか、何が空白だったのか、あらためて気になるかもしれない。

第一〇回や第一五回で述べたように、v・クリースもウェーバーも、他の諸条件との組み合わせの全ての場合を想定することにあたる経験的な方法は、見つけられなかった。またウェーバーは、中心極限定理そのものは知っていたが、確率分布という考え方は、少なくとも明確にはわかっていなかった。だから、無作為割当や傾向スコアの利用などの、具体的な手段は全く想像できなかっただろう。

偶然的な差でないといえるかどうかの判定に関しても、同じことがいえる(↓第七回六節)。確率の差が0でない/であるという「適合的/偶然的」の定義だけをみると、圧倒的に多くは「適合的」になるように思える。ところが、実際にはそうはならない。それは中心極限定理によって、多数の小さな要因が独立に働く場合には、相互に打ち消しあって0になる、といえるからである(↓コラム2)。それも確定的に0になるのではなく、母平均0で特定の母分散をもつ正規分布にしたがう、という形をとる。だから、実際のデータでの比率の差が0ではなくても、必ずしも「偶然的」ではない、とはいえない。

コラム2で紹介した骰子の例からみても、『確率計算の諸原理』の一〇七〜一〇八頁が、中心極限定理の解説であることから考えても(↓第一〇回注3)、ウェーバーもこの点ははっきり理解していた。例えば、骰子筒の「握り方と振り方の特定のやり方」と骰子の目が出てくることの間に物理的な因果はあるが、その「やり方」の有無によって、特定の目が出る確率にはっきりした差、現在でいう「有意な差」が出てくるわけではない。

その意味で、二つの間は「偶然的」になることを明言しているが、その打ち消しあいが起きる数理的なしくみや、その厳密な要件や、0になる具体的ななり方(例えば0にどの程度近い値がどの程度出現しうるのか)などは、わかっていなかったと思われる。(7) いうまでもなく、これらは現在の統計的な推定や検定の基礎となる知識である。

つまりウェーバーは、そしてもちろんv・クリースも、統計的因果推論の基本的な発想を十分に理解できただろうが、それだけでは現実のデータをうまくあつかえないのだ。第一五回で述べたように、仮定Sを適切に限定し、Sと同じ役割を果たす経験的な状態を、一定の仮定を置いた実験や観察からつくりだしながら、それぞれの事例や観察における、観察できる変数でのちがいの影響も適切に測る。そうやって、他の諸条件との組み合わせの全ての場合を想定する操作を、具体的に定式化する。

ウェーバーもv・クリースもそこまでは進めなかった。v・クリースには、現在の確率変数にあたる考え方を一般的にあてはめようという発想はあったが(↓第八回注7、第九回三節、コラム2七節)、「遊離と一般化」の具体的な方法は、やはり示せていない(↓第一〇回五節)。

言い換えれば、二人とも統計的因果推論の考え方はほぼ見通していた。反事実的な因果を経験的に同定できる手続きを、抽象的にはかなり的確に定式化していた。けれども、具体的なデータにそれを一般的にあてはめる計算手法までは、示せなかった。

そこにはもう一つ大きな課題があった。確率概念を導入した上で、具体的なデータを用いた経験的な判断の一般的なしくみを、どのように組み立てればよいのか、という課題である。例えば、現在でいう母比率の検定にあたる手法は、文化科学論文が発表された当時のドイツ語圏でもすでに知られていたが(↓第九回注5)、一般的な方法論にはなっていなかった。

それを解決したのは、v・クリースやレキシスらの「数理統計学の大陸学派」ではなく(↓コラム3)、K・ピアソンやフィッシャーらによる英語圏の『生物統計』学派である。彼らが確立した頻度主義の統計学から、現在の数理統計学(推測統計学)が始まる(↓コラム2)。経験的分析にとっても大きかったのは、ゴセットによるt分布の発見と母平均と標本平均の厳密な区別だった。これによって、確率モデルとデータとの厳密な区別が、方法論の上でも確立される(→第七回六節)。

そのゴセットの論文「平均の確率誤差」が発表されたのは一九〇八年、つまり文化科学論文の二年後である。まさに西欧の科学が、自然科学も社会科学も大きく転換していく、激動の時代をウェーバーは生きていた。

(1) なお二番目の引用の最初の「特定の『諸条件』」は、森岡の訳文では「特定の諸条件」つまり»〜«なしの形になっているが、原文では»Bedingungen«もBedingungenも一回しか出てこない。先ほどの「特定の諸条件」が原文の»Bedingungen«をさすのは明らかなので、「特定の『諸条件』」に変更した。

同じような訳し方はもう一箇所ある。訳文二〇五頁の「当の諸条件による結果の一般的な促進の、『相対的な』程度を評価できる……」だ。これも原文にはない補足で、「当の『諸条件』による結果の……」の方がよい。ただし、どちらの箇所も原文にある語句の方は正しく»〜«(訳では〃〜〃)つきで訳されている。

なお、原文でも»〜«つき(「『諸条件』の複合体」)が»〜«なし(「あれらの条件」)で言い換えられる例は二〇六〜二〇七頁(S. 286)にあるが、この場合の「あれらの条件」の方は、原因候補か共変量かを区別せずに変数一般として言及されていると考えられる。また「あれら」によって、具体的には同じものをさすことも明示されている。

(2) 例えばマッシミラは、v・クリースの著作を丁寧に読み込んだ上で、ウェーバーとリッカートのちがいにも注目しており、「価値解釈」と「客観的可能性」の両面で、適合的因果の考え方をかなり正確に再構成している(Massimilla 前掲)。その点で優れた学説研究であるが、統計学的な知識を前提にしたv・クリースやウェーバーの立論は、視野の外に置かれており、統計的因果推論にいたる展開もよく知らないようだ。

そのため、文化科学論文第二節の「『客観的可能性』……のさらに詳しい観察」以降の論理展開は、追い切れていない。「遊離と一般化」という論点が決定的に重要であることに気づきながら、中心極限定理が言及されていることの意義には気づかず(→第一七回注4)、v・クリースの定式化が、現在の統計的因果推論によって根拠づけられることも、見逃している。一言でいえば、ウェーバーの方法論のうち、「妥当性 Gültigkeit」に関わる部分には実際には踏み込めていない(第一三回〜第一四回参照)。

その結果、「客観性」論文の延長上で文化科学論文を解釈するという、従来の思想史・学説史の路線をより高い水準で更新《リニューアル》するものになっている(→コラム1六節)。無作為割当や傾向スコアの利用などの、統計学的に妥当な計算手段を知らなければ、「遊離と一般化」の操作は観察者の一方的な仮定、すなわち「価値解釈」と区別できなくなるからだ(→第一五回)。そうなれば、「客観的可能性」もリッカートの「価値関係づけ」と区別できなくなり、その一つになる(→第三回)。

これは統計学の知識の有無だけの問題ではない。仮説を検証(反証)する可能性を認めるのであれば、仮説の外を想定せざるをえない。「客観的可能性」という考え方の根幹はそこにある。マッシミラの読解はこの点を一貫して無視しており、ウェーバーだけでなく、v・クリースも過度に科学主義的に描いていると思う。

(3) もし全ての事象間の因果が特定できれば、①一般的に定義されたCとEとの間の平均因果効果E_U[**P**(E|C)−**P**(E|¬C)]の値は確定できるが、その場合も、②個々の事象でのCとEの間の因果効果**P**(E|C)−**P**(E|¬C)が一定の値をとるわけではない(→第九回四節)。②が成立するには「平均因果効果の分散の期待値が**0**」という仮定が必要になる(→第一六回四節)。これはA・ケトレの「平均人」の仮定と同じものだ。

つまり、適合的因果の考え方からみれば、「因果法則」と「平均人」は同じ発想になる。その点でも、ウェーバーの「擬人化」という表現は適切である。ウェーバーはロッシャー論文で「平均人」の考え方を厳しく批判している(「I　ロッシャーの歴史的方法」『ロッシャーとクニース』前掲七七〜七八頁、S. 37, S. 37Anm1)。

金子はこの「擬人化」を「因果応報」や「超自然的な意志」の想定だとしており(前掲四二〜四九頁)、適合的因果を因果法則の確率化だとするために、ここでも無理な読み方をしている(→コラム1五節、第七回四節)。また、ウェーバーが中心極限定理の解説として使った骰子の目の例も(→コラム2二節)、たんなる「理念型」の事例だとしている。マルクス主義的な法則科学の発想の根強さがよくわかる。

(4) それゆえ、現在の確率的因果論からみると、確率的にとらえられる事象が、過剰に決定論的に描かれるときがある(→第一〇回注2)。この点もウェーバーはv・クリースから引き継いだわけだが、これは、v・クリースの確率的因果論が自然科学や科学論のなかで早く忘れられる大きな原因になり(Treiber 前掲参照)、ウェーバーが確率的因果論を使っていることも気づかれにくくした、と考えられる。第二〇回五節も参照。

(5) ウェーバーやv・クリースはラプラスの確率の定義の形で考えているので、こうした表現の方が自然になる(→コラム2七節、第一七回注7)。なお、ウェーバーのいう「諸条件の広がり」は、統計的因果推論では、傾向スコアという形で具体的に指標化されている(→第七回四節、第一六回六節)。

(6) 四節で引用したように、「客観的可能性の概念」論文でv・クリースは、共変量の値によって$P(E|C)-P(E|\neg C)$は変わりうることを、すでに指摘している。ウェーバーはたんにそれをくり返しているだけだ。だからこそ「適合性の『程度』」は最終的には、$P(E|C)-P(E|\neg C)$の期待値$E_U[P(E|C)-P(E|\neg C)]$の形で考える必要がある(→第一二回四節)。

ただし、このことは向井の学説研究の意義を損なうものでは全くない。その点は特に強調しておきたい。『マックス・ウェーバーの科学論』という著作においても、これは終章のそれも第三節以降に関わるもので、それ以前の議論の妥当性に全く影響をおよぼさない。

(7) やや専門的になるが、もう一つ重要な点として、v・クリースやウェーバーが知っていた中心極限定理は、「ド・モアブル－ラプラスの定理」の形だった(→第一〇回注3)。これは、①多数の確率変数が、②相互に独立に、③同じ二項分布にしたがう場合、それぞれの観測値の総和は漸近的に正規分布にしたがう、というものだ。二人がともに述べているように、これが厳密にあてはまるのは骰子のような場合(v・クリースのいう「偶然ゲーム」)だけである。それゆえ、「偶然的な因果」を厳密に数理的にとらえることにも留保をつけている。

これに対して、現在ではリヤプノフの定理などによって、③をより緩められる。多数の確率変数がしたがうそれぞれの分布は、同じものでなくてもよい(蓑谷千凰彦『統計分布ハンドブック(増補版)』一三〇～一四一頁、朝倉書店、二〇一〇年など →コラム2二節)。この形であれば、歴史や社会の事象でも、かなり近い状態を想定できる。

［第一八回］　事例研究への意義

一.

因果分析の方法論をつきつめていくと、あらためて「量と質」、「計量分析と事例研究」といった対立図式が虚偽問題にすぎないことに気づかされる。むしろ程度の差を反省的にあつかえさえすれば、どれも科学的手法になりうる。わかりやすくいえば、

(1)最も妥当な因果同定手続きを明確にした上で
(2)データの特性に応じて(1)に最も近い経験的な手続きを特定する
(3)特定の対象において(2)に最も近い同定手段を具体的に特定する

という三段階を踏めば、具体的な対象においてどの程度妥当な因果同定ができているかを、どんな手法でも見積もることができる。

こうした反省的な形式化は、特に二つの点で重要になる。

第一に、具体的な対象と手法ごとに、それぞれの因果的な説明がどの程度の信頼性をもつか、その上

限を理論的に確認できる。例えば、重回帰分析の結果から因果を推論することが、どの程度妥当かを見積もることもできる。あるいは前回述べたように、大塚史学のような、プロテスタンティズムの信仰の意義に関心をもつ研究の、因果分析としての信頼性も見積もれる。

第二に、二重基準をさけることができる。価値判断の水準で自分が望ましいと考える因果関係の同定にも、望ましくないと考える因果関係の同定にも、同程度の信頼性を要求せざるをえなくなるからだ。ウェーバーが再定義した意味での「価値自由」を守るためにも、つまり反省的な「価値解釈」でありつづけるためにも、(1)〜(3)のような形で、因果同定手続きを形式化しておく必要がある。

とりわけ、歴史的な因果関係の分析ではそうだ。歴史的な因果の特定は、道徳的な正しさ／正しくなさに強く影響されやすい。観察者が所属する社会に関する場合は、特にそうだ。歴史がつくりだす経路依存性ゆえに、因果の特定結果が、当事者としての自分の現状の、道徳的な正しさ／正しくなさを直接左右するからだ。

それによって、観察バイアスが生じやすくなるだけではない。例えば、道徳的に正しい／正しくないという道徳コードを貼りつけることで(→第五回)、自分の主張する因果を肯定し、自分の主張に反する因果を否定する。そうした歴史の語りがしばしば見られる。

とりわけ東アジアのような「正史」の観念が根強い社会群では、そうなりやすい。「正史」では因果の特定と道徳的な判定が積極的に融合される。そのため、“no document, no history”といった原則も恣意的に適用されたりする(「消費される歴史」参照)。

わざわざいうまでもないと思うが、“no document, no history”という原則は、“no document, no fact”を意味しない。最も悲惨な事実《ファクト》は document に残すこともできない。そこまでふまえた上で、「事実」の認定基準を明示して、二重基準を排除できるようにする必要がある。

これは、道徳コードを介在させない、ということではない。もし道徳コードを介在させたければ、その場合の認定基準を反省的に形式化して明示する、ということだ。例えば、もし道徳コードを介在させて「事実」を語るのであれば、自分でそう認めるだけでなく、他人にも同じような「事実」の語り方を認める。それによって、道徳的判断と事実が部分的には区別できなくなり、「事実」が複数並立することになるとしても。

歴史を因果の束として、あるいはそれにもとづく責任の帰属という視点でとらえたときには、そうした事態は実際におきる。具体的な因果の特定には、法則論的知識が決定的に関わるからだ。第一一回〜第一二回でみたように、結果の事象が同じでも、法則論的知識の内容が変われば、原因として特定される変数も変わってくる。

しかし、だからといって、構築主義がかつて主張したように、政治によって歴史が創られるわけではない。因果の特定には、観察されるデータと法則論的知識の両方が関わってくる。法則論的知識に一般的には依存するからといって、具体的なデータを積み重ねる作業が無意味になるわけではない。

例えば、データと両立しない（＝その妥当性を否定するために複雑な立論が必要になる）法則論的知識は無効化する。同じデータ群を同じように説明できる法則論的知識が複数あることはつねにありうるが、だからといって、全ての法則論的知識がどんなデータにも無差別に適用できるわけではない。

これまでみてきたように、因果の特定にはつねに主観的な部分と客観的な部分が並存している。"no document, no history"を恣意的に適用しない、というのはそこまでふくんでいる。簡潔にいえば、主観か客観かという二分法がまちがっているのだ。だからこそ、この二つがどのように組み合わさっているのかを、明確にすることが求められる。

二.

考えを進めていくうちに、ぐるりと回ってD・ヒュームに戻ってきた。何だかそんな感じもしてくるが、新カント派の文化科学からの分岐として、ウェーバーの社会学を位置づければ、これも自然な道行だろう。カントが論敵としたのは、ヒュームの因果論なのだから。

だから社会科学の因果分析はどれも疑わしい、というわけではない。その反対だ。だからこそ、社会科学の因果分析はどれもそれなりに科学になりうる。その程度を決めるのは、自然科学にどれだけ近いか(=自然科学の方法をどの程度まで採用しているか)、ではない。②自然科学との距離をどれだけ反省的にあつかえているか(=自然科学の方法の適用限界をどこまで統制《コントロール》できているか)である。その意味でいえば、リッカートが主著につけた『自然科学的概念構成の限界』という題名は、彼自身が考えた以上に、的確なものだった。

社会の内部からの観察である社会科学において(→第一六回)、二重基準をさけることは最も基本的な要件になる。そこでも反省的形式化は重要になる。

内部観察では、観察者が絶対的な優位には立てない。それゆえ、観察者側の観察を一方的に正しいと断定できない。わかりやすくいえば、社会を生きている当事者も人間、それを観察する社会科学者も人間だ。どちらも同じ人間であり、認識の能力や判断する能力において決定的な差は見込めない。だから、どちらも同じ程度まちがっている可能性を、最後まで排除できない。

そのため、ある議論が本当にまちがっていないのか、に関する反証可能性を確保することすら、決して容易ではない。そのなかで圧倒的に広く認められるのが、二重基準なのである。

二重基準になっていれば、「もしその議論が正しいとすれば、その議論は誤りである」といえる。その議論自体の妥当性によって、その議論の妥当でなさを論証できる。したがって、同じ程度にまちがっている可能性を認めた上でも、特定の議論を正しくないと判定できる。

だからこそ、二重基準かどうかの判定が適切にできることが重要になる。ウェーバーの言葉を借りれば、「明晰さ」が必要になるわけだが、その鍵をにぎるのは基準の反省的な形式化だ。基準が不明確ならば、二重基準かどうかも不明確になってしまう。だからこそ、因果同定手続きを明確化し標準化することは、内部観察の立場から社会の因果のしくみを特定しようとする社会科学にとって、最も基礎的な作業になる。これまでみてきたように、統計的因果推論はそのための有力な手段を提供してくれる。

たとえある集団での期待値であれ、反事実的な因果のありなしやその程度を、経験的な手段だけで測れる場合はきわめて少ない。実際には、ウェーバーが述べているように、経験則を援用しながら何らかの仮定を置くことで、因果を特定するしかない場合がほとんどだ。

そのことをもって、信頼性がないと断定する人もいるかもしれないが、私はそうは考えていない。先の(1)～(3)になぞらえれば、

(1)実際にはきわめて稀であれ、理論上は、経験的な手段だけによって「この変数は(疑似的ではなく)本当にあの変数の原因である」といえる。つまり、因果を理論上、他ではないもの、その意味で実在的なものとしてあつかえる。その上で、

(2)(1)の状態にどの程度近づけているかによって、実際のデータを使った因果特定の信頼性を一般的に評価できる。それによって、(3)自分の具体的な主張にも他人の具体的な主張にも、同程度の信頼性を要求することができる。すなわち二重基準をさけられる。

三

その意味で、社会科学にとっては、単一事例の研究も大量観察データの計量分析もともに科学的でありうる。もちろんその程度は、分野や手法だけでなく、個々の研究でもちがってくる。大量観察データの計量分析でも、例えば(2)の程度には大きな差がある。すでに述べたように、重回帰分析の「統計的に有意な関連性がある」という結論も、必ずしも「共変量の影響ではない」とはいえない点で、因果があるとはいいきれない。

では、単一事例をあつかう研究に関しては、このことから何がいえるだろうか。

前回述べたように、ただ一つの事例をあつかう研究でも、因果を特定する際には、「結論ありき」でないかぎり、実際には何らかの比較対照や経験的な一般化をやっている。本当に一回性の事象に関しては、因果の同定自体が無意味になる。

言い換えれば、暗黙に何らかの経験的な一般化を想定しているからこそ(＝第一七回五節の表の(**2**・**2**))、ただ一つの事例でも因果の特定が成り立つ。裏返せば、単一事例で因果関係を説得的に同定するには、経験的一般化がしやすい形で、原因や結果にあたる変数をうまく一般的に定義する必要がある。

第一五回で述べたように、実際にはこれは決して容易ではないが、だからこそ、その定義《ディフィニッション》＝限定が研究の成否を決める大きな要因になる。実はこの点も「客観的可能性の概念」論文でv・クリースが指摘している。

経験的一般化はつねに特定の知識を前提にして、言い換えれば、広い意味での何らかの「常識」にもとづいて、なされる。v・クリースが提案し、ウェーバーが採用した法則論的知識とは、本来そういうものなのである(↓第一一回〜第一二回)。この「常識」にはさまざまな種類がある。日常的な経験もその一つだし、特定の学術分野で共有されている前提、いわゆる「パラダイム」もそうだ。そういう形で、因果に関わる変数の範囲をあらかじめ限定することで、因果は特定される。

その点を考えると、ウェーバーが文化科学論文であげた子どもを叩いた若い母親の例は、なかなかきわどい。第一一回でも述べたが、この事例において母親が主張している法則論的知識は、データによって妥当性を検証されるべきものというより、家族関係に埋め込まれているからだ。より正確にいえば、母親は自分の主張する因果同定を父親が受け入れるかどうかを、父親である男性の愛情や、家父長としての適格性に結びつけている。こうした結びつけはおそらく、現代の日本語圏での親密な関係性でも広く見られるだろう。

つまり、この事例では、若い母親は父親との間で共有されているはずの「常識」に訴えかけている。他の人はともかく、あなたは私をこういう人間だと思ってくれていますよね、という形で説得しようとしている。いわば人間関係を利用して、ありうる共変量の範囲を強く限定しようとしているわけだ。

全ての「常識」がこうした使われ方をするわけではないが、特定の学術分野の共有前提でさえも、現実にはこんな風に使われることがある。例えば「そういう研究はもう社会学ではない」とか「そういう研究はもう経済学ではない」といった形で、職業的地位に言及して、反論や批判が封じられることもある。ウェーバーのいう「経験則」は、そこまで視野に入れたものなのである。

四.

こうした点を考えても、事例研究と計量分析の間には大きな断絶はない。

子どもを叩いた若い母親の事例と、大量データを用いた重回帰分析は、ともに、「言及されている変数群だけが結果と原因候補に関する共変量でありうる」という仮定を、天下り的に置いている(より厳密には、それらの変数間の影響の経路の仮定も、やはりともに置いている)。その点で等価であり、そしてその点に限れば、因果推論として同程度の信頼性をもつ(→第一七回五節)。一つの事例からの経験的一般化や調査データを使った統計的因果推論も、それは同じだ。

どの方法もありうる共変量の範囲や経路に関して、データにもとづかない仮定を置いて因果を特定している。[1]ウェーバーの術語系を使っていえば、特定の法則論的知識を経験則として用いて、具体的な因果を特定している。そこに大きな差があるとすれば、そこで何を仮定しているのか、その仮定がどの程度妥当なのかについて、どこまで反省的であるかにある。

単一事例だけを集中的にあつかう研究の、一番大きな意義もむしろそこにある。こうした研究は因果関係を新たに明らかにするというよりも、従来使われてきた法則論的知識の妥当性を厳密に再検討し、それを通じて、従来見逃されてきた共変量を見つけやすくする。そういう働きがある。

実はこれに関しても、ウェーバーの方法論は興味深い議論を展開している。第一四回で述べたように、基礎概念論文では、社会科学の「因果的な解明 kausale Deutung」は、（a）統計的な規則性（＝「因果的に適合的」）と（b）意味的な了解可能性すなわち「意味連関」が成立すること（＝「意味的に適合的」）の両方を要件にする、とされている。

このうち、「意味」という限定は、社会科学はどのような種類の法則論的知識にもとづくものとするのか、というシュタムラー論文での考察を引き継ぐものだが（↓第一三回三節）、それが「連関」という表現で、法則論的知識にあたる面を再度強調する形になっている。「因果的に適合的」のなかには法則論的知識を用いることがふくまれている。したがって、こういう形で二つの基準をたててしまうと論理的には冗長になってしまう。それが方法論の理論的な位置づけにおいて、混乱を招いた面は否定できないが、実践的な使い方ではこれは有意義な冗長さでもある（↓第一四回三節）。

くり返し述べているように、統計的因果推論の独立性条件を完全にみたせるケースは、社会科学の観察でもほとんどない。当事者水準の観察なら、なおさらそうだ。それゆえ、具体的に因果を特定する上では、因果に関わる変数群の範囲や経路についての仮定を、すなわち法則論的知識を「価値解釈」の面もふくめて、「経験則」や「常識」の形で導入せざるをえない。つまり、経験的一般化にあたる部分をどこかに必ずふくむ。

そういう意味で、具体的な因果の特定はほとんどの場合、何らかの知識に依存している。すなわち、（a）統計的な規則性（例えば「cであることはどのくらいの確率でEを出現させるか」）は、（b）意味連関に依存している。(2)

他方で、（b）意味連関だけから因果を特定することもできない。一個体や一事例だけでは、法則論的知識にもとづく反実仮想がそのまま結論になり、前提の同義反復になってしまう。それをさけるためには、他の個体や事例に関する何らかの経験的データを参照する必要がある（→三節）。その場合、何らかの法則論的知識によって「共変量の状態が同じ」だと仮定することになるが、その上でどんな（a）統計的な規則性（例えば「cである／でないによってEの出現確率に差がある」）があるのかは、実際に測ってみなければわからない。

そういう意味で、社会科学での具体的な因果の特定では、（a）統計的規則性と（b）意味連関の両方を、同定基準として使っている。より正確にいえば、（a）のなかに（b）がふくまれている。

「私たちは、現実の因果諸連関を見通すために、非現実的因果諸連関を構成する」。ウェーバーが文化科学論文の結論部でそう述べているように（→第一四回）、適合的因果は、観察者が仮定を置いて（＝（b））、因果を経験的に同定する（＝（a））。当事者の「思念された意味」に関わる因果で（＝（b））それをやるのが、理解社会学になる。

それゆえ、そこで具体的にどんな知識を前提にしているかを反省的に明らかにすることは、科学的な手続きとして重要な意義をもつ。二重基準をさける上で役に立つだけでない。そうすることで、その知識の一部を、別の経験的なデータで検証する（例えば反証テストにかける）こともできる（→第一五回）。

五.

少し専門的な話になるが、事例研究で広く使われてきた手法、例えば「過程追跡 process tracing」や「質的比較分析 qualitative comparative analysis（QCA）」などは、こうした枠組みのなかに位置づけた方がよい、と私は考えている。

簡単に解説しておくと、過程追跡というのは、一つの事例において、原因と結果のつながりを論理的に厳密に検証していく。[3] ＱＣＡは、複数の事例を横断的にみていくが、その際、要因となりそうなものを全て変数化して、全ての事例で各変数に「該当する／しない」を０／１型や数値で表す。その上で、結果に対する各変数の論理的な対応関係のパターンを全て書き出して、どんなパターンがあるかを体系的に整理していく。

まず確認しておきたいのは、少なくとも因果を反事実的に定義するかぎり、どちらの手法も、それだけでは因果を特定できない。独立性条件＝「全ての共変量の状態が同じである」を確保する操作が欠けているからだ。

だからといって、これらの手法による研究が無意味なわけではない。例えば、過程追跡では、原因と結果の論理的な対応関係を厳密に検証しようとする。これはそのまま、特定の学術分野でどんな前提知識すなわち法則論的知識が想定されているのかを、つまりどんな形で「こういう因果があるはずだ」と前提されているのかを、反省し明確化する機会になる。一つの事例のなかで原因と結果のつながりを明示化した上で、厳密に検討しようとする。そうすることで、暗黙に置かれている前提知識までも反省的に明確にして、それを通じて、見逃されてきた共変量候補も見つけやすくする。

そういう意味では、ウェーバーの文化科学論文での日常会話やベルリン三月革命の例示（↓第一一回〜第一二回）は、実はそれ自体が、単一事例研究にどんな意義があるのかを示す、良い事例にもなっている。

第一二回でみたように、マイヤーのような優れた歴史学者でさえ、政治的・社会的情勢という一般的な要因と二回の射撃のような個別的事象が、ともに革命の原因である、としていた。けれども、ウェーバーが論証したように、適合的原因はつねに確率1で結果を起こすとすれば、どちらか一方は原因ではありえない。もし両方が適合的原因でありうるとすれば、それぞれの原因の働き方は0・6や0・3のような小数になる。つまり、因果の適合度を量的なものとして考える必要がある。

ところが、ウェーバーが適合的因果の枠組みを用いて、どんな法則論的知識が使われているかを反省的に明示化するまで、このことは気づかれていなかった。いや、文化科学論文が発表された後も、ウェーバーが何を論じているのか、なかなか理解されなかった。その点でも、ウェーバーの意図以上に、反省的形式化がどれほど重要なのかを教えてくれる。

第一一回でみた、子どもを叩いた母親の例にも同じことがいえる。同義反復であっても法則論的知識の形で明示化されることで、母親も父親もそれが本当に正しいのかを反省的に検討したり、それを受け入れるべきかを当事者として選択したりできる。そういう意味で、この二つは過程追跡の良い使い方の例示にもなる。過程追跡によって、因果同定の前提になる法則論的知識が反省的に明示できるだけではない。因果同定手続き自体が明晰に反省的に形式化されて、はじめて過程追跡も活きてくる。

複数の事例をあつかう場合には、こうした反省的な形式化はさらに重要になる。複数の原因候補の変数のかなり複雑な組み合わせが、法則論的知識として暗黙に想定されていることが少なくないからだ。それゆえ、QCAのような体系的な発見法を使って、観察されたデータ内でどんな対応関係がありうるのかを一覧できる形にした方がよい。

そうしておけば、まず、自分の仮説に都合がよいように、事例ごとに前提知識を部分的に修正して、つじつまあわせをすることを防止できる。さらに、QCAでは観察された全ての事例を網羅的に調べるので、もし前提知識の内部や複数の前提知識の間で矛盾があれば、それも見つけやすくなる。また、一覧できる形にしておけば、前提知識の一部を他のデータで検証する作業もやりやすい。そういう意味で「因果推論の2つの大きな潮流として、統計的因果推論と質的比較分析がある。しばしば対立的に捉えられる2つのアプローチであるが……、**因果推論の根本問題**……の理解はいずれにとっても本質的である」（杉野勇『入門・社会統計学』法律文化社、二〇一七年、二一六頁）。

社会科学における因果の特定では、何らかの前提知識を仮定として導入せざるをえない。だからこそ、ご都合主義的に二重基準にならないよう、十分に注意する必要がある。因果分析においてそれは、想定外の共変量が見つかりやすいように、広めの視野をとっておくのと同じくらい、大事なことである（↓第一七回）。

六.

具体的な因果の特定での前提依存性、すなわち特定の知識に依存して因果が特定されている、という事態は、計量分析の内部にも見出される。

これに関しては、おそらく統計的因果推論の登場自体が良い事例になるだろう。

統計的因果推論が出現するまで、最も良い因果特定の手法は、大量のデータを用いた重回帰系の分析だとされていた。その結果を使って「この変数が原因にあたる」といわれてきた。もちろんそこには「観察された変数群の内部では」という留保が本来つくが、経験的な研究ではしばしば、重回帰分析で因果が厳密に測定できるかのように語られてきた。

裏返せば、「重回帰分析の『有意な関連性』は（時間的な先後がつけば）因果関係だと見なせる」という暗黙の前提が、実際には共有されてきた。その意味で、計量分析による因果の特定作業もまた、経験的な一般化や専門家集団の「常識」に依存してきた。

統計的因果推論はそこを大きく変えた。重回帰系の分析とは全くことなるこの手法が出現したことで、重回帰分析にもとづく因果の特定は、ある程度強い前提の下での推論として位置づけ直された。正確にいえば、厳密な方法論の内部では従来そう考えられていたが、具体的なデータの分析の上でも、そういうものとして、位置づけられるようになった。

社会内における因果の厳密な特定が、社会それ自体によって困難になる、という社会科学の特性を考えると(→第一六回五節)、その意義はとても大きい。もし厳密な測定がどんな場合もできるのならば、多くの研究者は手間暇かけても、そちらを選ぶだろう。因果の厳密な特定が困難だからこそ、何らかの仮定を置き、かつそれが仮定だと自覚しないまま、「事実」を分析していると自己了解しやすい。

裏返せば、より厳密な同定手続きが具体的に出現して、初めて従来の手法の限界は明確に主題化される。ウェーバーの方法論の展開も、まさにそうだった。そう考えれば、事例研究や計量分析だけの問題ではない。エスノメソドロジーなどの、いわゆる質的データをあつかう学派や手法にもあてはまる。(4) これらが何をやっているのかを理解する上でも、統計的因果推論の知識は役に立つ。

例えばエスノメソドロジーでは、社会学の他の学派は特定の理論モデルにもとづくのに対して、自分たちは「ありのまま」を記述している、という形で独自性が主張されることがある。けれども実際には、エスノメソドロジーも因果を記述しており、それゆえ必ず何らかの法則論的知識を前提にして、因果を同定している。

エスノメソドロジーとは何かに関しては、エスノメソドロジストの間にも共通了解がないようなので、その立場を一律には論じられないが、社会科学における独自の方法論の主張は、因果の特定をともなうかぎり、実際には特定の法則論的知識を、つまり関わる変数の範囲や経路についての独自の仮定を、暗黙の前提にしている。

質的データの分析全般にも、もちろんこれはあてはまる。社会科学とりわけ社会学では、計量分析のような集団を対象にした観察よりも、インタビューなどによる個人（個体）を対象にした観察の方が、より「ありのまま」をとらえられる。そんな主張がされることが少なくない。

たしかに、個人を対象にした方が、その状態をより細かく観察できることが多い。それゆえ、当初気づいていなかった共変量も見つけやすく、見つけた場合は調査の途中でも柔軟に対応できる。それに対して、計量分析ではデータを集める費用がかかるので、当初の仮説で想定していた範囲の変数しか調べられない。

その一方で、共変量の影響の統制で最も信頼性が高いのは、やはり特定の集まり単位の期待値の推定である。個人を対象にした観察の方が、むしろこの面では、より多くの前提仮定を必要とする。ウェーバーの言い方を借りれば、「経験則」に依存する程度がより大きい。

わかりやすくいえば、共変量の範囲の設定では、集団を対象とした観察の方がより類型的になるが、共変量の影響の統制では、個人を対象とした観察の方が、むしろより類型的になる。特定の法則論的知識により強く依存して、因果を同定しているからだ（↓第一七回）。

その点でも、「量と質」の対立図式には意味がない。この二つはどちらかが優位に立つようなものではなく、それぞれの特徴と限界があるだけだ。どちらかしか使えない場合には、そちらを使えばよいし、どちらも使える場合には、分析の目的にあわせて、より適切な方を選べばよい。それ以外に、それぞれの方法の「本質」があるわけではない。

そうした形で、信頼性の基準をより厳密に定式化することで、二重基準をさけやすくする。だからこそ、実際には測定の条件をみたせることがほとんどなくても、統計的因果推論は役に立つ。反省的な形式化の枠組みとして、すなわちウェーバーの術語を使えば、本来あるべき因果同定手続きの「理念型《イデアル・ティプス》」として、経験的研究の良い道標になる。

(1) 専門的にいえば、共変量の影響の経路に関する仮定は、統計的因果推論では必要ない。その点が重回帰を使う場合とは大きくちがうが、傾向スコアの推定などでは、推定のモデルが必要になる。

その点で、統計的因果推論でも、共変量の範囲だけでなく、さらに何らかの仮定が必要になる。また、第一六回で述べたように、ランダム化比較試験の結果を用いる際でも、少なくとも社会科学では、測定される集団の代表性などに関して仮定を追加する必要がある。

(2) 詳しくいえば、「意味連関」はもう一つ、因果関係の内容も含意していると考えられるが、これも最終的には、共変量の範囲や経路に関する命題と同じものになる。「データを計量する 社会を推論する」参照。

(3) ただし、過程追跡がどんな方法なのか、明確な定義はないようだ。例えば、過程追跡の方法の説明のなかには、「代表的」な事例や「極端な」事例について述べるものもあるが、こうした位置づけは特定の因果関係を前提にしており、論点先取にあたる。

なお、QCAや過程追跡側からの方法論的検討としては保城広至『歴史から理論を創造する方法』勁草書房、二〇一五年、同「社会科学と歴史学の統合の可能性」(『組織科学』五一巻二号、二〇一七年)、齋藤圭介「質的比較分析(QCA)と社会科学の方法論争」(『社会学評論』六八巻三号、二〇一七年)などを参照。

(4) 盛山和夫も『社会学の方法的立場』(東京大学出版会、二〇一三年)で同じことを指摘している(例えば一六七〜一六八頁)。社会科学はつねに主観的かつ客観的なものだという、ここでの主張も盛山と共通すると思う。「『社会学の方法的立場』をめぐる方法論的考察」参照。

［第一九回］　ウェーバーの方法論の位置

一．

ウェーバーの因果分析から出発して、統計的因果推論や単一事例研究の意義など、現在の社会科学の方法論の最前線まで、議論を進めてきた。そのなかで、ウェーバーの社会科学の方法論がどのようなものだったかも、かなり明確になってきたと思う。

一言でいえば、ウェーバーの方法論は「価値解釈」という形で主観性を、「客観的可能性」という客観性を、両立可能な形で取り込むものであり、そしてそれによってその両面をともに反省的に形式化した。あえて学説研究的にまとめれば、そう要約できる。

だから、もしかするとこんな感想をもった人もいるかもしれない。――結局、ウェーバーの方法論というのは、あたりまえのことをわざわざ難しく書いているだけではないのか？

少し意地悪だが、的確な疑問だと思う。これに対する私の答えは、「肯」でありかつ「否」である。そして、そのどちらの答えにおいても、ウェーバーの方法論には意味があると考えている。それぞれちがった意味であるが（→第四回）。

二

まず「肯」と答えた上でいえば、大きく二つの理由があげられる。

第一に、ウェーバーの論考はそもそも百年以上前の、現在の社会科学が成立した時期のものだ。その時代にすでに現在の社会科学の方法論が視野に入っていたとすれば、むしろ彼の偉大さを示す。

そしてそれは、現在の社会科学者にとっても意味がある。現在の事実上の標準となっている方法は、改善すべき点はさまざまあるにせよ、大まかには妥当なものだといえる。百年間の試行錯誤を重ねて、こういう方向性に落ち着いてきた。ウェーバーが百年前に考えた方向に収束してきた。そういう意味で、社会科学の方法は安定しているといえる。

社会学や統計学だけでなく、分析哲学や法学でも適合的因果と同じ方法論は提唱されているが(↓第一章)、実は経済学にも同じものがある。例えば、D・ハウズマンは経済学の研究であつかう「厳密でない法則 inexact rule」の特徴として、四つの点をあげている(Daniel Hausman, *The inexact and separate Science of Economics*, p. 128, Cambridge Univ. Press, 1992)。

1. 厳密でない法則は、近似である。
2. 厳密でない法則は、確率的または統計的なものである。
3. 厳密でない法則は、もし干渉的要因がなければ事象はどうであったろうか *would be* に関する、反事実的言明である。
4. 厳密でない法則は、曖昧な「他の条件が同じならば」vague *ceteris paribus* 節によって、品質保証される。

いうまでもなく、これは適合的因果そのものだ。それゆえ、「経済学の方法の近年の発展」としてこれが語られていることに、むしろ驚かされるが(D. Wade Hands, *Reflection without Rules*, p. 308, Cambridge Univ. Press, 2001, 高見・原谷・若田部監訳『ルールなき省察』三〇一頁、慶應義塾大学出版会、二〇一八年)、早い遅いは重要ではない。ウェーバーも文化科学論文で述べているように、これはミルによってすでに発見されていた、ともいえるからだ(二一三頁、S. 270Anm3の続き)。

社会科学の経験的な研究の方法としては、どの途をたどっても大体ここに至りつく。本当に重要なのはそこだ。逆にいえば、ウェーバーは百年以上前にすでにここまで見通していた、などと予言者風にもちあげる必要もない。彼が導入した適合的因果の考え方は、たしかに現代の統計的因果推論に通じるが、一方で、計量分析などでは初歩的な誤解もやっている。

しかし、それはウェーバーの方法論の空白ではあっても、欠陥ではない。基本的な方向性において、彼はおおよそ正しかったからだ。ウェーバーはあくまでも彼の理解できる範囲のなかで、妥当な考え方を見出していた。百年前の一人の研究者が、どれほど偉大であったとしても、現在の同じ水準で考えられていたと見なすのは、無意味な神格化でしかない。

要するに、ウェーバーは自分の知識の範囲で、自分をごまかさずに、自分で最後まで考え抜いた。当時の社会科学の方法論で大きな課題になっていた、「**I：特定の原因候補の働き方をあらかじめ決めずに因果関係を同定する**」、そして「**II：無数の原因候補のなかで特定の因果を識別する**」ことができる方法を(→第七回七節)。

ただそれだけだ。彼自身の言葉を借りれば「明断さ」を貫いた。ただそれだけだし、だからこそ凄いのだ、と私は思う。

今日でも、一〇年に一回ぐらいの頻度で、「従来の社会科学をひっくり返す革新的な手法」が話題になることがある。これはオオカミ少年みたいなもので、学術《アカデミズム》ではなく、学術的《アカデミック》ジャーナリズムが「新しさ《ニュース》」を再生産するしくみの一部である（「機能分化社会のマスメディア」参照）。現場で研究に携わる多くの研究者は、そのことをそれこそ経験的に知っている。

それでも第二回で述べたように、たんに①因果のしくみを探究するだけでなく、それを②他人に伝えるという課題を負う社会科学にとって、こうした話題は無視できないし、無視しない方がよい。無視すれば、②に望ましくない影響が出てくるからだ。だから、なぜ人々に魅力的に感じられるのかまで考えた上で、無意味なものや無駄なものがあれば、明確にそう伝えた方がよい。

そうした作業を進める上で、もし「百年間試行錯誤を重ねて、収束する方向が次第に明確になってきた」と本当にいえるのであれば、それは（伝える側の）専門家だけでなく、（受け取る側の）社会を生きる当事者にとっても、大きな意義がある。それこそ経験則でしかないが、経験則として、大体これでよいだろうと判断できるからだ。

社会科学が最後に拠るべき先は、やはり「事実＝事態 Tatsache」だ。たとえ何重もの「抽象過程」をへたものであっても、それは語る人間の外を示してくれる。経験的に反証可能な手続きは、そこを保証するものだ。それ以上の「客観性」は求めてもしかたがない。

それもウェーバーの方法論が教えてくれることの一つである。

三

第二は、計量や数理に関わる。ウェーバーの時代に比べて、現在の社会科学では計量や数理の手法が広く用いられているが、これまでみてきたように、実はウェーバーは同時代の社会科学者のなかでは、統計学や論理学の知識を例外的なくらいもっていた。だからこそ、百年後の現在も陳腐化せず、むしろあたりまえの方法として感じられるのだろう。

けれども、彼の方法論は計量や数理を直接使うものではなく、その考え方の明確さを活かすものであった。第一一回で引用した「ここでとりあげる、いわゆる『客観的可能性』の理論は、傑出した生理学者フォン・クリースの諸研究にもとづく」という、文化科学論文の一文にはこんな注記がつけられている（二二〇頁、S. 269）。

歴史的「対象」の性質から、歴史学の方法論にとってはｖ・クリースの理論の全く基本的な構成要素のみが意義をもつ、ということは、ここであらかじめ注意しておく方がよいかもしれない。自明なことだが、厳密な意味でのいわゆる「確率計算」の諸原理の受け入れは、歴史の因果的な研究にとって、検討の対象にならないというだけでなく、むしろその観点を類推的に利用する試みですら、大きな注意を要する。

こんなこと、わざわざ言う必要ないのだが……、と言いたげな口ぶりだが、これも要するに、反省的な形式化だ。ｖ・クリースの枠組みを用いて、ウェーバーはそれを強く推し進めた。そうすることで、彼の方法論は現代的《アップ・トゥ・デイト》なものになりえた。

注意してほしいのは、「全く基本的な構成要素のみ」の範囲である。この言葉はかなり誤解されてきたのではないだろうか。

すでに述べたように、適合的因果構成は確率的因果論であり、ウェーバーもその特性を十分に理解して使っている。例えば、工業労働論文では、できるだけ同じ条件の標本を比較することで、標本比率の差から原因を特定しようとした。近代資本主義の形成要因の比較分析では、「促進的」という専門用語を用いて、結果が生じる確率の差によって、原因かどうかを判断しようとした(↓第七回)。方法論の検討でも、骰子の出る目という、まさに確率論的な例を使っている。

つまり、それこそ学術的ジャーナリズムでよくあるような「類推」には、はっきり否定的だったが、数理的な枠組みを採用することで論理が明確になる場面では、大胆なくらい取り込んでいる(↓第一四回)。因果の特定を厳密に考えていけば、数理的なあつかい方を、少なくとも支援手段に使わざるをえないからだ(↓第一七回)。

ウェーバーのいう「全く基本的な構成要素のみ」とは、そういう意味だ。数理の部分は関係ない、ということではない。実際、一九二〇年代の『宗教社会学論集1』や基礎概念論文にいたるまで、彼は確率的因果論の考え方を使いつづけた。

第一六回で述べたように、ウェーバーは「量で測れるから」「自然科学が使っている方法だから」、適合的因果を採用したわけではない。その枠組みを用いれば、従来使ってきた概念や技法や、実践的な知恵《ティップス》を、論理的により明確に、かつ体系的に定式化できて、その妥当性を反省できる。それによって、より信頼できる形で経験的な分析を進められる。何よりもその点で、統計学の知識や論理は役に立つ。

社会科学にとって統計学はそういうものであり、そういうものでしかない。「v・クリースの理論の全く基本的な構成要素のみが意義をもつ」という言葉は、そういう意味だ。

そのために、どれだけ深く、そして「明断《クラール》」に、v・クリースの枠組みをウェーバーが理解しようとしたかは、第三章や第四章でみてきた通りである。そして、「法則定立的／個性記述的」や「法則科学／文化科学」といった図式を、厳密な定義なしに使いつづけることで、その苦闘とその意義がどれだけ深く忘れられてきたかも。

四．

その意味で、ウェーバーの適合的因果は、その後「量的／質的」に分岐していった方法論のなかで忘れられた、大事なことを思い出させてくれる。あたりまえのことを、丁寧にかつ厳密に書くことによって。

例えば、適合的因果には「価値解釈」の面がつねにある。それはもちろん、現在の計量的な社会調査にもあてはまる。用意した質問文が回答者にどう解釈されたかを、観察者（＝調査実施者）が解釈する必要があるだけではない。大量観察データを用いて因果を同定する際にも、どの範囲の変数を共変量として想定するかや、そこにどんな関連性があると考えるかに関しては、観察者側の前提仮説に依存せざるをえない（→第一六回〜第一七回）。その意味で、計量分析は「価値解釈」でありつづける。

他方で、事例研究や「質」的なデータ分析にとっても、具体的な因果を特定していく上で、計量手法の論理は重要な手がかりになる（→第一七回〜第一八回）。例えば、事実として一回的な事象であっても、反実仮想の形で前提を明示することで、使われている法則論的知識を反省的に再検討しやすくなる。複数の事例を比較する際にどんな点に注意した方がよいのかも、より明確に整理できる。あるいは、手持ちの資料を仮想的に標本調査のデータと見なして、論証の手順や資料の捜索範囲を思考実験的に再検討することもできる。

そういう意味で、ウェーバー以来、社会学の経験的な因果分析は、基本的には同じ方法を使ってきた。その点でも社会科学の方法は安定している。

ウェーバーの方法論の文章はたしかに難解に見える。文化科学論文の、とりわけ第二節は読みにくい。複雑な議論を正確に展開しようとしているので、どちらの方向に進んでいるのかがわからないと、追いかけるだけで苦労する。それに比べると、抽象語を連発する「客観性」論文の方がむしろ読みやすい。やや辛辣な言い方をすれば、名調子に乗って自己陶酔しながら読める。

けれども、文化科学論文の読みにくさは、明晰であろうとした現れでもある。条件つき確率や期待値など、現代では数理的な記号法を使って定式化する部分まで、日常語の延長上で正確に定義しようとした。せざるをえなかった。だから、あれほど複雑な、難しい書き方になった(→第四章、コラム4)。

だからこそ、ウェーバーの方法論を整理する上では、数式や数理を使った方が見通しよくなる部分は少なくない。「客観性」論文の最後の、あの黙示録的な文を借りれば、科学がそれをめざして歩みを進める「あの星座」は、文化科学の上には輝いていなかったのだ(→第三回)。

五.

それはもう一つの答え、「否」の面につながる。

ウェーバーの学説研究は、特に日本語圏では、彼自身の著作物上に高度に特化してきた(→コラム1、コラム3)。特化することで、緻密な読解が進んできた。ここで述べてきたことや考えてきたことも、そうした読解作業の積み重ねがなければ、ありえなかった。それは誰よりも私自身がよく知っている。けれども、そうした読解によって失われてきたものも少なくない。ウェーバーがv・クリースの著作を参照指示している以上、そこで何を論じていたかを十分に理解するには、v・クリースの著作を知る必要がある。参照先に何があるかを、二次的にせよ知らなければ、ウェーバーが何を論じたのかも十分にはつきとめられない。

例えば「適合的/偶然的」は正確にはどう定義されているのか、『確率計算の諸原理』の一〇八頁には何が書いてあるのか。それらを知らずに、文化科学論文で何が述べられているのかを理解することはできない。v・クリースの著作や論文の、どの箇所をどんな形で取り入れているのかを追跡していくことで、ウェーバーが適合的因果をどのように理解していたのかもはじめて見えてくる。

一般的にいえば、文章が参照指示のネットワークに支えられているのであれば、その網の目をたどっていくしかない。参照先の書き手が元の文章の書き手と同じかどうかにかかわりなく。特定の文章の意味は、他の文章との関連性の上で成立している。だからこそ、著者の他の文章も読み込む必要があるし、同じ理由で、参照指示されている他の人の文献や、関連すると思われる史料も読む必要がある。

ウェーバーの著作物だけから、その文章の意味を特定することはできない。だとすれば、ウェーバーのテキストに閉じこもり、それだけを読み解こうとするのは、どれほど切実で真剣であったとしても、読み手側の都合を優先させたものでしかない。もしもそれによって、本当は存在しない方法論のちがいが創り出されたり、重要な術語の意味が取り違えられたり、あるいは、残された空白の部分が見えなくなったりするのであれば、なおさらそうだ。

ウェーバー自身は、そうした閉じ方はしなかった。「内閉するな！」と説教するのではなく、自分自身に内閉することを許さなかった。精神疾患に苦しみながら、統計学の専門書に齧りついた。たとえその内容を十全には理解できないとしても、そこに考えていくべき緒があることに、気がついたからだ。彼の偉大さの本当の理由はそこにある。

最終的な目標に、例えば完全な方法論に、たとえ到達できないとしても、いや、到達できないからこそ、そこに、その途上の地点に、どのように至りついたのかは決定的な意味をもつ。自分ではない、他の人にその旅路を引き継いでいくためにも。

そういう意味で、ウェーバーは文化科学／法則科学が対立する地平を、その対立的棲み分けを、決して自明なものとはしなかった。その点では、彼の方法論は決してあたりまえのものではない。あたりまえのことを、あたりまえにやり遂げた、という意味で。

社会科学者はつねに特定の視点から事実を見ている。それを忘れるな、つねに自らを問い直せ。ウェーバーの方法論は「価値解釈」と「客観的可能性判断」の両方で成り立つ。どちらか一方にもう片方を解消することはできない。何よりもだからこそ、彼の方法論は今日でも学ぶ価値がある。主観と客観のせめぎあいに苦しみながら、そのどちらも手放さず、そして手放すことを自分自身に終生許さなかった一人の研究者の言葉として。

それは最終的には社会科学とは何か、という最初の問いに戻ってくる。①社会に関わる因果のしくみを解明する、そして②それを他人に伝える。この二つの要請は正反対の方向の力として働く。①をより高度にしていくことは、専門家集団の内に閉じる力を生み出す。②をより高度にしていくことは、専門家集団の外へ開く力を生み出す。閉じていくとともに、開いていく。

ウェーバーの方法論をめぐる格闘は、その後の解釈史もあわせて、その二つの力との格闘でもあった。

［第二〇回］　社会科学の現在　閉じることと開くこと

一．

閉じる力と開く力──。①社会に関わる因果のしくみを解明し、②それを他人に伝える営みである社会科学には、つねにこの二つの方向の力が働く。それも知識が積み重ねられ、科学として制度化されればされるほど、二つの力はともに強まる。

二重基準をさけることが、社会科学においては最も基本的な基準になる。その主な理由もここにある。これは個々の主張や結論の論証だけでなく、データの集め方や採り方にも関わってくる。社会科学は、社会のなかで社会を観察する営みであるがゆえに、そうした固有の難しさもかかえている。

前回まで述べてきたように、社会科学の枠組みは主観的かつ客観的なものである。すなわち、観察者の前提仮説への依存と、観察されるデータの修正効果とが、ともに働く。抽象的な方法論やメタ科学論的議論ならともかく、経験的な研究では両者がつねに同時に働きつづける。

それだけではない。二つがともに働くだけでなく、両者の間でさらに相互作用も働く。一番わかりやすい例をあげれば、観察者側の仮説によって、特定のデータの妥当性を打ち消すこともできる。

例えば、途方もなく抑圧的な支配者がいた（←これが「仮説」にあたる）にもかかわらず、その抑圧を示す証拠が残っていない(↑これが「データ」にあたる)のは、その支配によって自分に不利な証拠になりそうなものを計画的に消し去ったからだ(↑これが「相互作用」にあたる)。そういう議論も組み立てられる。この種の相互作用は実際にありうる。第一八回で述べた"no document"はその一つだ。データそのものが抹消されるような強い圧力がかかる状況は、現実に存在する。

その一方で、こうした相互作用を想定することは、他人を黙らせるのにも役立つ。観察者側の前提仮説を使って、あるいは、反論相手自身の前提仮説を巧妙に逆手にとって、自分にとって不利なデータの一部または全部を無意味化できるからだ。

特に歴史の場合、時間を遡れば遡るほど、データの数が急速に減少する。そのため、いくつかのデータの妥当性を仮説によって否定できれば、自分の主張にとって有利な状況を容易につくりだせる。観察者自身が生活する、あるいは同一性をおく地域での、歴史的な出来事や社会的な事象をあつかう際には、特にそうなりやすい。その非対称がさらに道徳コードで正当化されていることも少なくない。

それゆえ、例えば古代史と呼ばれる分野は、現在のナショナリズムの陳列場になってきたし、それに対して学術的な古代史は、文献ではなく、考古学のデータに依る程度を強めてきている。「結論ありき」、すなわち観察者の仮説の同義反復をさけようとすれば、参照可能なデータの範囲を広げるしかないからだ。

二.

最初に述べたように、社会科学は社会のなかで社会を観察する。それゆえ、こうした無意味化の戦術が簡単に使える。分析があつかう対象も、データが成立する過程も、ともに社会内の出来事だからである。

観察、記憶、記録、保存……。データは宙から生まれるわけではない。データが観察される過程もまた因果的であり、そこには複数の人間が関わっている。つまり、データが成立する（しない）ことも、社会のしくみの一つだ。それゆえ、仮説の妥当性とデータの妥当性の間で相互作用が起きる。前提仮説とデータをともに取り込める枠組み、その意味で主観的かつ客観的である社会科学の枠組みでは、そういう事態が一般的に起きる。

社会科学が「価値解釈」であり「可能性判断」であるとは、そういうことでもある。だから、その相互作用を否定するのではなく、どうすれば適切に限定されるかを考えるしかない。

その一つが二重基準をさけることである。例えば、特定の仮説によって特定のデータが無効化されるのであれば、全ての仮説に同じ操作を認める。特定の仮説がデータによる修正を無効化することを許すのならば、全ての仮説に同じことを認める。

とりわけ政治的な争点になる事態では、そうせざるをえない。複数の立場から政治性の強い主張がされたならば、どの立場の仮説にも、データが強く加工された可能性を認める。道徳コードを介在させるなら、どの立場にも介在を認める。その上で、それぞれの仮説がどのくらいのデータを無効化する必要があるのか、その少なさによって仮説の妥当性を評価する。それこそ「オッカムの剃刀」原則にのっとって。

それもまた、データによる修正効果の一つである。たとえ、それによって一時的に「結論が出ない」状況が生じてもしかたがない。学術的な古代史のように、それが新たなデータを見出す力になることもある。

社会のなかで社会を観察する営みには、そうした困難がつきまとう。個人的なことになるが、私は「論客」という言葉が大嫌いで、「論客だ」と自認する人も好きではない。あまりに嫌いで、「論客」と呼ばれる立場を自分でやめたくらいだ。「論客、論客って、刺客じゃあるまいし……」と、口癖のように呟いていたときもあった。

けれども、「論客」という言葉自体がおかしいわけではない。社会科学では、巧い使い手は容易に相手を黙らせられる。そこが魅力で社会科学者になろうとする人も、あるいは、なった人もおそらくいるだろう。

「刺客」は暗殺者だ。対立する相手を、最終的かつ完全に黙らせる。それを目的とする人間である。社会科学では言葉で相手を黙らせることができる。いわば、言葉で「刺客」になれる。「論客」という呼び名は、社会科学のそういう部分、そうした裏の顔を言い当てている。だからこそ使われるのだろうし、だからこそ私はこの言葉が大嫌いなのだろう。自分の裏の顔を言い当てられた気がして。

「刺客」という語を生み出した古代中国の戦国時代では、刺客と論客も「客」として一括りにされていた。要するに、同じ種類の人間だと見られていたわけだ。人間のやることは、昔からあまり変わっていないのかもしれない。

三．

二重基準をさけるという原則は、その裏の顔を抑制する手段になる。反省的に形式化することで、用いている基準がより明示的になり、一般的に定義される。それによって自分の二重基準を発見しやすくなり、他人の二重基準を論証することも容易になる。それが相手を黙らせない途にもなる。

これもまた、開くことと閉じることに関わる。専門化が進むことは、閉じる力につながる。けれども、そのなかで反省的な形式化も進めていけば、別の面で開く力が生まれる。

因果を同定する手続きにも同じことがいえる。というか、社会科学が①社会に関わる因果のしくみを解明し、②それを他人に伝える営みだとすれば、因果を同定する手続きはその最も基礎的な部分にあたる。実際、文化科学論文の事例群は、日常会話と歴史学での因果同定が同型であることを示すことで、①だけでなく、②の面にも光をあてている。

リッカートの個性的因果が社会科学の方法としては使えない理由も、結局はそこにある。具体的な経過の記述としてみれば、これは「あるからある」という主張を独我論的に表明するものだからだ。それでもリッカートは、方法論の水準では自然科学と人文社会科学を明示的に定義しようとした。その点では反省的な形式化をめざした。だからこそ、個性的因果関係の破綻も論証できる。だから、少なくともリッカート自身は、他人を黙らせようとした人ではなかったと思う。

逆にいえば、文化科学の一番良くない使い方は、これが方法論の水準では一般的に定義されていたことを、それゆえ反省的な形式化を自らに課していたことを無視して、この言葉を使いつづけることだ。例えば文化科学をウェーバーの理念型で再解釈する試みには、そういう危うさがつきまとう。どんな場合に当初の仮説が反証されるのか、すなわちデータによる修正効果をどう組み込んでいるのかについては、明示的に語らないからだ[1]。

その意味でも、測ってみなければわからない部分がある(**2・2・2**)を基本形とする方がよい。適合的因果は、仮定を用いて因果を経験的に同定する方法である。ウェーバー自身も文化科学論文や基礎概念論文では、その形で解説している。適合的因果の客観性は、価値関係づけの真理にではなく、自分の仮説がデータによって反証される可能性に開かれていることにある。

「価値自由はまさしく一切の科学的な研究の究極的で最高の大前提であり、彼の科学論のアルファでありオメガである。そして彼の科学論はこのあと急激的で爆発的な展開と変貌をとげるが、この『客観性論文』において確立された価値自由の思想のみはその生涯を通じて、決して揺らぐことはなかった」（向井前掲二七六頁）。

「価値自由」という言葉自体にどれほど方法論的意義があるかはともかく、私もこうした読み方に同意する。その上で、ウェーバーの方法論にはもう一つ大きな軸があった、とつけ加えたい。V・クリースの「法則論的／存在論的」と、それにもとづく「客観的可能性」である。文化科学論文とクニース2論文でこれが導入されて、「価値解釈」と「客観的可能性」の二つが、彼の方法論の基本的な枠組みとなっていく。

その意味では、「価値解釈」と「客観的可能性」は、どちらかがどちらかに吸収されるようなものではない。現代的な表現でいえば、観察者の前提仮説への依存とデータによる修正効果は、両立可能であり、ともに存在しつづける。この意味での主観性と客観性はそもそも相互排他的ではない。

もちろん仮説の一部を他のデータでさらに検証したり、データの一部を仮説によって無意味化したりはできる。それによって、より信頼性の高い結果がえられたり、より整合的な説明を組み立てられたりすることも少なくないが、どちらか一方にもう一方が解消されるわけではない。

V・クリースの「法則論的／存在論的」の区別は、ウェーバーにそれを気づかせた。反省的に形式化された方法論の水準で、それを明確に見せてくれた。私はそう考えている。――ならば、その二つをともに取り込める枠組みを、論理的に、それゆえ反省的な形式化が十分にできる形で構築すればよい。そうすれば、もし相手を黙らせつづければ、自分自身もまた黙らされることにも気づきやすい。

率直にいって、ウェーバー自身がそこまで明晰に考えていたかどうかはわからないが、v・クリースの適合的因果はそういう性格をもっていた。だとすれば、ウェーバーが文化科学の個性的因果ではなく、v・クリースの適合的因果を採用し、その術語系を使いつづけた。そのことは、何よりも現在の社会科学や歴史学にとって、深く重い意味をもつ。

だからこそ、忘れられるべきではない。だからこそ、リッカートに近い面だけを見たウェーバー像を語るのはやめてほしい。そこから「文科系」の学術を語るのはやめてほしい。心の底からそう考えている。

v・クリースが提示した「法則論的／存在論的」の対概念は、社会科学を主観的かつ客観的な探究として、定式化できるものであった。より正確にいえば、そういう方向に展開できる形式化の試みだった。ウェーバーはそれを引き継ぎ、独自の社会学を展開した。そして現在では、v・クリースと同じ発想を出発点にして、別の経路をたどることで、より洗練され、より体系化させた形で展開された方法論や手法も整備されている。ここでとりあげた統計的因果推論やベイズ統計学などがそうだ。

四.

そういう形でウェーバーの方法論は、文化科学の閉じた円環を開いた螺旋へと変えていった。その軌跡の上を、その後の社会科学も歩んでいった。①社会に関わる因果のしくみを解明し、②それを他人に伝える営みへと、たえず差し戻されながら。閉じる力と開く力をともにその身に集めながら。

ウェーバーが亡くなってからほぼ百年になるが、現在の社会学ではこの閉じる力と開く力の共在も主題としてあつかうようになっている。第二章でふれた、ルーマンの自己産出系論《オートポイエティック・システム》はその一つだ。

自己産出系論についてここで解説する余裕はないが(『意味とシステム』、『社会学の方法』第八章以降など参照)、その特徴である「作動的な閉じ operative closure」について、ルーマンは「意味的に閉じているゆえに因果的には開いている」と述べている。閉じることで直ちに開かれるわけではないが、閉じることと開くことが表裏になっている。そうした社会のしくみのあり方がうまく表現されている。だからこそ、制度の挙動を近似するモデルとしても使えるわけだが。

けれども、その一方で、そうしたルーマンの理論自体の挙動には、別の意味で考えさせられる。社会学の百年の歴史のなかで、ウェーバーの学説研究は次第に閉じていった。現在の社会学で、同じように閉じつつある分野がもう一つある。ルーマンの学説研究だ。

もちろんそれは、この二人が展開した社会学が、魅力的であるだけでなく、とてもよく考え抜かれているからでもある。そのため、著されたテキスト群を読解するだけで大変な作業になる。その意味では一種の分業でもあるが、そうした、いわば研究の効率性をこえたところで、さらに強く閉じる力が働いているように見える。

簡単にいえば、ウェーバーの語っていること、ルーマンの語っていることが、それだけで世界の全体に見えてしまう。そんな力だ。ドイツ語の抽象語には、そんな魔力が強くあるらしい。これまで述べてきたように、ウェーバー自身はそうした魔力から最も遠かった社会科学者の一人だが、その彼の言葉もまた、閉じる方向に働いた。経験的な研究の方法論からほど遠い、その意味ではむしろ中途半端な論考である「客観性」論文が代表作と見なされてきた。それが端的な証しである。

おそらくそこが抽象的な思考の魅力でもあるのだろう。その意義は認めるけれども、それだけでは無意味だ。抽象的な術語だけに頼る不毛さ。具体的な方法と対象を外れて考えることが誘う迷宮。これまでみてきたウェーバーの方法論の理解と誤解、そして忘却の歴史は、何よりもよくそれを示している。

くり返すが、ウェーバー自身の社会学の方法は、「価値解釈」と「客観的可能性」をともに取り込んだものだった。仮説は思考の世界を構築する。データはそれをさらに外に開く。そのどちらもが社会科学の、①社会に関わる因果のしくみを解明し、②それを他人に伝える営みにとっては、必要なのだ。

何か凄いことに聞こえるかもしれないが、別に大したことではない。反省的に形式化された論理をもって、具体的な事象をあつかう。そのどちらかが欠ければ、社会科学ではなく、そしてあえて乱暴な推論をいわせてもらえば、どちらかが欠ければ、社会科学者でありつづけることはできない。

少なくともウェーバーはそのどちらもやった。ルーマンもそうだし、他の有名な社会学者をあげれば、R・K・マートンもそうだった。抽象的な理論の権化ともいえるあのパーソンズでさえ、医療社会学の経験的な研究をやっている。それはやはり意味のあることだと思う。

五.

そして、そのさらに向こうに、もう一つの閉じる力と開く力が働く。(「え、まだ……」と思った方がいるかもしれないが、安心してほしい。これが最後だ。)

ウェーバーは人文社会科学の特徴を、意味をあつかうところに求めた。そして社会科学の「因果的な解明」では、(a)統計的な規則性と(b)意味的な了解可能性の、両方が要件になると考えた。第一八回で解説したときにも少しふれたが、ここにはさらに二つの重要なつながりがある。(1)意味の同定手続きと因果の同定手続きとはどう関連するのか、そして、(2)理解することの意味をどこに見出すか、である。

(1)から簡単に解説しよう。

意味を「幅」の形でとらえると、母数《パラメーター》の統計的な推測と同じように、意味の理解でも、観察者側の前提仮説とデータによる修正効果を相補的《コンプリメンタリ》に考えられる。それもたんに両立するというだけでなく、どのように両立するかを演算に準じた形で、定式化できる[2]。例えば統計的誤差と同じように、データ規模(観察回数)nによって、行為や言葉の意味の不確定性も経験的に定義できる(「自己産出系のセマンティクス」「データを計量する　社会を推論する」参照)。

ウェーバーがそこまで考えていたかといえば、そうはいえないだろう。けれども、第七回で紹介したように、彼の最後の方法論の論考になった基礎概念論文では、理解と因果的な説明を一体化してとらえていた。因果の同定と意味の同定は、もちろん完全に同じではなく、前提仮説のあり方もある程度変わってくるが、経験的な手続きとしては、少なくとも部分的には同型になる。だとすれば、二つを重ね合わせるのは、決して不自然ではない。漠然とであれ、ウェーバーがその点を見通していた可能性は十分にある(→コラム1注8)。

行為の意味が因果のなかに具体的にどのように組み込まれるのかは、現在の確率論的因果論でも議論があるが、行為の意味連関はその行為の因果的な説明の一部である、というウェーバーのとらえ方で、大きな問題は生じないだろう。その点でも、両者が同型の手続きであつかえることは整合的である。「価値解釈」が意味づけの作用である以上、因果の同定は観察対象の意味的な同定を何らかの形でともなうからだ(→第三回一節)。

逆にいえば、意味が「幅」の形でとらえられるように、特定の変数間の因果それ自体も、平均(出現確率の差の期待値)と分散(出現確率の差の期待値周りの分散の期待値)に対応する二つの母数をもつ分布として、とらえる方がより適切なのかもしれない。[3] 統計的因果推論が、私たちの日常的な因果の観念にきわめて近い形で、因果をとらえられているとすれば、そんな新たな定式化もできそうだ。「因果推論の根本問題」も本当はそういう事態を示唆しているとも考えられるが、それはもはや、社会科学とは何かを考えるという、この本の基本的な主題の外に出る。それゆえ、ここではこれ以上考察を進めるのは停めておこう。

いずれにせよ、因果が最終的には推論されるしかないように、行為の意味も直接には観察できない。観察された外形から推測するしかない。言い換えれば、意味連関もまた、部分的にしか検証できない。それは「部分的には検証できる」ということでもあり、その重要性をこれまでくり返し強調してきたが、それでも部分的であることに変わりはない。観察者側の前提仮説とデータによる修正効果は相補的であるが、後者で前者を全て代替することはできない。統計学的な表現を使えば、それには無限大のデータが必要になる。

それゆえ、観察者の意味連関の同定は、有限の観察の下では、観察者による事後的な同定になる部分を残しつづける。簡単にいえば、他人の考えたことを「こうだ」と決めてしまう。そういう部分を消去しきれない。その意味で、意味の理解も因果の同定も「暴力」でもある。ウェーバーやラートブルフが、そしておそらくはＶ・クリースも自覚していたように、法則論的知識による因果記述は無罪《イノセント》なものではありえない。

六．

（２）はまさにそこに関わる。この「暴力」性についても社会学は反省を積み重ねてきたが、私自身はこう考えている。――他人による観察から「暴力」性を消し去ることはできない。だからこそ、それに対応する「役に立つ」が必要になるのではないだろうか。

社会学の歴史でいえば、主観主義的社会学は理解の正当化をめぐって迷走していった。それは「役に立つ」を棄てたからではないか、と私は考えている。「役に立つ」を棄てたがゆえに、絶対的に正しい理解以外の記述が許容できなくなった。その点でいえば、「法則論的／存在論的」知識という枠組みをＡ・シュッツが見逃したことは、やはり大きな失敗だった（↓第一三回〜第一四回）。

主観と客観という抽象語をあえて使えば、主観主義的社会学は機能主義を全否定したために、自分は客観的で透明な理解ができている、と主張するしかなくなった。それこそが主観主義的社会学の陥った落とし穴だったのではないか。

他人による観察は、因果の特定にせよ、意味の理解にせよ、どこかしら「暴力」である。そうであることをまぬかれない。それゆえ、もしその「暴力」に対して対価を差し出せないとしたら、何もしないか、あるいは、「暴力」にならない特権的な方法が自分にはあると主張するか、どちらかしかない。社会科学の営みにひきつけていえば、社会科学の暴力性をひたすら告発するメタ社会科学に閉じこもるか、さもなければ、客観的で科学的な理解の方法を自分はもっていて、他人の行為の因果や意味を正しく理解できる、と主張するしかない。

しかし、私はどちらの途も正しくないと考えている。いや、はっきり言おう。どちらの途も逃避だと考えている。

理解社会学は、ある意味で機能主義的であるしかない（もちろん、パーソンズの理論社会学が想定したのとは、全くちがう意味において）。他人を「暴力」的に理解しながら、それを用いて、その他人に対して何か「役立つ」ことの可能性（あくまでも可能性だ、いうまでもなく）を提示し、選べるようにする。そういう形で因果のしくみの理解と説明を結びつけるしかない。その一方を否定すれば、もう一方も否定せざるをえない。

それは、ウェーバーの方法論の最終的な到達点でもある。その最後の論文に記された言葉を、もう一度、最後に記しておこう。

社会学とは、社会的行為を解明しつつ理解し、これによってその経過とその影響を因果的に説明しようとする、一つの科学だというべきである

Carl Emil Maximilian Weber
1864. 4.21–1920. 6.14

（1）もしも語るとすれば、結果の出現確率の差の期待値で妥当性を判定するとせざるをえない。それは経験的な方法論としては、v・クリースの枠組みにもとづくことを認めることになる。

（2）　詳しくは「自己産出系のセマンティクス」、さらに『意味とシステム』第二章〜第四章を参照。
（3）　そう考えた場合、因果法則が成立するかどうかも、特定の変数間の因果の分散、すなわち出現確率の差の期待値周りの分散の期待値が**0**（に近い）かどうかという、経験的な、文字通り程度問題になる。

あとがき

前著『社会学の方法』の刊行が二〇一一年の秋だったから、私にとって、この本は七年半ぶりの新刊になる。

その間、研究と教育以外の、大学の業務に多くの時間と手間を割かざるをえなくなった。それについて言いたいこともたくさんあるが、私以上に苦労を負われている方は少なくない。そのお姿を傍らで目にしながら、ここで書くべきことは二つぐらいだろう。

一つは「教育改革」「大学改革」のことだ。ご多分にもれず、私の職場でもその関連の会議や事務や資料づくりに追われ、「革新的で先端的な研究教育」のための制度案や企画案が日々生み出されている。

それらが無意味だとはもちろん思わないが、しかし、学術の世界は最終的には成果が全てだ。カリキュラムやプロジェクトを語る前に、自分自身で革新的で先端的な研究をやればいい、と思う。

例えば、私の現在の職場は学術の横断性や学際性を掲げている。私もそれが重要だと考えているし、だからこそそこで働いているが、でも本当に重要ならば、学際性や横断性を掲げるカリキュラムを作ったり、プロジェクトを立てたり、シンポジウムを開く前に、まず教員自身が学際的で横断的な研究をやるべきではないだろうか。

書類の山に埋もれながら、そんなことを考えていた。それがこの本を書いた理由の一つである。

もう一つは日本語のことだ。この七年間は研究教育の国際化が盛んに語られた日々でもあった。たしかに、それも大事だと思う。実際、私はウェーバーについて英語やドイツ語で書かれたものを読めるが、私が日本語で書いた本や論文が、英語圏やドイツ語圏で読まれることはない。それが寂しくないわけはない。

でも私は、たまたまだろうが、日本語の世界に生まれ、そしてそのなかだけで育った。二〇代は体調にめぐまれず、その日を過ごすだけで精一杯だった。おかげで今も、一週間より先の予定を決めるのがとても苦手だ。

そんな私にとって、考えることや書くことは、やはり日本語と分かちがたく結びついている。だとすれば、そんな人間が今やれる仕事は、「ああ、日本語が読めてよかったなあ」と思ってもらえる本や論文を書くことだと思う。それもこの本を書いた理由の一つである。

この本のなかでは、ウェーバーの方法論と、現代の社会科学の最新の手法や方法論をとりあげる。ウェーバーの方法論について書かれた本は日本語だけでも膨大にある。けれども、ここで述べたような「ウェーバーの方法論」が、少なくとも真正面から書かれたことはないと思う。とりわけ現代の、ここでとりあげたような手法や方法に、それがどうつながっているかを描き出したものは。

学術の世界は最終的には成果が全てだ。そして何が成果か、本当に成果といえるのかを決めるのは、書いた私自身ではない。それでも、こうした本を書けたことは、いや、そうした本を書いてみようと努力できたことは、幸せだったな、と今は感じている。

なお、第一〜三、五〜七回は、二〇一六年七月号から一年間、有斐閣の『書斎の窓』(六四六〜六五一号)に連載した「ウェーバーの社会学方法論の生成」を加筆修正したものである。連載時に担当された四竈佑介さんには、さまざまな面でお世話になった。有斐閣からは、本書への転載を快く許していただいた。あらためて感謝を申しあげる。

また、本書全体は日本学術振興会科学研究費助成(基盤研究C)「ベイズ統計学的枠組みによる理解社会学と意味システム論の再構築」および「『適合的因果』と統計的因果推論の同型性にもとづく因果分析の再構築」の成果である。助成をいただくことがなければ、本書の完成は数年以上遅れていただろう。関係者の方々に感謝申しあげる。

そして最後になったが、本書の編集を担当していただいた岩波書店の山本賢さんにも、厚く感謝したい。先ほどのような理由で書き始めたこともあって、原稿の催促ではあまり手間をかけなかったと思うが、それ以外の面ではいろいろお世話になった。とりわけ専門書にもかかわらず、「できるだけ手にとりやすく」という無茶なお願いをした。大変なご苦労をかけたはずである。それに少しでも報いうる本になっていることを切に願って、あとがきを終わりたい。

二〇一八年一二月

佐藤俊樹

第四刷への追記

第四刷では、小野裕亮氏による批判をうけて、新たな注記を加えた(一四〇頁参照)。この間、私自身はたまたま他の方の著作に関して、文献読解や書誌情報をふくめた批判的検討を文章化する機会があった。その際にもあらためて痛感したが、こうした批判的検討をまとめるのは、独自の論文を書くよりも、数倍きつい作業になる。そうした労苦の多い作業を見ず知らずの私の著作に対してやっていただけたのは、感謝の言葉がないくらい、本当にありがたいことだと思う。

例えば因果の同定がまさにそうであるように(二八九頁)、現在の科学的研究では、特定のテーマに対して研究の連鎖が繋がることによって、少しずつ解明が進んでいくのが、自然なあり方だと私は考えている。残念ながら、現状の研究評価のしくみでは、新たに繫がる研究の方により多くの費用とリスクがかかることが多い。それゆえ、私の著作に関して、私の方から「そうあるべきだ」とはいえないが、だからこそ、にもかかわらずそうしていただけたことは、少なくとも私自身にとって、とても幸せな出来事だった。

もちろん、それは本書であつかった全てのテーマにあてはまるが、特に、ウェーバーと確率論の関わりなどの、一九〇〇年前後に生じた社会科学(法学をふくむ)と統計学や物理学の交わりには、今後も研究と検証が必要だろう。

この点に関して、本書ではやはり見落としていたが、E・カッシーラーの『現代物理学における決定論と非決定論』の改訳新版も刊行された(Ernst Cassirer, *Determinismus und Indeterminismus in der Modernen Physik*. 1937. 山本義隆訳、みすず書房、二〇一九年)。v・クリースの「法則論的/存在論的」や、確率関数の位置づけに関するv・クリースとライヘンバッハのちがいを(カッシーラーがどう理解していたかを)確認できるので、興味がある方はこちらもぜひ参照してほしい。

最終章の最後には、ジンメルの『歴史哲学の諸問題(第二版)』が引用されており、文化科学論文でウェーバーも用いた(本書一五五頁)「事実はすでに一つの理論である」というゲーテの言葉が、当時どんな意味で受け取られていたかも確認できる(なお二八八頁の訳者解説も参照)。ジンメルやラートブルフもふくめた社会学方法論の形成を考える上でも、重要な参考文献になるだろう。

(二〇一九年八月二〇日、佐藤俊樹)

社会科学のためのデータ分析入門（上・下）
今井耕介
粕谷祐子・原田勝孝・久保浩樹 訳
A5判 上二八八頁 下三一二頁
定価 上二八六〇円 下二九七〇円

確率と情報の科学
調査観察データの統計科学
——因果推論・選択バイアス・データ融合——
星野崇宏
A5判二六〇頁
定価四一八〇円

プロテスタンティズムの倫理と資本主義の精神
マックス・ヴェーバー
大塚久雄 訳
岩波文庫
定価一二四三円

社会学の根本概念
マックス・ヴェーバー
清水幾太郎 訳
岩波文庫
定価五〇六円

社会科学と社会政策にかかわる認識の「客観性」
マックス・ヴェーバー
富永祐治
立野保男 訳
折原浩 補訳
岩波文庫
定価一一一一円

桜が創った「日本」
——ソメイヨシノ 起源への旅——
佐藤俊樹
岩波新書
定価八八〇円

——岩波書店刊——
定価は消費税 10% 込です
2021 年 10 月現在

佐藤俊樹
1963年生まれ．東京大学大学院社会学研究科博士課程退学．博士(社会学)．東京大学大学院総合文化研究科教授．比較社会学，日本社会論．著書に『近代・組織・資本主義──日本と西欧における近代の地平』，『社会学の方法──その歴史と構造』(以上，ミネルヴァ書房)，『意味とシステム──ルーマンをめぐる理論社会学的探究』(勁草書房)，『社会は情報化の夢を見る──[新世紀版]ノイマンの夢・近代の欲望』(河出文庫)，『格差ゲームの時代』(中公文庫)，『不平等社会日本──さよなら総中流』(中公新書)，『桜が創った「日本」──ソメイヨシノ 起源への旅』(岩波新書)など．

社会科学と因果分析
ウェーバーの方法論から知の現在へ

2019年 1月29日 第1刷発行
2021年10月 5日 第5刷発行

著　者　佐藤俊樹《さとうとしき》

発行者　坂本政謙

発行所　株式会社 岩波書店
〒101-8002 東京都千代田区一ツ橋2-5-5
電話案内 03-5210-4000
https://www.iwanami.co.jp/

印刷・法令印刷　カバー・半七印刷　製本・牧製本

ISBN 978-4-00-061315-6　　Printed in Japan

事項索引

（イタリック表記はドイツ語）

ア行

『アルヒーフ』，『社会科学・社会政策アルヒーフ』　7, 13, 41, 64, 66, 67, 71, 126, 127, 139, 157, 179, 182, 203, 207, 214, 218, 270, 274, 279, 318
一回的因果分析　singular causal analysis　233
意味適合的，意味的に適合的　adequate on the level of meaning, *sinnhaft adäquat*　150, 241, 250, 259, 371
意味連関　complex of meaning (context of meaning), *Sinnzusammenhang*　247, 259, 261, 263, 335, 371, 372, 378, 400
因果推論の根本問題　the fundamental problem in causal inference　163, 287, 298, 301, 304, 327, 375, 400
因果適合的，因果的に適合的　causal adequate, *kausal adäquat*　144, 150, 256-258, 262, 266, 303, 304, 334, 337, 371
因果法則　causal law, *Kausalgesetz*　38, 119, 123, 138, 162, 163, 226, 231, 263, 335, 340, 349-351, 355, 356, 361, 403
エスノメソドロジー　Ethnomethodology　376
エートス　ethos, *Ethos*　31, 283

カ行

確率的因果論　probablistic causation　vii, xiii, 45, 47, 49-51, 116, 117, 119-121, 129, 140, 144, 151, 166, 170, 171, 179, 209, 216, 222, 228, 257, 263, 290, 298, 318, 325, 340, 353, 361, 384
価値解釈　value-interpretation, *Wert-Interpretation*　xv, 57, 69, 151, 175-177, 179, 248, 263, 266, 296, 297, 300, 312, 326, 339, 360, 361, 364, 371, 379, 385, 388, 392, 395, 398, 400
価値関係づけ　value-relavance (value-relation), *Wertbeziehung*　56-61, 63, 66-70, 90-94, 97, 106-108, 137, 173, 188, 241, 285, 297, 314, 361, 395
価値自由　23, 24, 44, 279, 364, 395
「価値自由」論文　7, 57, 248, 251
過程追跡　process tracing　372-374, 378
仮定法　subjunctive mood　32, 35, 209, 236, 306
可能世界　possible world　46, 138, 211, 330, 338

官僚制　burocracy, *Bürokratie*　85, 88, 251
疑似原因　spurious cause　122, 139, 151, 170, 212, 222, 292
疑似相関　spurious correlation　25, 151, 268
基礎概念論文　7, 48, 137, 144, 150, 182, 254-259, 261, 262, 265, 266, 269, 302, 303, 314, 323, 334, 371, 384, 399
期待値，期待値演算　expectation, *Erwatungswert*　5, 26, 35, 36, 49, 80, 125, 129, 181, 182, 185, 188, 192, 194, 230, 258, 265, 295, 302, 304, 308, 314-316, 324, 325, 327-329, 334, 335, 338, 340, 343-350, 353-356, 361, 362, 367, 377, 386, 400, 403
気体分子運動論　kinetic theory of gases　50, 169
機能主義　functionalism, *Funktionalismus*　72, 73, 88, 276, 401, 402
「客観性」論文　6, 9, 13, 19, 24, 30, 42-45, 48, 61, 63, 64, 67, 69-71, 106, 108, 117, 127, 131, 133, 139, 141, 142, 157, 199, 203, 205-207, 213, 215, 217-219, 237, 244, 255, 265, 272, 276, 279, 298, 339, 361, 386, 398
客観的可能性　objective possibility, *objektive Möglichkeit*　9, 24, 25, 27, 29, 31, 44, 64, 71, 92, 123, 133, 139, 142, 143, 151, 170, 173, 179, 182, 203, 205-207, 217, 218, 231, 236, 248-250, 253, 262, 272, 276, 292, 293, 295-297, 340, 348, 349, 360, 361, 379, 383, 388, 395, 398
「客観的可能性の概念」論文　29, 37, 40, 115-117, 136, 143, 156, 157, 159, 203, 206, 209, 214, 216, 225, 230, 232, 247, 252, 290, 317, 339, 340, 347, 354, 362, 369
共変法　method of concomitant variations　76, 109, 282
共変量　covariant　49, 125, 182, 302, 303, 305-307, 311, 312, 314, 316, 320, 321, 323, 324, 329, 334-336, 340-345, 348, 349, 351, 352, 354-357, 360, 362, 368-370, 372, 373, 375, 377, 378, 385
近代資本主義　modern capitalism, *moderne Kapitalismus*　31, 35, 37, 112, 128, 154, 163, 166, 289, 294, 304-307, 320, 321, 384
偶然的　accidental, *zufällig*　26, 33, 52, 121, 125, 128, 130, 132, 144, 151, 187, 188, 212, 223, 224, 228-231, 247, 248, 257, 269, 285, 291, 292, 328, 329, 343, 345, 349, 350, 352, 355-358, 362, 387
クニース2論文　8, 9, 24, 25, 40, 43, 112, 135, 145, 156, 158, 173, 181, 182, 191, 207, 213, 217, 218, 234, 235, 238, 241, 246, 254, 272, 332, 353
グローバル・ヒストリー　global history　52, 53, 331-333, 335
経験則　empirical rule, *Erfahrungsregel*　33, 123, 158, 167, 170, 174, 178, 185, 194, 211-213, 222-225, 232, 236, 256, 260, 268, 269, 291, 293, 295, 312, 328, 337, 367, 370, 371, 377, 382
経験論　empiricism, *Empirismus*　172, 178, 189, 202, 240, 245
傾向スコア　propensity score　268, 311-313, 334, 344, 358, 361, 378

現象学的社会学　phenomenological sociology, *phänomenologische Soziologie*　140, 246
工業労働論文　126, 129, 130, 139, 163, 179, 182, 248, 251, 283, 332, 384
構成主義，構築主義　constructivism, *Konstruktivismus*　88, 331, 339, 365
個性的　singular, *individuell*　24, 25, 58, 109, 111, 112, 154, 215, 221, 233
個性的因果，個性的因果関係　singular causal relation, *individuelle Kausalverhältniss*　8, 18, 24, 46, 60, 68, 92, 107, 108, 110, 112, 117, 120, 133, 138, 149, 202, 215, 233, 236, 237, 285, 327, 329, 394, 396
「古代における農地関係(第三版)」論文　126, 332, 338

サ行

差異法　method of difference　75, 76, 78, 79, 88, 109, 111, 122, 137, 282-286, 290, 291, 328, 329
自己産出系　autopoietic system, *autopoietische System*　84, 85, 100, 102, 251, 397
事実として一回的　32, 34, 36, 114, 125, 231, 233, 287, 298, 305, 318, 326, 327, 385
自然科学　natural science, *Naturwissenschaft*　vii, xiii, 11, 15-17, 25, 30, 56-59, 94, 108, 117, 134, 136, 149, 150, 166, 170, 172, 190, 204, 214, 237-244, 250, 259, 267, 283, 310, 314, 323, 360, 361, 366, 384, 394
質的比較分析(QCA)　qualitative comparative analysis　372, 375
重回帰分析　multi-regression analysis　17, 78, 321, 323, 326, 364, 370, 375, 376
シュタムラー論文　7, 157, 178, 214, 239-243, 245, 246, 248-251, 255, 259, 265, 300, 371
条件つき確率　conditional probability　34, 221, 316, 386
新カント派　neo-Kantianism, *Neukantianismus*　viii, 2, 27, 44, 45, 188, 190, 240, 252, 286, 338, 366
数理統計学　mathematical statistics　17, 130, 164, 190, 197, 199, 268, 273, 274, 278, 359
正規分布　normal distribution　129, 132, 165, 181, 185, 186, 293, 338, 358, 362
『生物統計』学派　biometicians　197, 199, 268, 273, 359
世界システム　world system　13, 330, 332, 333
接続法Ⅱ式　*Konjunktiv 2*　66, 70, 137, 169, 175, 209, 224, 225, 236
相互作用　interaction, *Interaktion* (*Wechselwirkung*)　111, 332, 336,

340, 345, 351, 352, 354, 357, 390-392
相当因果関係説　ix, 28
阻害的(阻害)　obstructing, *hemmnisch* (*Hemmnis*)　31, 125, 128, 264, 265, 341, 343-345, 352, 355
促進的(促進)　favoring, *begünstigend* (*Begünstigung*)　29, 41, 45, 116, 121, 125, 128, 139, 142-144, 187, 188, 212, 216, 223-225, 228, 256, 258, 264-266, 270, 333, 334, 341, 342, 344, 345, 360, 384
組織，組織システム　organization, *Organisation, Organisationssytem*　81, 82, 84-86, 89, 96, 100, 101, 104, 251
ceteris paribus(他の条件が同じであれば)　256, 380

タ行

単一事例　single case　323, 325, 326, 368, 370, 373, 379
中心極限定理　central limit theorem　xv, 129, 132, 181, 185-189, 192, 193, 195, 230, 285, 297, 338, 358, 360-362
定義によって一回性　32, 34, 36, 38, 287, 327
DN モデル(演繹的－法則論的モデル)　deductive-nomological model　ix, 17, 26, 49, 263, 268
適合的因果，適合的因果構成　adequate causation, *adäquate Verursachung*　vii, ix, xiii, 8, 12, 26-29, 31-34, 36, 38, 39, 41-43, 46, 48-50, 52, 53, 71, 115, 116, 119, 120, 122-124, 126, 129, 131-133, 138, 139, 141-144, 146, 158, 160, 161, 163, 166, 173-178, 181-183, 188, 191, 198, 202, 208, 209, 213, 215, 220, 222, 224, 226-229, 231, 233-235, 237-239, 241, 246, 247, 249, 250, 252-254, 257, 258, 262, 270, 282, 286, 290, 291, 297, 298, 300, 304, 312, 313, 318-320, 326, 327, 329, 330, 332, 334, 338-340, 346, 349, 350, 352, 353, 355-357, 360, 361, 372, 374, 380, 381, 384, 385, 387, 395, 396
統計的因果推論　statistical causal inference　v, vii, ix, xiv, 5, 15, 34, 58, 72, 75, 80, 88, 103, 125, 130, 163, 174, 182, 250, 269, 297, 301, 302, 304-306, 311, 313-316, 318-320, 322-324, 326, 327, 329, 330, 334, 338-340, 348, 349, 352, 357, 359, 360, 361, 367, 370, 371, 375, 376, 378, 379, 381, 396, 400
道徳コード　moral code, *Moralcode*　69, 364, 365, 391, 392
独立性(独立性条件)　independence　182, 320-322, 324, 327, 329, 334, 337, 352, 353, 371, 373

ナ行

内部観察　internal observation　17, 60, 103, 366, 367

二項コード　binary code, *binälr Code*　87, 100-102, 104
二重基準　double standard　16, 364-368, 372, 378, 390, 392-394
日常的な因果(の観念，のとらえ方，特定，説明)　41, 79, 120, 123, 213, 214, 234, 346, 400

ハ行

反事実的，反事実的条件　counterfactual, *kontrafaktuel*　v, vii, ix, xiii, 4, 5, 9, 14, 18, 24-27, 34, 49-51, 53, 79, 80, 121, 138, 159, 209, 211, 225, 257, 263, 269, 286-290, 296, 298, 300-304, 306, 308, 314, 319, 320, 325, 326, 329, 330, 334, 340, 343, 356, 367, 373, 380
プロテスタンティズム，禁欲的プロテスタンティズム　xiii, 7, 31, 35, 65, 66, 112, 128, 294, 304-307, 320, 321, 364
文化科学　cultural science, *Kulturwissenschaft*　xiii, 3-6, 8, 10, 11, 13-15, 20, 24, 41-43, 45, 46, 48, 52, 56-61, 63, 64, 66, 68-73, 81, 87, 88, 90, 92, 94, 95, 99, 103, 106-113, 117, 124, 133, 135, 137, 142, 149, 150, 171, 172, 178, 179, 181-183, 190, 204, 206, 214, 215, 232, 233, 237-240, 242, 244, 246, 251, 257, 263, 276, 308, 314, 329, 338, 357, 366, 385, 386, 388, 394, 396
文化科学論文　6, 8-11, 14, 19, 20, 24, 25, 27, 30, 33, 37, 39-41, 43-45, 47, 49, 57, 64, 70, 114, 118, 120, 121, 124, 126, 128, 129, 131-133, 138, 139, 141, 142, 144, 145, 147, 149, 150, 154, 156, 157, 164, 165, 173, 175, 176, 178, 179, 181, 182, 184, 185, 187, 190, 191, 193, 205, 206, 208, 213, 216, 218, 220, 222, 225, 229-232, 234, 237-241, 245-253, 255-259, 261-266, 272, 273, 276, 279, 282, 284, 286, 289, 290, 296, 304, 306, 318, 323, 325, 326, 332-334, 336, 338-340, 342, 345, 346, 349, 350, 354, 356, 357, 359-361, 369, 373, 374, 383, 386, 387, 394, 395
文化人間　*Kulturmensch*　59, 62, 69, 107
分析哲学　analytic philosophy　vi, vii, ix, 4, 16, 46, 50, 51, 116, 120, 298, 316, 330, 380
平均因果効果　average causal effect　302, 307, 308, 312, 313, 321-325, 327, 334, 335, 343, 344, 349, 361
ベイズ更新　Baysian update　53, 160, 198
ベイズ統計学　Baysian statistics　160, 181, 197-199, 396
ベイズの定理，ベイズの原理　theorem of Bayes, *Bayes'sche Princip*　181
法則科学　law-seeking science, *Gesetzeswissenschaft*　xiii, 3, 5, 14, 24, 25, 33, 39, 41-43, 45, 52, 56, 69, 103, 109, 111, 112, 117, 122, 135, 141, 146, 158, 163, 171, 172, 177-179, 181, 190, 191, 206, 213-215, 217, 227-

229, 231-233, 237-242, 244, 246, 263, 290, 338, 350, 351, 353, 356, 357, 361, 385, 388
法則定立的／個性記述的　nomothetic/idiographic, *nomothetisch/idiographisch*　3, 11, 13, 56, 111, 134, 140, 330, 331, 385
法則論的　nomological, *nomologisch*　ix, 12, 25, 26, 42, 49, 92, 115, 117, 133-136, 141-143, 145-151, 153-156, 158, 168, 169, 176, 194, 205-207, 217, 218, 234, 244, 246, 263, 265, 268, 272, 276, 290
法則論的／存在論的　nomological/ontological, *nomologisch/ontologisch*　9, 12, 31, 115, 135, 137, 140, 142, 143, 145, 146, 149-151, 153, 158, 159, 168, 172, 173, 174, 177, 179-181, 184, 186, 188-190, 192, 193, 195, 197, 205, 206, 208, 212, 246, 247, 249, 250, 253, 262, 266, 269, 289, 290, 395, 396, 401
法則論的知識　nomological knowledge, *nomologische Wissen*　9, 12, 14, 28, 29, 31, 33, 36, 38, 39, 41, 74, 80, 122, 123, 138, 143, 145, 146, 148, 150, 158, 159, 161, 162, 168-170, 174, 177, 180, 182, 184-187, 189, 193, 194, 196, 198, 203, 208-214, 216, 218, 222, 224-228, 231, 232, 234, 236, 239, 241, 247-250, 252, 254, 256, 259-263, 266, 268, 269, 286, 290, 292, 295-297, 300, 301, 304, 312-314, 324, 325, 328, 330, 331, 337, 338, 356, 357, 365, 369-372, 374, 376, 377, 386, 401
母比率の検定　hypothesis test of a propotion　129-131, 181, 359

マ行

マルクス－ウェーバー接合　Marx-Wber articulation　39, 45, 49
マルクス主義　Marxism, *Marxismus*　13, 25, 39-42, 45, 53, 191, 361
無作為割当　random assignment　302, 304, 305, 307, 311, 316, 320, 324, 328, 358, 361

ヤ行

遊隙の原理　principle of 'range', *Princip der Spielräume*　149, 160, 172, 186, 188, 189, 198, 353
遊離と一般化　isolation and generalization, *Isolationen und Generalisationen* (*Isolierung und Generalisierung*)　174, 181, 182, 290, 296, 298, 301, 325, 334, 349, 359

ラ行

ランダム化比較試験(RCT)　randomized controlled trial　80, 307, 309, 316, 324, 336, 378
理解社会学　interpretive sociology, *verstehende Soziologie*　viii, 26,

100, 140, 182, 241, 247, 251, 255, 372, 402
理解社会学論文　7, 182, 241, 248-251, 253, 254, 257, 258, 262, 269, 270, 314
理念型　ideal type, *Idealtypus*　41, 42, 117, 247, 338, 361, 394
量子，量子仮説，量子力学　quantum, quantum dynamics, ***Quant, Quantenmechanik***　ix, xiv, 30, 115, 166-172, 180, 190, 277, 278, 353
倫理論文(アルヒーフ版，改訂版)　7, 64, 66, 67, 71, 112, 127, 139, 179, 257, 265, 270, 279, 308, 318
歴史社会学　historical sociology　xiv, 9, 53, 262, 278, 333
論理主義(論理主義的確率論)　logicism, *Logizismus*　135, 182, 266

人名索引

A

安藤英治　12, 13, 29, 44, 64, 69, 70, 208, 218

E

エルスター，ヤン　Elster, Jon　27, 46

G

ゴールドソープ，ジョン　Goldthorpe, John　50, 251, 318
ゴセット，ウィリアム　Gosset, William　139, 197, 360

H

ハッキング，イアン　Hacking, Ian　ix, 47, 172, 275-278
速水滉　45, 251, 282
ハイデルベルガー，ミヒャエル　Heidelberger, Michael　47, 48, 103, 118, 120, 139, 143, 218, 236, 252, 253, 276, 278
ヘンペル，カール　Hempel, Carl　ix, 17, 49, 263, 268
フッサール，エドムント　Husserl, Edmund　ix, 117, 134-136, 140, 142, 150, 206, 217, 218, 244, 246-248, 253, 271, 272, 277

K

カムラー，アンドレアス　Kamlah, Andreas　159, 160, 165
金子榮一　29, 30, 33, 34, 38, 39, 43, 52, 118, 138, 139, 151, 165, 170, 226,

229, 231, 236, 244, 252, 349, 350, 361
厚東洋輔　25, 28, 339

L

ラプラス，ピエール　Laplas, Pierre Simon de　159, 172, 181, 185, 198, 361, 362
ラスク，エミール　Lask, Emil　182, 183, 248
ルイス，デイヴィッド　Lewis, David　ix, 4, 16, 138, 211
レキシス，ウィルヘルム　Lexis, Wilhelm　165, 176, 190, 191, 274, 278, 359
ルーマン，ニクラス　Luhmann, Niklas　xiii, 47, 60, 67, 71-74, 81-89, 91-100, 102-104, 112, 250, 251, 310, 397, 398

M

マッシミラ，エドアルド　Massimilla, Edoardo　48, 50, 203, 252, 360, 361
マートン，ロバート・K　Merton, Robert King　13, 72, 88, 398
三木清　ix, 42-44, 53, 117, 182, 350
ミル，ジョン・ステュワート　Mill, John Steward　47, 75, 76, 93, 109, 120, 125, 126, 213, 218, 253, 278, 282, 283, 298, 350, 381
向井守　2, 6, 8, 10, 28, 61, 68, 114, 147, 164, 213, 226, 242, 243, 252, 356, 362, 395

N

ナセヒ，アルミン　Nassehi, Armin　60, 87, 99, 254
野崎敏郎　69, 106, 133, 179, 217, 236, 271, 282, 319

O

オバーシャル，アンソニー　Obershall, Anthony　49, 276, 277
折原浩　10, 14, 24, 52, 147, 236, 237, 262

P

パーソンズ，タルコット　Parsons, Talcott　18, 71-73, 81, 88, 93, 248, 250, 398, 402
パール，ジュディア　Pearl, Judea　15, 17, 92, 267, 268, 316
ピアソン，カール　Pearson, Karl　193, 197, 199, 273, 359
プランク，マックス　Planck, Max　ix, xiv, 30, 115, 166-169, 171, 172, 180, 190, 193, 271, 272, 277, 278, 353

W

Y